国家社会科学基金重大项目（16ZDA053）阶段性成果

CROSS-BORDER
E-COMMERCE

我国跨境电子商务
政策效应的统计研究

苏为华　张崇辉　王玉颖　／著

浙江工商大学出版社
ZHEJIANG GONGSHANG UNIVERSITY PRESS

图书在版编目(CIP)数据

我国跨境电子商务政策效应的统计研究 / 苏为华，张崇辉，王玉颖著. —杭州：浙江工商大学出版社，2020.3

ISBN 978-7-5178-3659-9

Ⅰ. ①我… Ⅱ. ①苏… ②王… ③张… Ⅲ. ①电子商务－统计分析－中国 Ⅳ. ①F724.6

中国版本图书馆 CIP 数据核字（2019）第 286302 号

我国跨境电子商务政策效应的统计研究
WOGUO KUAJING DIANZISHANGWU ZHENGCE XIAOYING DE TONGJI YANJIU

苏为华　张崇辉　王玉颖 著

责任编辑	王黎明
封面设计	红羽文化
责任印制	包建辉
出版发行	浙江工商大学出版社
	（杭州市教工路 198 号　邮政编码 310012）
	（E-mail：zjgsupress@163.com）
	（网址：http://www.zjgsupress.com）
	电话：0571－88904980,88831806(传真)
排　　版	杭州朝曦图文设计有限公司
印　　刷	杭州宏雅印刷有限公司
开　　本	710mm×1000mm　1/16
印　　张	21.75
字　　数	348 千
版印次	2020 年 3 月第 1 版　2020 年 3 月第 1 次印刷
书　　号	ISBN 978-7-5178-3659-9
定　　价	60.00 元

前言

自改革开放以来,特别是加入 WTO 之后,我国外贸进出口总额持续高速增长。进出口总额从 1978 年的 355.04 亿元人民币,增长到 2019 年的 315627.32 亿元人民币,年均增长速度达到 18.01%,成为推进国民经济发展的重要动力。但近年来,国际综合环境日益复杂多变,单边主义、民族主义、保护主义等逆全球化思潮不时涌动,国际经贸关系受到了严峻的挑战,经济安全成为国际经贸关系中最突出的原则性问题之一。我国外贸进出口额的增长大幅放缓,2011—2019 年期间的外贸进出口额年均增长仅为 3.68%,其中 2015 年和 2016 年持续出现负增长。构建新发展空间、探索新商业模式、稳定外贸预期,成为近几年各级政府对外经贸工作中十分艰巨而重要的任务。

习近平总书记先后于 2013 年 9 月、10 月提出了建设"新丝绸之路经济带"和"21 世纪海上丝绸之路"的合作倡议,为我国经济发展与对外合作开放擘画了新蓝图,揭示了新空间。在"一带一路"倡议的背景下,跨境电商作为一种新型的国际贸易发展方式,打破了我国对外贸易的传统模式,正逐渐成为新常态下稳外贸增长、促经济发展的新动力。跨境电商在国际贸易市场上的应用,能够进一步提高贸易往来的效率、降低贸易成本,为我国国际贸易繁荣提供新的途径。

2015 年以来,国务院和相关部门密集出台了一系列跨境电商扶持政策,不断改革创新跨境电商贸易的监管方式,在批准设立多个跨境电商综合试验区、试点城市的基础上,还探索建立跨境电商政策体系,将跨境电商的产业发展上升为国家战略,这为跨境电商产业的持续发展提供了良好的机遇与保障。但是,我国跨境电商在发展过程中的政策体系建设问题逐渐显现。

例如,跨境电商政策体系仍无法有效解决跨境贸易信息不对称、商品质量难以保证等一系列问题;不同地区间跨境电商政策体系存在重复和遗漏等问题。

本书以问题和监管需求为导向,以政策评价为核心内容,以多学科交叉研究为视角,对跨境电商政策体系进行系统研究,对跨境电商政策体系的合理性进行评估,对现有政策组合的有效性进行诊断。主要围绕文献研究法、定量分析法、社会网络分析法、比较分析法等对跨境电商政策开展定量研究。笔者希望通过上述研究,为政府相关部门提高治理能力、优化跨境电商政策的社会资源配置功能、引导产业转型升级,提供科学的决策依据。

本书共八章。第一章为绪论,由苏为华、王玉颖主笔,对跨境电商的发展背景和研究意义进行重点阐述,并提出了本书的研究框架。第二章为跨境电商政策研究的理论基础,由苏为华、王玉颖主笔,从政府干预、政策网络和政策工具理论梳理政策文本研究的理论基础;从贸易中介功能和动态随机一般均衡模型探讨政策效果研究的实证理论。第三章为跨境电商政策体系发展的现状研究,由付雨禾、张崇辉主笔,分三个阶段概述跨境电商的历史演化,并利用多种方法多角度量化分析跨境电商政策。第四章为基于区域视角的跨境电商政策描述性统计分析,由叶玉菁、付雨禾主笔,主要运用政策文本分析法,从三个维度对区域跨境电商政策进行单维度和二维交叉分析。第五章为基于区域视角的跨境电商政策热点挖掘,由张崇辉、黄佳艳主笔,主要利用文本挖掘方法分析区域跨境电商政策关注热点问题。第六章为基于 PMC 模型的区域跨境电商政策评价,由王琴、付雨禾主笔,主要通过构建 PMC 指数模型,量化评价区域跨境电商政策。第七章为政策组合对跨境电商产业规模效应的影响研究,由苏为华、王玉颖主笔,主要分析了不同类型政策组合对跨境电商产业发展的影响效应。第八章为跨境电商政策组合的宏观经济效应研究:一个两国 DSGE 模型,由王玉颖、张崇辉主笔,主要模拟分析了不同跨境电商政策工具组合对宏观经济的影响效应差异。

跨境电商政策具有综合性、复杂性、多变性等特征,从监管问题和监管需求角度,系统研究跨境电商政策体系是富有挑战性的研究内容。本书稿在撰写过程中借鉴了许多学者的研究成果,在这里向他们表示感谢。此外,由于书稿撰写者的知识与能力所限,本书在内容上难免有所不足,敬请各位读者批评指正。

C目录ontents

1

第一章　绪论

第一节　跨境电商的发展背景

一、我国跨境电商发展情况

在中国外贸增速持续放缓的大背景下,跨境电商作为一种新型的国际贸易发展方式,正逐渐成为新常态下稳外贸增长、促经济发展的新动力。据艾媒咨询发布的《2018—2019 年中国跨境电商市场研究报告》显示,2018 年中国跨境电商交易规模达到 9.1 万亿元,用户规模超 1 亿,同比增长 11.6％,远高于外贸增速(9.7％),成为中国经济增长的新引擎。

从平台角度看,目前国内跨境电商已初步形成了"三个梯队"。网易考拉、海囤全球和天猫国际为跨境电商龙头平台,具有规模大、流量大、产品多等优势,成为第一梯队;洋码头、唯品国际、小红书、聚美极速免税成为第二梯队;蜜芽、贝贝、宝宝树和宝贝格子类平台因母婴产品的畅销成为第三梯队。

从消费者角度看,根据在线支付服务商 Paypal 和市场研究集团 Ipsos 的联合调查,消费者选择跨境电商的主要原因在于跨境电商能提供更加丰富的产品(49％)、产品具有更强的吸引力(34％)、产品质量高(29％)以及运费便宜(24％)。

从产品角度看,洗护用品、美容彩妆和营养保健类商品成为最受用户欢迎的商品。据艾媒咨询《2018—2019 年中国跨境电商市场研究报告》,2018

年营养保健类成为最受欢迎的海外产品,占比32.4％;其次是美容彩妆和服饰箱包类产品,分别占比28.7％和25％。

整体来看,国内跨境电商行业方兴未艾,伴随着"一带一路"和"互联网＋"的大趋势,未来跨境电商将会有更加长足的发展。同时,虽然业内已有阿里巴巴、网易等为代表的领军企业,但其在跨境业务方面还未形成绝对的压制地位,加之互联网技术较快的发展速度,未来跨境电商行业也许会迎来新一轮的洗牌与整合。此外,国家及地方政府持续出台系列跨境电商行业利好政策,使得跨境电商行业处于"政策春风"眷顾的上升通道之中,已然迎来行业发展的最佳机遇期。

特别是在疫情之下,中国对外贸易面临严峻挑战,但跨境电商市场却逆势而上,成为全球唯一实现货物贸易正增长的主要经济体。据海关统计,2020年通过海关跨境电子商务管理平台验放进出口清单24.5亿票,同比增长63.3％。跨境电商进出口达1.69万亿元,增长31.1％,实现了大幅跨越,而这一趋势正好凸显了疫情对跨境电商经济的拉动效应。在发展模式上,直播带货成为国内跨境电商行业的新热点。该模式极大地提升了跨境电商产品的影响力,助力跨境电商成为外贸消费的新潮流。分析跨境电商市场出现大幅增长的原因:一方面,国内正在逐步推进跨境电商行业的数字化转型发展,从技术上加速了跨境电商行业的整体发展;另一方面,全球疫情则从实际需求层面推动了消费者购买方式的转变,使得越来越多的消费者逐渐从线下购买转为线上购买。

此外,中国电商卖家能够在亚马逊等跨境电商主流交易平台上一骑绝尘,政府的支持和鼓励也起到了关键作用。自2020年2月以来,从中央到地方,政府部门不断出台新政策,加大对跨境电商产业的政策扶持,帮助中小外贸企业驶入发展的快车道,并持续扩容跨境电商综合试验区,覆盖城市向中西部、东北部倾斜,增加保税业务城市,进一步提升我国跨境电商物流时效。

从长远角度来看,疫情给我国跨境电商的发展提供了更多的发展机遇,比如,培养了消费者的网购习惯,加速了传统外贸企业数字化转型,拓宽了跨境营销模式等。疫情过后经历过大浪淘沙的跨境电商企业将面临一片蓝海,我国跨境电商的发展必将迈上一个新台阶。

二、我国跨境电商主要政策回顾

为了保障跨境电商产业的持续、稳定和健康发展,2012年12月,海关总署批准设立了上海、重庆、杭州、宁波、郑州作为首批开展跨境电商试点的城市,出台了一系列扶持政策,将发展跨境电商产业上升为国家战略。2015 年 3 月以来,国务院先后批准设立了 35 个跨境电子商务综合试验区,拟通过制度创新、管理创新和服务创新打破跨境电商发展的瓶颈,探索建立跨境电商政策体系。2018 年 8 月 31 日,十三届全国人大常委会第五次会议表决通过了《中华人民共和国电子商务法》,提出要推动建立适应跨境电子商务活动所需要的监督管理体系,再次将构建跨境电商政策体系上升到国家法律层面。

2019 年 3 月 5 日,李克强总理在政府工作报告中指出,要"改革完善跨境电商等新业态扶持政策",并在当年 7 月 3 日召开的国务院常务会议上对扶持政策进行了部署,进一步推动了跨境电商政策体系的建立。显然,如何制定合理有效的跨境电商政策体系,已经成为政府部门亟须解决的问题。2020 年 1 月 17 日,商务部和国家发展改革委等 6 部门通知扩大跨境电商零售进口试点,共同促进行业持续健康发展。2020 年 4 月 7 日,国务院总理李克强主持召开国务院常务会议,推出增设跨境电子商务综合试验区、支持加工贸易、广交会网上举办等系列举措,积极应对疫情影响,努力稳住外贸外资基本盘。

三、我国有关跨境电商的政策问题

发展至今,我国各级政府均颁布了一系列跨境电商新政策、新规范,推动了跨境电商产业的健康快速发展。但是,随着跨境电商业务模式不断推陈出新,跨境电商的监管工作遇到了一些新问题,如政策碎片化、体系不完整、监管重复与遗漏并存等,使得跨境电商政策无法发挥出实际效果。

究其原因:一是跨境电商作为一种新业态,运营方式和盈利模式不断创新,出现了许多新特点和新趋势,也产生了通关、结汇与退税手续繁杂,信息不对称,商品质量难以保证,售后服务缺乏保障,信用风险突出等一系列问题,对政策体系提出了新的监管要求;二是跨境电商活动涉及通关、税收、物流、电子支付、外汇收结等多个环节,不同环节的监管职责隶属于海关、商务、财政、税务、邮政等多个部门,部门之间沟通协调机制不畅、职能界限模糊,导致当前的跨境电商政策体系存在诸多问题。

鉴于此,为填补跨境电商监管体系的缺失,中央及地方政府于 2013 年开始相继制定了多方面的支持政策。但是,跨境电商交易具有小额化和碎片化的特征,一般贸易的监管方式难以满足跨境电商的监管需求,须制定专门的监管制度。另外,由于各个地区跨境电商的发展程度不同,国家无法采取统一的指导政策,只能在杭州、郑州、广州等建立综合试验区,通过试点改革方式探索不同的发展模式。因此,为了给相关政策的制定提供更加明确的方向,有必要梳理现有政策中的成功经验并加以推广,为其他地区的跨境电商发展提供可复制的经验。

此外,关于跨境电商政策体系的相关研究,主要是从细分领域角度出发,对现行的跨境电商政策条文进行定性分析,相关定量研究也更多局限于跨境电商政策对产业、市场以及企业的影响,并未从跨境电商政策面临的监管需求和监管问题角度出发,对政策制定与实施开展系统的量化研究,致使新政策、新体系的规划与构建缺乏合理性与有效性。

因此,量化分析我国跨境电商政策内容,解析跨境电商政策体系的实施效果,探索促进跨境电商发展的有效政策"组合拳",实现跨境电商政策从政策抉择、政策实施与国际贸易冲击应对的全流程量化分析,对于保障政策体系的科学与合理制定具有重要意义。

那么,我国跨境电商政策体系的发展特征是什么?不足有哪些?政策中主要使用了哪些政策工具?这些政策工具又作用于哪些主体?政策工具的关键词有哪些?这些政策对于跨境电商的发展产生怎样的效果?欲解决这些问题,就需要对跨境电商政策进行全面、系统的梳理。因此,本书从文本分析的角度出发,利用量化分析方法比较不同地区的政策特征和实施效果,并从国家层面分析跨境电商政策组合对跨境电商发展与宏观经济的影响效应,以便为政策制定者提供参考。

第二节　研究意义与创新点

一、研究意义

本书通过量化评估与分析跨境电商政策文本,以此来考察区域跨境电商政策的特征和实施效果,剖析各区域跨境电商政策的优势和劣势,并从国家层面分析政策组合对跨境电商产业发展及宏观经济的影响效应。其研究意义主要有以下三点:

通过量化分析区域跨境电商政策文本,为政府部门掌握跨境电子商务政策现状、出台和调整相关政策提供科学的决策依据。通过研究跨境电商政策内容和关注热点,评估政策使用的合理性,可以对现有政策加以诊断,以避免跨境电商政策的制定出现重复与遗漏,为政府有关部门提高政策的实施效果、优化跨境电商政策的社会资源配置功能、引导产业转型升级提供科学的决策依据。

为借鉴和学习其他省市跨境电商发展的成熟经验,制定适应本地发展的政策提供系统的信息参考。跨境电商正处于发展初期,缺乏必要的监管措施和规范体系,目前政府主要采取先试点后推广的方式,探索适应跨境电商发展的政策体系。各个省市由于试点先后、地理位置和经济条件等的不同,导致积累的成熟经验做法存在差异。而本书系统梳理了各省市跨境电商政策的优势和劣势,为其他地区"取其精华,去其糟粕"提供了系统的信息参考。

有利于跨境电商企业更好地开展对外贸易,推动跨境电商企业"走出去"。跨境电商交易涉及关税、结售汇、检验检疫、通关等环节,这些环节主要由政府主导,新监管政策的颁布往往会引起跨境电商产业发生较大动荡,所以跨境电商行业发展受政策影响较显著。而本书的研究,为企业了解跨境电商政策发展脉络和发展动向、进行生产经营决策、适时调整发展方向提供了信息引导。

二、创新点

跨境电商政策具有综合性、复杂性、多变性等特征,从监管问题和监管需求角度系统研究跨境电商政策体系是富有挑战性的一项研究内容。本书的创新点主要有以下四方面:

构建跨境电商政策体系,是拓展跨境电商理论体系的创新性尝试。跨境电商是一个新业态,存在政策体系顶层设计不充分、政策落地见效不明显等问题。本书结合跨境电商的特点,从交易环节、监管部门、技术手段等角度,剖析我国跨境电商政策体系存在的局限性,并分别尝试建立跨境电商政策制定的标准化指导与规范,是拓展跨境电商理论体系的创新性尝试。

将文本挖掘技术引入政策分析范畴,实现了跨境电商政策的比较与组合,是拓展现有相关理论的创新性探索。我国跨境电商政策体系不完整,不同政策之间呈碎片化,未能形成有效协调。究其原因,无法对跨境电商政策体系及政策形成科学的度量,分析政策之间的关联。鉴于此,本书将从跨境电商监管需求出发,结合文本挖掘技术,构建跨境电商政策体系的三维分析框架,能够有效挖掘不同政策之间的特征,分析不同政策的组合效果,是拓展现有相关理论的创新性探索。

结合社会网络分析技术与政策布局理论,形成跨境电商政策的量化分析框架,是关于社会经济统计学与公共政策理论的交叉性基础研究创新。关于政策体系及布局的研究,主要从不同研究视角进行人为划分或采用简单的统计分析方法,缺乏足够的理论依据与分析支撑。鉴于此,本书引入社会网络分析法,从"点—线—面"三层次深入挖掘跨境电商政策关注热点问题、结构布局、演化特征,能有效体现现有研究的科学性,是发展社会经济统计学与公共政策理论的交叉性创新研究。

将跨境电子商务贸易中介部门嵌入两国经济动态随机一般均衡模型,真实地刻画了跨境电子商务的业务特点,是评估政策影响效应的创新性实践。与传统贸易模式不同,跨境电子商务交易链长,囊括金融、通关、物流、退税、外汇等环节,并由此催生了新型中介服务企业的快速发展,且其对交易效率的提升作用越发显著。因此,本书所构建的两国经济动态随机一般均衡模型,主要从交易两端考虑政策冲击的影响,将中介服务部门引入模型,模拟分析政策工具组合冲击的宏观经济效应,并对比分析其在不同政策目的和政策力度下的效果差异,更符合现实特征。

第三节　全书的框架

本书以跨境电商政策文件为研究对象,以政府干预理论、政策网络理论等为研究依据,运用社会网络分析、政策文本内容分析、模拟分析等方法,从跨境电商政策文本量化分析、跨境电商政策关注热点、跨境电商政策评价和跨境电商政策组合效应分析四个方面量化评估与分析跨境电商政策(详细的研究框架见图 1-1)。全书共分为八章,各章节主要内容如下。

第一章为绪论。本章重点阐述了跨境电商的发展背景和研究意义,并提出本书的研究内容及框架。

第二章为跨境电商政策研究的理论基础。本章从政府干预理论、政策网络理论和政策工具理论三方面梳理跨境电商政策文本研究的理论基础;基于跨境电商的贸易中介功能和动态随机一般均衡模型两方面探讨跨境电商政策效果研究的相关理论;归纳出不同类型跨境电商政策的经济效应。

　　第三章为跨境电商政策体系发展的现状研究。由于发展历程是认识一个事物的基础,故本章首先分三个阶段对跨境商务的历史沿革进行概述,根据跨境电商政策的主要内容、特征表象,分析跨境电商政策体系的演化历程;然后,利用社会网络分析法、文本挖掘方法等,对不同阶段的跨境电商政策主体合作网络、跨境电商政策关注热点、结构布局及其演化特征进行系统分析,试图从多方面、多角度量化分析区域跨境电商政策。

　　第四章为基于区域视角的跨境电商政策描述性统计分析。本章运用政策文本分析法,从政策工具、政策主体和政策颁布层级三个维度对各省市颁布的跨境电商政策文本进行单维度和二维交叉分析,深入剖析我国跨境电商政策的结构特征及其使用情况,为政府部门出台和调整相关政策提供科学的决策依据。

　　第五章为基于区域视角的跨境电商政策热点挖掘。首先,归纳整理出各省市跨境电商政策文件,并利用 ROSTCM6 文本挖掘软件提取各省市政策文本的高频关键词。然后,根据提取的高频关键词编制共词矩阵,并借助 UCINET 软件进行词频分析、网络分析和中心性分析。最后,综合上述分析结果,可以发现跨境电商政策关注的热点问题。

　　第六章为基于 PMC 模型的区域跨境电商政策评价。首先,以重庆市、浙江省、湖北省和上海市的跨境电商政策为研究对象,基于现有研究成果,构建 PMC 指数模型,包括 9 个一级指标和 52 个二级指标。在此基础上,根据文本挖掘方法测算跨境电商政策等级,并结合 PMC 曲面来展示模型的评价结果,为评价跨境电商政策提供科学的量化评价框架。

　　第七章为政策组合对跨境电商产业规模效应的影响研究。首先,本章运用文本分析法,从政策工具、政策目的和政策力度角度构建跨境电商政策组合三维分析框架,分析跨境电商政策组合内容现状;然后,从综合性、一致性和均衡性三个方面测度跨境电商政策组合特征;最后,通过建立线性回归分析模型,分析不同类型政策组合对跨境电商产业规模效应的影响。

　　第八章为跨境电商政策组合的宏观经济效应研究:一个两国 DSGE 模型。在上一章构建的政策组合分析框架的基础上,本章首先基于跨境电商交易特点,构建包含不同类型政策工具组合冲击的两国 DSGE 模型,模拟分析政策工具组合冲击的宏观经济效应;然后,基于两国 DSGE 模型,通过调整政策目的和政策冲击力度,对比分析政策工具组合冲击在不同政策目的和政策力度下的实施效果差异。

研究基础

绪论			跨境电商政策研究的理论基础			
跨境电商的发展背景	研究意义与创新点	全书的框架	概念界定及文献综述	政策文本研究	政策效果研究	相关经济效应

政策体系现状分析

跨境电商政策体系发展现状研究	跨境电商政策体系的发展阶段
	跨境电商政策主体合作网络演化的现状研究
	跨境电商政策主题网络演化的现状研究
	跨境电商政策主体与主题的关联性分析
	对策建议

区域政策体系评价分析

基于区域视角的跨境电商政策特征分析与评价

政策结构特征分析				政策热点挖掘			基于PMC的政策评价			
三维分析框架的建立	文本的选择与编码	东中西地区的特征分析	对策建议	中心性指标的确定	东中西地区的热点挖掘	对策建议	评价模型的建立	PMC指数评价分析	影响因素分析	对策建议

国家政策组合效应分析

基于国家视角的跨境电商政策组合效应研究

产业规模效应的影响研究				宏观经济效应研究				
基于三维视角的政策组合内容分析	政策组合特征分析	跨境电商产业规模效应的影响分析	对策建议	一个两国DSGE模型构建	参数估计	适用性分析	模拟分析	对策建议

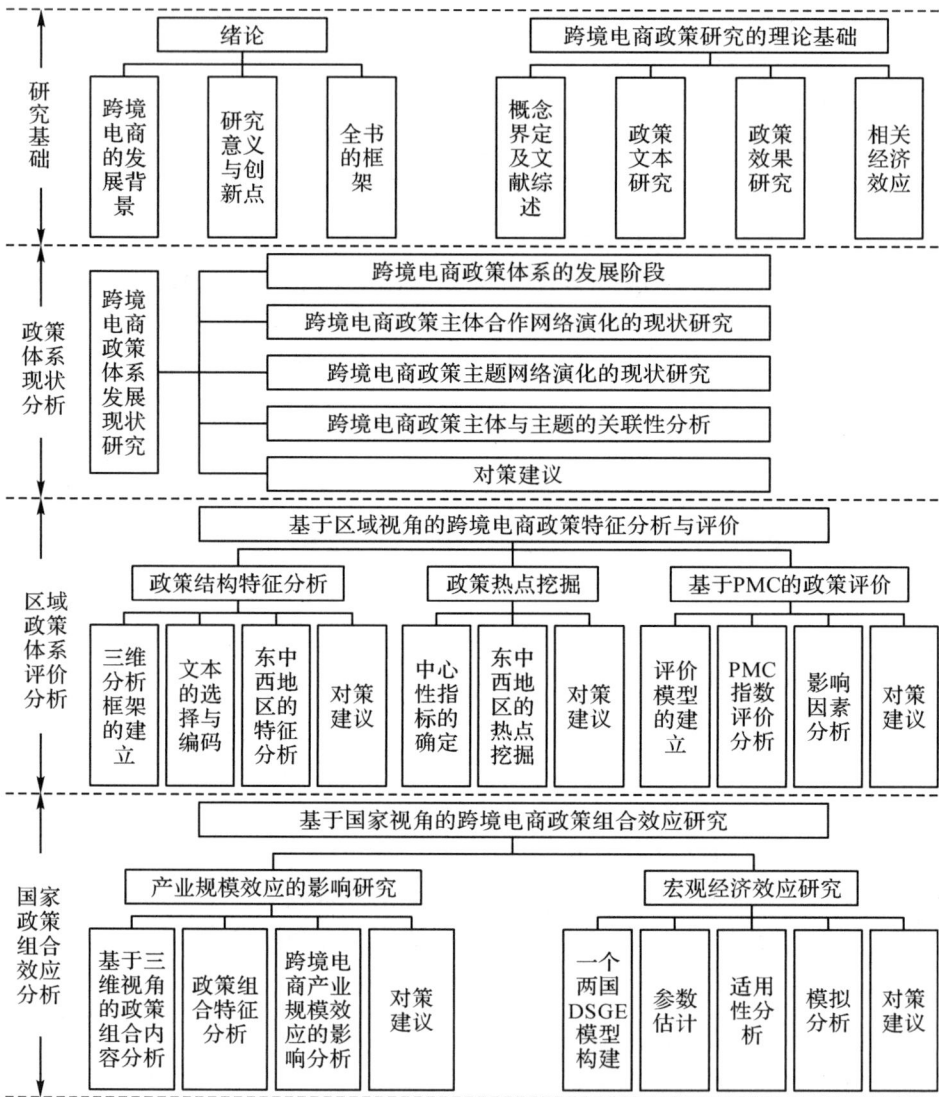

图 1-1 研究框架

第二章　跨境电商政策研究的理论基础

第一章对跨境电商政策体系的相关研究背景进行了回顾,明确了本书的研究意义与重点。为了对这一研究方向展开深入探讨与分析,首先需要对全文研究所涉及的相关理论进行说明。第一节梳理跨境电商政策研究的核心概念并评述了相关文献;第二节概述跨境电商政策文本研究的理论基础,包括政策网络理论、政府干预理论和政策工具理论;第三节介绍跨境电商政策效果研究的理论基础,包括跨境电商的贸易中介功能和动态随机一般均衡模型;第四节阐述跨境电商政策所产生的各种经济效应。

第一节　概念界定及文献综述

一、核心概念界定

(一)跨境电子商务

欧盟在电子商务统计中使用跨境电商(Cross-border e-commerce)的说法,用来表示不同国家之间的电子商务交易,但并未给出跨境电商的具体含义。其他国家及国际组织一般运用外贸电子商务、跨境在线贸易、跨境网购、国际电子商务等来表达跨境电商。如,国际邮政组织(IPC)发布的研究报告中使用了 online shopping, internet shopping, online cross-border shopping 等多个词语来表示跨境电商。整体来看,不同国家对跨境电商的表达具有多样性,尚未形成统一的认识。

随着跨境电商在中国的大规模爆发,跨境电商的概念界定引起国内学者广泛探讨。在跨境电商发展的萌芽期,跨境电商平台主要提供网上展示、线下交易的外贸信息服务。此时,学者认为跨境电商将传统贸易中的展示、洽谈环节数字化,于是从信息服务角度,指出跨境电商是指不同国家、地区的交易双方,通过互联网以邮件、快递等形式进行通关的国际贸易模式(周嘉娣,2013)。随着跨境电商的发展,跨境电商平台原有的信息黄页的展示行为难以满足企业多样化需求,开始将线下交易、支付、物流等流程电子化,逐步实现在线交易平台(雷倩,2016)。于是,学者开始从在线交易角度对跨境电商概念进行延伸,认为跨境电商是指分属不同关境的交易主体,通过电子商务平台达成交易、进行支付结算,并通过跨境电商物流送达商品、完成交易的一种国际商业活动(张红英,2014;林渊,2018)。有些学者进一步对其进行细分,认为跨境电商概念有狭义和广义之分。从狭义上看,跨境电商等同于跨境零售,是指分属于不同关境的交易主体,通过利用互联网达成线上交易、进行支付结算,并采用快件、小包等运输方式将商品直接送达消费者的贸易活动(于文菁,2016;强蔚蔚,2016;薛鹏鹏和李宗超,2018)。从广义上看,跨境电商其实是一个外贸电商,是指分属不同关境的交易主体,通过电子商务的手段将传统进出口贸易中的展示、洽谈和成交环节电子化,并通过跨境物流送达商品、完成交易的一种国际商业活动(于文菁,2016;强蔚蔚,2016;郑桑梓,2018)。

综上所述,随着跨境电商平台功能的变化,跨境电商概念不断被修正与完善。虽然学者尚未对跨境电商的内涵和本质形成统一的认识,但对跨境电商的概念界定基本包含以下几个要素:(1)交易主体双方分属不同关境(备案标准);(2)客体即标的限于有形物,且物流必须跨境(监管标准);(3)载体即互联网,必须借助互联网完成线上交易(联网标准);(4)订单、运单、支付单"三单"齐全(数据格式标准)。

伴随着跨境电商发展的转型,跨境电商交易范围、交易形式等大大拓宽,如,交易范围不仅包括可移动的、具有实物形态的商品,还包括不动产和服务,如房产投资、软件升级、律师咨询等均可通过互联网传输。因此,本书进一步从交易模式转变的角度对跨境电商概念进行完善,认为跨境电商是指分属不同关境的交易主体,通过互联网达成交易、进行支付结算,并完成交易的一种国际商业活动。此时,跨境电商的概念包含以下几个要素:(1)

交易主体双方分属不同关境;(2)客体即标的不再局限于有形物,而且包括无形的数字信息和服务;(3)载体不仅包括互联网,而且包括微信、脸书等电子社交软件;(4)主体、客体、载体任一要素跨境;(5)不仅包括线上交易,而且包含通过线下展示、洽谈和线下成交等。

(二)政策组合

20世纪60年代,"政策组合"概念最早出现在经济政策研究中,用于分析货币政策和财政政策之间的互动作用。直到20世纪80年代末90年代初,"政策组合"概念被引入公共政策研究领域(Flanagan等,2011;郭雯等,2018)。截至目前,政策组合概念已被广泛应用于创新、环境、领先市场、风能产业、能源等研究领域(Nauwelaers等,2009;De Heide,2011;Kincs Izsak等,2014;Rogge和Reichardt,2014;Costantini等,2015;徐喆和李春艳,2017;郭雯等,2018)。政策组合被广泛应用的同时也引起了学者对其概念的研究。Guy等(2009)较早对R&D和创新的政策组合进行了界定,认为政策组合是一组对研发和创新体系的发展有直接或间接影响的政策工具的集合。Nauwelaers等(2009)和Boekholt(2010)关注到政策组合中的政策工具间存在相互作用过程,进一步将政策组合定义为一组相互影响的且对公共和私人部门R&D投入的数量和质量具有影响的政策工具的集合。Ring和Schröter-Schlaack(2011)认为,政策工具可能会随着时间的推移而发生变化,从而导致政策工具之间的相互作用发生变化,于是其考虑了政策工具组合的动态性,认为政策组合是一组对公共和私人部门的生物多样性保护和生态系统服务提供的数量和质量具有演化影响的政策工具的集合。相关学者通过对上述观点进行整合,认为政策组合概念有狭义和广义之分。其中,狭义概念认为,政策组合是若干政策工具的组合(Lehmann,2012;Matthes,2010);广义概念认为,政策组合不仅是政策工具的组合,还应包括政策工具间的互动过程及其动态性(Flanagan,2011)。

在现实情况中,政策组合效果除了受政策工具间相互作用的影响,还受政策目标、政策空间、政策特征等因素的影响,于是相关学者考虑到政策组合的复杂性,进一步从多维视角提出政策组合的扩展概念。具体来看,OECD从政策领域、基本原理、策略任务和政策工具四个维度提出了政策组合概念框架。Flanagan等(2011)提出了由政策空间、治理空间、地理空间、时间四个维度构成的政策组合相互作用的概念框架。Borras和Edquist

(2013)认为,创新政策工具的设计和组合必须解决创新体系的问题,进一步提出了一个强调政策目标、创新活动、工具选择的概念框架。随后,Rogge和 Reichardt(2016)考虑到现实中政策组合的复杂性和动态性,从基本要素、政策制定过程、总体特征三个维度提出了政策组合的扩展概念框架,其中,基本要素指政策组合的内容,是政策组合概念的核心,包括工具组合(指政策目标、类型和具体特征之间的相互作用)和政策策略(由政策目标和主要计划构成);政策制定过程是在寻求社会问题解决方案时受约束的社会行动者之间的政治问题解决过程,包括政策制定和实施两部分;总体特征是对政策组合的描述,由一致性、综合性、均衡性和可信度四方面构成。

根据我国政策制定流程可知,政策制定者一般是先从现实问题出发,通过选择不同效力、类型的政策工具组合,来实现既定的目标。显然,政策工具、政策力度、政策目标均是影响政策组合效果的重要因素。因此,综合上述观点,本书认为政策组合是为实现政策目标而采取不同效力的政策工具的动态集合。

(三)政策主体

"主体"一词最早出现在哲学和社会学领域。从哲学的角度看,"主体"是具有意识、创造性与能动性的人或由人主导的单位(陈庆云,2000;孟劲,2006;成良斌,2009);从社会学的角度看,主体是指处在一定社会关系中从事实践活动的人及其群体(姚永强,2012)。随后"主体"概念被引用到公共政策领域,发展成"政策主体"。

目前,学者对政策主体概念的界定一般有狭义和广义之分。狭义概念认为政策主体指政策制定者。具体而言,在西方国家,政策制定者包括立法(各级议员系统)、司法(大法官与各级法官系统)、行政(总统及各级行政长官系统)(张家军和靳玉乐,2004);在我国的政治体系下,政策制定者由立法机构、行政机构、司法机构及其代表或负责人构成。广义概念认为,政策主体指直接或间接地参与政策制定、执行、评估和监测的个人、团体或组织(宁骚,2011)。由此可见,政策主体除了政策制定者之外,还包括未直接参与政策的制定,但是能够通过舆论、选举等方式对政策运行施加影响的非官方社会主体,如利益团体、公民、新闻媒体等。之后,安德森(2009)在《公共政策》一书中将政策主体划分为官方和非官方两类,其中官方政策制定者是指具有合法权威制定政策的人员,包括立法者、行政官员和司法人员等;非官方政策制定者包括利益团体、政党和个人(刘远和刘军,2004)。黄维民(2008)根据政策影响的不同,进一步将政策主体划分为国家公共法权主体、社会政治法权主体和社会非法权主体三大类,其中:国家公共法权主体指的是居于法律规定的法权地位、获得法律授权、享有公共权威以制定、执行和评估公共政策的机构与职位,包括立法、行政、司法机关;社会政治法权主体指的是经过法律认可和保护的,可参与公共政策的制定、执行、评估,但不拥有合法的权力去做出具有强制力的政策决定的社会行为主体,包括在野党、参政党、见诸公众的利益集团、公民;社会非法权主体指那些目的不在于参加公共政策的制定,但在需要的时候能够对政策的运行施加强有力影响的团体,包括处于幕后的、不见诸公众的利益团体和传媒机构(卓晓宁,2011)。

综上所述,本书将跨境电商政策主体定义为对跨境电商政策运行周期施加影响的个人、团体或组织。由于本书的研究重点是从统计学视角量化分析跨境电商政策,考虑到数据的可获得性,本书将重点讨论政策主体中的官方政策制定者,暂不讨论非官方政策制定者。

二、文献综述

考虑到跨境电商是一个新业态,学者对其政策研究相对较少,且研究内容主要集中于政策体系及其实施效果。因此,本书在现有跨境电商政策体系相关研究的基础上,进一步对政策内容量化分析的相关文献进行梳理,试图从多方面、多角度量化分析与认知跨境电商政策体系。

(一)关于跨境电商政策体系的研究评述

目前,关于跨境电商政策体系的研究主要集中在两个方面。一是关于我国跨境电商政策的概述及比较分析。比如,梁楠和房婷婷(2014)对2013年和2014年密集出台的跨境电商政策进行概述,认为未来跨境电商政策将全面推开。来有为(2016)通过梳理跨境电商重要节点的政策,认为我国政府正逐步建立适应跨境电商特点的政策体系。胡凯旋(2016)将中国政府对跨境电商发展的政策支持分为萌芽期、成长期和爆发期,并分别阐述不同阶段我国跨境电商的政策环境,认为政策支持力度逐渐增强。高芳杰(2017)详细论述了现有的跨境电商法律政策,并剖析了跨境电商相关政策的演进历程。张鸣飞和杨坚争(2017)概括了跨境电商政策的基本情况,并对跨境电商监管政策进行了探讨。张周平(2018)对2017年中国跨境电商行业相关政策福利进行了概述与解读。进一步地，吴旻（2019）对2018年中国跨境电商行业相关政策措施进行了概述与解读。二是探讨不同类型跨境电商政策存在的问题。比如，跨境电商存在的偷税漏税和退税问题（鄂立彬和黄永稳，2014；陈再福和陈蓉，2016；陈德宝和许德友，2016；孙志伟，2017；于小燕和朱立萍，2017），跨境电商海关通关成本较高、通关效率低下问题（陈云波，2013；冯亚楠和刘丹，2015；崔雁冰和姜晶，2015；孙蕾和王芳，2015；陶玉琼，2017；易海峰，2017；魏秀丽，2018），外汇监管和第三方支付监管困境问题（王大贤，2006；杨松和郭金良，2006；黄永江，2013；杨扬，2016；崔彩周，2017），质量监管法律缺位、信息不对称、产品编码信息不统一等问题（郑立熹等，2014；梁福，2016；胡俊文等，2016；杨春梅和胡丽明，2017；张悦，2018）。

考虑到政策对跨境电商市场的引导作用，还有不少学者综合分析了相关政策的制定对跨境电商企业及行业的影响。比如，谌楠（2016）构建了政府激励机制监管模型，研究了政府扶持性政策对跨境电商企业的影响效果；Chen等（2017）利用203家外贸公司的数据，研究了跨境电商政策对企业绩效与电子商务发展的影响；徐磊（2018）通过梳理跨境电商进口的海关监管政策，并分析了"四八新政"以来海关监管制度对跨境电商进口的影响；杨云鹏等（2018）基于Holling-II模型，建立跨境电商新政策法规SIR模型，研究了新政策法规出台对跨境电商交易过程的影响和传播机理。

综上所述，上述文献主要是从细分领域角度出发，对现行的跨境电商政策条文进行定性研究，相关定量研究也更多地局限于跨境电商政策对产业、市场以及企业的影响，并未从政策体系角度开展深入的定量研究。

（二）关于政策内容的定量研究评述

1.政策体系发展的研究评述

相关研究多是通过解读政策文本、标志性事件来分析政策演进历程与阶段性特征。如，张学文和陈劲（2014）通过分析关键历史事件与重要政策文件，将中国产学研协同创新的发展历程分为起步探索阶段、全面协调发展阶段、战略转向阶段、重点突破阶段。刘云等（2014）根据30年来中国创新体系国际化演进的特点，将我国自改革开放以来的国家创新体系国际化进程划分为引进为主阶段、引进为主向追赶转型阶段、追赶阶段、追赶向自主转型阶段。徐倪妮和郭俊华（2018）以国家发展战略调整、重大历史事件、重要政策文件 3 个标准为依据,将科技人才政策的演变历程分为恢复调整阶段、体系初立阶段、转型完善阶段、战略发展阶段、发展创新阶段。

此外,少数学者尝试借助特定理论或分析方法研究政策的发展特征,分析内容不再局限于政策发展阶段,进一步扩展至政策主题与主体的演化历程。其中,关于政策主题演化的研究主要集中于政策焦点、关系、特征分析,用于挖掘相关产业的发展重点与方向,已被广泛应用于我国产学研协同创新政策、国家级产业园区政策、科普政策等领域(叶江峰等,2015;刘瑞等,2016;孔德意,2018)。在政策主体演化研究方面,早期学者主要从单独发文、参与联合发文、牵头联合发文等方面分析政策发文主体构成的演化情况,随后,学者进一步将社会网络分析法引入政策主体演化研究,用于提炼政策主体合作网络的结构特征、主体角色、主体功能的演变历程,研究主题由政策主体构成转向政策主体合作网络,研究领域也拓展至我国科技政策、科技人才政策、产学研成果转化政策、科研院所改革政策等(刘凤朝和徐茜,2012;朱桂龙和程强,2014;黄萃等,2015;徐倪妮和郭俊华,2018;王福涛等,2018)。

综上所述,现有文献系统地研究了政策发展、政策主体、政策主题的发展规律,且已被广泛应用于各个领域,为本书研究提供了重要依据。而在跨境电商政策发展研究方面,尽管相关学者对跨境电商法律政策的发展历程进行了描述性分析,但专门针对国家层面跨境电商政策发展的系统性定量研究尚未涉及。显然,如何从跨境电商政策发展角度出发,明确不同阶段跨境电商政策发展特征及现存问题,是有待深入研究的重要内容。

2. 政策文本分析框架的研究评述

关于政策文本分析框架的研究,早期学者主要从政策工具角度,对政策文本进行分类与比较分析。比如,根据政策产生的影响不同,将创新政策工具划分为供给型、需求型和环境型三类(Rothwell 和 Zegveld,1985);按照政府介入程度将创新政策工具分为规制性工具和非规制性工具两类(Lowi,1972)。进一步地,Howlett 和 Ramesh(1995)将创新政策工具细分为强制性工具、自愿性工具和混合性工具三类;根据政策工具目标不同,将创新政策工具分为命令性工具、激励性工具、能力建设工具和系统变革工具四类(McDonnell 和 Elmore,1987);根据政府引导方式的不同,将政策工具分为权威型政策工具、诱因式政策工具、建立能力型政策工具、象征或劝说型政策工具、学习型工具(Schneider 和 Ingram,1990)。

从 21 世纪开始,国外学者对政策工具的研究传播到国内,引起了国内学者的广泛关注。相关学者以实际需求为导向,将政策工具分析进一步应用到环境、教育、工业等研究领域。如,黄忠敬(2008)根据不同的教学情境,参考麦克唐纳和埃莫尔对政策工具的分类,将教育政策工具分为命令性工具、激励型工具、能力建设性工具、系统变革性工具和劝导工具;李晟旭(2010)基于不同的调整机制,将环境型政策工具分为命令控制型工具、经济刺激型工具、社会型工具;周英男和王晓杰(2010)基于政府和企业的关系,在三分法基础上将工业企业政策节能工具分为命令控制型工具、经济激励型工具和自愿型工具。

随着政策研究领域的不断丰富,政策文本的单维分析已不能满足现实分析需求,部分学者开始结合不同领域的特征,构建多维政策文本分析框架。如,黄萃等(2011)构建了包含政策工具和产业价值链两个维度的中国风能政策体系分析框架;吴宾和刘雯雯(2017)从政策工具和养老服务体系两个维度,对我国养老服务业的政策文本进行了政策内容量化研究和文献计量分析;王宏起等(2018)以 2015 年起政府所颁布的"双创"政策为研究对象,建立包含政策工具、"双创"过程、"双创"政策作用对象的三维分析框架,分析了我国双创政策的具体作用方式。

综上所述,目前关于政策文本分析框架的研究较为丰富,但从跨境电商角度,开展政策文本的定量研究较为缺乏。如何通过量化分析跨境电商政策文本框架,探讨当前我国跨境电商政策的优势和劣势,是一个有待深入的基础性研究内容。

3.政策组合对相应产业形成的影响的研究评述

早期学者主要是从单一政策工具角度研究政策对创新的影响(Kemp 和 Pontoglio,2011),但一种政策工具的实施效果会受到其他政策工具的影响,政策工具间的相互作用使得政策工具的综合效应与政策目标发生偏离,这就要求政府选择合适的政策组合以发挥政策的最大效应,即避免政策工具间的负向作用,实现良性或互补互动效果(刘凤朝和马荣康,2012;Rogge 和 Reichardt,2015;张宏伟,2017;徐喆和李春艳,2017)。因此,越来越多的学者开始关注政策组合作用效果的研究。如,Guerzoni 和 Raiteri(2015)通过研究技术政策对企业创新行为的影响,发现不同政策的相互作用能够发挥更大的政策效果。童洪志和刘伟(2018)通过建立政府与农户间的演化博弈模型,模拟分析了政府补贴、管制和农技推广三种政策及其组合对农户保护性耕作技术采纳行为的影响机制,发现三种政策的合理组合对农户保护性耕作技术采纳行为的激励作用效果最佳,政府若单独采取补贴措施对农户采纳行为激励效果不佳,需与惩罚机制或信息诱导措施结合才能起到有效的促进作用。

随着政策系统的越来越复杂,部分学者开始以政策组合特征为突破口,研究政策组合特征对创新成果转化、领先市场形成等的影响,发现政策组合特征能够对不同领域产生重要影响,但是影响程度和方向存在显著差异。具体来看,Reichardt 和 Rogge(2014)通过量化分析德国海上风能政策组合及其特征的影响,发现不仅是政策组合的一致性,政策组合的综合性和可信度也能够促进创新。随后,Costantini 等(2017)对 1990—2010 年间 23 个 OECD 国家的能源效率领域的政策组合特征进行了实证分析,发现除政策组合的综合性对创新产生促进作用外,政策组合的均衡性、非一致性和离散型也能对创新产生显著影响,其中均衡性对创新呈促进作用,而非一致性和离散型对创新呈负向作用。在此基础上,徐喆和李春艳(2017)进一步量化分析了政策组合对高技术产业创新能力的影响,发现不同政策目标组合和不同政策工具组合的综合性和一致性均对创新产生促进作用,不同政策目标的均衡性对创新呈抑制作用,不同政策工具组合的均衡性能够促进创新。郭雯等(2018)采用线性回归的方法对新能源汽车产业发展的相关政策组合特征及其对领先市场的影响进行了分析,发现供给、需求与环境面政策组合的综合性和一致性对领先市场的形成产生显著的正向促进作用,均衡性对领先市场形成的影响并不显著。

显然,已有研究证实了政策组合特征能够对相应领域的形成产生重要影响,但以跨境电商政策组合特征及其对跨境电商发展的影响为研究内容的文献仍为空白。因此,如何从制度环境出发,探讨不同类型跨境电商政策组合的作用效果,诊断政策组合的有效性,是有待深入研究的重要内容。

(三)有关跨境电商政策效果评价的研究评述

关于跨境电子商务政策效果的研究,主要集中在税收、风险、结汇、支付等细分领域。即,目前学者主要关注不同领域的政策对相关利益方的影响。比如,在税收方面,税收新政有助于明确跨境电子商务平台的合法地位,但会降低其利润空间,特别是不利于以低价海淘商品为主的跨境电子商务平台的发展(王琦,2016;陆晶晶,2017)。而对于政府部门,税收新政能增加国家税收收入（赵文渊，2016；肖天祎，2017）；在结汇方面，结汇监管政策有利于跨境电商业务管理和人民币跨境使用范围的扩大，在管理上实现风险可控（宋新伟，2015）；在风险方面，对于国内生产企业，现有的风险类政策暂未对化妆品、婴幼儿配方奶粉、特殊食品等进口商品采取注册制，而对同类国内产品采取注册制，不利于营造公平竞争的市场环境（来有为和石光，2018）。对于国内消费者，支付类政策要求支付账户实名制、余额付款交易限额、分类监管，保障了消费者的核心权益（肖成志、祁文婷，2016）。

对于如何系统评估跨境电商政策效果，国内外学者也做了一系列研究。如，张鸣飞和杨坚争（2017）提出，采用 William N. Dunn 的政策评估标准，从有效性、效率、充分性、公平性、回应性与适当性等六方面评估跨境电商政策；赵杨等（2018）根据政策内容，设计了包含政策层级、政策时效、政策性质、发布机构、政策倾向、政策内容、调控范围、作用领域、作用对象指标的评价体系，以判断我国跨境电商政策的实施效果。

综合现有文献，学界已对跨境电商领域的政策效果做了大量讨论，但仍存在以下几个问题。一是现有文献主要从特定领域角度开展政策效果评价，缺乏系统性与全面性。也即，对于如何开展跨境电商政策体系的统计分析缺乏深入的研究。二是关于跨境电商政策的评估，评估内容局限于政策文本，并不能真正体现政策的实施对其受体的影响效应。比如，赵杨等（2018）提出的评价模型只是将政策内容进行量化，以此构建的评价指标体系并未包含政策受体变化类指标。三是现有的政策评价大多采用已有模型，并未体现跨境电商业务的新特点。比如，张鸣飞和杨坚争（2017）构建的跨境电商政策评估体系，主要参照公共政策分析导论中的政策评估标准，评价指标的选取并不具有代表性。因此，如何构建符合跨境电商交易特征的政策模型，模拟分析与评估跨境电商政策对利益相关者产生的影响与效应，是当前学术界迫切需要解决的一个问题。

第二节　跨境电商政策文本研究的理论基础

跨境电商政策的研究涉及公共政策、公共管理等理论基础，是一个较为复杂的研究对象。本节结合跨境电商政策研究内容和跨境电商发展阶段，在上述理论中提炼出本书研究所涉及的政府干预理论、政策网络理论和政策工具理论,为跨境电商政策文本的定量研究提供理论基础。

一、政府干预理论

政府在经济活动中扮演的角色一直是经济学界讨论的焦点。相关学者对于政府干预理论的研究随着计划经济向市场经济的过渡而不断变化,据此本书按照以下几个时期对政府干预理论进行说明:重商主义时期、经济自由主义时期、凯恩斯主义产生时期、新自由主义与新凯恩斯主义时期。

1.重商主义时期(15—17世纪)

15世纪末,西欧封建社会逐渐瓦解,资本主义萌芽发展。此时,资本主义的形成迫切需要进行资本的原始积累,为生产提供资金和劳动力。但当时现存的封建生产方式难以满足资本主义的生产需要,必须借助国家政权的帮助,在这一过程中重商主义应运而生。他们力主国家对经济全面干预,主张通过国家制定具体的政策法令实现商业资本和国家政权的结合(刘伟,2007)。这一主张的代表性人物有孟克列钦和托马斯·孟。孟克列钦在发表的《献给国王和王后的政治经济学》中提出,商业是国家活动的基础,主张政府对对外贸易进行保护和扩张;而托马斯·孟则强调,国家应利用财政和关税保护本国经济的发展。

2.经济自由主义时期(17世纪中叶—20世纪初)

到17世纪中叶,资本原始积累已完成,资本主义生产方式得以全面发展,以亚当·斯密为代表的经济自由主义兴起。斯密极力主张自由竞争、自由贸易以及劳动资本和其他生产要素的自由流动,反对政府过多干预。他认为,"看不见的手"(市场机制)是协调市场经济活动的最高原则。但经济自由主义并不完全否定政府或国家在市场经济运行中的作用,他们认为政府只能干预社会非生产性及公共部门,而对于微观经济活动与社会资源配置,政府不能进行干预。

3.凯恩斯主义产生时期(20世纪30—70年代)

1929—1933年的经济大萧条,使得资本主义国家的生产遭到重创,暴露了市场经济自我调节的局限性,自由放任政策遭到质疑。1936年凯恩斯的《就业、利息和货币通论》的发表为迷茫的资本主义国家提供了新的指导理论。凯恩斯提出有效需求理论,这里的有效需求是指商品总供给价格和总需求价格达到均衡时的总需求。他认为资本主义社会经济仅仅依靠市场调节作用,存在有效需求不足的问题,这就需要政府对经济进行干预,即运用财政政策或者货币政策对市场进行调节和控制。

4.新自由主义与新凯恩斯主义时期

第二次世界大战之后,资本主义国家面临巨大的财政赤字,导致经济陷入停滞和通货膨胀并存的滞胀困境,新自由主义和新凯恩斯主义顺势诞生。经济学家根据现实经济困境,对经济自由主义和凯恩斯主义理论进行修正与完善。新自由主义认为,市场失灵是政府干预的结果,而不是市场本身的原因,提出政府失灵理论,明确指出政府对经济的任何干预都是错误的,更强调发挥市场机制的作用。新凯恩斯主义则将凯恩斯主义中的相关宏观分析思想与新古典学派中的相关微观分析思想相融合,强调发挥政府干预调控作用,主张采取灵活多变(补偿性)的财政政策和货币政策进行需求管理(稳定经济),综合采取多种政策来实现经济目标(焦慧凝,2010)。可见,两种理论都赞同政府对资源配置的调控作用,只是政府干预调控的范围、内容存在差异。

由政府干预理论的发展过程可知,在经济发展初期,需要由政府主导资源配置和经济发展;随着商品经济的发展,市场机制能够发挥自发而有效的调控功能。当市场失灵时,需要政府干预经济来改善市场机制引发的问题。目前,我国经济发展模式是社会主义市场经济体制,同时我国也是一个行政权力高度集中的国家,这决定了:一方面,我国经济社会运行适用市场经济原则;另一方面,中央政府和地方政府在我国经济发展中具有较强的干预能力(张镧,2014)。已有很多学者研究了我国政府干预问题,多数研究表明我国政府干预手段对经济发展的效果显著(王莹,2000;夏立军和方轶强,2005;张功富等,2011;姜广省和李维安,2016)。如,王凤荣和高飞(2012)通过研究地方政府干预对处于不同生命周期企业的并购绩效的影响,发现较高的政府干预对处在成熟期的地方国有企业并购绩效有正向影响。姜广省和李维安(2016)研究发现政府干预对企业对外直接投资的绩效具有显著的正向影响。

综上所述,政府干预理论为研究跨境电商领域的政府干预和政策行为提供了坚实的理论基础。考虑到当前跨境电商正处于发展初期,市场运行机制尚未形成,很大程度上需要政府主导跨境电商资源配置和发展。因此,政府干预理论是本书研究跨境电商政策文本的重要理论基础。

二、政策网络理论

20世纪四五十年代,社会科学在描述行动者之间的互动关系时,最早使用网络一词。20 世纪 50 年代,网络分析理论开始被用于社会学研究中。20 世纪 70 年代,Katzenstein 在《权利与财富之间》一书中最早提出"政策网络"一词,标志着政策网络理论兴起,并成为美国、英国、欧洲等国家政策科学领域研究的重要流行术语。20 世纪 70 年代末以后,政策网络理论进一步被引入公共政策领域和政治科学领域,用于研究政策制定过程中涉及的多元参与者构成的网络关系。发展至今,政策网络理论已经成为政策领域研究的主流,得到学者的广泛认可。

由于不同国家政治制度、政府管理方式、政策制定过程等的不同,相关学者基于不同视角对政策问题进行剖析,形成不同流派的政策网络理论,代表性流派有美国学派、英国学派和欧洲学派。其中,美国学派以多元主义和利益集团理论为基础,从微观层次分析参与者或行动者之间的人际关系,而不是组织间的结构关系。美国学派的思想源头最早可追溯到次级系统,它由利益集团、国会议员和行政部门组成,且这些参与者或行动者之间存在紧密、封闭和持续互动的关系。在此基础上,Heclo(1978)认为,除强势固定的封闭系统外,政策过程还存在大量松散的政策社群,提出"议题网络"的思想,即议题网络是行政部门、国会议员、利益集团、学者、专家、大众媒体等与政策制定有直接利害关系的团体或个人组成的网络。

英国学派的研究焦点则是国会委员会、行政机构与利益团体之间的组织结构关系,以及这些关系对政策结果产生的影响。他们认为各参与主体为实现自身利益最大化,通过利益博弈、协同合作、目标优化等方式,对其他参与主体产生或强或弱、或大或小的影响,从而形成不同的网络结构。Rhodes 进一步根据参与者依存度、参与者构成、资源分配的不同,将前述政策网络依次划分为政策社群、专业网络、府际网络、生产者网络、议题网络。

与英美学派不同,欧洲学者将政策网络的研究提升到宏观层面,重点研究国家与社会之间的关系,视政策网络为官僚组织、市场之外的第三种公共治理模式。作为国家治理的形式,政府网络能够动员广泛分布的公共部门和私人参与者的资源,既没有传统政府形态的反功能结果,也没有市场不能控制外部负面结果的市场失灵,可以有效解决市场和政府的失灵问题(于常有,2008)。

综上可知,在政策网络的研究中,美国学者主要是从微观层面出发,分析参与者或行动者之间的人际关系,而不是组织间的结构关系;而英国学者主要从中观角度研究参与者之间的组织结构关系,及其产生的政策后果,认为政策网络是利益中介机构；欧洲学者进一步从宏观层面对政策网络的治理模式进行研究，认为政策网络、官僚组织、市场三者鼎足而立，共同构成国家治理模式。

不同学派对政策网络的理解存在分歧，但它们共同的特点是都认为政府不是政策的唯一制定者，公民、利益集团、专家、学者、大众媒体等团体或个人也与政策制定息息相关，他们之间依靠政治、资金、人员、组织、信息等方面资源的交流和交换组成网络。由此可见，政策网络具有以下几个特征。(1)关系主体和目标多元化。每个关系主体都有各自利益和目标，他们通过政治、资金、信息等的互换实现预期目标，这种互换建立在非平等互动关系基础上，且任何一方都不具有绝对支配权(侯云，2012)。(2)关系主体相互依赖。关系主体间通过资源互换的方式发展成相互依赖的关系。(3)关系复杂化。参与主体之间的关系有强弱、多少、长短之分。

当前，跨境电商的政策制定涉及十多个政策主体，政策主体之间存在相互依赖关系，即多个政策主体通过政治、资金、人员、技术等的相互依赖与资源交换发生关系。整个跨境电商政策系统通过相互协调和资源交换不断进行博弈。这意味着，跨境电商政策系统具有政策网络的本质特征。因此，政策网络理论是本书研究跨境电商政策主体合作关系、政策主题网络的理论基础之一。

三、政策工具理论

政策工具是指政府制定政策时为实现政策意图而采用的方法和手段。此概念从诞生之日起，引起了学者的高度关注，并由此产生了不同的分类方式。如 Rothwell 和 Zegveld(1985)将创新政策工具划分为供给型、需求型和环境型三类；Lowi(1972)按照政府介入程度将政策工具分为规制性工具和非规制性工具两类；在此基础上，Howlett 和 Ramesh(1995)将其分为强制性工具、自愿性工具和混合性工具三类；Schneider 和 Ingram(1990)基于政府引导方式，将政策工具分为权威式政策工具、诱因式政策工具、建立能力之政策工具、象征性或劝说性政策工具、学习性政策工具。

基于政策工具的分类，学者开始结合政策的不同领域建立以政策工具为主的多维分析理论框架。如黄萃(2011)以我国风能政策文本作为研究对象，建立了包含政策工具和产业价值链在内的二维分析框架。樊霞和吴进(2014)运用政策内容分析法，构建了政策工具、产业领域、技术活动类型的三维分析框架，反映了我国共性技术政策的基本特征。吴宾和刘雯雯（2017）从政策工具、养老服务体系两个维度对我国养老服务业政策文本进行政策内容量化研究和文献计量分析。刘云和黄雨歆（2017）基于政策工具视角，对"十二五"以来我国国家创新体系国际化政策文本进行编码和统计分析，得出需加强供给型和需求型政策工具运用的结论。

第三节 跨境电商政策效果研究的理论基础

明确跨境电商的功能与属性是跨境电商政策效应模型构建的前提，所以本节主要对跨境电商的贸易中介功能及分析工具——动态随机一般均衡模型（Dynamic Stochastic General Equilibrium，简称 DSGE）的相关理论进行详细探讨，为后续研究提供理论支撑。

一、跨境电商的贸易中介功能

（一）传统贸易中介

1996 年，Spulber 最早提出贸易中介的概念，认为贸易中介是指一个专门从供应商那里购货并转卖给买方，或者帮助交易双方会面并促成交易的经济中介。前者是加价中间商，通过购买获取、分销转卖赚取利润，如批发商、零售商等；后者是纯代理中间商，又叫佣金中间商或代理中间商，其通过提供交易服务、协调并促进交易双方交易来获取佣金，如运输和物流业通过提供专门的运输服务，收取运输和仓储费用（庞春，2009）。显然，传统贸易中介具有货物转移和信息匹配功能。

一般而言，在传统国际贸易中，企业和市场因地理距离、文化距离、市场规模、信息不对称等因素而需要支付的高额交易成本，严重阻碍企业直接对外贸易。Roberts 和 Tybout（1997）以哥伦比亚企业为研究对象，发现信息成本是企业进入出口市场所支付成本中的重要组成部分。之后，Anderson 和 Wincoop（2004）进一步对贸易成本进行测算，发现国际贸易成本的增值效应为 74%，其中包含 21% 的运输费、44% 的边境相关贸易壁垒、55% 的成本。实际上，在 44% 的边境相关贸易壁垒中，36% 的成本为广义的信息成本（关利欣和洪俊杰，2012；钟本章，2015）。因此，为节约交易成本，多数企业选择通过贸易中介的形式进入国外市场。此时,企业只需一次性承担全球固定成本,即可间接进入所有的潜在市场,从而避免为每一个特定市场承担营销、分销和产品设计等双边固定成本(Ahn 等,2011;綦建红和李丽,2016)。然而,选择贸易中介间接出口的企业也需要承担高昂的可变成本,如路线迂回所带来的额外运输成本、支付给中间商的中介服务费用。整体上看,贸易中介的存在产生了分销至国外的较高边际成本,有可能提高消费者所承担的价格。因此,企业选择直接出口或者贸易中介间接出口,取决于一系列影响因素。

(1)企业生产率。生产率高的企业更倾向于选择直接出口,生产率次之的企业会选择通过贸易中介商出口,生产率较低的企业仅选择在国内销售(Felbermayr 和 Jung,2011;Ahn 等,2011;Akerman,2014)。(2)企业规模。规模越大的企业通过选择直接出口,次之企业选择通过贸易中介进行出口,规模较小的企业选择不出口(Blum 等,2010;Ahn 等,2011;Abel-Koch,2013;茹玉骢和李燕,2014,马林梅和张群群,2014)。(3)产品质量。产品质量高的企业倾向于选择直接出口,而产品质量较低的企业更依赖贸易中介(Crozet 等,2013;Abel-Koch,2013)。(4)产品合同。如果出口企业与贸易中介签订的产品合同执行力较差,规模较大的企业会选择直接出口,而规模较小的企业为了节约沉没成本依然会选择贸易中介(Felbermayr 和 Jung,2011;Bernard 等,2013;Abel-Koch,2013)。(5)出口国家。出口国家的市场规模、征收风险、国际合同执行力、贸易保护、地理距离和文化距离等特征都会影响企业出口方式的选择。对于出口难度较大的国家,企业更倾向于选择贸易中介间接出口(Bernard 等,2010;Felbermayr 和 Jung,2011;Ahn 等,2011)。(6)固定贸易成本。当出口固定成本较低甚至为零时,企业选择直接出口;当出口固定成本较高时,能够通过直接出口获利的企业仍选择直接出口;当固定成本很高时,所有企业都选择中介出口;在极端情况下,固定成本过高则导致企业完全不出口(张筱慧和杨鞭,2017)。(7)外部冲击。汇率波动、关税减让等外部冲击也会对企业出口行为产生影响,如汇率波动对贸易中介的影响比直接出口者的影响低 15%—30%(Bernard 等,2013)。

(二)电商嵌入背景下的贸易中介

随着跨境电商的迅猛发展,其依托网络和信息技术将信息流、资金流、物流等流通要素集为一体,对国际贸易方式、传统贸易中介带来巨大冲击。

在这种背景下,贸易中介何去何从的问题存在较大争议。一部分学者认为,电商提高了信息的透明度,制造商可以利用电子商务越过贸易中介直接与消费者进行交易,避免通过中介交易所产生的协调费用、物流费用和库存费用等,从而实现国际贸易的"去中介化"(Anderson,2002;Chan,2014;钟本章,2015;綦建红和李丽,2016)。如,Malone等(1987)认为,一旦电子商务得以使用,传统的中介市场就会受到威胁,因为电子交易降低买卖者搜寻匹配的成本,新的交易方式会取代传统的中介交易。Hoffman等(1995)也认为,电子商务的出现降低了买卖双方交易的成本,提高了交易的效率,创造了更加有效率的无摩擦市场(钟本章,2015)。

与"去中介化"不同,有的学者认为,网络交易具有一定的虚拟性和隐蔽性,交易过程中会出现信用、产品质量、虚假信息等不确定性问题,从而增加交易双方筛选信息、控制风险的成本,因此,即使在电商时代贸易中介也不会消失(綦建红和李丽,2016)。还有学者进一步基于功能主义视角,认为电商会催生新型贸易中介。如,Sarkar等(1995)认为,由于交易市场的复杂性,即使电子商务也无法避免交易摩擦,电商只会促进传统贸易中介转型,推动新型网络贸易中介的出现与发展。钟本章(2015)认为,国际贸易无法实现实质上的"去中介化",就算原本承担贸易中介功能的机构在电子商务的冲击下逐渐衰弱甚至最终消亡,但是贸易中介功能依然会由新载体加以承接并继续发挥作用。之后,相关学者开始基于电商催生新型贸易中介的观点,对新型贸易中介的形式和特征展开探讨,认为新型贸易中介具备以下新特征:提高市场进入的可能性,效率更高、费用更低,能迅速灵活地满足消费者需求,能克服时间、地理以及社会文化差异带来的跨境贸易障碍,为多产品销售、交易数据的监控、新技术新产品的推广提供有效率的平台,放宽和加速实时信息的交换,促进更多出口。

综上所述,不同学者对电商嵌入背景下贸易中介的发展方向进行了丰富的探讨,多数学者是基于单一视角分析电商对传统贸易中介的影响。持"去中介化"观点的学者是站在交易成本角度,认为电子商务的交易方式取代了传统贸易中介交易,而忽略了电商交易所带来的一系列新成本和新风险。持相反观点的学者则是站在电商交易所带来的不确定性问题角度,认为电商交易的不确定性会产生额外成本,而忽略了电商与贸易中介的融合、嵌入的互动过程。电商催生新型贸易中介的观点是前述两种观点相互融合的结果。目前,这一观点被大多数学者接受和认可。

一般跨境电商企业包括跨境电商平台企业、跨境电商交易企业、跨境电商服务企业。从盈利模式来看,跨境电商平台企业具有自营式和平台式两种盈利模式,前者主要以进销差价收入为主,后者以电商平台为媒介为商家与消费者之间互通信息,通过提供信息自助匹配服务收取佣金;跨境电商交易企业也以低价购入加价售出为盈利模式;跨境电商服务企业则通过提供申报、物流、仓储、支付等服务收取佣金。显然,三种跨境电商企业都具有贸易中介的货物转移或信息匹配的功能,只是提供的服务内容更趋于精细化。可见跨境电商企业完全具备新型国际贸易中介的功能。

二、动态随机一般均衡模型

(一)动态随机一般均衡(DSGE)的特点

动态随机一般均衡模型是以微观和宏观经济理论为基础的动态优化模型,采用动态优化的方法考察各行为主体(政府、家庭、厂商等)的跨期优化问题,从而得到各经济主体在一定约束条件下的最优化行为方程。然后,在模型中引入外生随机冲击来刻画现实经济中的不确定性,这些外生冲击与各经济主体的行为方程共同构成一个动态均衡系统。由于 DSGE 模型能够详细刻画和描述不确定环境下经济主体的行为决策,同时兼顾宏观经济理论和微观理论,成为当前宏观经济学的主流分析工具。

DSGE 模型具有三个特点:动态(Dynamic)、随机(Stochastic)、一般均衡(General Equilibrium)。

第一,"动态(Dynamic)"。各行为主体在进行跨期最优决策时,不仅需要考虑其行为在当期的影响,还要考虑未来行为主体的后续影响,即各行为主体的最优决策需要动态考虑其行为带来的预期影响。可见,对未来的预期是各行为主体的重要决策依据,这一"预期"在建模时通常使用"理性预期"来表示。

第二,"随机(Stochastic)"。在现实经济系统中,存在大量不能被精确预测的不确定性事件。为了刻画这种不确定性,DSGE 模型需要引入"随机"冲击变量。因此,每期行为主体的决策都会受到外生的随机冲击影响,从而使模型具有一定的不确定性和随机性。

第三,"一般均衡(General Equilibrium)"。宏观经济的研究对象是整体经济系统,各行为主体通过相互联系和相互作用做出决策行为,由于各行为主体是在理性预期的市场环境下,因此一般均衡理论才是其最优的选择,可以将随意的行为假设降到最低。

(二)动态随机一般均衡(DSGE)模型的理论基础与分析框架

DSGE 模型起源于 Kydland-Prescott(1980)提出的实际经济周期(Real Business Cycle,RBC)模型,他们在理性预期、价格弹性及完全信息的市场环境下,采用动态优化方法,得到各经济主体的最优化行为方程,通过市场出清条件构造一个均衡的经济系统。他们认为技术冲击是经济波动的主要根源,货币政策、税率、偏好等并不会对实际变量产生作用。虽然 Kydland-Prescott 的 RBC 模型较好地解释了经济波动的原因,但是其理论基础和约束条件过于理想化,严重脱离现实经济环境,受到广大学者的批判。为了弥补 RBC 模型的缺陷,新凯恩斯主义在 RBC 的框架下考虑现实的经济问题,引入垄断竞争、名义黏性、信息不对称等假设,从而发展成了新凯恩斯 DSGE 模型。新凯恩斯理论认为,不仅技术冲击会造成经济波动,宏观经济政策也会对经济波动产生影响(李松华和马德福,2010)。

基于 DSGE 模型的数量分析框架包括模型设定、模型求解、模型估计、模型模拟四个部分。

第一,模型设定。模型设定是 DSGE 模型分析的第一步,也是整个分析过程中最为关键的一步。首先,研究者针对具体的实际问题,确定模型中的经济主体,主要包括家庭、厂商、政府和中央银行等,并给出各经济主体的偏好和行为约束假设。其次,研究者根据各个经济主体的效用函数和约束条件求出最优行为方程,并加上冲击的描述方程,共同构成一个经济均衡系统,通过对均衡分析,进一步研究实际问题。

第二,模型求解。完成模型设定之后,下一步是对其进行求解。在对模型进行求解时,需要对解的存在性、唯一性和稳定性进行分析。大部分 DSGE 模型都是非线性模型,求解过程非常复杂,计算量很大。目前的求解方法主要有两类:一类是对非线性模型直接求解,这一方法的优点是可以保留所有研究者感兴趣的变量信息,但缺点是求解复杂;另一类方法是先对模型进行对数变换,在稳态附近进行泰勒展开,如果只对一阶矩感兴趣,就采用一阶近似,这种方法通常被称为对数线性化方法。如果对高阶矩感兴趣,可以采用二阶或高阶近似。对数线性化方法可以先将系统转化为含期望符号的线性系统,然后用线性代数的方法加以求解。由于该方法具有便利性特征,所以经常被采用。因此,本书采用对数线性化方法来求解模型。

第三,模型估计。DSGE模型虽然具有坚实的理论基础,但如果模型不能很好地反映实际经济数据,建立的模型则缺乏有效性。因此根据实际经济数据对模型中的参数进行设定是一个重要环节。模型中的参数可以分为两大类,一是反映模型稳态特性的参数,二是反映模型动态特性的参数。实证研究中,第一类参数通常采用校准法(calibration)来确定,它的主导思想是通过使模型的理论矩尽可能与观测数据一致而得到DSGE模型参数的校准值,即根据经验研究来确定模型的参数,进而对实际经济进行经验模拟研究。该方法是常用的方法之一,但是,这一方法因缺乏坚实的理论基础,而受到了相关学者的批评(Hansen and Heckman,1996)。对于第二类参数,通常采用估计的方法来确定,如极大似然估计、贝叶斯估计、广义矩估计、模拟矩方法等。

第四,模型模拟。建立模型的主要目的是进行定量经济分析,包括对政策变化及各种冲击对经济系统的影响效果进行分析,即在一定的假设条件下,利用历史数据,对各种情景进行模拟分析,包括确定性模拟和随机模拟。确定性模拟是指在不考虑误差项的情况下,通过改变模型中的外生变量数值,分析内生变量的变化情况;随机模拟是指分析各种不确定性因素对模型中内生变量所产生的影响。

第四节　跨境电商政策的相关经济效应

跨境电商发展历史较短,以跨境电商政策的经济效应为研究主题的参考文献并不多见,相关研究主要从商家和消费者等微观角度出发,对税收新政和消费偏好的影响因素及经济效应进行分析,考虑到税率和消费者偏好是政府部门常用的政策干预对象,因此本节主要对税收新政和消费偏好的经济效应进行详细介绍。在此之前,有必要先回顾跨境电商对经济系统产生的影响。

一、跨境电商的经济效应

从已有研究来看,国内外学者主要分析跨境电商对相关利益方的影响,相关研究可归纳为以下几个方面。一是基于企业角度的研究。Goldmanis

(2010)研究了跨境电子商务对零售市场结构的影响,认为跨境电子商务将市场份额从高成本企业重新分配给低成本企业。茹玉骢和李燕(2014)基于世界银行的微观数据探究了电子商务对规模较大出口企业的影响大于规模小的出口企业,外资出口企业大于内资出口企业,民营出口企业大于国有出口企业。二是基于消费者角度的研究。卜德林(2015)认为,跨境电商可以降低消费者购买商品价格,但增加了正品风险和物流风险。马述忠和陈奥杰(2017)从消费者、生产厂商和贸易中介的角度构建跨境电商贸易模型,发现跨境电商 B2C 销售渠道的应用可以提升消费者福利,但降低社会总福利。三是基于进出口贸易角度的研究。赵志田和杨坚争(2012)基于动态面板计量模型的实证研究发现,电子商务对进出口贸易均产生由负向到正向的影响,且影响趋势正在加快和增强。李子和杨坚争(2014)通过建立 ARCH 模型和误差修正模型展开更深入的研究,发现跨境电子商务发展与进出口贸易之间存在长期均衡关系,且跨境电子商务发展能够增加贸易的波动性,王喜荣和余稳策(2018)的研究也印证了此结论。

部分学者在上述研究的基础上,进一步深入分析跨境电商对我国宏观经济产生的影响效应。具体如下:一是从产业价值链理论出发,认为跨境电商作为一种新型的贸易模式,使得厂商可以通过跨境电商平台直接与国外消费者达成交易,减少贸易的中间环节,降低销售成本,增加了厂商利润(Terzi,2011;陈静,2017)。二是从交易成本理论出发,认为跨境电商降低了信息搜寻成本、谈判成本、销售成本、管理成本等,从而增加企业利润(He 等,2011;王爱红和张群,2017)。三是从市场营销理论出发,认为厂商可以通过互联网和跨境电商平台进行营销,突破传统营销的时空限制,同时提高营销的精准性,进而扩大对外贸易市场范围(Gregory 等,2007;孙柳,2016)。

二、跨境电商税收新政的经济效应

关于跨境电子商务税收新政对经济系统影响的研究,国内外学者主要从多角度分析跨境电子商务税收新政对相关团体的影响。如,对于跨境电子商务平台,税收新政有助于明确其合法地位,但会降低平台的利润空间,特别是不利于以低价海淘商品为主的跨境电子商务平台的发展(王琦,2016;陆晶晶,2017);对于政府部门,税收新政能增加国家税收收入(赵文渊,2016;肖天祎,2017);对于国内生产企业,税收新政会在一定程度上提升同类生产商的利润空间,不利于传统外贸企业走上跨境电商之路(王凤芝和郭静,2016);对于国内消费者,税收新政在一定程度上会降低国内消费者的福利(马海波,2018);对于海外购消费市场而言,税收政策使得海外购商品的成本提高,商品价格增加,消费者对进口商品的需求便会减少(李德珍,2017)。张衍斌和李洪心(2017)进一步通过构建一般均衡(CGE)模型模拟分析跨境电商进口税收政策对政府税收及不同年龄段居民消费的影响,发现跨境电商零售进口税收政策的实施增加了政府税收,短期内抑制了居民的海淘行为,但是减少的消费量并没有分流到国内,这一研究印证了上述跨境电商税收新政对政府部门和海淘市场所产生的影响效应的结论。

三、跨境电商消费偏好的经济效应

跨境电商作为传统外贸转型升级的新引擎,在高速发展的同时伴随着市场定位不明确、品牌国际知名度低等一系列问题,消费者对产品的忠诚度和满意度也不高,严重制约跨境电商发展(卢晨祎和刘莉云,2016;张晓东和何攀,2018)。因此,越来越多的学者开始关注跨境电商消费者偏好问题,并做了大量的研究,他们通过实证分析发现时尚的产品设计、良好的产品性能和合理的销售价格有助于促进消费者对品牌建立好感与信任,而产品价值、网店形象、客户服务、物流能力、国际营销对品牌形象的影响并不显著(张晓东和何攀,2018)。也有学者进一步对前述影响因素对消费者偏好的影响展开研究。如,在跨境电商服务质量中,决策支持服务、支付和结算服务、物流服务和售后服务均对消费偏好产生显著的正向影响(滕玉薇和丁怡等,2018)。在跨境电商网站质量中,网站信息质量和服务质量通过消费者信任显著影响购买意愿(潘圆圆和曲洪建,2019)。

上述研究尽管就跨境电商消费者偏好层面探讨了居民购买行为的影响因素,但是其研究局限于微观视角,缺乏对跨境电商消费偏好的宏观经济效应研究。大量研究已经证实了消费偏好波动是中国经济波动变化的重要来源,且持久的正向消费偏好波动对经济稳定增长非常重要,为本书研究跨境电商消费偏好奠定理论基础(李春吉和孟晓宏,2006;邓轶嘉和宋林,2019)。

在现有文献中,消费者偏好的经济效应研究主要集中在耐用品、房地产、石油等领域(Iacoviello,2005;Iacoviello 和 Stefano,2010;孔德营和李晓峰,2012;Caldara 等,2014;陈明华等,2014;吕凤勇,2015;张婧屹和李建强,2018)。具体来看,孔德营和李晓峰(2012)基于动态随机一般均衡模型,研究发现消费偏好的增强短期内扩张了总消费,但由于它对消费和投资产生明显的挤出效应,并且该冲击本身的持续性较弱,导致经济在经历短期扩张后即面临需求不足。吕风勇(2015)构建了包含耐用品和非耐用品生产部门的动态随机一般均衡模型,通过模拟分析发现耐用品消费偏好的增强,是导致中国资本积累加速和资本形成占 GDP 比重上升,并最终促使中国经济保持较长时期高速增长的重要因素。Iacoviello 和 Neri(2010)将房屋偏好冲击引入动态随机一般均衡模型,发现一方面住房偏好的增加会抬高房价和住房投资的回报率,从而导致后者上升;另一方面,住房偏好的增加也提高了受约束代理人的抵押能力,从而使得他们能够增加贷款和消费,由于借款人具有较高的边际消费倾向,导致总消费上升,张婧屹和李建强(2018)的研究也进一步证实了此结论。

3

第三章　跨境电商政策体系发展的现状研究

　　为保障跨境电商的持续健康发展,政府部门制定了一系列跨境电商政策。但是,随着跨境电商商业模式的不断推陈出新,跨境电商的监管工作遇到了一些新问题,如政策碎片化、体系不完整、监管重复与遗漏并存等。究其原因,跨境电商活动涉及通关、检验检疫、物流、电子支付、外汇收结等多个环节,不同环节的监管职责隶属于海关、商务、财政、税务、邮政等多个部门,部门之间沟通协调机制不畅、职能界限模糊,造成跨境电商监管政策的制定存在重复、遗漏等问题。特别是随着我国跨境电商的高速发展,运营方式和盈利模式不断创新,出现了许多新特点和新趋势,也产生了通关、结汇与退税手续繁杂,信息不对称,商品质量难以保证,售后服务缺乏保障,信用风险突出等一系列问题,使得跨境电商政策体系与监管需求不适应的矛盾更加尖锐。因此,迫切需要对我国跨境电商政策体系发展现状进行系统梳理,分析现存监管问题,对于完善跨境电商政策体系具有重要意义。

　　考虑到跨境电商政策文件众多,单一跨境电商政策的概述及比较分析,需要耗费大量的时间和精力,且分析结果的准确性不高,难以精确定位具体的监管重复和遗漏等内容。根据政策网络理论可知,十多个跨境电商政策主体通过政治、资金、人员、技术等的相互依赖与资源交换发生关系,具有政策网络的本质特征。因此,可以借助社会网络分析方法,只有通过明晰监管主体与内容,理顺监管分工关系,才能从根源上确定存在问题的监管内容,进而避免监管重叠、冲突及遗漏等现象。因此,本章第一节对跨境电商政策的发展阶段进行了划分;第二节对不同阶段跨境电商政策主体合作网络演化的统计特征进行分析;第三节对跨境电商政策主题网络演化的统计特征进行分析;第四节对跨境电商政策主体与主题的关联性进行分析;第五节基于分析结果,提出对策建议。

第一节　跨境电商政策体系的发展阶段

　　跨境电商的高速发展已经成为推动我国外贸增长的新引擎,实现传统外贸转型升级的关键因素。政府为保障跨境电商健康可持续发展制定了一系列政策措施,这些政策的实施为跨境电商发展创造了便利、快速、规范的社会环境。根据现有跨境电商政策文件,以政策主要内容、特征表象为依据,可将其演化过程划分为三个阶段(见图 3-1):一是萌芽阶段(2008—2012年),该阶段跨境电商发展并没有引起政府的重视,仅有少量政策文件涉及跨境电商;二是探索阶段(2013—2016 年),该阶段国家主要采取试点方式探索建立跨境电商政策制度和规则,颁布了一系列以跨境电商为主题的政策文件;三是过渡阶段(2017—2018 年),该阶段侧重于对上一阶段颁布的政策文件进行修正与完善,是由探索阶段向成熟阶段转变的过渡阶段。

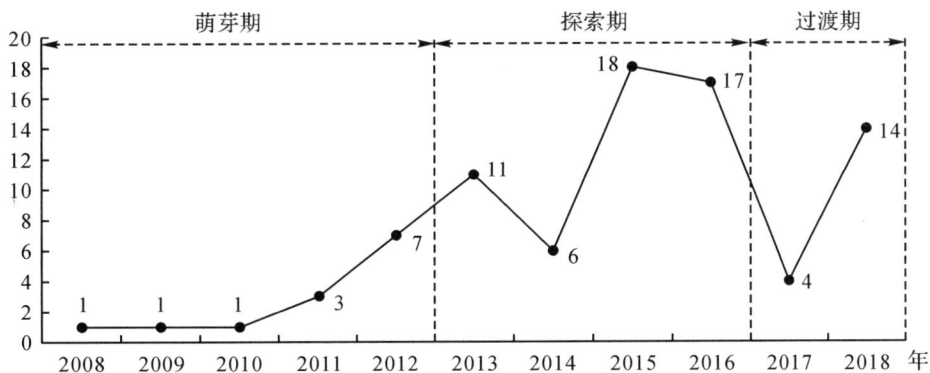

图 3-1　2008—2018 年间中国跨境电商政策文本数量年度分布

一、政策萌芽阶段(2008—2012 年)

　　在这一阶段,跨境电商发展刚刚起步,跨境电商交易额占贸易总额的最大比重仅为 8.6%,并未引起政府部门的重视。由于政府对跨境电商的重视不足,针对跨境电商发展制定的政策措施也较少,仅在以促进电商发展、国家电子商务示范城市建设、外贸稳定增长等为主题的政策文件中有所提及,尚无专门针对跨境电商发展制定的政策文件,所以将这一阶段划分为萌芽期。

这个阶段,跨境电商政策的重点内容是在建设国际电子商务中心、鼓励电商企业"走出去"、培育跨境电商相关平台等方面。其中,在国际电子商务中心建设方面,主要由国家发改委牵头,颁布了《珠江三角洲地区改革发展规划纲要(2008—2020年)》《关于印发横琴总体发展规划的通知》《关于印发前海深港现代服务业合作区总体发展规划的通知》等一系列政策文件,将建设国际电子商务中心作为珠江三角洲、横琴、前海深港等地区的改革发展规划内容,此时建设国际电子商务中心的地区也较为局限。在鼓励电商企业"走出去"方面,2011年3月,国家发改委、商务部等部委联合出台《关于开展国家电子商务示范城市创建工作的指导意见》,提出"电子商务在拓展国际国内两个市场、促进经济发展方式转变、方便百姓生活、改善民生、提高政府管理与服务能力等方面取得明显成效",首次将促进电商"走出去"纳入国家电子商务示范城市建设的总体目标。随后,在当年10月,商务部颁布的《"十二五"电子商务发展指导意见》给出了电商贸易总额的具体发展目标,即"到2015年,应用电子商务完成进出口贸易额占我国当年进出口贸易总额的10%以上",并为鼓励企业应用电子商务开拓国内外市场提出了"促进产品、服务质量提升和品牌建设"等发展方向。在培育跨境电商相关平台方面,商务部一方面支持地方建设"单一电子窗口"平台,通过平台促进海关、检验检疫、港口、银行、保险、物流服务的电子单证协同,继而提高对外贸易监管效率;另一方面,培育若干个技术力量强、信誉好、多语种的跨境电商平台,并且在2017年3月,商务部还专门制定了《关于利用电子商务平台开展对外贸易的若干意见》,对于增强电商平台对外贸易服务功能、提升企业利用电子商务平台开展对外贸易水平、加强对利用电子商务平台开展对外贸易的支持、加强对利用电子商务平台开展对外贸易的监督等方面制定了具体措施,并给出了重点培育开展对外贸易的电子商务平台的主要规程。可见,这一阶段制定的政策内容较为宽泛,并未涉及跨境电商相关的规章制度、标准体系等具体内容,且政策的可操作性较低。

二、政策探索阶段(2013—2016年)

在传统外贸增长缓慢的情况下,2013年跨境电商交易额以52.38%的水平增长,对外贸的贡献率高达10%,且呈现持续高速增长之势,成为外贸增长的新引擎,从而引起政府部门的高度重视。此时,跨境电商正处于发展的初期阶段,各项配套政策措施尚未制定,使得通关效率低、运营成本高、行业规范不统一等问题层出不穷。为保障跨境电商健康发展,政府开始探索制定适应跨境电商发展需求的政策体系,所以本书将这一阶段划分为探索阶段(见表3-1)。具有代表性的政策文件是,2013年8月,商务部、国家发展改革委、财政部、中国人民银行、海关总署等八部委联合出台的《关于实施支持跨境电子商务零售出口有关政策的意见》(以下简称《意见》),它为发展跨境电商指明了方向,对外贸转型升级具有重要而深远的意义。随后,各部委根据《意见》要求也相继出台相应的配套政策措施,这些政策深入跨境电商的方方面面,大到总体制度、环境建设,如开展跨境电商综合试验区试点,小到跨境电商的具体环节,如税收、支付、通关、质检等多个方面。下面结合政策文本对此阶段的政策特征展开详细说明(《2017年度中国跨境电商政策研究报告》,2017)。

第一,在政策制度和规则层面,采取先试点后推广的方式。目前,试点城市有由国务院牵头的"跨境电子商务综合试验区"和海关总署牵头的"跨境电子商务试点城市",两者都是选择经济和外贸基础较好的城市进行先试先行,后者是前者的升级版。其中,在跨境贸易电子商务服务试点方面,2012年12月,海关总署召开了国家跨境贸易电子商务服务试点工作启动会,部署了试点建设任务和工作计划,并向上海、重庆、杭州等5个试点城市授牌,标志着跨境电子商务服务试点工作正式启动。随后,跨境电商服务试点从5个城市拓展到20多个城市,向全国范围进行全面推广。在此过程中,由于跨境电子商务服务进口试点中的不规范问题频发,于是2013年12月,海关总署紧急发布《关于跨境贸易电子商务服务试点网购保税进口模式有关问题的通知》,就试点商品范围、购买金额和数量、税收、企业管理、海关统计等问题进行说明。为规范跨境电商网购保税进口业务(刷单)及其开展区域,2015年9月,海关总署加贸司出台《关于加强跨境电子商务网购保税进口监管工作的函》,规定网购保税进口业务模式只能在国家批准的试点城市开展,极大地规范了之前跨境电商野蛮生长的现象。

表 3-1　跨境电商试点类代表性政策

政策法规	颁布时间	主要内容	发文单位
《关于跨境贸易电子商务服务试点网购保税进口模式有关问题的通知》	2013 年 12 月	此政策由海关总署向上海、杭州、宁波、郑州、广州、重庆这六个城市的海关下达,就试点商品范围、购买金额和数量、税收、企业管理、海关统计等问题进行说明。	海关总署
《关于同意设立中国(杭州)跨境电子商务综合试验区的批复》	2015 年 3 月	主要包括以下四个方面内容:一是同意设立中国(杭州)跨境电子商务综合试验区;二是综合试验区建设要着力在跨境电子商务交易、支付、物流等环节先行先试;三是有关部门要转变观念和工作方式,大力支持综合试验区发展;四是加强对综合试验区建设的组织领导。	国务院
《关于支持中国(杭州)跨境电子商务综合试验区发展的意见》	2015 年 7 月	意见涉及以下五个方面内容:一是支持跨境电商综试区先行先试;二是支持新型监管体系构建;三是支持线下"综合园区"建设;四是积极参与跨境电商规则研究和加强国际间合作交流;五是加强跨境电商综试区建设的检验检疫能力保障。	国家质量监督检验检疫总局
《关于加强跨境电子商务网购保税进口监管工作的函》	2015 年 9 月	函的主要内容有以下四个方面:一是网购保税进口应当在经批准开展跨境贸易电子商务服务试点城市的海关特殊监管区域或保税物流中心开展;二是对网购保税区"基本设施"建设提出要求;三是各海关要加强跨境电子商务信息化系统建设;四是严厉打击走私等违法犯罪行为。	海关总署加贸司
《关于天津市开展跨境贸易电子商务服务试点工作的函》	2015 年 10 月	天津市正式获批成为开展跨境贸易电子商务服务试点城市。政策要求天津市根据跨境电子商务服务试点工作要求,研究制定试点实施方案并向海关总署报备,海关总署将及时协调指导天津市开展试点工作。	海关总署
《关于同意在天津等 12 个城市设立跨境电子商务综合试验区的批复》	2016 年 1 月	主要包括以下四个方面:一是同意在天津、上海等 12 个城市设立跨境电子商务综合试验区;二是借鉴"六体系两平台"的经验和做法,因地制宜,突出本地特色和优势;三是相关部门要坚持深化简政放权等改革,大力支持综合试验区发展;四是加强对综合试验区建设的组织领导。	国务院

在跨境电子商务综合试验区方面,2015 年 3 月国务院首次批准设立杭

州跨境电商综合试验区,试图在跨境电子商务交易、支付、物流、通关、退税、结汇等环节的技术标准、业务流程、监管模式和信息化建设等方面先行先试,通过制度创新、管理创新、服务创新和协同发展,破解跨境电子商务发展中的深层次矛盾和体制性难题,打造跨境电子商务完整的产业链和生态链,逐步形成一套适应和引领全球跨境电子商务发展的管理制度和规则,为推动全国跨境电子商务健康发展提供可复制、可推广的经验(《中华人民共和国国务院公报》,2015)。随后,为贯彻落实国务院关于跨境电商综试区建设的有关部署,质检总局在 2015 年 3 月出台《关于支持中国(杭州)跨境电子商务综合试验区发展的意见》,提出下放事权、推进信用体系建设、通关一体化等 16 条支持意见。经过杭州综试区的先行先试,已初步建立起一套适应跨境电商发展的政策体系,于是 2016 年 1 月,国务院新批准设立 12 个跨境电子商务综合试验区,将杭州综试区探索建立的"六大体系""两个平台"等适合跨境电子商务发展的政策体系和管理制度向其他综试区复制推广。

第二,在税收方面,对跨境电商零售进口实行税收优惠政策,而对其出口由适用行邮税转换为跨境电商综合税模式。结合政策文件可知,2013 年 12 月和 2016 年 3 月,财政部、国家税务总局先后颁布了《关于跨境电子商务零售出口税收政策的通知》和《关于跨境电子商务零售进口税收政策的通知》两个文件,对跨境电商零售进出口税收政策进行说明(见表 3-2)。一是明确了跨境电商零售出口适用的税收优惠政策(岳云嵩,2017)。二是跨境电子商务零售进口商品将不再按个人物品征收行邮税,而是按照货物征收关税和进口环节增值税、消费税,并将单次交易限值提高至人民币 2000 元,个人年度交易限值设为人民币 20000 元。为落实跨境电子商务零售进口税收政策,2016 年 4 月,财政部等部门颁布了《关于公布跨境电子商务零售进口商品清单的公告》和《关于公布跨境电子商务零售进口商品清单(第二批)的公告》,指出只有清单目录内的商品能够按照跨境电子商务零售进口新税制来进口,而清单之外商品暂不适用。

表 3-2　跨境电商税收类代表性政策

政策法规	颁布时间	主要内容	发文单位
《关于跨境电子商务零售出口税收政策的通知》	2013 年 12 月	明确了电子商务出口企业出口货物适用增值税、消费税(免税)政策的条件。	财政部、国家税务总局

政策法规	颁布时间	主要内容	发文单位
《关于跨境电子商务零售进口税收政策的通知》	2016 年 3 月	跨境电子商务零售进口商品将不再按邮递商品征收行邮税,而是按货物征收关税和进口环节增值税、消费税,为单次交易额和个人年度交易总额设置上限。	财政部、海关总署、国家税务总局
《关于公布跨境电子商务零售进口商品清单的公告》	2016 年 4 月	公布了首批跨境电子商务零售进口商品清单,清单共包括 1142 个 8 位税号商品,范围涵盖部分食品饮料、服装鞋帽、家用电器以及部分化妆品、纸尿裤、儿童玩具、保温杯等生活消费品。	财政部、国家发展改革委、工业和信息化部、农业部、商务部、海关总署等 11 个部门
《关于公布跨境电子商务零售进口商品清单(第二批)的公告》	2016 年 4 月	公布了第二批跨境电子商务零售进口商品清单,共包括 151 个 8 位税号商品。	财政部、国家发展改革委、工业和信息化部、环境保护部、农业部、商务部等 13 个部门
《关于明确跨境电商进口商品完税价格有关问题的通知》	2016 年 7 月	对完税价格、优惠促销价格和运费、保险费的认定原则进行说明。	海关总署、关税司、加贸司

　　第三,在通关方面,一方面采取增列海关监管方式代码、调整作业时间和通关时限等方式促进通关便利化,另一方面将进出境货物、物品范围等事项纳入监管(见表 3-3)。具体来看,在便利化通关方面,海关总署增列了三种海关监管方式代码:第一种是"9610",全称"跨境贸易电子商务",适用于境内个人或电子商务企业通过电子商务交易平台实现交易,并采用"清单核放、汇总申报"模式办理通关手续的电子商务零售进出口商品;第二种是"1210",全称"保税跨境贸易电子商务",适用于境内个人或电子商务企业在经海关认可的电子商务平台实现跨境交易,并通过海关特殊监管区域或保税监管场所进出的电子商务零售进出境商品;第三种是"1239",全称"保税跨境贸易电子商务 A",适用于境内电子商务企业通过海关特殊监管区域或保税物流中心一线进境的跨境电子商务零售进口商品。另外,为满足跨境电商碎片化交易的特点,2015 年 5 月海关总署还出台了《关于调整跨境贸易电子商务监管海关作业时间和通关时限要求有关事宜的通知》,要求各直属海关对跨境贸易电子商务监管实行"全年(365 天)无休日、货到海关监管场所 24 小时内办结海关手续"的作业时间和通关时限要求。这些政策的实施

极大地提高了企业的通关效率,规范了通关流程,降低了通关成本。

在监管方面,海关总署分别于 2014 年 7 月和 2016 年 5 月,出台了《关于跨境贸易电子商务进出境货物、物品有关监管事宜公告》《关于执行跨境电子商务零售进口新的监管要求有关事宜通知》:一是明确规定了通过与海关联网的电子商务平台进行跨境交易的进出境货物、物品范围,以及数据传输、企业备案、申报方式、监管要求等事项;二是说明在过渡期内,网购保税商品"一线"进入海关特殊监管区域时暂不核发通关单,直购模式下暂不执行清单备注中关于部分商品的首次进口许可证、注册或备案要求。

表 3-3　跨境电商通关类代表性政策

政策法规	颁布时间	主要内容	发文单位
《海关总署公告 2014 年第 12 号〈关于增列海关监管方式代码的公告〉》	2014 年 1 月	增列海关监管方式代码"9610",全称"跨境贸易电子商务",并介绍了代码适用的电子商务零售进出境商品类型。	海关总署
《关于跨境贸易电子商务进出境货物、物品有关监管事宜公告》	2014 年 7 月	明确规定了通过与海关联网的电子商务平台进行跨境交易的进出境货物、物品范围,以及数据传输、企业备案、申报方式、监管要求等事项。	海关总署
《海关总署公告 2014 年第 57 号〈关于增列海关监管方式代码的公告〉》	2014 年 7 月	增列海关监管方式代码"1210",全称"保税跨境贸易电子商务",并介绍了代码适用的电子商务零售进出境商品类型。	海关总署
《关于调整跨境贸易电子商务监管海关作业时间和通关时限要求有关事宜的通知》	2015 年 5 月	自 2015 年 5 月 15 日起,海关对跨境贸易电子商务监管实行"全年(365 天)无休日、货到海关监管场所 24 小时内办结海关手续"的作业时间和通关时限要求。	海关总署
《关于跨境电子商务零售进出口商品有关监管事宜的公告》	2016 年 4 月	对海关有关监管问题进行说明,包括政策适用范围、企业管理、通关管理、税收征管、物流监控和退货管理等事项。	海关总署
《关于执行跨境电子商务零售进口新的监管要求有关事宜通知》	2016 年 5 月	通知对过渡期内跨境电子商务零售进口商品在网购保税模式和直购模式下新的监管要求进行说明。	海关总署
《海关总署公告 2016 年第 75 号〈关于增列海关监管方式代码的公告〉》	2016 年 12 月	增列海关监管方式代码"1239",全称"保税跨境贸易电子商务 A",并介绍了代码适用的跨境电子商务零售进口商品。	海关总署

第四,在支付方面,由于跨境电商外汇支付存在交易真实性难以辨别、备付金管理困难等问题,于是相关部门决定采取试点的方法,先在局部创新支付模式,解决支付中存在的问题,待相关经验成熟之后再推广至全国,以此减少试错成本(见表3-4)。根据试点过程可以将支付相关政策划分为以下三个阶段。第一阶段是外汇支付试点的申请。2013年2月,国家外汇管理局出台《关于支付机构跨境电子商务外汇支付业务试点指导意见》,规定在上海、北京、重庆、浙江、广东、深圳等地区开展试点,允许试点支付机构为客户集中办理收付汇和结售汇业务。第二阶段是外汇支付试点的批复。2013年9月,支付宝、财付通、易极付等17家支付机构(其中北京4家、深圳2家、杭州2家、上海8家、重庆1家)获得国家跨境电子商务外汇支付业务试点批复,正式拉开了跨境外汇支付业务试点的序幕。随后,2014年2月,国家决定新增5个试点,届时支付试点机构达到22家。第三阶段是将试点范围推广至全国。2015年1月,国家外汇管理局总结前期试点经验,出台《关于开展支付机构跨境外汇支付业务试点的通知》,放宽了试点范围、单笔交易限额、备付金合作银行数量等方面的监管条件,并在全国范围内全面放开跨境外汇支付业务试点。

表 3-4 跨境电商支付类代表性政策

政策法规	颁布时间	主要内容	发文单位
《关于支付机构跨境电子商务外汇支付业务试点指导意见》	2013年2月	政策对支付机构外汇支付试点提出以下三点意见:一是政策拟在上海、北京、重庆、浙江、广东等地区开展试点,允许试点支付机构为客户集中办理收付汇和结售汇业务;二是明确了外汇支付试点的申请条件、流程;三是对试点业务管理、备付金账户管理、风险管理、监督检查等内容进行说明。	国家外汇管理局
《国家外汇管理局综合司关于北京通融通信息技术有限公司等4家支付机构开展跨境电子商务外汇支付业务试点的批复》	2013年9月	同意北京通融通信息技术有限公司等4家支付机构①开展跨境电子商务外汇支付业务试点,并对试点机构主体、业务范围、单笔交易限额等内容进行说明。	国家外汇管理局

① 4家支付机构包括北京通融通信息技术有限公司、北京爱农驿站科技服务有限公司、钱袋网(北京)信息技术有限公司和北京银盈通管理咨询有限公司。

政策法规	颁布时间	主要内容	发文单位
《国家外汇管理局综合司关于深圳市财付通科技有限公司及钱宝科技服务有限公司开展跨境电子商务外汇支付业务试点的批复》	2013 年 9 月	同意深圳市财付通科技有限公司和深圳市钱宝科技服务有限公司开展跨境电子商务外汇支付业务试点,并对试点机构主体、业务范围、单笔交易限额等内容进行说明。	国家外汇管理局
《国家外汇管理局综合司关于支付宝(中国)网络技术有限公司及浙江贝付科技有限公司开展跨境电子商务外汇支付业务试点的批复》	2013 年 9 月	同意支付宝(中国)网络技术有限公司和浙江贝付科技有限公司开展跨境电子商务外汇支付业务试点,并对试点机构主体、业务范围、单笔交易限额等内容进行说明。	国家外汇管理局
《国家外汇管理局综合司关于东方电子支付有限公司等 8 家支付机构开展跨境电子商务外汇支付业务试点的批复》	2013 年 9 月	同意东方电子支付有限公司等 8 家支付机构①开展跨境电子商务外汇支付业务试点,并对试点机构主体、业务范围、单笔交易限额等内容进行说明。	国家外汇管理局
《国家外汇管理局综合司关于重庆易极付科技有限公司开展跨境电子商务外汇支付业务试点的批复》	2013 年 9 月	同意重庆易极付科技有限公司开展跨境电子商务外汇支付业务试点,并对试点机构主体、业务范围、单笔交易限额等内容进行说明。	国家外汇管理局
《国家外汇管理局综合司关于易智付科技(北京)有限公司等 5 家支付机构开展跨境电子商务外汇支付业务试点的批复》	2014 年 2 月	同意易智付科技(北京)有限公司等 5 家支付机构②开展跨境电子商务外汇支付业务试点,并对试点机构主体、业务范围、单笔交易限额等内容进行说明。	国家外汇管理局

---

① 8 家支付机构包括东方电子支付有限公司、快钱支付清算信息有限公司、通联支付网络服务股份有限公司、上海银联电子支付服务有限公司、上海盛付通电子支付服务有限公司、上海汇付数据服务有限公司、迅付信息科技有限公司和上海富友支付服务有限公司。

② 5 家支付机构包括易智付科技(北京)有限公司、北京银联商务有限公司、网银在线(北京)科技有限公司、拉卡拉支付有限公司和资和信电子支付有限公司。

政策法规	颁布时间	主要内容	发文单位
《关于开展支付机构跨境外汇支付业务试点的通知》	2015 年 1 月	主要包括以下三个方面内容：一是在全国范围内开展支付机构跨境外汇支付业务试点；二是通过建立"贸易外汇收支企业名录"对开办货物贸易跨境外汇支付业务的支付机构进行管理；三是对试点业务、备付金账户、信息采集、监督核查等内容进行说明。	国家外汇管理局

第五，在质检方面，构建以风险管理为核心，以"事前备案、事中监测、事后追溯"为主线的跨境电商进出口商品质量安全监管模式（见表 3-5）。主要监管措施有：一是制定重点商品和重点项目监管清单，对于涉及人身安全、健康和环保项目，通过现场查验、抽样检测和监督抽查等，加强风险监控和预警。二是以监督抽查、消费者投诉、跨境电商企业报告、境外通报等多种途径和形式，获取质量安全风险信息；三是明确跨境电商企业的质量安全主体责任，要求跨境电商经营主体向检验检疫机构提供经营主体和商品备案信息；四是通过质量安全追溯调查和责任追究，建立跨境电商消费品质量安全追溯机制。

表 3-5　跨境电商质检类代表性政策

政策法规	颁布时间	主要内容	发文单位
《关于深化检验检疫监管模式改革支持自贸区发展的意见》	2015 年 3 月	意见提出三个方面的监管措施：（1）明确电商经营主体的质量安全责任，实行全申报管理；（2）对按国外个人订单出境的跨境电子商务出口商品，一般不实施品质检验，而对备货入境、最终按个人订单以邮件、快件形式销售的跨境电子商务商品严格检疫管理；（3）加强事后监管，组织对质量安全问题的调查处理。	国家质检总局
《关于进一步发挥检验检疫职能作用促进跨境电子商务发展的意见》	2015 年 5 月	意见要求各地检验检疫局构建符合跨境电子商务发展的工作体制机制、跨境电子商务风险监控和质量追溯体系，介绍了 8 类禁止以跨境电子商务形式入境的情况。	国家质检总局

政策法规	颁布时间	主要内容	发文单位
《关于加强跨境电子商务进出口消费品检验监管工作的指导意见》	2015 年 6 月	意见提出四个方面的监管措施,包括建立跨境电商进出口消费品监管新模式、建立跨境电商消费品质量安全风险监测机制和质量安全追溯机制、明确跨境电商企业的质量安全主体责任、建立跨境电商领域打击假冒伪劣工作机制等。	国家质检总局
《网购保税模式跨境电子商务进口食品安全监督管理细则》	2015 年 10 月	制定了两个方面的实施细则:一是明确了经营主体义务,具体涉及经营企业、平台企业、物流仓储企业的一般义务、经营主体备案、产品信息备案、质量安全承诺、产品标签说明等方面;二是提出安全监管的要求,包含检验检疫、专项抽查、监督检查和诚信记录等。	国家质检总局
《跨境电子商务经营主体和商品备案管理工作规范》	2015 年 11 月	对经营主体和商品备案管理相关事项进行说明:一是明确了跨境电子商务经营主体的定义,要求跨境电商经营主体向检验检疫机构提供经营主体备案信息;二是规定跨境电子商务经营主体和商品备案信息实施一地备案、全国共享管理,并介绍了备案信息无效的三种情形。	国家质检总局
《跨境电子商务零售进口商品清单》有关商品备注的说明	2016 年 4 月	对《跨境电子商务零售进口商品清单》中的两类商品的备注进行说明:一是婴幼儿配方乳粉的产品配方应当经国务院食品药品监管部门注册;二是首次进口的化妆品必须获得国家食品药品监督管理总局核发的化妆品许可批件。	关税司
《跨境电子商务零售进口商品清单(第二批)》有关商品备注的说明	2016 年 4 月	对《跨境电子商务零售进口商品清单》中三类商品的备注进行说明:一是依法获准注册或备案的医疗器械产品,方可按照法律法规有关规定进口;二是首次进口的保健食品应当经国务院食品药品监督管理部门注册;三是婴幼儿配方乳粉产品配方和特殊医学用途配方食品应当经国务院食品药品监督管理部门注册。	关税司
《关于跨境电商零售进口通关单政策的说明》	2016 年 5 月	要求进口法检货物凭检验检疫机构签发的通关单办理海关通关手续,并对通关单管理上的便利措施进行说明。	国家质检总局

三、政策过渡阶段（2017—2018 年）

2018 年 8 月，第十三届全国人民代表大会常务委员会第五次会议表决通过了《中华人民共和国电子商务法》，明确提出"电子商务经营者从事跨境电子商务，应当遵守进出口监督管理的法律、行政法规和国家有关规定"，表明跨境电商发展必须合法合规，这就要求政府部门首先要建立完善的规章制度。虽然经过上一阶段跨境电商政策的逐步探索，已经初步建立跨境电商政策体系，但这一政策体系的规章制度仍较为粗糙，无法为跨境电商发展提供系统监管，导致当前跨境电商市场仍然存在逃税避税、涉嫌走私、假货盛行、私下交易、侵犯知识产权等问题，所以这一阶段制定的政策主要是对初步建立的跨境电商政策体系进行修正与完善，因此将这一阶段的跨境电商政策划分为由探索向成熟转变的过渡期（见表 3-6）。下面结合政策文本对过渡期的各环节政策展开说明。

第一，在政策制度和规则层面，将试点的成熟经验进一步推广至中西部和东北地区，实现在全国范围开展跨境电商综试区。经过前期的探索积累，2017 年 12 月，商务部等 14 个部门联合出台《关于复制推广跨境电子商务综合试验区探索形成的成熟经验做法的函》，提出将"两平台六体系"等成熟做法面向全国推广，加快了跨境电商发展步伐。之后，2018 年 7 月，国务院批准在北京等 22 个城市设立跨境电商综合试验区，这些城市以中西部和东北地区为主，前两批的 13 个综试区主要分布为珠三角（广州、深圳）、长三角（杭州、上海、宁波、苏州）、中部（郑州、合肥）、西部（成都、重庆）、北部（天津、大连、青岛），标志着跨境电商综合试验区在全国范围内全面开展。

表 3-6　跨境电商试点类代表性政策

政策法规	颁布时间	主要内容	发文单位
《关于复制推广跨境电子商务综合试验区探索形成的成熟经验做法的函》	2017 年 12 月	一方面，要求将"两平台六体系"等成熟做法向全国复制推广；另一方面，要求各地结合实际，积极探索新经验，推动跨境电商健康快速发展。	商务部、网络安全和信息化领导小组办公室、国家发展和改革委员会、工业和信息化部、财政部、交通运输部、中国人民银行、海关总署、国家税务总局、国家工商行政管理总局、国家质量监督检验检疫总局、中国银行业监督管理委员会、中国邮政局、中国外汇管理局等 14 个部门

政策法规	颁布时间	主要内容	发文单位
《关于同意在北京等22个城市设立跨境电子商务综合试验区的批复》	2018年7月	主要包括以下四个方面:一是同意在北京市、呼和浩特市等22个城市设立跨境电子商务综合试验区;二是复制推广前两批综合试验区成熟经验做法,因地制宜,突出本地特色和优势,着力在跨境电子商务企业对企业(B2B)方式相关环节的技术标准、业务流程等方面先行先试,探索新经验、新做法;三是相关部门要积极深化外贸领域"放管服"改革,大力支持综合试验区大胆探索、创新发展;四是加强对综合试验区建设的组织领导。	国务院

第二,在税收方面,暂缓跨境电商"四八新政"的执行,提高税收商品的交易限值,扩大清单目录。具体而言,在进口方面,跨境电商零售进口税收政策三次延期执行(见表3-7)。第一次是2017年5月,海关总署内部发布了《海关总署办公厅关于执行跨境电子商务零售进口新的监管要求有关事宜的通知》,规定"四八新政"的过渡期为1年,也就是将"四八新政"延期至2017年5月11日执行。随后,商务部宣布将过渡期进一步延长至2017年12月31日。第三次是2018年11月,商务部等六部委和财政部等四部委分别出台了《关于完善跨境电商零售进口监管有关工作的通知》《关于完善跨境电子商务零售进口税收政策的通知》:一是提出延续执行跨境电商零售进口商品按个人自用进境物品监管,不执行有关商品首次进口许可批件、注册或备案要求,这是第三次延期"四八新政"的执行,过渡期再一次延长至2018年12月31日;二是将单次交易限值再次提高至人民币5000元,年度交易限值提高至人民币26000元。另外,考虑到现有的跨境电商零售进口商品清单难以满足跨境电商发展需求,2018年11月,财政部等十三部委出台《关于调整跨境电商零售进口商品清单的公告》,进一步扩大了清单范围。在出口方面,2018年9月,财政部等四部门颁发《关于跨境电子商务综合试验区零售出口货物税收政策的通知》,指出对综试区电子商务出口企业出口未取得有效进货凭证的货物,同时符合相关条件的试行增值税、消费税免税政策,鼓励跨境电商企业走出去。

表 3-7　跨境电商税收类代表性政策

政策法规	颁布时间	主要内容	发文单位
《关于跨境电子商务综合试验区零售出口货物税收政策的通知》	2018 年 9 月	对综试区电子商务出口企业出口未取得有效进货凭证的货物,同时符合相关条件的,试行增值税、消费税免税政策。	财政部、国家税务总局、商务部、海关总署
《关于调整跨境电商零售进口商品清单的公告》	2018 年 11 月	公布了跨境电子商务零售进口商品清单(2018 年版),同时废止了前两批清单。	财政部、国家发展改革委、工业和信息化部、生态环境部、农业农村部、商务部、中国人民银行、海关总署、国家税务总局、市场监管总局、药监局、密码局、濒管办
《关于完善跨境电子商务零售进口监管有关工作的通知》	2018 年 11 月	明确了过渡期后跨境电商零售进口有关监管安排:(1)明确跨境电商零售进口商品监管的总体原则;(2)统筹考虑促进行业发展和保护消费者权益要求,明确各参与主体责任;(3)进一步加大支持力度,扩大政策适用范围。	商务部、国家发展改革委、财政部、海关总署、国家税务总局、市场监管总局
《关于完善跨境电子商务零售进口税收政策的通知》	2018 年 11 月	通知主要包括两方面内容:(1)将跨境电子商务零售进口商品的单次交易限值由人民币 2000 元提高至 5000 元,年度交易限值由人民币 20000 元提高至 26000 元;(2)不允许电商进口商品二次销售及网购保税进口商品在海关特殊监管区域外开展"网购保税＋线下自提"模式。	财政部、海关总署、国家税务总局

　　第三,在通关方面,强调跨境电商企业的社会责任,加大监管力度(见表 3-8)。具体包括以下几方面内容:一是要求跨境电商企业根据海关要求传输相关交易电子数据,并对数据真实性承担相应责任,包括交易、支付、物流、消费者(订购人)身份信息等电子信息;二是跨境电商企业管理由备案变为注册,意味着海关拥有直接对跨境电商企业进行稽查、核查、行政处罚、信用管理的权利,大大加强了监管力度;三是将参与跨境电子商务零售进出口业务并在海关注册登记的企业纳入海关信用管理,海关根据信用等级实施差

异化的通关管理措施,加大了对跨境电商企业交易行为的约束力,同时也提高了通关效率。

表 3-8　跨境电商通关类代表性政策

政策法规	颁布时间	主要内容	发文单位
《关于跨境电子商务统一版信息化系统企业接入事宜的公告》	2018 年 6 月	对接入跨境电子商务进口统一版信息化系统的企业,海关将免费提供客户端软件、清单录入功能,同时公开了进口统一版系统企业对接报文标准,并要求企业对于其向海关所申报及传输的电子数据承担法律责任。	海关总署
《关于修订跨境电子商务统一版信息化系统企业接入报文规范的公告》	2018 年 9 月	根据关检融合需求,将跨境电子商务统一版信息化系统企业申报数据项接入报文规范进行修订。	海关总署
《关于跨境电子商务零售进出口商品有关监管事宜的公告》	2018 年 12 月	对海关有关监管问题进行说明,包括政策适用范围、企业管理、通关管理、税收征管、场所管理、检疫、查验和物流管理和退货管理等事项。	海关总署
《关于跨境电子商务企业海关注册登记管理有关事宜的公告》	2018 年 12 月	提出跨境电子商务支付企业、物流企业应当按照海关总署 2018 年第 194 号公告的规定取得相关资质证书,并按照主管部门相关规定,在办理海关注册登记手续时提交相关资质证书。	海关总署

第四,在支付方面,提高跨境电子商务支付企业准入门槛,加大监管力度(见表 3-9)。主要表现在以下两方面:一是验核跨境电子商务支付企业资质。也就是说,跨境电商支付企业除了需要办理注册登记或信息登记手续,还要提交相关资质证书。这一措施的实施提高了跨境电商支付企业监管的规范性,但是对于目前已经注册的支付企业不再有效,无疑提高了跨境电商支付企业的注册门槛。二是要求参与跨境电子商务零售进口业务的跨境电商平台企业向海关开放支付相关原始数据,供海关验核。这意味着海关可以通关支付数据对虚假支付等信息进行监管,进一步规范了跨境电商支付环境(吴旻,2019)。

表 3-9　跨境电商支付类代表性政策

政策法规	颁布时间	主要内容	发文单位
《关于规范跨境电子商务支付企业登记管理的公告》	2018 年 4 月	政策对验核跨境电子商务支付企业资质有关事项进行三点说明：一是跨境电子商务支付企业在向海关办理注册登记或信息登记手续时，需要提供必要的许可证复印件及原件；二是支付企业还需按照规定提交相关资质证书；三是对于已经办理海关注册登记或信息登记的跨境电子商务支付企业，应当于 2018 年 5 月 31 日前向所在地海关补充提交相关资质证书。	海关总署
《关于实时获取跨境电子商务平台企业支付相关原始数据有关事宜的公告》	2018 年 11 月	参与跨境电子商务零售进口业务的跨境电商平台企业应当向海关开放支付相关原始数据，供海关验核。上述开放数据包括订单号、商品名称、交易金额、币制、收款人相关信息、商品展示链接地址、支付交易流水号、验核机构、交易成功时间以及海关认为必要的其他数据。	海关总署
《关于实时获取跨境电子商务平台企业支付相关原始数据接入有关事宜的公告》	2018 年 12 月	发布了支付相关原始数据的接口文档及接入方式，并要求跨境电子商务平台使用数字签名技术向海关提供数据，并对所提供的数据承担法律责任。	海关总署

第二节　跨境电商政策主体合作网络演化的现状研究

"由谁制定"和"对什么进行治理"是政策现状研究的核心问题。在跨境电商政策现状研究中，探讨跨境电商政策主体与主题也同样不可或缺。第一节已对跨境电商政策的发展阶段进行划分，本节则在此基础上，运用社会网络分析方法，绘制不同发展阶段的跨境电商政策主体合作网络图谱，分析跨境电商政策主体及其结构演进历程，并识别跨境电商政策主体扮演的角色与功能，以期多层面剖析跨境电商政策主体特征。

一、研究方法与数据处理

（一）社会网络分析方法

从 20 世纪 30 年代开始出现"社会网络"的概念，它是由一系列点和线构成的关系图。其中,点代表个体,如个人、社会组织和群体等;点之间的线代表个体间的关系,这种关系是有实质内容的,如亲属关系、权利关系、隶属关系等。需要说明的是,社会网络分析方法在关注个体特征的基础上,重点研究个体与个体之间的关系,从"关系"的角度揭示网络结构和网络资源的一些本质问题(Moreno,1933)。

　　社会网络分析在政策领域的应用主要受到 Heclo(1978)的启发,他在《议题网络与行政建制》中提出:"政府官僚、国会议员、利益集团、学者、专家和媒体等与政策有利害关系的团体或个人形成一种沟通网络。"在此基础上,Marsh 和 Rhodes(1992)认为政策制定过程中政策主体之间存在相互依赖关系,即多个政策主体通过政治、资金、人员、技术等的相互依赖与资源交换发生关系。整个政策系统通过相互协调和资源交换不断进行博弈。这意味着,政策系统具有社会网络的本质特征。随后,社会网络分析方法被广泛应用于技术创新政策、信息政策、产学研协同创新、科普政策等研究,目前已经发展为公共政策领域研究的主流分析方法(苏敬勤等,2013;Weishaar,2015;叶江峰等,2015;孔德意,2018)。

　　关于社会网络分析在公共政策领域的研究,相关学者主要采用中心性分析、异质性分析、凝聚子群分析、核心—边缘结构分析等社会网络分析方法,从多角度、多方面对政策关键词网络、政策主题网络、政策主体合作网络等进行研究。其中,关于政策关键词网络,相关学者主要关注网络的集中程度、内部结构关系、宏观布局、演化历程等(Weishaar,2015;Varone,2016;张永安和闫瑾,2016;Huang,2018;姚海琳和张翠虹,2018);关于政策主题网络,主要关注主题焦点、关系、特征、演化历程等(叶江峰等,2015;刘瑞等,2016;孔德意,2018);关于政策主体合作网络,则主要研究政策主体合作网络的合作关系、结构特征、角色演变、核心主体功能演化过程等方面(刘凤朝和徐茜,2012;朱桂龙和程强,2014;徐倪妮和郭俊华,2018)。

　　因此,本章采用社会网络分析方法中的可视化网络图谱技术和网络结构指标等,分析跨境电商政策主体合作网络的演进历程。其中,网络的节点代表参与联合发文的政策主体,节点之间的连线代表政策主体共同参与跨境电商政策的制定。

(二)数据收集与处理

　　本章所选取的跨境电商政策文本来源于政府公开文件,即通过北大法宝、国务院及部委等官方网站进入相关专栏内进行筛选,初步收集跨境电商相关政策文本 109 项。由于涉及跨境电商的政策文本数量较多,为保证政策样本的有效性和准确性,对政策文本的筛选遵循以下四个原则:一是在政策制定主体的选择上,限定为国家单位;二是在政策内容上,所选样本必须与跨境电商直接或间接相关;三是在政策文本类型上,政策样本包括意见、函、公告、通知等形式;四是在时间范围上,选取 2008 年 1 月至 12 月国家颁布的跨境电商相关政策。按照以上原则筛选处理后,最终梳理有效政策样本 84 项(见附表 1),政策类型分布情况见表 3-10。

在涉及"跨境电子商务"的 84 项政策文本中,涵盖了法律、意见、公告、通知、批复、函、说明、要点、规划及其他共 10 种政策类型(见表 3-10)。其中,意见、通知和公告类政策文本最多,分别为 20 项、19 项和 18 项,占政策文本总量的 67.86%;其次是批复和函类政策文本,分别为 9 项和 6 项;最少的是说明、要点、规划、法律和其他类政策文本。可见,政府侧重于采用意见、通知和公告类型的政策文件,对下级部门或本部门开展跨境电商相关工作事务或重要问题提出见解和处理办法,主要用于解决质量监管信息不对称、灰色通关、通关效率低、退税难等问题。除此之外,还利用了批复、函、说明和要点类政策,这些政策常被上级用于指导下级开展跨境电商综试区、跨境贸易电子商务服务试点、跨境电商网购保税进口监管等工作,说明上下级政府之间在跨境电商建设方面已经形成联动,体现国家对跨境电商发展的高度重视。相比之下,以规划等给予多层面深层次指导的政策文件较少,仅在《全国电子商务物流发展专项规划(2016—2020)》和《电子商务"十二五"发展规划》中有所涉及,文件中提出电商物流企业要以加强国际竞争力为目标,而对跨境电商整体发展以及其他供应链环节并没有制定具体的规划,使得跨境电商产业发展方向不明确。

表 3-10　跨境电子商务政策文本类型统计

政策文本形式	意见	通知	公告	批复	函	说明	要点	规划	法律	其他
数量	20	19	18	9	6	3	2	2	1	4

二、政策发文主体分析

2008—2018 年间参与跨境电商政策制定的政策主体有 40 多个,其中发文数量最多的是海关总署,为 33 项;其次是商务部、国务院、财政部、国家质检总局,发文数量均在 14—17 项之间;再次是国家税务总局、国家发展改革委和国家外汇管理局,发文数量均在 12—13 项;发文数量较少的是中国人民银行、工业和信息化部、国家工商总局等部门,均不足 10 项。为了便于统计分析,下面主要对排名前 8 位的政策发文主体进行分析。

从发文数量分布来看(见表 3-11),在单独发文中,海关总署和国务院的单独发文量最多,分别为 21 项和 15 项;其次是国家质检总局、国家外汇管理局和商务部,发文量分别为 8 项、8 项、7 项;单独发文量较少的是国家发展改革委和财政部,分别为 4 项、3 项。这说明海关总署和国务院是跨境电商政策制定的主要推动者。与之不同,在联合发文中,国家税务总局、海关总署、财政部和商务部的发文量均较多,分别为 13 项、12 项、11 项、10 项;其次是国家发展改革委和国家质检总局,发文量分别为 8 项、6 项;国家外汇管理局和国务院的联合发文量最少,分别为 4 项、0 项。这表明国家税务总局、海关总署、财政部和商务部是跨境电商政策制定的主要协同合作者。

表 3-11 跨境电商政策发文主体的发文数量分布(前 8 位)

政策主体	单独发文量	联合发文量	合计
海关总署	21	12	33
商务部	7	10	17
国务院	15	0	15
财政部	3	11	14
国家质检总局	8	6	14
国家税务总局	0	13	13
国家发展改革委	4	8	12
国家外汇管理局	8	4	12

分阶段来看单独发文数量分布(见表 3-12),政策萌芽阶段(2008—2012 年),跨境电商政策主体的单独发文量仅有 9 项,其中国家发展改革委和商务部的单独发文量最多,分别为 3 项、4 项;政策探索阶段(2013—2016 年),单独发文量呈爆发式增长,有 46 项,其中除了海关总署(14 项)和国务院(10 项)的发文量最多之外,国家质检总局(7 项)和国家外汇管理局(8 项)的发文量也较多;政策过渡阶段(2017—2018 年),单独发文量下降为 11 项,这与此阶段时间间隔较短有关,其中单独发文量最多的是海关总署。显然,2008—2018 年间,跨境电商政策的单独发文主体经历了由以国家发展改革

委和商务部为主向以海关总署和国务院为主转变的过程。

表 3-12　分阶段跨境电商政策发文主体的单独发文数量分布

政策主体	2008—2012 年	2013—2016 年	2017—2018 年	合计
海关总署	0	14	7	21
国务院	2	10	3	15
国家质检总局	0	7	1	8
国家外汇管理局	0	8	0	8
商务部	3	4	0	7
国家发展改革委	4	0	0	4
财政部	0	3	0	3
合计	9	46	11	66

　　分阶段来看联合发文数量分布(见表 3-13),政策萌芽阶段(2008—2012年),国家税务总局、商务部和国家发展改革委的合作次数最多,均为 3 次;其次是海关总署、财政部、国家质检总局,联合发文次数均为 2 次;联合发文政策最少的是国家外汇管理局;与之不同,政策探索阶段(2013—2016 年),除国家税务总局联合发文政策最多之外,海关总署和财政部也跻身为联合发文最多的政策主体,商务部和国家发展改革委的联合发文量仍然位居第二;政策过渡阶段(2017—2018 年),海关总署和国家税务总局的联合发文数量由 4 次上升为 6 次,依旧是联合发文量最多的政策主体,而财政部的联合发文数量仅增长 1 次,被商务部追赶上,二者并列位居联合发文数量第二。由此可见,2008—2018 年间,除国家发展改革委的联合发文量排序降低,海关总署、国家税务总局、财政部和商务部均保持联合发文量最多的前两名,表明跨境电商政策制定主体具有稳定性。

表 3-13　分阶段跨境电商政策发文主体的联合发文数量分布

政策主体	2008—2012 年	2013—2016 年	2017—2018 年	合计
海关总署	2	4	6	12
国家税务总局	3	4	6	13
财政部	2	4	5	11
商务部	3	3	5	11

续　表

政策主体	2008—2012 年	2013—2016 年	2017—2018 年	合计
国家发展改革委	3	3	4	10
国家质检总局	2	2	2	6
国家外汇管理局	1	1	2	4

三、跨境电商政策主体合作网络结构特征演变分析

为了直观地展示不同阶段跨境电商政策主体之间的关系演变特征,本章利用 Ucinet 软件绘制了三个阶段的合作网络图谱(见图 3-2、图 3-3、图 3-4),并测度与分析了三个阶段的合作网络结构特征(见表 3-14)。其中网络节点表示政策主体,节点越大说明与该政策主体联合发文的部门数越多;连接线表示联结频次,连线越粗说明与该政策主体联合发文的政策次数越多;样本数量表示各阶段出台的跨境电商政策数量;网络规模表示各阶段联合发文的政策主体数量;网络关系数表示各阶段政策主体两两之间联合发文的连线数(刘凤朝和徐茜,2012);网络联结频次表示政策主体之间联合发文的总次数;凝聚力指数表示政策主体之间合作发文的紧密程度;整体网络密度表示网络中实际存在的线与最大可能存在的线的数量的比值(朱桂龙和程强,2014;徐倪妮和郭俊华,2018)。

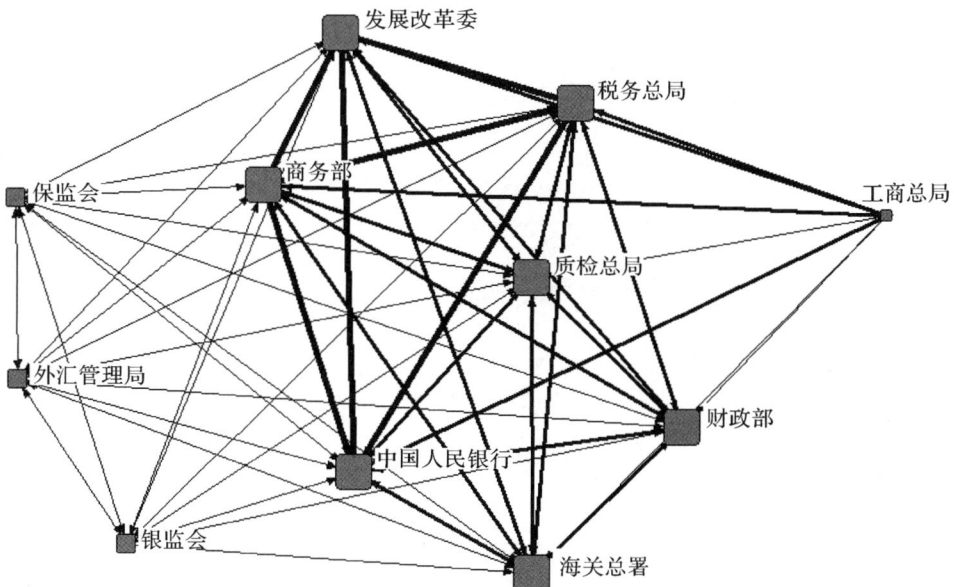

图 3-2　2008—2012 年跨境电商政策主体合作网络图谱

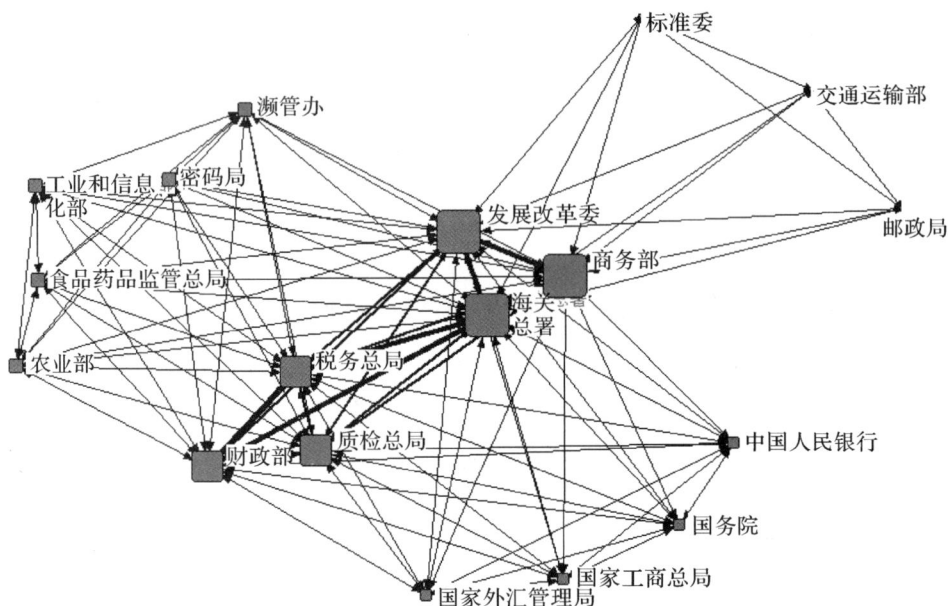

图 3-3　2013—2016 年跨境电商政策主体合作网络图谱

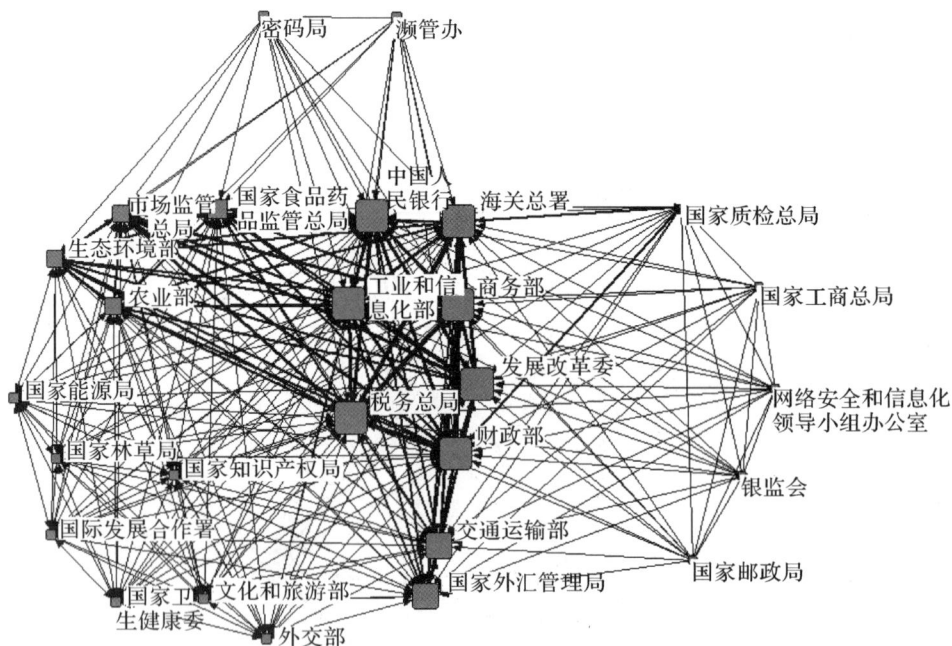

图 3-4　2017—2018 年跨境电商政策主体合作网络图谱

表 3-14 跨境电商政策主体合作网络结构特征

指标	2008—2012 年	2013—2016 年	2017—2018 年
样本数量	13	52	19
网络规模	11	18	27
网络关系数	52	97	269
网络联结频次	83	119	384
网络凝聚力指数	0.973	0.817	0.883
整体网络密度	0.7597	0.7517	0.9695

政策萌芽阶段(2008—2012 年):这一阶段共颁布了 13 项跨境电商政策,涉及 11 个政策主体,商务部、国家税务总局、国家发展改革委、国家质检总局、财政部、海关总署和中国人民银行均处于网络的核心位置,其中商务部和国家发展改革委还是主要的牵头发文主体。这主要是因为跨境电商活动涉及通关、税收、检验检疫、物流等众多环节,不同环节的监管职责隶属于多个部门,使得跨境电商政策的制定需要多部门的共同协作配合。虽然联合发文政策文件较少,但是网络凝聚力指数高达 0.973,说明现阶段以少数节点为核心的政策主体间具有很好的稳定性和整体连通性。整体而言,这一阶段跨境电商政策主体网络初步形成,网络结构呈现"局部—均衡性"形态。

政策探索阶段(2013—2016 年):这一阶段商务部、海关总署、国家发展改革委等部门具有共同的总体政策目标,即解决跨境电商野蛮生长的问题,保障跨境电商健康发展,这在很大程度上驱动了它们之间的协同合作。这一阶段共颁布了 52 项跨境电商政策,涉及的政策主体数量增加到 18 个,网络关系数和网络联结频次分别达到 97、119,分别比前一阶段高出 86.54%、43.37%,表明政策主体间的协同合作程度有所上升。与上一阶段不同的是,一方面,该阶段商务部、海关总署和国家发展改革委的地位日益凸显,与其他发文主体之间联系最紧密;另一方面,新增的很多发文主体联合发文较少,且网络凝聚力指数大幅下降(0.973→0.817),说明只有少数节点联合发文较多,而大量新增节点与其他节点之间联系不紧密,使得网络结构缺乏稳定性。这一阶段跨境电商政策主体网络具有无标度特征,网络结构呈现"中心—边缘型"形态。

政策过渡阶段(2017—2018 年):随着跨境电商的高速发展,现有的政策体系虽然已经初步形成,但仍然难以满足发展需求,需要更多的部门参与到跨境电商建设当中,发文主体趋于多元化,同时也推动了发文主体之间的统筹协作。这一阶段共颁布了 19 项跨境电商政策,涉及的政策主体数量扩大到 27 个,比前一阶段高出 50%,更多的主体积极参与到跨境电商政策制定并积极沟通协作。政策主体间的可达性也实现了大幅度提升,网络关系数和网络联结频次分别为 269、384,分别是上一阶段的 2.7 倍和 3.2 倍。该阶段的网络密度也由 0.7517 上升为 0.9695,说明网络结构高度集中,除了商务部、海关总署和国家发展改革委之外,中国人民银行、工业和信息化部、国家税务总局、财政部在网络中的作用也越来越大,联结次数均在 40 以上,基本形成了以商务部、海关总署、国家发展改革委、中国人民银行、工业和信息化部、国家税务总局、财政部等多主体为核心,其他政策主体围绕其展开合作的均衡态势。这一阶段网络中所有节点之间都是可达的,网络结构呈现"多主体均衡型"的形态。

四、基于广度—深度的政策主体角色演变分析

本章采用广度和深度两个指标探究不同阶段跨境电商政策主体的合作网络演化特征。其中,广度表示与某发文主体联合发文的部门数,度数越高表明该发文主体联合其他部门的能力越强;深度通过联结次数与度数的比值来衡量,度数越高表明某发文主体与其他发文主体合作越紧密(徐倪妮和郭俊华,2018)。因此,通过构建"广度—深度"二维矩阵,可以将不同阶段的跨境电商政策划分为高广度—高深度型(HH)、高广度—低深度型(HL)、低广度—高深度型(LH)、低广度—低深度型(LL)四种类型(朱桂龙和程强,2014;徐倪妮和郭俊华,2018)。相关结果见图 3-5、图 3-6、图 3-7,图中横坐标为广度,纵坐标为深度,原点坐标为广度和深度的均值。

政策萌芽阶段(2008—2012 年):这一阶段政策主体的广度均值为 9.45,深度均值为 1.58。其中,国家发展改革委、商务部、中国人民银行、国家税务总局的合作广度和深度均明显大于相应均值,位于第一象限,属于 HH 型,它们是合作网络中的核心节点,表明在跨境电商发展初期,掌握商贸模式和管理创新的行政权力部门对跨境电商政策主体的合作起主导作用。虽然财政部、海关总署和国家质检总局也属于 HH 型,但是它们位于第一象限的边缘位置,逐渐向第四象限靠拢,合作深度较低,说明它们与其他发文主体之间的合作缺乏持续性。除此之外的其他发文主体均位于第三象限,属于 LL

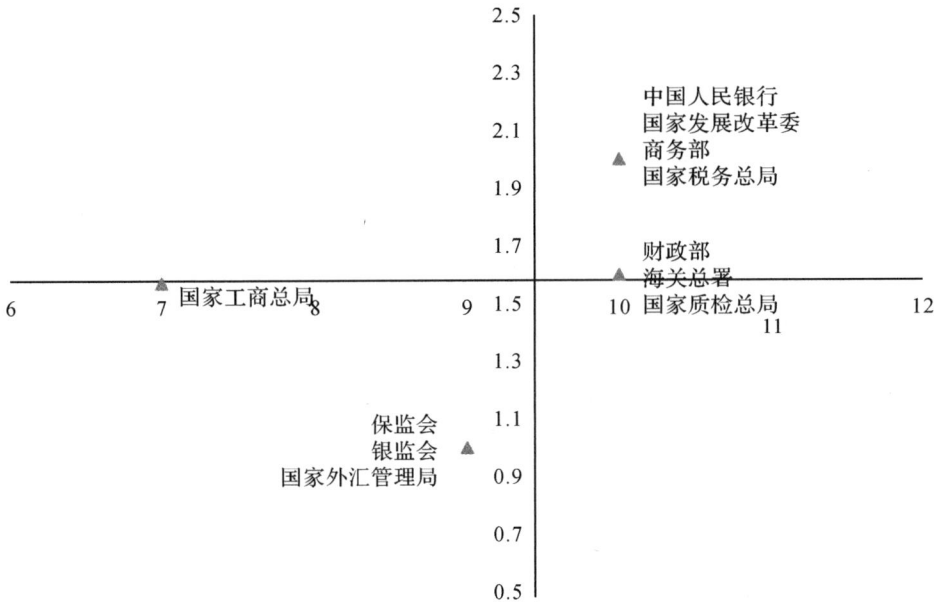

图 3-5　2008—2012 年跨境电商政策主体在合作网络中的角色分布

型,表明这些政策主体较少参与联合发文。

政策探索阶段(2013—2016 年):随着合作发文的政策主体和数量均显著增加,政策主体的广度均值略微上升为 10.78,而深度均值则下降为1.16,说明联合发文的政策主体不断增加,合作关系反而变得疏远。具体而言,海关总署的核心地位逐渐凸显,由第一象限的边缘位置转为第一象限的右上角,与其他部门合作的广度和深度均明显加强,是跨境电商政策制定中最核心的主体。国家税务总局、财政部、国家质检总局、商务部、国家发展改革委依然位于第 HH 象限。而中国人民银行则从前一阶段的第一象限转到第三象限,说明中国人民银行在跨境电商政策制定中的作用不断弱化。除此之外的其他政策主体均处于第三象限,属于 LL 型。整体而言,随着八部委联合出台《关于实施支持跨境电子商务零售出口有关政策的意见》,各部门的职能分工逐渐明确,跨境电商政策主体合作网络演化为以海关总署、国家税务总局、财政部、国家质检总局、商务部、国家发展改革委为核心节点,其他政策主体通过这六个核心节点相互连通的局面。

政策过渡阶段(2017—2018 年):这一阶段合作发文的政策主体实现跨越式增长,政策主体的广度均值为 19.93,比前一阶段上升了 84.84%,深度均值也略微上升至 1.35。具体而言,财政部的合作广度和深度均显著上升,

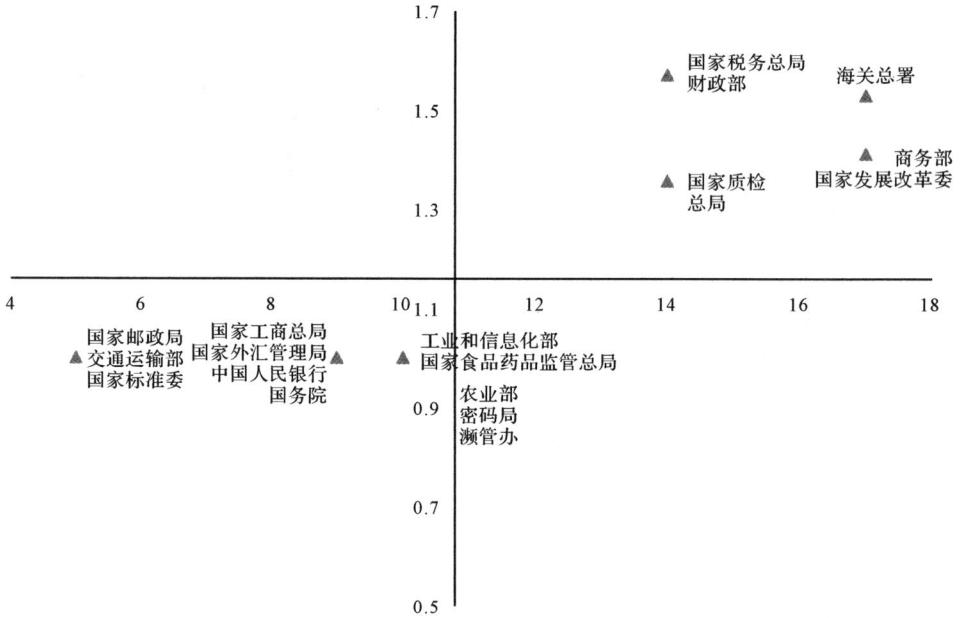

图 3-6　2013—2016 年跨境电商政策主体在合作网络中的角色分布

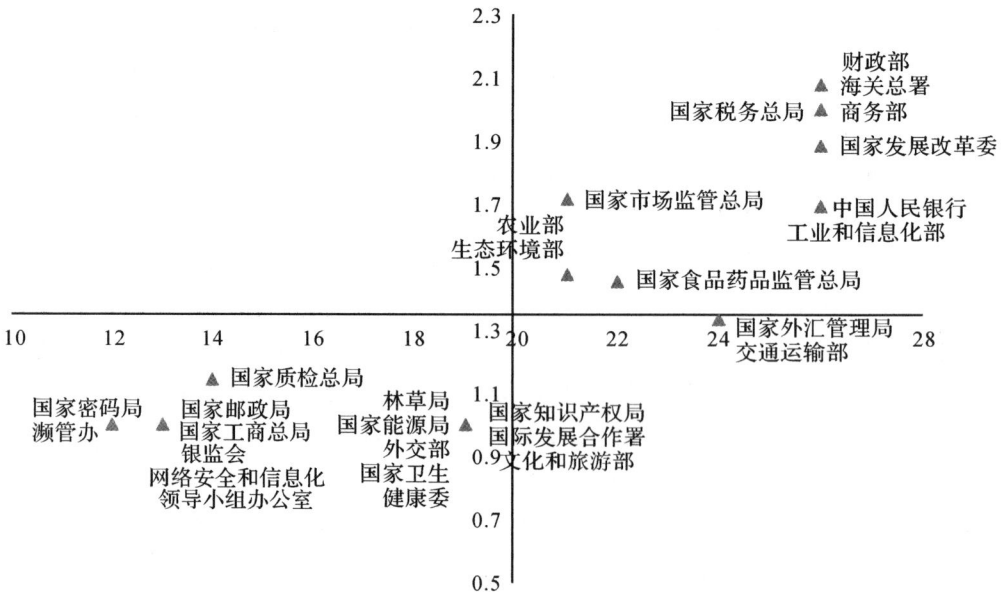

图 3-7　2017—2018 年跨境电商政策主体在合作网络中的角色分布

分别是前一阶段的 1.86 倍和 1.32 倍,与海关总署共同构成跨境电商政策制定的最核心主体。可见,跨境电商政策正由以规范为主向规范与扶持并存转变。国家税务总局、商务部、国家发展改革委仍然位于第一象限,属于HH型。中国人民银行、工业和信息化部、国家食品药品监管总局、农业部则从LL型转为HH型。而国家外汇管理局和交通运输部则从LL型转为HL型,说明这两个部门联合其他部门的能力增强,但持续性有待加强。可见,跨境电商政策参与主体大幅上升,核心主体也趋于多元化。

总体而言,海关总署、财政部、国家税务总局、国家质检总局、商务部、国家发展改革委在不同阶段的跨境电商政策制定中都发挥着重要作用,始终处于HH型核心位置,说明这六个部门是跨境电商政策主体合作网络的主要核心主体。其中,海关总署和财政部的核心主体地位不断增强,成为最核心主体,这表明国家在规范跨境电商野蛮生长的同时,也采取经济措施支持其发展。国家税务总局和国家质检总局由于涉及跨境电商交易过程中的征税、退税、检验检疫等环节,所以在政策网络中也一直处于核心位置。商务部和国家发展改革委则与跨境电商市场流通、示范建设等密切相关,它们在跨境电商政策主体合作网络中也是非常重要的核心主体。

五、基于网络结构指标的核心主体功能演变分析

通过上述分析可知,海关总署、财政部、国家税务总局、国家质检总局、商务部、国家发展改革委是跨境电商政策主体合作网络的主要核心主体。为了进一步研究核心主体功能的演变过程,下面通过分析剔除不同核心节点的网络结构指标的变化,可以明确核心节点在网络中的作用,这里主要讨论网络关系数、网络联结频次、网络凝聚力指数、整体网络密度四个指标的变化情况(刘凤朝和徐茜,2012;朱桂龙和程强,2014),具体结果见表3-15。

政策萌芽阶段(2008—2012年):这一阶段跨境电商政策六个核心主体的稳定功能和组织功能较强,联通功能较弱。通过比较分析剔除六个核心网络节点之后的结果可知,这六个核心主体中,国家税务总局、商务部和国家发展改革委最重要,其次是海关总署、财政部和国家质检总局。从网络结构指标来看,网络关系数和网络联结频次都大幅下降,其次是网络密度,最小的是网络凝聚力指数,说明它们在网络中发挥重要的稳定功能和组织功能。从剔除核心主体来看,剔除国家税务总局、商务部和国家发展改革委对于网络联结频次和网络密度的负向影响最大,说明国家税务总局、商务部和国家发展改革委与其他发文主体联系最紧密;而剔除国家海关总署、财政部

和国家质检总局后整体网络密度上升6.11%,说明它们在核心主体网络的边缘位置,源于它们与其他部门只联合发文16次。

政策探索阶段(2013—2016年):这一阶段跨境电商政策六个核心主体的联通功能有所增强,稳定功能和组织功能逐渐减弱。六个核心主体在合作网络中的重要程度依次是海关总署、商务部和国家发展改革委(并列第二)、财政部和国家税务总局(并列第三)、国家质检总局。从网络结构指标来看,网络联结频次的下降幅度虽然变小,但依旧是受剔除核心主体影响最大的指标;网络凝聚力指数所受的影响逐渐变大,而网络关系数所受的影响则逐渐变小,说明六个核心主体的连通功能逐渐增强,而稳定功能则逐渐变弱。从剔除核心主体来看,与上一阶段相比,剔除海关总署对网络联结频次、网络凝聚力指数和整体网络密度都产生了很大的影响,说明海关总署的主导作用逐渐增强;剔除财政部和国家税务总局之后整体网络密度均下降8.87%,而剔除国家质检总局对其几乎没有影响,说明财政部和国家税务总局与其他发文主体的合作越来越紧密。

政策过渡阶段(2017—2018年):这一阶段跨境电商政策的六个核心主体功能均减弱,尤其是国家质检总局。六个核心主体在合作网络中的重要程度依次是海关总署和财政部(并列第一)、国家税务总局和商务部(并列第二)、国家发展改革委、质检总局。与上一阶段不同,在网络结构指标中,网络联结频次和网络关系数的下降幅度显著变小,网络凝聚力指数的下降幅度也变小,说明网络核心节点的主导作用逐渐弱化,整体网络的联系越来越密切。特别是剔除国家质检总局对四个网络结构指标的影响均明显变小,可忽略不计,说明国家质检总局的主导作用也明显减弱。

表3-15 剔除网络核心主体后网络结构指标的变化率

时间段	剔除的核心主体	网络关系数	网络联结频次	网络凝聚力指数	整体网络密度
2008—2012年	海关总署	−19.23%	−19.28%	−0.62%	6.11%
	财政部	−19.23%	−19.28%	−0.62%	6.11%
	国家税务总局	−19.23%	−24.10%	−0.62%	−6.31%
	国家质检总局	−19.23%	−19.28%	−0.62%	6.11%
	商务部	−19.23%	−24.10%	−0.62%	−6.31%
	国家发展改革委	−19.23%	−24.10%	−0.62%	−6.31%

时间段	剔除的核心主体	网络关系数	网络联结频次	网络凝聚力指数	整体网络密度
2013—2016 年	海关总署	−17.53%	−21.85%	−2.82%	−9.17%
	财政部	−14.43%	−18.49%	−1.47%	−8.87%
	国家税务总局	−14.43%	−18.49%	−1.47%	−8.87%
	国家质检总局	−14.43%	−15.97%	−1.47%	−0.24%
	商务部	−17.53%	−20.17%	−2.82%	−4.12%
	国家发展改革委	−17.53%	−20.17%	−2.82%	−4.12%
2017—2018 年	海关总署	−9.67%	−14.06%	−1.02%	−9.73%
	财政部	−9.67%	−14.06%	−1.02%	−9.73%
	国家税务总局	−9.67%	−13.54%	−1.02%	−7.95%
	国家质检总局	−5.20%	−4.17%	1.02%	1.28%
	商务部	−9.67%	−13.54%	−1.02%	−7.95%
	国家发展改革委	−9.67%	−12.76%	−1.02%	−4.31%

第三节　跨境电商政策主题网络演化的现状研究

　　跨境电商政策现状研究的另一个核心问题是"对什么进行治理",这一问题的核心则与政策主题有关。此处,本节将继续运用社会网络分析方法,通过提取跨境电商政策文本内容的高频主题词,绘制跨境电商政策主题网络图谱,探讨我国跨境电商政策主题及其结构的演进历程,明确跨境电商政策的关注重点与方向。

一、研究框架

　　在社会网络分析方法中,将很多社会系统描述成由一系列点和线构成的关系图。其中,点代表个体,如个人、社会组织和群体等;点之间的线代表个体间的关系,这种关系是有实质内容的,如亲属关系、权力关系、隶属关系等。考虑到跨境电商政策中的高频主题词网络可以视为一种特殊类型的社会网络,网络的节点代表高频主题词,节点之间的连线代表高频主题词同时出现在同一篇政策中。因此,本章利用社会网络分析法量化分析跨境电商政策主题网络现状(研究思路见图3-8)。

由图3-8可知,本节首先收集与选择中央政府发布的跨境电商相关政策文本,并利用ROSTCM6软件提取各项政策文本中的高频主题词;这是因为与其他软件相比,ROSTCM6软件的中文词库全面,且分词操作灵活、便捷。然后,根据提取的高频主题词编制共词矩阵,确定跨境电商政策高频主题词语义网络,并借助UCINET软件进行词频分析、网络分析、中心性分析,探讨跨境电商政策关注的热点问题(UCINET软件适用于处理中型数据,且统计运算功能、兼容性和可操作性均较强,能够满足本章的分析需求);最后,对跨境电商政策高频主题词语义网络进行聚类分析,提炼出跨境电商政策主题的结构布局框架,分析跨境电商政策主题结构的演化特征。

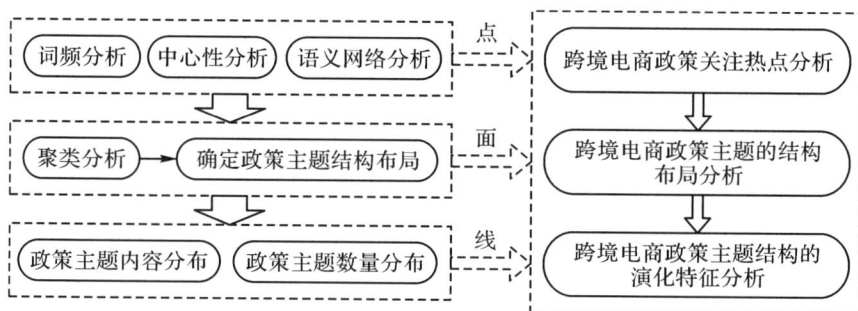

图 3-8 研究思路

二、研究方法

(一)加权共词矩阵的确定

针对上文筛选出的跨境电商政策高频主题词,分别统计每两个高频主题词在同一篇政策文件中出现的次数(在同一篇政策文件中出现 1 次或者多次都记为 1 次),得到二进制矩阵 $A = (a_{ij})_{n \times m}$(见表 3-16)。其中,$n$ 是高频主题词个数,m 是政策文件数量。

表 3-16 跨境电商政策力度量化标准

政策力度	政策力度得分	政策类型
政策力度强	4	全国人民代表大会及其常务委员会颁布的法律

政策力度	政策力度得分	政策类型
政策力度中强	3	国务院及各个部门颁布的规范、批复、函、规划、工作要点
政策力度中弱	2	国务院及各个部门颁布的意见、措施、细则
政策力度弱	1	国务院及各个部门颁布的通知、公告、说明

另外,考虑到越高级别的领导机构颁布政策的法律效力也越高。因此本节采用政策力度对高频主题词加权。在确定权重时,首先根据国务院《规章制定程序条例》和彭纪生等对政策力度的划分,结合我国跨境电商政策类型的实际分布情况,为跨境电商政策分别赋予 4、3、2、1 的数值以描述政策力度的大小(见表 3-16)。加权矩阵 E 的计算方法为:

$$e_{ij} = w_j \cdot a_{ij} \tag{3-1}$$

其中,a_{ij} 为共词矩阵 A 对应的元素,w_j 是政策文件 j 的政策力度得分。最后,对加权后的矩阵进行正交变换得到共词矩阵 B:

$$B = E \cdot E' \tag{3-2}$$

(二)K-means 聚类分析法

考虑到 K-means 聚类方法简单且运算速度快,是目前最为常用的一种聚类算法。因此,本节采用 K-means 聚类方法进行小团体识别。

假设将跨境电商政策高频主题词分为 K 类,首先选择一个 K 类的初始划分 $B' = \{b_1, b_2, \ldots, b_k\}$,计算这些类的均值向量 μ,然后根据欧氏距离把剩余的每个样本分配到距离它最近类均值的一个类别(云延进,2008):

$$d(b_i, \mu_i) = \sqrt{\sum_{j=1}^{n}(b_{ij} - \mu_{ij})^2} \tag{3-3}$$

最后,重新计算被分配到每个类的样本的均值向量,重复这一过程直到均值向量 μ 收敛为止。

三、实证结果与解读

(一)热点分析

1.高频主题词提取

高频主题词的提取具体包括以下三个步骤。一是将 84 项跨境电商政策放入文本文件,形成文档集。二是运用 ROSTCM6 文本挖掘软件对文档集进行分词,然后统计分词后的主题词出现的频数。三是主题词剔除与合并。首先剔除"扩大""加快""推进"等与研究主题无关的主题词,然后合并相似主题词,如"保税""退税""免税"用"税收"代替。经过预处理后,最终筛选出跨境电商政策高频主题词 16 个,各个高频主题词出现的频数如表 3-17 所示。

表 3-17　跨境电商政策高频主题词词频

序号	主题关键词	词频	序号	主题关键词	词频
1	支付	203	9	数据	82
2	服务	212	10	风险	77
3	质量安全	191	11	通关	73
4	交易	180	12	合作	45
5	物流	119	13	技术	43
6	试点	102	14	物品	41
7	货物	94	15	税收	32
8	建设	92	16	仓储	26

2.中心性分析

为了研究中国跨境电商政策所关注的热点问题,利用 UCINET 软件中的 Network-Degree 功能计算政策主题网络的"网络中心势"与"点度中心度"(结果见表 3-18)。

表 3-18　跨境电商政策高频主题词网络中心性分析结果

序号	主题词	点度中心度	序号	主题词	点度中心度
1	服务	55.95	9	技术	25.97
2	建设	42.92	10	合作	25.62
3	支付	39.7	11	风险	25.05
4	交易	39.65	12	质量安全	21.13
5	试点	37.52	13	数据	19.48
6	物流	37.47	14	仓储	18.43
7	货物	28.11	15	税收	18.08

序号	主题词	点度中心度	序号	主题词	点度中心度
8	通关	27.8	16	物品	11.55

注:网络中心势 Network Centralization=30.05%。

　　跨境电商政策高频主题词网络的网络中心势为 30.05%,表明该网络有一定的集中趋势,但仍有很多政策主题相互之间关联并不明显,说明跨境电商政策文件涉及的内容相对分散。主要原因在于,跨境电商的监管涉及海关、商务、财政、税务、邮政等十多个部门,它们分别从本部门监管职责角度出发制定相应的监管政策,难以有效协同、全覆盖监管,导致监管内容各有侧重。

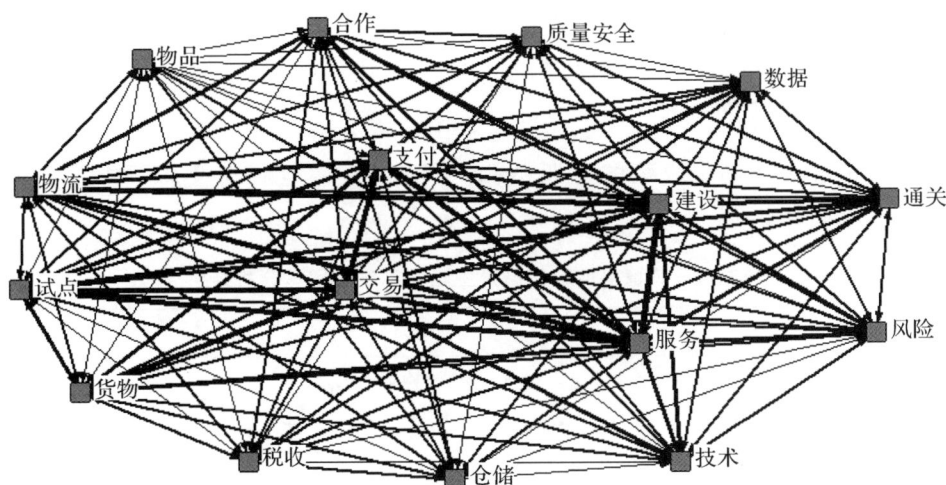

图 3-9　跨境电商政策高频主题词网络图

　　下面通过点度中心度和社会网络图进一步分析跨境电商政策关注焦点(见图 3-9 和表 3-18)。可以发现“服务”和“建设”的点度中心度最高,分别为55.95和42.92,表明它们在网络中地位最高,跨境电商政策都是围绕服务和建设来制定的,这与跨境电商发展阶段紧密相关。由于跨境电商发展主体是企业,政府在此过程中充当服务链中的重要一环,急需建立配套的服务体系来保障跨境电商企业发展,所以政府积极推动跨境电子商务通关、检验检疫、缴进口税等综合服务体系的建设。

　　其次是“支付”“交易”“物流”“通关”等涉及跨境电商供应链各环节的主题词,点度中心度基本在 25—40 之间,说明这些主题与其他主题联系也比较紧密,在网络中处于较高地位,也是跨境电商政策关注的热点。一般跨境电商供应链涉及采购备货、物流运输、电子支付、报关报检等众多环节,各环节的健康发展决定了跨境电商的健康发展,因此国家颁布的跨境电商政策也更加重视各环节的协同发展。

而物品的点度中心度较低,仅为11.55,且位于社会网络图的边缘位置,说明这个主题与其他主题的联系不够紧密,在跨境电商政策文件中较少提及。现有的物品监管政策主要提出对跨境电商零售进口商品按个人自用进境物品监管,而涉及跨境电商物品责任主体、奖惩措施等的相关政策较少,致使现有的物品监管工作中仍然存在个人邮递物品采用手工申报模式、违规责任主体难以认定、违规主体实质性惩罚措施缺失等问题,说明在跨境电商网购物品的监管方面仍存在很多漏洞,需要监管部门立足实际,改进现有的监管制度和手段。

(二)聚类分析

为了进一步确定政策的主题结构,下面对跨境电商政策高频主题词网络进行小团体识别,如表 3-19 所示。

表 3-19 跨境电商政策高频主题词网络小团体分析结果

小团体	关键词
1	通关、物流、税收、仓储
2	货物、数据、物品、交易、支付
3	合作、建设、服务、试点、风险
4	质量安全、技术

小团体 1 是服务内容,包括为跨境电商交易企业提供的通关、物流、仓储、退税等综合服务。结合政策条款可知,在物流、仓储和通关方面,政府部门的主要工作是简化流程、精简审批、完善通关一体化、信息共享等配套政策,提高跨境电商各环节的便利化水平(中国商业联合会专家工作委员会等,2019)。在税收方面,为支持跨境电商企业走出去,政府部门主要对符合条件的电子商务出口货物实行增值税和消费税免税或退税政策。

小团体 2 是监管对象,主要涉及跨境电商货物、数据、物品、交易、支付。进一步结合具体政策内容可知,在支付环节,主要对跨境互联网支付业务进行规范管理,防范互联网渠道跨境资金流动风险;在交易环节,提出对交易标的物名称、数量、金额、交易双方和交易时间等信息进行真实性审核,并要求留存相关信息5年备查;在货物和物品环节,重点监管货物物品订单、物流信息、包装、标识标签等;在数据环节,强调对跨境保税进口商品、电商企业以及消费者信息数据的分析监控。

小团体3是具体措施,包含国际合作、示范建设、服务体系建设、风险监测。结合相关政策内容可知,在示范建设方面,除继续加大跨境电子商务网购保税进口模式试点和外汇支付业务试点之外,进一步开展跨境贸易电子商务服务试点和综合试验区,并明确了上述试点的实施方案和监管规则;在风险监测方面,探索建立风险监测制度的同时,制定了重点商品和重点项目监管清单,并建立质量风险信息采集机制、风险评估分析机制和风险预警处置机制;在国际合作方面,推动建立与不同国家、地区之间跨境电子商务的交流合作,参与电子商务国际规则的制定,促进电子签名、电子身份等国际互认(蒲晓磊,2018)。

小团体4是基础保障能力,包括产品质量安全和技术标准。展开来看,在质量安全环节,通过对跨境电子商务经营主体及商品实施备案管理制度,并明确经营企业质量安全主体责任,实现质量安全可追溯,责任可追究。在技术环节,政府部门主要对技术条件、技术风险、技术手段等进行监管。

综上可知,小团体2和小团体4都是政府为规范跨境电商发展的主要监管对象,只是监管内容不同。所以将这两个小团体归为一类,最终将跨境电商政策高频主题词网络聚为三类,将第一类概括为服务内容,将第二类概括为监管对象,将第三类概括为政策措施,进而构建跨境电商政策主题网络的三维分析框架。

(三)结构演化分析

根据上文构建的跨境电商政策主题网络的三维分析框架,下面进一步探讨各类跨境电商政策主题的结构演化特征。

从跨境电商政策服务内容的动态分布可知(见图3-10),从2008年开始,物流类政策数量呈小幅上升状态,仓储、税收和通关类政策数量则从2013年开始保持稳定增长,直到2015年,仓储、物流和通关类政策数量达到一个峰值,税收类政策数量则于2016年达到峰值,随后都呈现下降趋势,直到2018年,税收、物流和通关类政策数量再次达到峰值。可见,物流和通关类政策仅在2015年和2016年保持了增长的稳定性和发展的连续性,税收和仓储类政策分别在 2016 年和 2015 年颁布较多,其他年份涉及服务内容的跨境电商政策均明显较少。这是因为现有的服务体系难以满足跨境电商发展需求,于是 2014 年国务院相继颁布政策文件,要求各部门优化完善通关、物流、仓储、税收等服务内容,2015 年和 2016 年海关总署、国家外汇管理局、商务部等部门根据指导意见要求制定了一系列跨境电商政策,侧重提高通关效率、打击非法进出口、规范通关流程、便捷退(免)税、建立海外仓储设施等。需要指出的是,物流环节是跨境电商的最大掣肘,虽然政府为鼓励和支持跨境电商物流发展制定了一些政策,但专门针对其发展的管理细则、监管要求、支持方案等可实施性较强的政策较为匮乏,导致我国跨境电商物流企业仍然面临环境风险、市场风险、运输风险等,严重制约跨境电商物流的发展。

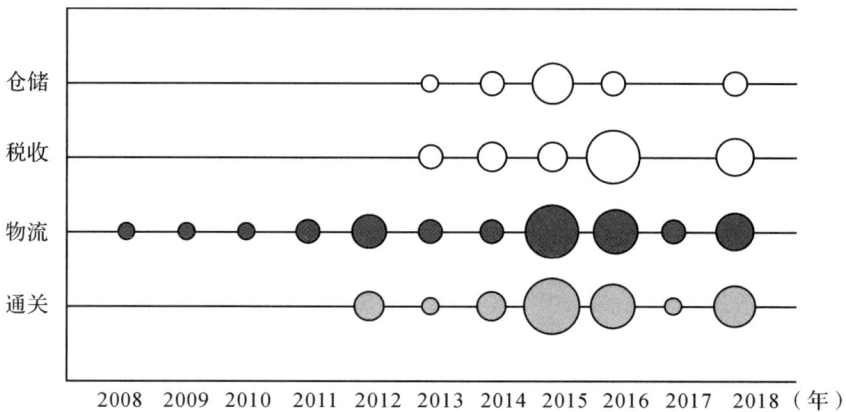

图 3-10　中国跨境电商政策服务内容的动态分布

从上述分析可知,虽然我国政府对跨境电商服务越来越重视,但在政策制定过程中忙于应对上级部门的工作安排,使得我国在跨境电商服务内容方面缺乏长远的战略规划,不利于跨境电商服务的持续优化和完善。

从跨境电商政策措施的动态分布可知(见图 3-11),从 2008 年开始,服务体系建设和国际合作类政策数量呈小幅上升状态,风险监测和示范建设类政策则从 2012 年开始被使用;直到 2013 年,示范建设和服务体系建设类政策数量达到峰值,之后一年政策较少;直到 2015 年,四种政策措施数量再次达到峰值,随后都呈现下降趋势;直到 2018 年,服务体系建设、示范建设和风险监测类政策数量又达到峰值。显然,服务体系建设和示范建设类政策整体呈现间歇性平稳增长趋势,这主要是因为在 2013 年和 2015 年,海关

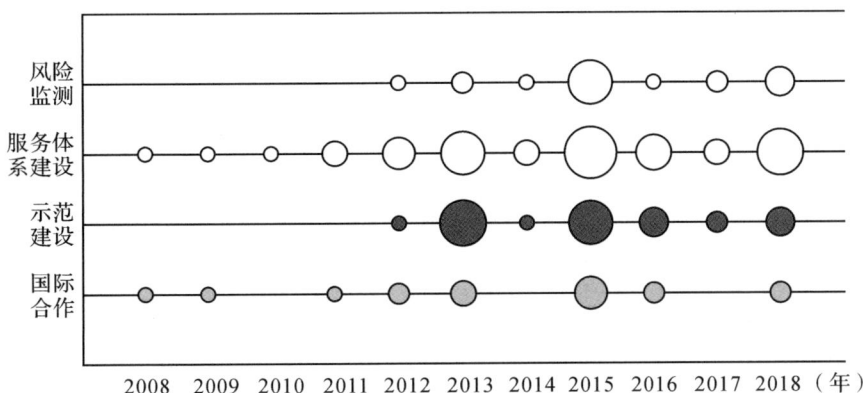

图 3-11　中国跨境电商政策措施的动态分布

总署和国务院分别牵头建立"跨境电子商务试点城市"和"跨境电子商务综合试验区",各部门为配合示范建设的顺利开展,在这两年颁布了较多的跨境电商配套政策。与之不同,国际合作和风险监测政策仅在 2015 年达到峰值,其他年份很少。这是因为 2015 年国务院颁布的《关于大力发展电子商务加快培育经济新动力的意见》中要求商务部和国家质检总局要加强电子商务国际合作,并探索建立跨境电子商务货物负面清单、风险监测制度,随后为了响应国务院的号召,两部门分别制定了一系列相应政策。但是结合政策内容可知,这两方面均存在重复监管问题。在服务方面,由于跨境电商行业多为碎片化订单,而每笔订单信息需要与国家质检总局、海关总署和国家外汇管理局重复对接。在试点方面,结合政策内容可知,海关总署和国务院分别牵头建立"跨境电子商务试点城市"和"跨境电子商务综合试验区",两种试点方式都是选择具有良好经济和外贸基础的城市先试先行,在城市选择和建设内容上有一定的重叠。

　　需要说明的是,国际合作是 4 种政策措施中使用最少的,而且在 2010年、2014 年、2017 年均没有涉及。考虑到跨境电商是国家与国家之间的贸易往来,而每个国家法律体系和监管机制存在差异,需要通过交流合作的方式达成统一的贸易合作机制,此时需要政府发起和主导跨境电商多边对话合作监管机制的建立,为跨境电商企业走出去拓展更广阔的空间。因此,政府对国际合作的重视程度有待加强。

　　从上述对我国跨境电商政策措施的动态分析不难看出,发展初期国家注重服务体系和示范建设类政策的实施,随后从 2015 年开始强调各项措施的协同实施。这表明我国跨境电商政策由依靠单一措施向综合利用各种政策措施转变,通过跨境电商政策措施的协同来推动跨境电商发展。

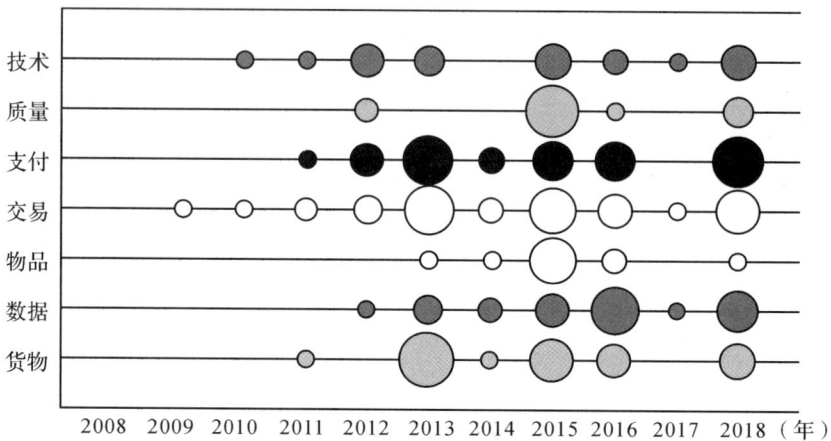

图 3-12　中国跨境电商政策监管对象的动态分布

从跨境电商政策监管对象的动态分布可知(见图 3-12),从 2009 年开始,交易类政策数量呈现平稳上升趋势,随后其他政策陆续被使用,直到 2013 年,支付、交易和货物类政策数量达到一个峰值,随后一年则相对沉寂,直到 2015 年,除数据类政策数量于 2016 年达到峰值之外,其他监管对象的政策数量均达到峰值,之后则呈现下降趋势,直到 2018 年,除物品外,其他监管对象的政策数量再次达到峰值。不难发现,支付、交易和货物类政策数量呈现显著的周期性增长趋势,而且这些主题词的点度中心度及其政策数量均较高,说明政府试图建立以支付、交易和货物为核心的监管体系。这是因为交易、支付和货物是跨境电商供应链中的关键环节,这些环节出现问题将引发更严重的系统性风险,所以政府对其高度重视。需要说明的是,2014 年 7 月 23 日,海关总署发布的《关于跨境贸易电子商务进出境货物、物品有关监管事宜的公告》,规定了进出境货物监管范围与要求;国家质检总局则于 2015 年 5 月 14 日发布《关于进一步发挥检验检疫职能作用促进跨境电子商务发展的意见》,建立了货物管理制度。可见,监管部门之间缺少有效沟通,造成重复监管、制度不统一的问题。

需要说明的是,质量安全类政策仅在 2015 年颁布较多,其他年份较少。这是因为 2015 年国家质检总局检出跨境电商商品品质不合格率高达 33%,质量安全问题较为严重,国家质检总局为了解决这一难题,2015 年以来相继颁布了《关于进一步发挥检验检疫职能作用促进跨境电子商务发展的意见》《关于加强跨境电子商务进出口消费品检验监管工作的指导意见》《网购保税模式跨境电子商务进口食品安全监督管理细则(征求意见稿)》等一系列文件,构建了跨境电子商务风险监控和质量追溯体系,实现质量安全可追溯,责任可追究,也标志着质量安全监管体系走上成熟化和体系化道路,所以之后相关政策也相对较少。

综合来看,发展初期政府重视对支付、交易和货物的监管,之后从2015年开始对跨境电商供应链各环节开展全方位监管,虽然不同时期涉及监管对象的政策分布不够均衡,且在不同年份波动较大,但总体来看,监管对象和相应政策数量均呈逐渐上升趋势。

第四节　跨境电商政策主体与主题的关联性分析

跨境电商政策文件众多,为分析监管政策的重叠、冲突及遗漏等问题带来一定的难度。此时,量化分析政策主体与主题的关联关系是一个有效的解决途径。因此,本节在前两节提取的政策主体与主题的基础上,通过提取每个政策核心主体发布的所有政策文件中的高频主题词,绘制跨境电商政策主体与主题的2模关系矩阵与关联图,分析跨境电商政策主体关注主题特征及其重复情况。

一、政策主体关注的主题词提取

由于跨境电商政策主体众多,全面分析需要花费大量的时间和精力。因此,本节以第二节提取的五个最主要的核心主体(海关总署、财政部、国家质检总局、商务部、国家发展改革委)为研究对象(国家税务总局暂未单独发文,所以不纳入研究对象范围),并选取政策核心主体颁发的代表性政策文件42项,其中,海关总署21项,财政部2项,国家质检总局8项,商务部7项,国家发展改革委4项。

下面提取5个政策核心主体发布的所有政策文件中的高频主题词,具体包括以下4个步骤。一是将各个政策主体发布的所有跨境电商政策放入文本文件,形成文档集。二是运用ROSTCM6文本挖掘软件对文档集进行分词,然后统计分词后的关键词出现频数。三是关键词剔除与合并。首先剔除"扩大""加快""推进"等与研究主题无关的关键词,然后合并相似关键词。四是选取每个政策主体的前16个主题关键词,保持与上节选取的主题关键词的可比性。经过预处理后，最终筛选出跨境电商政策主题关键词80个，各个政策主体发布的主题关键词出现的频数如表 3-20 所示，其中标注 * 的主题词表示这是该政策主体所特有的。

表 3-20 跨境电商政策主体发布的高频主题词

海关总署		国家质检总局		商务部		国家发展改革委		财政部	
主题词	词频	主题词	词频	主题词	词频	主题词	词频	主题词	词频
企业	257	企业	136	平台	81	服务	21	监督	19
监管	147	经营	102	企业	58	发展*	18	注册*	18
平台	80	检验检疫*	90	服务	36	物流	17	食品	12
零售进口	72	食品	86	建设	17	服务业	15	备案	12
支付	65	安全*	84	市场*	17	建设	13	保健食品*	11
货物*	65	平台	72	支付	15	地区*	9	零售进口	10
申报*	63	质量	61	物流	12	企业	8	化妆品*	10
交易	62	监管	57	培育	12	中心*	8	医疗器械*	9
物流	59	风险*	39	合作*	11	金融*	7	安全法*	8
清单	59	备案	35	营销*	9	平台	6	特殊医学用途配方食品*	7
业务*	57	网购保税进口*	32	交易	8	三角洲*	6	婴幼儿配方乳粉*	7
通关	49	机制*	28	经营	8	珠江*	6	注册证书*	5
数据*	48	进境	25	融资*	7	试点*	6	清单	4
服务	47	监督	24	模式*	7	交换*	6	消费者*	4
物品*	41	通关	24	产权*	7	通关	5	说明*	4
注册登记*	37	建设	23	质量	7	外包*	4	名单*	4

由表 3-20 可知，在 80 个高频主题词中，只有 40 个主题词是独有的，主题词重复率高达 50％，可见不同监管部门制定的跨境电商政策存在重叠现象。分部门来看，海关总署侧重于"企业""监管""平台""零售进口""支付""货物""申报""交易""物流""清单""业务""通关"等方面的内容，其中，"货物""申报""业务""数据""物品""注册登记"是海关总署独自关注的主题，其他 10 个主题是与其他政策主体共同关注的内容，主题重复率高达 62.5％。

显然,对跨境电商企业、平台、零售进口进行监管是海关总署的工作重点,监管内容涉及支付、货物、交易、物流等方面的信息,具体的代表性政策有《关于跨境贸易电子商务进出境货物、物品有关监管事宜公告》《关于跨境电子商务零售进出口商品有关监管事宜的公告》《关于规范跨境电子商务支付企业登记管理的公告》等。

国家质检总局重点关注"企业""经营""检验检疫""食品""安全""质量""监管""风险""备案""网购保税进口""机制"等方面的内容,其中"检验检疫""安全""风险""网购保税进口""机制""进境"是质检总局特有的关注内容,其他 10 个主题是与其他政策主体共同关注的内容,主题重复率与海关总署一致,为 62.5%。结合政策内容可知,国家质检总局主要以经营主体为单位,对其制定相应的检验检疫监管办法,重点监管食品、安全、质量、风险等方面,代表性政策有《关于进一步发挥检验检疫职能作用促进跨境电子商务发展的意见》《关于加强跨境电子商务进出口消费品检验监管工作的指导意见》《网购保税模式跨境电子商务进口食品安全监督管理细则(征求意见稿)》。

商务部主要关注"平台""企业""服务""建设""市场""支付""物流""培育""合作""营销"等主题,其中"市场""合作""营销""融资""模式""产权"是商务部单独关注的内容,其他 9 个主题是商务部与其他政策主体共同关注的内容,主题重复率为 56.25%。由此可见,商务部主要对跨境电商发展采取支持和引导的策略。一方面,鼓励跨境电商平台通过自建或合作方式,为跨境电商企业提供高效的支付、物流、融资等配套服务;另一方面,采取重点培育、服务体系建设、跨境合作等措施支持跨境电商企业开拓国际市场,代表性政策有《关于利用电子商务平台开展对外贸易的若干意见》《关于促进电子商务应用的实施意见》。

国家发展改革委关注的主题以"服务""发展""物流""服务业""建设""地区""企业""中心""金融""平台"等为主,其中"发展""服务业""地区""中心""金融""三角洲""珠江""试点""交换""外包"是国家发展改革委单独关注的主题,其他 6 个主题是与其他政策主体共同关注的内容,主题重复率为 37.5%。结合政策内容可知,国家发展改革委主要对前海深港现代服务业合作区、横琴、珠江三角洲、电子商务示范城市的总体发展制定相应的规划,而跨境电商只是其规划内容的一部分,所以政策内容也以发展和建设跨境电商为主。

财政部关注的主题主要集中在"监督""注册""食品""备案""保健食品""零售进口""化妆品""医疗器械"等,其中"监督""食品""备案""零售进口""清单"是财政部与其他部门共同关注的主题,其他 11 个主题是其单独关注的内容,主题重复率为 31.25%。根据政策内容可知,财政部重点对《跨境电子商务零售进口商品清单》中的保健食品、化妆品、医疗器械、特殊医学用途配方食品等进行备注说明。

二、政策主体与主题词的关联性分析

为了更直观地揭示跨境电商政策主体与主题词之间的关系,本节将 5 个政策主体及其主题词相融合,形成跨境电商政策主体与主题词的 2 模关系矩阵(见表 3-21),并绘制网络关系图。如图 3-13 所示,正方形节点表示主题词,圆形节点表示政策主体,连线的粗细表示政策主体对该主题的重视程度,节点的大小表示关注该政策主题的政策主体的多少。

表 3-21　跨境电商政策主体与主题关系矩阵

	海关总署	国家质检总局	商务部	国家发展改革委	财政部
企业	257	136	58	8	0
监管	147	57	0	0	0
平台	80	72	81	6	0
零售进口	72	0	0	0	10
支付	65	0	15	0	0
交易	62	0	8	0	0
物流	59	0	12	17	0
清单	59	0	0	0	4
通关	49	24	0	5	0
服务	47	0	36	21	0
经营	0	102	8	0	0
质量	0	61	7	0	0
备案	0	35	0	0	12
监督	0	24	0	0	19
建设	0	23	17	13	0

	海关总署	国家质检总局	商务部	国家发展改革委	财政部
食品	0	86	0	0	12
安全*	0	84	0	0	0
发展*	0	0	0	18	0
货物*	65	0	0	0	0
申报*	63	0	0	0	0
业务*	57	0	0	0	0
数据*	48	0	0	0	0
物品*	41	0	0	0	0
注册登记*	37	0	0	0	0
检验检疫*	0	90	0	0	0
风险*	0	39	0	0	0
网购保税进口*	0	32	0	0	0
机制*	0	28	0	0	0
进境*	0	25	0	0	0
市场*	0	0	17	0	0
培育*	0	0	12	0	0
合作*	0	0	11	0	0
营销*	0	0	9	0	0
融资*	0	0	7	0	0
模式*	0	0	7	0	0
产权*	0	0	7	0	0
服务业*	0	0	0	15	0
地区*	0	0	0	9	0
中心*	0	0	0	8	0
金融*	0	0	0	7	0
三角洲*	0	0	0	6	0
珠江*	0	0	0	6	0
试点*	0	0	0	6	0

续　表

	海关总署	国家质检总局	商务部	国家发展改革委	财政部
交换*	0	0	0	6	0
外包*	0	0	0	4	0
注册*	0	0	0	0	18
保健食品*	0	0	0	0	11
化妆品*	0	0	0	0	10
医疗器械*	0	0	0	0	9
安全法*	0	0	0	0	8
特殊医学用途配方食品*	0	0	0	0	7
婴幼儿配方乳粉*	0	0	0	0	7
注册证书*	0	0	0	0	5
消费者*	0	0	0	0	4
说明*	0	0	0	0	4
名单*	0	0	0	0	4

由上节分析可知,海关总署和国家质检总局发布的政策主题中,有 10 个与其他部门共同关注;其次是商务部,有 9 个主题与其他部门重叠;最少的是国家发展改革委和财政部,分别有 6 个和 5 个主题重叠出现,而且这些重叠出现的主题都与海关总署和国家质检总局有联系,所以下面主要对海关总署和国家质检总局的重叠主题展开详细分析,并结合图 3-13,进一步探索不同部门的政策特征及现存问题。

对于责任主体相关的主题而言,"企业"和"平台"是海关总署、质检总局、商务部和国家发展改革委共同关注的内容,这是因为企业和第三方平台是跨境电商责任主体,所以在政策内容中被较多提及。对于监管主体相关的主题而言,"监管"是海关总署和国家质检总局共同关注的主题,但前者连线明显粗于后者,说明海关总署是跨境电商的主要监管部门。结合政策内容可知,两者的监管内容存在较大差异,如,海关总署主要针对不同贸易模式(如直邮模式、网购保税模式等)制定相应的监管方式,监管内容涉及企业资质、通关、税收征管、场所、退货、数据等事宜,国家质检总局则重点对跨境电商进出口消费品开展检验检疫监管工作。

对于服务内容相关的主题而言,"通关"是海关总署、国家质检总局、国家发展改革委共同关注的主题,且海关总署和国家质检总局的连线较粗,说明海关总署和国家质检总局对通关方面的内容较为重视。这与海关总署和国家质检总局的工作职责有关,因为跨境电商货物和物品的海关检查、检验、检疫是通关服务的主要环节。"物流"是海关总署、商务部和国家发展改革委共同关注的主题,海关总署的连线明显粗于其他两个部门,说明海关总署对物流发展更为重视。结合政策内容可知,三者的监管内容存在明显差异。如,海关总署事前通过电子商务通关服务平台实时对接物流企业交易数据,实现提前审核,提前监管,来提高跨境电商通关服务效率;商务部则通过建设适应跨境电子商务发展需要的社会化物流体系,即优化物流公共配送中心、中转分拨场站、社区集散网点等物流设施的规划布局,积极探索区域性、行业性物流信息平台的发展模式,实现物流服务的便利化(孙晓燕,2012);国家发展改革委主要是依托区位优势,通过建设枢纽现代物流园区,完善与现代物流业相匹配的基础设施,打造物流信息交换中枢,实现物流服务的集聚化发展。

对于政策措施相关的主题而言,"建设"是国家质检总局、商务部和国家发展改革委共同关注的内容,结合政策内容可知,前两者政策内容存在较大重复,如国家质检总局涉及建设的政策措施包括信用体系建设、跨境电商综试区建设、"单一窗口"平台建设等,商务部有关建设的政策措施也包括跨境电商综试区建设、"单一窗口"平台建设等。"服务"是海关总署、商务部和国家发展改革委共同关注的主题,结合政策条文可知,海关总署通过建设跨境贸易电子商务服务试点城市和跨境电子商务通关服务平台的方式,为跨境电商企业提供便利的通关服务;同时,国家发展改革委也组织开展国际贸易电子商务服务试点,支持电子商务服务企业建立面向国际市场的第三方专业电子商务服务平台,与海关总署重视的内容存在重复;与前两者不同,商务部采取引导措施,鼓励电子商务平台通过自建或合作方式,创新服务模式,增强对外贸易服务功能。

对于监管对象相关的主题而言,"质量"是国家质检总局和商务部共同关注的内容,但监管内容存在显著差异。如,国家质检总局主要是对跨境电商产品实施质量安全风险监管,而商务部侧重于提高跨境电商平台服务质量、信息质量、产品质量、平台质量等管理。"交易"和"支付"是海关总署和

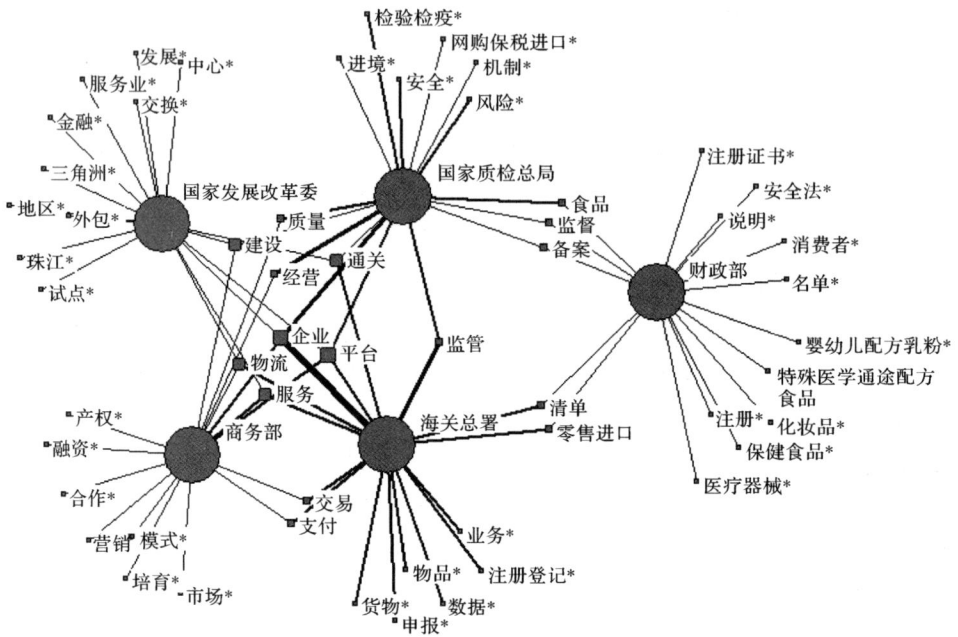

图 3-13　跨境电商政策主体与主题词的关联图

商务部共同关注的主题,但海关总署集中对订单号、商品名称、交易金额、币制、收款人相关信息、商品展示链接地址、支付交易流水号等数据进行监测。与之不同,商务部则重点对支付业务规则、技术标准、交易活动、交易安全、交易风险等进行监管。"清单"和"零售进口"是海关总署和财政部共同关注的主题,前者连线远远粗于后者,说明海关总署对清单和零售进口内容最为重视。根据政策文件可知,在电子商务进出境货物、物品通关管理方面,尤其是零售进口商品,海关总署主要采取"清单核放、汇总申报"方式办理报关手续。与之不同,财政部主要是对其牵头联合发布的《关于公布跨境电子商务零售进口商品清单的公告》中的部分商品备注进行说明。可见在"清单"和"零售进口"方面,两部门并不存在明显的重复监管现象。

　　本章采用社会网络分析法,以 2008 年 1 月至 12 月国家颁布的 84 项跨境电商政策为样本,从主体角色、功能、结构特征三个视角全面研判了跨境电商政策主体合作网络的演变历程,并从关注热点和结构布局两个视角考量跨境电商政策主题网络的演化过程,进而通过政策主体与主题的关联关系考察政策体系特征及现存监管问题,主要得出以下结论。

　　第一,政府侧重于采用公告、意见和通知类型的政策文件对下级部门或本部门开展跨境电商相关工作事务或重要问题提出见解和处理办法,主要用于解决质量监管信息不对称、灰色通关、通关效率低、退税难等问题。相比之下,以规划等给予多层面深层次指导的政策文件较少,仅提出电商物流企业要以加强国际竞争力为目标,而对跨境电商整体发展以及其他供应链环节并没有制定具体的规划,使得跨境电商产业发展方向不明确。

第二,跨境电商政策发文主体有 40 多个,存在"政出多门"的现象。其中,海关总署和国务院是单独发文量最多的政策主体,而联合发文最多的是国家税务总局、海关总署、财政部和商务部,可见不同部门的发文形式存在较大差别。一方面,因为部门职责不同,各部门具有明确的分工,它们主要根据自身工作职责范围制定政策文件;另一方面,由于部门性质不同,如国务院是我国最高国家行政机关,是各部委的上级机关,所以一般采取单独发文的形式。

第三,跨境电商政策主体合作网路结构具有阶段性特征。总体而言,网络规模不断扩大,网络联结频次和网络密度也呈上升趋势,合作网络逐渐由局部均衡型向多主体均衡型转变。

第四,海关总署、财政部、国家税务总局、国家质检总局、商务部和国家发展改革委是跨境电商政策网络的核心主体。其中,在萌芽阶段,国家税务总局、商务部和国家发展改革委等掌握商贸模式和管理创新的行政权力部门是最重要的核心主体,与其他发文主体联系最紧密;随着跨境电商市场不规范问题的频发,为了满足其高速发展的需求,掌握行政约束权力和经济资源的海关总署和财政部核心地位逐渐凸显,也演变为核心主体。

第五,跨境电商政策六个核心主体功能均逐渐弱化,且数量趋于多元化。这是因为跨境电商六个核心主体的稳定功能和组织功能持续减弱,虽然联通功能有所起伏,但整体而言,六个核心主体的主导作用不断减弱,导致合作网络的核心节点由国家发展改革委、商务部、中国人民银行等七个部门演化为财政部、海关总署、国家税务总局等 11 个部门。

第六,跨境电商政策主题相对分散。从跨境电商政策主题的点度中心度和社会网络图分析结果可知,服务、建设、支付、交易、试点、物流等主题词的点度中心度最高,均在 37 以上,是跨境电商政策关注的热点问题,而数据、仓储、税收、物品等与跨境电商发展密切相关的主题词的点度中心度均在 20 以下,并未引起政府部门的足够重视。

第七,在微观结构构成上,我国跨境电商政策主题由服务内容、监管对象、政策措施构成。其中,服务内容主要包含为跨境电商发展提供的通关、物流、税收、仓储等全方位服务;监管对象主要涉及货物、数据、物品、交易、支付、质量安全、技术标准;政策措施主要包括国际合作、示范建设、服务体系建设、风险监测。

第八,跨境电商监管对象类政策结构不断优化,而服务内容和政策措施类政策结构失衡。从跨境电商政策服务内容维度上看,涉及服务内容的政策缺乏长远的战略规划,特别是仓储政策;从跨境电商政策措施维度上看,服务体系建设和示范建设政策呈现间歇性平稳增长趋势,与之不同,国际合作和风险监测政策仅在2015年最多,后续配套政策则较少;从跨境电商政策监管对象维度上看,发展初期政府强调对支付、交易和货物的监管,之后从2015年开始对跨境电商供应链各环节开展全方位监管,尤其在质量安全方面已形成较为成熟的监管体系。

第九,政策主体关注的主题存在明显的重叠现象。五个核心政策主体发布的主题词重复率高达50%,其中海关总署和国家质检总局发布的政策主题的重复率最高,为62.5%,其次是商务部,主题重复率为56.25%,主题重复率最低的是国家发展改革委和财政部。具体而言,国家质检总局和商务部在"建设"方面的政策内容存在较大重复,两者均涉及跨境电商综试区建设、"单一窗口"平台建设等内容;海关总署和国家发展改革委在"服务"方面的政策也存在一定的重复,两者均采取建设跨境贸易电子商务服务试点城市和跨境电子商务通关服务平台的方式,优化便利通关服务。

第五节　对策建议

一、明确跨境电商政策主体权责,建立三合一动态监管策略

我国跨境电商政策主体呈现"政出多门"的现象,部门之间沟通协调机制不畅、职能界限模糊,导致监管重叠、冲突及遗漏问题频发。这是由于跨境电商政策主体责任追溯体系不完善,使得监管问题无法得到真正有效的解决。针对该问题,建议政府部门明确跨境电商政策主体权利和责任。同时,建立监督惩罚机制,形成事前审核、事中监测和事后责任追究的三合一动态监管策略,定期对颁发的政策进行评估和监督,并研究、反馈其实施情

况，从而有效保障政策的制定与实施，促进跨境电商政策资源的合理使用。

二、完善跨境电商政策主体协同机制，促进长效与深入合作

我国跨境电商政策主体协同不均衡，缺乏有效的沟通与交流。针对该问题，建议政府部门完善有效的多部门沟通协作机制，实现开发与整合各部门的跨境电商政策资源的相互共享，提高政策主体沟通和交流的有效性，维持跨境电商政策资源间的动态平衡和配套协调。在此基础上，建议政府部门确定政策核心主体，由其牵头组织、协调不同政策主体的协作，并将各部门掌握的政策资源进行统筹协调与科学配置，充分发挥政策主体间的整体效能，实现政策主体的长效与深入合作。

三、加强风险防控和国际合作

我国跨境电商政策中国际合作和风险监测主题的点度中心度偏低，且相关配套政策较少，严重阻碍跨境电商高水平、高质量发展。针对该问题，建议政府部门加强国际合作和风险监测。在国际合作方面，政府部门应积极与相关国家推进跨境电商规则、条约的研究和制定，如跨境电商通关服务相关的配套管理制度和标准规范、检验检疫的监管模式、产品质量的安全监管和溯源机制等，建立跨境电商国际合作机制，为国内企业开展跨境电商创造必要条件。在风险监测方面，政府部分应一方面加强信用体系建设，完善跨境电子商务企业信用信息记录，建立企业信用档案，实行"一处失信，处处受限"的措施，极大地增强责任主体的风险意识，进而有效降低风险；另一方面，组织开展跨境电子商务全流程的专业风险分析，针对经济风险、交易风险、技术风险等各类风险因素建立相应的风险防控体系。

4

第四章 基于区域视角的跨境电商政策描述性统计分析

　　跨境电商政策是一个政策体系,是区域为了保障跨境电商市场平稳运行、为企业发展提供一个良好的环境而采取的办法、通知等凭证的总和。为了明确区域跨境电商政策是否合理,有必要从多个维度构建分析框架。而政策工具作为政策目标与政策行为联系的桥梁,是政策制定者在不同的情况下搭配使用的重要手段,因此本章选取政策工具作为切入点,进一步考察区域跨境电商政策工具所具有的结构特征。为了对这区域跨境电商政策展开深入探讨与分析,本章第一节概述跨境电商政策分析框架的构建理论,最终建立了包含政策工具、政策主体和政策层级的三维分析框架;第二节介绍跨境电商政策文本的选择和编码;第三、四、五节基于编码内容,对东、中、西三个地区的政策文本进行三维统计分析,以此分析不同地区跨境电商政策的统计关系;第六节基于分析结果,提出对策建议。

第一节　区域跨境电商政策分析框架的建立

一、跨境电商政策分析框架的构建理论

　　跨境电商政策是一个地区为了促进跨境电商行业发展而制定的办法、通知以及各类凭证的总和,其影响因素涉及工具、主体和层级三个方面。为了更好地对跨境电商政策进行量化,需要综合考虑影响政策制定的各项因素,以建立全面的分析框架来测评地区现有的跨境电商政策体系完备性。

政策工具研究的核心是"如何将政策意图转变为管理行为,将政策理想转变为现实"(黄红华,2009)。在实践中,政府通过各项政策工具的组合使用,可以有效调控跨境电商市场。但是,一项政策工具的制定仅说明了政府治理的方式,并没有明确政策的作用对象。例如,支持企业做大做强,既可能是政府为企业提供直接的资金支持,也可能是通过银行等金融机构为企业提供间接融资服务,这两者的作用对象是不相同的。因此,为了全面掌握政策结构特点,有必要了解某一政策工具的作用对象或针对某一对象所使用的政策工具类型。除此之外,不同的政策层级所对应的政策工具也具有不同的效力。比如,省一级职能部门比市一级职能部门所制定的政策工具具有更高的法律效力。因此,需要将政策层级考虑进来,建立包含政策工具、政策主体和政策层级的三维分析框架。

二、跨境电商政策三维分析框架的构建

(一)基本政策工具维度的分析

根据政策工具理论,具体参照 Rothwell 和 Zegveld 的思想,根据作用方式的不同将跨境电商政策工具分为供给型、环境型和需求型。其中,供给型和需求型政策工具从供求两方面直接作用于跨境电商行业,环境型政策工具则通过改善影响跨境电商活动的环境因素间接促进跨境电商行业发展。

1. 供给型政策工具

供给型政策工具作为政策对跨境电商行业的直接推动力,具体指政府通过为跨境电商行业提供诸如资金、信息、科技等基本生产要素来直接扩大供给,改善跨境电商行业供给不足的状况,从而推动跨境电商产业发展进程。供给型政策工具可细化为人力资源培养、科技信息支持、基础设施建设、资金投入和公共服务。

详见表 4-1。

表 4-1　供给型政策工具及含义

政策工具	工具名称	含义
供给型	人力资源培养	政府部门为适应跨境电子商务发展需求制定相应的人才培养体系,包括联合高校和职业教育机构开展跨境电子商务人才培养培训、监管人员的专业技术能力培训等。

政策工具	工具名称	含义
供给型	科技信息支持	支持跨境电子商务信息化建设,主要包括跨境电子商务企业信用数据库、产品质量信息公共服务平台、出口通关管理系统、一站式物流服务平台、信息化管理系统等。
	基础设施建设	加强建设为跨境电子商务企业和消费者提供公共服务的设施,包括建设公共海外仓等。
	资金投入	政府直接为跨境电商发展给予资金扶持,如对跨境电子商务企业走出去重点项目、生产企业和外贸企业、基础设施建设等提供资金支持。
	公共服务	政府为满足跨境电商企业发展需要而提供的各项配套服务,如跨境电子商务通关、检验检疫、结售汇、缴进口税等环节的服务。

2.环境型政策工具

环境型政策工具主要表现为政策对跨境电商行业的间接影响力,指政府通过长远规划、法规管制、税收优惠等政策间接影响跨境电商产业的发展环境,为跨境电商产业发展营造良好的外部环境。环境型政策工具又可细化为目标规划、金融支持、税收优惠、法规管制、策略性措施(详细解释见表4-2)。

表 4-2　环境型政策工具名称及含义

政策工具	工具名称	含义
环境型	目标规划	对跨境电商发展的不同阶段要达成的目标所做的总体规划,包括跨境电子商务进出口贸易额、海外仓建设数量等要达到的目标。
	金融支持	相关机构为跨境电子商务企业提供超过市场竞争均衡水平的信贷资金支持,主要包括融资、保险支持。
	税收优惠	政府部门对跨境电子商务商品给予税收优待,具体包括消费税、增值税、关税等的免税或退税。
	法规管制	政府通过制定跨境电子商务经营主体、交易模式等的管理制度,维护市场秩序,为跨境电子商务发展营造公平竞争环境。
	策略性措施	政府为促进跨境电子商务创新发展所采取的支持性措施,如鼓励电子商务企业建立海外营销渠道、海外仓、海外运营中心等。

3.需求型政策工具

需求型政策工具主要体现为政策对跨境电商行业的直接拉动力,具体指政策制定者通过采取各种措施营造市场需求,减少市场不确定性,积极开拓并稳定跨境电商市场,从而拉动跨境电商行业发展。需求型政策工具又可细化为贸易管制、海外机构管理、示范建设、政府采购、外包等(见表4-3)。

表4-3　需求型政策工具名称及含义

政策工具	工具名称	含义
需求型	贸易管制	针对跨境电子商务物品出入境实行的各项管制措施,例如禁止和限制进出口物品名录、试点网购商品限值等。
	海外机构管理	政府为鼓励境内电子商务服务企业"走出去",对境外设立服务机构给予支持。
	示范建设	通过跨境电子商务综试区、外汇支付业务试点、外贸综合服务企业试点等的先行先试,缓解跨境电商建设的技术复杂性和建设不确定性问题。
	政府采购	政府依法使用财政性资金购买的跨境电商相关货物和服务。
	外包	政府将项目委托给企业或民间科研机构。

(二)政策层级维度的分析

地区的跨境电商政策涉及多个部门,不同部门制定的政策往往具有不同的效力。这些部门从行政级别上可以分为"省级""地市级"和"区县级"。一般而言,政府的行政级别越高,代表它对跨境电商产业发展的重视程度就越高,从而也具有更高的法律效力。本节从省级、地市级、区县级三个角度来衡量政策效力的高低。

(三)政策主体维度的分析

跨境电商的发展离不开各主体之间的协同。各地区跨境电商政策共涉及政府、企业、第三方平台、银行和支付机构、物流企业五个主体,每个主体都是行业发展过程中不可或缺的一员。其中,政府是跨境电商发展的支持主体,其他四类是重要的参与主体。以政府为主体的政策主要是通过完善监管机制和制定支持措施来规范市场行为。企业是跨境电商最重要的参与主体,只有企业不断发展壮大,行业才能实现可持续发展。以第三方平台为主体的政策,一方面,为各地的职能部门之间搭建公共信息平台,方便政府进行监管;另一方面,为企业提供金融、外汇、通关、物流、退税等一站式服务。银行和支付机构是为企业进行跨境支付和结汇而服务的,同时也是企业融资的重要来源。物流是跨境贸易中不可缺少的一个环节,以物流企业为主体的政策是为了支持企业降低物流成本,保障产品的正常销售。

鉴于上述分析,本节从地区政策文本的角度出发,建立了包含政策工具、政策颁布层级和政策主体的三维分析框架,如图 4-1 所示。对于一条具体的区域跨境电商政策,通过三维分析框架有助于了解每一政策工具的法律效力和目标实施主体,从而有针对性地提出不足并加以改进。

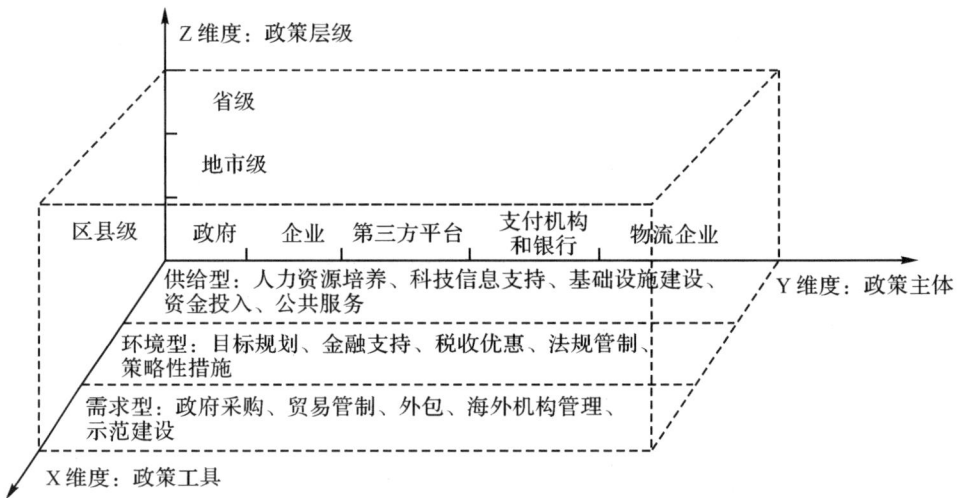

图 4-1 区域跨境电商政策文本分析框架

第二节 区域跨境电商政策文本的选择与编码

一、跨境电商政策文本选择

本节所选取的跨境电商政策来源于各地区人民政府、商务厅、财政厅等政府门户网站,并以"跨境电商"为关键词进行全文搜索所得。为了保证政策样本具有代表性,需要对政策条款进行逐条筛选,将其中关联程度不高的内容删除,最终选取与跨境电商密切相关的 285 份政策文本。结果见附表

1—附表 13。

二、跨境电商政策文本编码

根据上一节确定的三维分析框架,依据"政策编号—具体条款"的顺序对政策文本进行编码,比如 1-2 表示编号为 1 的政策文本的第 2 条。下面,以北京市跨境电商政策文本为例进行说明,结果见表 4-4。

表 4-4　北京市跨境电商政策文本内容编码

政策名称	政策文本的内容分析单元	编码	政策工具	政策主体	政策层级
北京市人民政府办公厅关于转发《市商务委关于推进本市跨境电子商务发展的实施方案》的通知	完善管理政策;创新监管模式;建立跨境电子商务服务标准、技术规范、管理制度	1-1	法规管制	政府	省级
	加大扶持力度,统筹使用商业、外经贸发展专项资金,支持跨境电子商务企业做大做强	1-2	资金投入	政府	省级
	搭建公共信息平台	1-3	科技信息支持	第三方平台	省级
	培育示范企业	1-4	示范建设	企业	省级
	推进产业集聚发展,加快推进跨境电子商务产业园区建设	1-5	基础设施建设	第三方平台	省级
	……	……	……	……	……

第三节　东部地区跨境电商政策的描述性统计分析

一、北京市跨境电子商务政策结构分析

(一)政策工具维度分析

如表 4-5 所示,在北京市发布的 19 项跨境电子商务相关政策文本中,共使用了 64 项政策工具,其中 50% 为环境型,42.19% 为供给型,7.81% 为需

求型。这一结构反映出北京市跨境电商政策偏向于对环境型和供给型政策工具的使用，但对需求型政策工具明显不够重视。下面进一步分析政策工具的具体分类。

（1）环境型政策工具中，"法规管制"型政策工具使用次数最多，占环境型政策工具的46.88%。结合政策条款可知，该政策工具的使用明确了适用于跨境电商的管理政策、服务标准、技术规范、管理制度等，形成了较为完善的跨境电商管理体系。另外，使用较为频繁的是"策略性措施"型政策工具，占比28.13%。结合政策条文可知，北京市依托全国领先的航空快递、邮政渠道，支持国际航空货运、首都铁路运输贸易的发展，已经成为北京跨境电商发展的独特优势。使用最少的则是"税收优惠"和"金融支持"型政策工具，占比分别为3.13%和9.38%。需要说明的是，虽然"目标规划"政策工具的数量并不多，只有4项，但内容涵盖了跨境电商产业园区、跨境电商进出口交易额、跨境电商产业集群、跨境电子商务综合试验区等方面，覆盖面相对较广。总体来看，北京市环境型政策采取以规范为主、引导为辅的策略，旨在为跨境电商营造稳定和公平的发展环境。

（2）供给型政策工具中，"科技信息支持"型政策工具使用最多，占整个供给型政策工具的37.04%，可以看出北京市力图将跨境电子商务产业打造成一个高技术附加值型产业。结合政策内容可知，北京市将科技信息技术融入"公共服务"、通关、物流、海运集装箱港口作业等，试图通过便利化的信息服务平台，简化跨境电商交易流程，提高跨境电商流转效率。另外，使用较多的是"公共服务""基础设施建设"和"资金投入"型政策工具，分别占比22.22%、22.22%和11.11%，而"人力资源培养"型政策工具使用频率最低，占比为7.41%。其仅在《北京市平谷区人民政府关于印发平谷区促进电子商务发展暂行办法的通知》和《北京市人民政府办公厅关于印发〈中国（北京）跨境电子商务综合试验区实施方案〉的通知》中有所涉及。相关文件提出为电商创业人员提供免费培训，建立跨境电子商务人才培养体系，但并未提出相应的多渠道人才培养方案。因此，北京市对于跨境电商专业人才培养的重视程度有所欠缺。需要指出的是，虽然北京拥有丰富的人才资源，但跨境电商发展需要的复合型人才较少，需要通过由政府主导并组织跨境电商人才培训，将现有人才资源转化为跨境电商人才。总体上看，北京市政府在促进跨境电子商务产业发展过程中选择了科技导向型的产业发展战略，并重视基础设施和公共服务建设以及资金的投入，力图通过完善的配套服务为跨境电商发展营造良好的环境。

（3）需求型政策工具中，仅有 5 项政策条款涉及"示范建设"，其余需求型政策工具的使用则为空白。由此可以看出，北京市较为重视"示范建设"。结合政策条文可知，北京市采取以创建和培育相结合的"示范建设"策略，即创建跨境电商示范基地和综合示范园的同时，依托示范基地培育跨境电商示范企业和外贸综合服务示范企业，形成"中小微企业铺天盖地，行业龙头企业顶天立地"的发展格局。

表 4-5　北京市跨境电子商务政策工具使用频数统计表

政策工具	工具名称	条文编号	计数	百分比
供给型	人力资源培养	7-3,18-8	2	42.19%
	科技信息支持	1-3,4-1,6-1,10-4,11-4,13-2,14-4,15-1,18-7,19-1	10	
	基础设施建设	1-5,10-5,13-5,14-3,18-2,19-2	6	
	资金投入	1-2,4-2,7-1	3	
	公共服务	6-5,11-3,13-3,14-2,17,18-6	6	
环境型	目标规划	11-1,13-1,14-1,18-1	4	50.00%
	金融支持	10-1,14-5,18-5	3	
	税收优惠	18-4	1	
	法规管制	1-1,2,3,5,6-2,7-4,8,9,10-2, 12,13-6,14-6,15-2,16,18-9	15	
	策略性措施	1-6,6-4,7-2,10-3,11-2,13-4,14-8,18-3,19-3	9	
需求型	贸易管制	N/A	N/A	7.81%
	海外机构管理	N/A	N/A	
	示范建设	1-4,4-3,6-3,11-5,14-7,	5	
	政府采购	N/A	N/A	
	外包	N/A	N/A	
合计			64	100.00%

（二）政策工具与政策主体二维分析

根据北京市跨境电子商务政策工具与政策主体二维表（表 4-6），以政府为主体的政策工具占比最高,达 51.56%,以第三方平台为主体的政策工具次之,为 29.69%,以企业、银行和支付机构、物流企业等为主体的政策工具分别占比 10.94%、4.69%、3.13%。从中可以看出,大部分政策工具的作用对象是政府,针对物流企业的政策工具数目最少。

(1)在供给型政策工具方面,以第三方平台、政府、物流企业、企业、银行和支付机构为主体的政策工具分别有 18 项、6 项、2 项、1 项和 0 项,说明供给型政策工具大部分是针对平台制定的。具体来看,以第三方平台为主体的政策工具中,"基础设施建设"和"科技信息支持"数目最多,这是因为基础设施包含线下综合园区平台、产业孵化平台、线上线下综合服务平台等,科技信息支持则包含公共信息平台、信息化综合服务平台等的建设。以政府为主体的政策工具中"公共服务"占有最大的比重,体现出政府重视服务质量,致力于提供跨境电商"一站式"综合服务。以物流企业为主体的政策工具是以"基础设施建设"和"公共服务"为主,包括跨境电子商务海外运营中心和产业园区等配套设施的建设,以及跨境电子商务智能物流体系的建立。而以企业为主体的政策工具只包含了"资金投入",说明政府企图通过建立专项资金、补贴或奖励的形式为企业发展跨境电商提供资金扶持。以银行和支付机构为主体的政策工具中供给型政策工具数量为 0,银行可以为企业提供融资,帮助企业摆脱困境,方便企业开展交易。因此针对银行这一主体,建议政府加大政策支持力度,鼓励其为中小企业的发展贡献自己的力量。

(2)在环境型政策工具方面,以政府、银行和支付机构、企业为主体的政策工具分别有 27 项、3 项、2 项,而以物流企业和第三方平台为主体的政策工具则均为 0 项。说明环境型政策工具大部分是针对政府制定的。具体来看,以政府为主体的政策工具数目较多的是"法规管制"和"策略性措施",较少的是"金融支持"。这说明政府侧重于约束企业行为,并为行业发展做出策略性的指导,但对企业融资的帮助相对较少。以银行和支付机构为主体的政策工具目的是解决企业支付难、融资难等问题,故以"金融支持"为主。以企业为主体的政策工具主要是策略性措施,包含鼓励企业入驻电子商务园区和支持外贸综合服务企业建设发展。而以物流企业和第三方平台为主体的政策工具均为 0 项,建议政府可以加大对物流企业和第三方平台的政策支持。从上述分析可以看出,政府、银行和支付机构在为跨境电商营造一个良好的环境方面具有至关重要的地位。

(3)在需求型政策工具方面,以企业和第三方平台为主体的政策工具分别有 4 项和 1 项,而以政府、物流企业、银行和支付机构为主体的政策工具均为 0 项。说明企业和第三方平台是北京市需求型政策工具的针对主体。展开来看,以企业和第三方平台为主体的政策工具只有示范建设,主要涉及培育示范企业、打造示范基地、建设京津冀跨境电子商务产业综合示范园等内容,说明这两个主体较为重视示范建设,积极探索适合跨境电商发展的新途径和新模式。

表 4-6　北京市跨境电子商务政策工具与政策力度二维表

政策工具 ＼ 政策主体		政府	企业	物流企业	第三方平台	银行和支付机构
供给型	人力资源培养	1	0	0	1	0
	科技信息支持	1	0	0	9	0
	基础设施建设	1	0	1	4	0
	资金投入	1	1	0	1	0
	公共服务	2	0	1	3	0
环境型	目标规划	4	0	0	0	0
	金融支持	0	0	0	0	3
	税收优惠	1	0	0	0	0
	法规管制	15	0	0	0	0
	策略性措施	7	2	0	0	0
需求型	贸易管制	0	0	0	0	0
	海外机构管理	0	0	0	0	0
	示范建设	0	4	0	1	0
	政府采购	0	0	0	0	0
	外包	0	0	0	0	0
总计		33	7	2	19	3

(三)政策工具与政策颁布层级二维分析

根据北京市跨境电子商务政策工具与政策颁布层级二维表(表 4-7),北京市跨境电商政策工具主要由省级单位制定(57 项),其次是地市级(7 项)。由此可以看出,北京市政府特别强调省级职能部门在推动行业发展过程中的中坚作用。相对于省级单位而言,地市级政策偏少,这与跨境电子商务自身业务特征有关,一般跨境电子商务涉及的外贸业务大多需要省级职能机构进行宏观指导。

(1)供给型政策工具方面,共有 23 项省级政策工具,4 项地市级政策工具。展开来看,在省级政策工具中,"科技信息支持"类政策工具出现频率最高(9 项),其次是"基础设施建设"(6 项)和"公共服务"(6 项),使用最少的是"资金投入"和"人力资源培养"(均为 1 项)。可见,北京市把"科技信息支持"当作最重要的供给型政策工具,而"资金投入"和"人力资源培养"并不是他们的工作重点。在地市级政策工具方面,"资金投入"政策工具使用 2 项,"人力资源培养"和"科技信息支持"政策工具各 1 项。可以看出,与省级政府工作内容不同,北京市地市级政府为了落实上级机关的指示,制定的政策也更具有可操作性和直接性,如直接为企业提供资金、科技和人才方面的支持。

(2)环境型政策工具方面,共有 30 项省级政策工具,2 项地市级政策工具。进一步分析可知,在省级政策工具中,"法规管制"的数目最多,为 142 项,"策略性措施"次之(8 项)。由此可以推断,北京市对跨境电子商务行业发展的规范性要求较为严格,在利用一定的监管类政策文件规范跨境电商发展中不合规现象的同时,也利用引导性措施为跨境电商企业的可持续发展出谋划策。另外,在"金融支持"方面,北京市政府颁布了 3 项便利金融服务的政策,为中小企业融资提供一定的帮扶。同时,北京市政府在本地跨境电子商务布局过程中,也很重视对跨境电商发展方向进行引导,在省级政策工具中有 4 项政策与"目标规划"相关。地市级政策工具秉承省级政策文件精神,制定了 1 项"法规管制"和 1 项"策略性措施"政策工具。综合来看,与省级政策工具相比,地市级政策工具明显偏少,可见地市级单位对省级单位政策文件的贯彻落实力度还有待加强。

(3)需求型政策工具方面,共有 4 项省级政策工具,1 项地市级政策工具,这些政策工具全部与"示范建设"相关,表明北京市各级政府都在充分利用自身相关资源打造示范企业、示范区等;但地市级单位对"示范建设"的重视程度明显弱于省级单位。

表 4-7　北京市跨境电子商务政策主体与政策颁布层级二维表

政策颁布层级　　政策工具		市级	区级
供给型	人力资源培养	1	1
	科技信息支持	9	1

政策工具 \ 政策颁布层级		市级	区级
供给型	基础设施建设	6	0
	资金投入	1	2
	公共服务	6	0
环境型	目标规划	4	0
	金融支持	3	0
	税收优惠	1	0
	法规管制	14	1
	策略性措施	8	1
需求型	贸易管制	0	0
	海外机构管理	0	0
	示范建设	4	1
	政府采购	0	0
	外包	0	0
总计		57	7

（四）政策主体与政策颁布层级二维分析

在省级政策工具中，首先，以政府为主体的政策工具数目最多，包括完善管理、监管和扶持政策、培育跨境电子商务产业园区、建立跨境电子商务信用保障体系、拓宽跨境电子商务国际合作渠道等内容，说明省级单位在北京跨境电商发展中起着重要的宏观调控作用（见表 4-8）。其次，以第三方平台为主体的政策工具也较多。在实践中，省级单位重视建立线上单一窗口和线下综合园区平台，在线上形成了一个较大的数据圈，覆盖金融、物流等多个环节，在线下加快推进跨境电子商务产业园区建设，为跨境电子商务提供一站式服务，推动了产业集聚和加快化发展。最后，以物流企业为主体的跨境电商政策数目较少，原因可能是物流环节涉及跨境电商的具体运营，而省级主要起到宏观调控作用，因而没有对物流过程的具体细节进行监管。

在地市级政策工具中，政治工具数量较少，且以第三方平台为主体的政策工具为主，包括支持企业对接北京市跨境电子商务公共信息平台、为电子商务创业人员提供免费培训、给予资金补贴等内容。而以政府为主体的政策工具只有1项,是对补助资金政策内容的细化。其次,以物流企业、银行和支付机构为主体的政策工具最少,而实际上国际物流水平是跨境电商的基础,支付方式的选择也会通过汇率变动影响企业的收益。因此,地市级单位作为跨境电商市场的执行主体,未来可以增加对以物流企业、银行和支付机构为主体的政策工具的使用,保障物流和支付环节的快捷和安全。

表 4-8 北京市跨境电子商务政策主体与政策颁布层级二维表

政策颁布层级 政策主体	省级	地市级	总计
政府	32	1	33
企业	5	2	7
物流企业	2	0	2
第三方平台	15	4	19
银行和支付机构	3	0	3
总计	57	7	64

二、天津市跨境电子商务政策结构分析

(一)政策工具分析

根据统计结果(表4-9),天津市颁布的13项跨境电子商务政策文件共涉及51项政策工具内容,其中39.22%为供给型,47.06%为环境型,13.72%为需求型,环境型政策工具的使用频率最高,这与实际较为一致。近几年,天津市政府重在为跨境电商企业发展创造一个良好的市场环境,通过优越的政策环境来吸引更多的跨境电商企业入驻,从而促进天津市跨境电子商务快速发展。从政策工具的作用细节上来看:

(1)在供给型政策工具方面,首先是"科技信息支持"类政策工具使用频率最高,为7项,政策重点将信息技术融入跨境电商综合服务平台,为企业开展跨境贸易提供通关、通检、支付、物流等全流程"一站式"服务。其次是"人力资源培养"和"基础设施建设"类政策工具(均为4项),而"资金投入"和"公共服务"类政策工具使用最少(分别为2项和3项)。需要说明的是,与其他省市相比,天津市使用"资金投入"类政策工具较少,但资金力度较

大。结合实际情况,天津市的补贴条款较为详细且覆盖面较广,如在颁布的《关于印发 2017 年中国(天津)跨境电子商务综合试验区服务体系建设项目申报指南的通知》中,提出"对当年实现跨境电子商务交易额 500 万美元、1000 万美元、5000 万美元的企业分别给予人民币 40 万元、100 万元、200 万元的补贴;对当年实现业务量 50 万单、100 万单、300 万单的仓储企业分别给予人民币 50 万元、100 万元、200 万元的补贴;对建设跨境电商进口商品展示交易中心给予最高人民币 100 万元的补贴"。因此,可以得出天津市政府试图依托科技信息技术来推动跨境电商企业发展,而对行业发展的直接"资金投入"政策较少,同时对相关配套服务建设也不够重视,使得跨境电商市场活力不够。

(2)在环境型政策工具方面,"法规管制"和"策略性措施"的使用次数最多,分别为 10 项和 7 项,可见天津市采取规范和引导相结合的策略为跨境电商发展营造良好的环境。展开来看,一方面,通过建立跨境电子商务服务标准、技术规范、管理制度,督促、指导企业按照监管模式和标准开展跨境电子商务经营;另一方面,鼓励和引导跨境贸易电子商务产业集聚区建立、海外营销渠道建立、自建跨境电子商务销售平台或利用第三方跨境电子商务平台开展国际贸易等,为跨境电商产业的规范化发展提供了支撑。另外,政府还应用了 3 项"金融支持"和 2 项"目标规划"类政策工具。由于跨境电商以中小企业为主,而中小企业普遍存在融资难的问题,故天津市政府注重引导金融机构为跨境电子商务交易提供在线融资、在线保险等完备便捷、风险可控的"一站式"金融服务。但是,到目前为止,天津市政府尚未使用"税收优惠"这一政策工具,这有待后续工作中进行改进。

(3)在需求型政策工具方面,天津市政府仅使用 6 项"示范建设"和 1 项"海外机构管理",没有使用其他类型的需求型政策工具。这在一定程度上可体现出天津市政府更注重"示范建设"。结合政策条文可知,天津为了推进中国(天津)跨境电子商务综合试验区及跨境电子商务服务试点城市建设,立足天津市发展实际情况,完善跨境电子商务人才激励措施,开展了跨境电商服务、金融、一般贸易出口、保税出口、一般贸易进口、保税进口等试点业务,旨在通过先行先试实现天津跨境电商全面发展。

表 4-9　天津市跨境电子商务政策工具使用频数统计表

政策工具	工具名称	条文编号	计数	百分比
供给型	人力资源培养	2-5,4-1,5-8,14-10	4	39.22%
	科技信息支持	3-4,5-2,7-4,11-1,12-2,13-3,14-3	7	
	基础设施建设	2-1,5-3,7-2,14-4	4	
	资金投入	6,8-1	2	
	公共服务	5-5,12-4,14-2	3	
环境型	目标规划	5-1,14-1	2	47.06%
	金融支持	2-4,5-7,14-6	3	
	税收优惠	13-1,14-8	2	
	法规管制	2-3,3-3,4-2,5-6,7-1,8-2,10,11-2,13-2,14-7	10	
	策略性措施	1-2,2-2,3-2,5-4,7-3,11-3,12-3	7	
需求型	贸易管制	N/A	N/A	13.73%
	海外机构管理	14-5	1	
	示范建设	1-1,2-6,3-1,5-9,12-1,14-9	6	
	政府采购	N/A	N/A	
	外包	N/A	N/A	
合计			51	100%

(二)政策工具与政策主体二维分析

从天津市跨境电子商务政策工具与政策主体二维表(表 4-10)中不难发现,以政府为主体的政策工具占比最高,达 45.10%,以第三方平台为主体的政策工具次之,为 21.57%,以企业、物流企业、银行和支付机构等为主体的政策工具分别占比 19.61%、7.84%、5.88%。从中可以看出大部分政策工具的作用对象是政府,针对银行和支付机构的政策工具数目最少。具体来看:

(1)在供给型政策工具方面,以第三方平台、政府、物流企业、企业、银行和支付机构为主体的政策工具分别有 10 项、5 项、3 项、2 项和 0 项,说明供给型政策工具大部分是针对平台而制定的。具体来看,以第三方平台为主体的政策工具中,"公共服务"和"科技信息支持"数目最多,这是因为公共服务包含本土外贸综合服务平台、为中小企业提供的一站式服务、线上综合服务平台等,科技信息支持则包含信息化综合服务平台、线上"单一窗口"平台等的建设。以政府为主体的政策工具中"人力资源培养"和"科技信息支持"占有最大的比重,体现出政府对人才培养较为重视,致力于通过打造跨境电商人才体系与提升科技水平来扶持跨境电商产业的发展。以物流企业为主体的政策工具在"人力资源培养""科技信息支持"和"基础设施建设"方面都有涉及,包括建立和完善人力资源管理制度和教育培训机制、加快东疆跨境电商快递物流园建设以及基础设施网络的建设。以企业为主体的政策工具只包含了"基础设施建设"和"资金投入",主要原因在于,当前阶段政府主要通过建设线下创新园区,给予一定数额的补贴来为跨境电商提供支持。而以银行和支付机构为主体的政策工具中供给型政策工具并没有涉及。

(2)在环境型政策工具方面,以政府、企业、银行和支付机构、物流企业为主体的政策工具分别有 13 项、7 项、3 项和 1 项,而以第三方平台为主体的政策工具则为 0 项。这表明环境型政策工具大部分是针对政府制定的。具体来看,以政府为主体的政策工具大多应用于"法规管制"方面,对金融领域提供的"策略性措施"相对较少。其中,以企业为主体的政策工具主要是"策略性措施",包含鼓励探索建立跨境贸易电子商务产业集聚区、鼓励和引导跨境电子商务企业开展出口业务、开拓国际市场等内容。以银行和支付机构为主体的政策工具目的是解决企业支付难、融资难等问题,故"金融支持"数目较多。以物流企业为主体的政策工具只有 1 项"策略性措施"。从上述分析可以看出,政府和企业自身在环境型政策工具中占据了重要的地位,但是以物流企业、银行和支付机构为主体的政策工具数目过少。

(3)在需求型政策工具方面,以政府、企业、第三方平台为主体的政策工具分别有 5 项、1 项和 1 项,而以物流企业、银行和支付机构为主体的政策工具均为 0 项。这一结果体现出需求型政策工具的政府当前的主要管控方式。展开来看,以政府、第三方平台为主体的政策工具都集中在"示范建设",主要涉及具有天津特色的跨境电子商务综合服务平台和金融创新示范区的建设、园区优化产业布局的支持和引导等内容,说明政府和第三方平台较为重视示范建设。以企业为主体的政策工具以"海外机构管理"为主,鼓励企业通过建设海外仓的方式推动 B2B 出口。这也体现出海外仓在发展跨境电商中优势较为明显,其不仅可以降低物流成本,缩短运送时长,而且有利于拓展海外市场,占领国际份额。

表 4-10　天津市跨境电子商务政策工具与政策主体二维表

政策工具 ＼ 政策主体		政府	企业	物流企业	第三方平台	银行和支付机构
供给型	人力资源培养	2	0	1	1	0
	科技信息支持	2	0	1	4	0
	基础设施建设	0	1	1	2	0
	资金投入	1	1	0	0	0
	公共服务	0	0	0	3	0
环境型	目标规划	2	0	0	0	0
	金融支持	0	0	0	0	3
	税收优惠	2	0	0	0	0
	法规管制	9	1	0	0	0
	策略性措施	0	6	1	0	0
需求型	贸易管制	0	0	0	0	0
	海外机构管理	0	1	0	0	0
	示范建设	5	0	0	1	0
	政府采购	0	0	0	0	0
	外包	0	0	0	0	0
总计		23	10	4	11	3

(三)政策工具与政策颁布层级二维分析

根据天津市跨境电子商务政策工具与政策颁布层级二维表(表 4-11),天津市跨境电商政策工具主要由省级单位制定,达到 48 项;地市级政策相对较少,仅有 3 项。根据政策的分布情况,省级单位是跨境电子商务政策制定主体,而地市级单位由于资源、经济发展水平、人才等限制,造成政策相对较少。具体来看:

(1)供给型政策工具方面,共有 18 项省级政策工具,2 项地市级政策工具。展开来看,在省级政策工具中,首先是"科技信息支持"类政策工具出现频率最高(7 项),其次是"人力资源培养",为 4 项,然后是"基础设施建设"和"公共服务",均为 3 项,"资金投入"类政策工具使用最少,仅为 1 项。这一分布说明天津市政府善于利用自身科技优势,建立跨境电子商务信息化综合服务平台,为企业开展跨境贸易提供通关、通检、支付和物流等全流程的"一站式"服务。但是,市场对跨境电商发展的直接"资金投入"较少,使得整体缺乏活力。相对而言,地市级政府制定政策的数目较少,主要使用了"基础设施建设"(1 项)和"资金投入"(1 项)类政策工具。其与省级政府制定的政策工具最大的区别在于,地市级政府并未采用"科技信息支持"这一政策工具,这与地市级政府的行政资源有关。

(2)环境型政策工具方面,共有 23 项省级政策工具,1 项地市级政策工具。其中,在省级政策工具中,"策略性措施"(7 项)和"法规管制"(9 项)类政策工具是政府工作的重心,而"目标规划"和"税收优惠"类政策工具使用次数较少,均为 2 项。说明天津市政府偏好于采取"策略性措施"引导跨境电子商务发展,辅以"法规管制"政策予以规范。与此同时,市政府也规划了天津市跨境电子商务产业的发展方向,力争打造京津冀区域跨境电子商务发展新引擎和全国跨境电子商务金融创新示范区、仓储物流中心区、转型升级引领区和创新创业先行区等。为了贯彻落实省级政策文件,地市级单位采用了"法规管制"(1 项)类政策工具。其通过结合自身发展特色,对跨境电商项目的申报条件、申报材料等内容做了详细规定。

(3)需求类政策工具方面,省级政府只采用"示范建设"和"海外机构管理"类政策工具,分别为 6 项和 1 项,省级单位工作重点在于加快建设具有天津特色的跨境电子商务综合服务平台、建设跨境电子商务金融创新示范区、完善跨境电子商务人才激励措施、支持引导产业形成集聚和示范效应。而地市级行政单位没有采用任何一项政策工具。因此,天津市省级和地市级单位在联动性方面有待加强。

表 4-11　天津市跨境电子商务政策工具与政策颁布层级二维表

政策工具	政策颁布层级	省级	地市级
供给型	人力资源培养	4	0
	科技信息支持	7	0
	基础设施建设	3	1
	资金投入	1	1
	公共服务	3	0

政策工具	政策颁布层级	省级	地市级
环境型	目标规划	2	0
	金融支持	3	0
	税收优惠	2	0
	法规管制	9	1
	策略性措施	7	0
需求型	贸易管制	0	0
	海外机构管理	1	0
	示范建设	6	0
	政府采购	0	0
	外包	0	0
总计		48	3

(四)政策主体与政策颁布层级二维分析

在省级政策工具中,首先,以政府为主体的政策工具数目最多,包括引进培育知名电商企业和普及深化电子商务应用、建立跨境电子商务综合试验区和试行零售出口货物免税管理办法等内容,说明省级单位在本地跨境电商发展中起着重要的宏观调控作用(见表4-12)。其次,以企业和第三方平台为主体的政策工具也较多。究其原因,省级单位重视企业的发展,通过资金、科技信息支持,助力中小企业出口发展,实现协调发展,在线上建立"单一窗口"和综合性信息平台,在线下建立"创新实验园区"综合园区发展平台,推动了产业发展。最后,以银行、支付机构和物流企业为主体的跨境电商政策数目较少。

在地市级政策工具中,数量较省级政策工具减少明显。其中,以政府为主体的政策工具最多,但也仅有2项。相比于省级单位,地市级单位在以政府为主体的内容上更加细化,主要体现在对跨境电商项目申报的规范以及资金支持等方面。其次是以第三方平台为主体的政策工具,主要涉及滨海新区跨境电子商务产业园区的综合配套发展。而针对企业、物流企业、银行和支付机构的地市级政策工具数量均为0。

表 4-12 天津市跨境电子商务政策主体与政策颁布层级二维表

政策颁布层级 政策主体	省级	地市级	总计
政府	21	2	23
企业	10	0	10
物流企业	4	0	4
第三方平台	10	1	11
银行和支付机构	3	0	3
总计	48	3	51

三、上海市跨境电子商务政策结构分析

(一)政策工具分析

根据统计结果(表 4-13),在上海市颁布的 12 项跨境电子商务相关政策文本中,共使用了 42 项政策工具,其中 33.33% 为供给型,54.76% 为环境型,11.90% 为需求型。这一结构反映出上海市跨境电商政策偏向于对环境型和供给型政策工具的使用,但对需求型政策工具明显不够重视。下面进一步分析政策工具的具体分类:

(1)环境型政策方面,"法规管制"和"策略性措施"的使用次数最高,分别有 9 项和 7 项,重点在于规范跨境电商检验检疫、网购保税进口业务、跨境电商示范园区认定、跨境应税行为免税管理等,同时采用适当的"策略性措施"支持和鼓励现有电商平台和企业拓展跨境电商业务功能、国内企业与境外电子商务企业强强联合等。另外,政府还使用了"金融支持"(3 项)和"目标规划"(3 项)类政策工具。一方面,依托上海国际金融中心优势,鼓励跨境电子商务相关金融服务创新,利用跨境电子商务信息为具有真实交易背景的跨境电子商务交易提供在线支付结算、在线融资、在线保险等金融服务,解决跨境电商企业融资难、融资贵的问题;另一方面,每年根据上海市跨境电商发展实际情况,制定包含总体目标、建设目标和发展目标的规划体系,为跨境电商发展不同阶段指明方向。

(2)供给型政策方面,"科技信息支持"和"人才资源培养"相关政策工具频率最高,分别为 5 项和 3 项。在"科技信息支持"方面,上海市通过建设具

101

有国际先进水平的国际贸易"单一窗口",实现覆盖船舶抵离、港口作业、货物通关等口岸作业各环节的全程无纸化办公。在人才培养方面,采取培育和集聚相结合的策略。鼓励高等院校开设跨境电商专业课程,各类培训机构增加跨境电商技能培训项目。同时,通过提供优渥的人才引进条件,吸引各界跨境电商人才集聚上海。另外,关于"基础设施"和"公共服务"方面的政策相对较少,均为 2 项,这与上海市"公共服务"和"基础设施建设"较为完善有关。

(3)需求型政策方面,上海市政府使用了 3 项"示范建设"型政策工具,试图通过依托自贸试验区、海关特殊监管区域、国家级高新区和电商产业园区等,创建各具特色的跨境电商示范园区。另外,为进一步适应全球供应链管理的要求,上海市还使用了 2 项"贸易管制"型政策工具,实施了更高标准的"一线放开""二线安全高效管住"的贸易监管制度。

表 4-13　上海市跨境电子商务政策工具使用频数统计表

政策工具	工具名称	条文编号	计数	百分比
供给型	人力资源培养	2-9,4-5,9-9	3	33.33%
	科技信息支持	2-4,4-2,8-1,9-7,12-3	5	
	基础设施建设	4-9,9-3	2	
	资金投入	2-7,4-8	2	
	公共服务	4-4,9-8	2	
环境型	目标规划	2-1,4-1,9-1	3	54.76%
	金融支持	2-6,4-3,9-2	3	
	税收优惠	2-8	1	
	法规管制	1,2-5,3,4-6,5-1,6,7,9-6,11	9	
	策略性措施	2-2,4-7,5-2,8-3,9-4,10,12-2	7	
需求型	贸易管制	2-10,8-2	2	11.90%
	海外机构管理	N/A	N/A	
	示范建设	2-3,9-5,12-1	3	
	政府采购	N/A	N/A	
	外包	N/A	N/A	
合计			42	100%

（二）政策工具与政策主体二维分析

根据上海市跨境电子商务政策工具与政策主体二维表（表 4-14），以政府为主体的政策工具占比最高，达 57.14％；以第三方平台为主体的政策工具次之，为 26.19％；以企业、银行和支付机构为主体的政策工具分别占比 9.52％、7.14％，而以物流企业为主体的政策工具则为 0 项。据此可以看出，大部分政策工具的作用对象是政府，针对物流企业的政策工具数目最少。具体来看：

（1）供给型政策工具方面，以第三方平台、政府、企业为主体的政策工具分别有 8 项、5 项和 1 项，而针对企业、银行和支付机构的政策工具数目为 0，这说明供给型政策工具大部分是针对平台制定的。具体来看，以第三方平台为主体的政策工具中，"科技信息支持"最多，原因在于科技信息包含"单一窗口"平台、信用数据库、跨境贸易管理大数据平台和信息共享平台的建设。以政府为主体的政策工具中"资金投入"占有最大的比重，包含对战略性新兴产业、外贸发展、对外投资合作、服务业引导等专项资金的充分利用，以此支持跨境公共服务平台建设、跨境电商专业人才培训等，说明政府重视专项资金的利用，致力于对跨境电商方面的资金支持。而以企业为主体的政策工具则只有"基础设施建设"1 项，包含推进跨境电商园区建设，促进线下线上协同发展。以物流企业、银行和支付机构为主体的政策工具中供给型政策工具匮乏。

（2）环境型政策工具方面，以政府、银行和支付机构、企业、第三方平台为主体的政策工具分别有 15 项、3 项、3 项和 2 项，而针对物流企业的政策工具则为 0 项。该结果表明环境型政策工具大部分是针对政府制定的。具体来看，以政府为主体的政策工具数目集中在"法规管制""策略性措施"和"目标规划"，较少的是"金融支持"和"税收优惠"。说明政府更加重视约束企业行为，并为行业发展做出长期和策略性规划，但对企业融资和税收的帮助相对较少。以银行和支付机构为主体的政策工具目的是解决企业支付难、融资难等问题，故使得"金融支持"数目较多。以企业、第三方平台为主体的政策工具主要是"策略性措施"，包含鼓励其他企业为跨境电商提供通关、物流、仓储、融资等服务、鼓励电商企业开展自主检查、支持跨境生鲜电子商务发展。

（3）需求型政策工具方面，以政府、第三方平台为主体的政策工具分别有 4 项和 1 项,而针对企业、物流企业、银行和支付机构的政策工具均为 0 项。展开来看,以政府、第三方平台为主体的政策工具均涉及"示范建设",主要包括培育建立跨境电子商务示范园、开展跨境电商"网购保税＋线下自提"新模式等内容。除此之外,以政府为主体的政策工具还涉及"贸易管制",主要是完善外贸统计方式,创新跨境服务贸易管理模式,这体现出政府在鼓励跨境电商发展的同时,也对监管提出了更高的要求。

表 4-14　上海市跨境电子商务政策工具与政策主体二维表

政策工具	政策主体	政府	企业	物流企业	第三方平台	银行和支付机构
供给型	人力资源培养	1	0	0	2	0
	科技信息支持	1	0	0	4	0
	基础设施建设	1	1	0	0	0
	资金投入	2	0	0	0	0
	公共服务	0	0	0	2	0
环境型	目标规划	3	0	0	0	0
	金融支持	0	0	0	0	3
	税收优惠	0	1	0	0	0
	法规管制	9	0	0	0	0
	策略性措施	3	2	0	2	0
需求型	贸易管制	2	0	0	0	0
	海外机构管理	0	0	0	0	0
	示范建设	2	0	0	1	0
	政府采购	0	0	0	0	0
	外包	0	0	0	0	0
总计		24	4	0	11	3

(三)政策工具与政策颁布层级二维分析

根据上海市跨境电子商务政策工具与政策颁布层级二维表(表 4-15),上海市跨境电商政策工具全部由省级单位颁布,共 42 项,未涉及地市级政策文件。从该角度看,省级单位是上海市跨境电商政策的制定主体。

表 4-15　上海市跨境电子商务政策工具与政策颁布层级二维表

政策工具	政策颁布层级	省级	地市级
供给型	人力资源培养	3	0
	科技信息支持	5	0
	基础设施建设	2	0
	资金投入	2	0
	公共服务	2	0
环境型	目标规划	3	0
	金融支持	3	0
	税收优惠	1	0
	法规管制	9	0
	策略性措施	7	0
需求型	贸易管制	2	0
	海外机构管理	0	0
	示范建设	3	0
	政府采购	0	0
	外包	0	0
总计		42	0

(四)政策主体与政策颁布层级二维分析

根据表 4-16 所示,在省级政策文件中,首先以政府为主体的政策工具数目最多,包括发布跨境电子商务检验检疫管理办法、跨境电子商务示范园区和综合试验区的建立、推动"一带一路"跨境电子商务发展和鼓励跨境电商创新发展等内容,基本反映了省级单位在跨境电商发展中起主导作用。其次,以第三方平台为主体的政策工具也较多,包括建立线上单一窗口,在线下创建各具特色的跨境电商示范园区,推动了产业集聚和加快化发展。最后,以物流企业为主体的跨境电商政策数目为 0 项。

表 4-16　上海市跨境电子商务政策主体与政策颁布层级二维表

政策颁布层级 政策主体	省级	地市级	总计
政府	24	0	24
企业	4	0	4
物流企业	0	0	0
第三方平台	11	0	11
银行和支付机构	3	0	3
总计	42	0	42

四、江苏省跨境电子商务政策结构分析

(一)政策工具分析

根据统计表(表 4-17),江苏省共使用了 80 项跨境电子商务政策工具,其中:46.25%为供给型政策工具,42.50%为环境型政策工具,11.25%为需求型政策工具。江苏省政府主要倾向于通过为跨境电子商务产业提供相关要素的方式(例如提供人才、科技、资金方面的支撑)来直接推动跨境电商发展。下面,对政策工具的具体分类做进一步分析。

(1)供给型政策方面,"基础设施建设"和"资金投入"政策工具使用频次最高,分别为 9 项和 8 项。与其他省市相比,江苏省对跨境电商的"资金投入"较大,如昆山市、苏州市、常熟市、扬州市和兴化市等政府部门均根据自身跨境电商发展实际情况,因地制宜地制定了相应的资金扶持政策。另外,"基础设施建设"政策数量也多于其他省市,包括建设跨境电子商务产业聚集中心、配套服务中心和跨境电商产业园等,这表明江苏省试图通过大量资金投入和良好基础设施来吸引跨境电商企业入驻,继而实现江苏省跨境电商发展。相对而言,"人力资源培养"(7 项)、"公共服务"(7 项)和"科技信息支持"(6 项)类政策工具的使用频次较少。另外,与其他省市相比,江苏省只是将科技信息技术应用于公共服务和信用管理,而在物流、仓储、税收等方面的信息技术使用则有待加强。

(2)环境型政策方面,首先是"法规管制"类政策工具的使用次数最高,有 12 项。结合政策内容可知,目前,江苏省已在物流企业分类、货物负面清

单、风险、通关、检验检疫、外汇等跨境电商供应链各环节建立了管理制度，形成了较为全面的管理体系。其次是"策略性措施"（9 项）、"金融支持"（7项）和"目标规划"（5 项）类政策工具。与其他省市相比，江苏省"金融支持"政策工具使用较多，且政策内容较为详细。除引导金融机构开展供应链金融、商业保理、双向资金池等服务外，还鼓励银行创新金融服务，为跨境电子商务企业提供信用融资、流水融资、退税质押融资等金融综合服务。另外，江苏省暂未使用"税收优惠"政策工具，说明政府尚未意识到"税收优惠"在跨境电商发展过程中的作用，造成各参与主体对江苏省跨境电商发展的热情不高。

（3）需求型政策方面，仅有 7 项政策条款涉及"示范建设"，2 项政策涉及"海外机构管理"，其余需求型政策工具的使用则为空白。由此可以看出，江苏省较为重视"示范建设"。结合政策条文可知，江苏省除继续推进跨境电商综试区、进出口试点外，还通过认定一批外贸综合服务企业、跨境电商产业园、公共海外仓、跨境电商创新孵化基地（企业、园区）等市级试点，实现了上下级之间的试点联动，以此为契机拉动跨境电商全面发展。

表 4-17　江苏省跨境电子商务政策工具使用频数统计表

政策工具	工具名称	条文编号	计数	百分比
供给型	人力资源培养	5-9,7-7,8-4,9-4,14-6,17-8,18-9	7	46.25％
	科技信息支持	2-5,5-3,7-1,14-5,17-3,18-3	6	
	基础设施建设	3-6,5-4,6-2,7-3,8-2,9-3,14-4,17-6,18-2	9	
	资金投入	3-5,4,5-8,7-8,8-1,9-1,14-8,15	8	
	公共服务	1-2,2-4,3-2,5-2,14-3,17-2,18-4	7	
环境型	目标规划	3-1,5-1,14-1,17-1,18-1	5	42.50％
	金融支持	1-3,3-4,5-7,7-5,8-3,17-5,18-5	7	
	税收优惠	18-7	1	
	法规管制	2-3,3-3,5-6,7-2,8-5,10,11,12,13,14-9,17-4,18-8	12	
	策略性措施	1-4,2-1,3-7,5-10,6-1,7-6,9-2,14-7,18-6	9	

续　表

政策工具	工具名称	条文编号	计数	百分比
需求型	贸易管制	N/A	N/A	11.25%
	海外机构管理	2-6,17-7	2	
	示范建设	1-1,2-2,5-5,7-4,9-5,14-2,16	7	
	政府采购	N/A	N/A	
	外包	N/A	N/A	
合计			80	100%

（二）政策工具与政策主体二维分析

根据江苏省跨境电子商务政策工具与政策主体二维表（表 4-18），以政府为主体的政策工具占比最高，达 45%，以第三方平台为主体的政策工具次之，为 28.75%，以企业、银行和支付机构、物流企业等为主体的政策工具分别占比 16.25%、7.5%、2.5%。从中可以看出大部分政策工具的作用对象是政府，针对物流企业的政策工具数目最少。具体来看：

（1）供给型政策工具方面，以第三方平台、政府、企业为主体的政策工具分别有 19 项、11 项和 7 项，而针对物流企业、银行和支付机构的政策工具则为 0 项。具体来看，以第三方平台为主体的政策工具中，"基础设施建设"和"科技信息支持"数目最多。究其原因，基础设施包含线下综合园区、跨境电子商务产业园、第三方服务商运营中心的建设等，科技信息支持包含跨境电子商务大数据信息中心、单一窗口、大数据贸易融资平台、风险防控体系的建设等。以政府为主体的政策工具中"人力资源培养"占有最大的比重，说明政府重视加强人才培养，致力于打造跨境电商人才体系。而以企业为主体的政策工具包含了较多的"资金投入"，政府按照企业的投资额、销售额、平台服务费用等发放相应的补贴和奖励，给予企业资金扶持。以物流企业、银行和支付机构为主体的政策工具中，供给型政策工具占比为 0。

（2）环境型政策工具方面，以政府、银行和支付机构、第三方平台、企业、物流企业为主体的政策工具分别有 22 项、6 项、3 项、2 项和 1 项，说明环境型政策工具大部分是针对政府来制定的。具体来看，以政府为主体的政策工具数目较多的是"法规管制"和"目标规划"，"金融支持"相对较少。在跨境电商发展中后期，瓶颈逐渐显现，政府开始规范企业行为，并为行业发展做出长期规划。以支付机构和银行为主体的政策工具目的是解决企业支付难、融资难等问题,故金融支持数目较多。以第三方平台、企业、物流企业为主体的政策工具主要是策略性措施,包含加强国际国内电子商务交流融合,推动"一带一路"沿线合作、支持建设跨境电商垂直平台和实施电商监管服务创新等内容。

（3）需求型政策工具方面,以企业、政府、第三方平台、物流企业、银行和支付机构为主体的政策工具分别有 4 项、3 项、1 项、1 项和 0 项。展开来看,以企业、政府、第三方平台为主体的政策工具数目较多的是"示范建设",主要涉及跨境电子商务进出口试点的开展、辐射"一带一路"的跨境电商的建立、"网购保税＋线下自提"新模式的开展等内容。以物流企业为主体的政策工具仅涉及"海外机构管理",且主要是鼓励企业建设海外仓和精品商品体验馆。海外仓可以有效提升企业运行效率,缩短运送时长;精品商品体验馆则能帮助企业树立品牌形象,提升顾客体验。

表 4-18　江苏省跨境电子商务政策工具与政策主体二维表

政策工具 ＼ 政策主体		政府	企业	物流企业	第三方平台	银行和支付机构
供给型	人力资源培养	4	0	0	3	0
	科技信息支持	1	0	0	5	0
	基础设施建设	2	2	0	5	0
	资金投入	3	5	0	0	0
	公共服务	1	0	0	6	0
环境型	目标规划	5	0	0	0	0
	金融支持	0	0	0	1	6
	税收优惠	1	0	0	0	0
	法规管制	12	0	0	0	0
	策略性措施	4	2	1	2	0
需求型	贸易管制	0	0	0	0	0
	海外机构管理	0	1	1	0	0
	示范建设	3	3	0	1	0
	政府采购	0	0	0	0	0
	外包	0	0	0	0	0
总计		36	13	2	23	6

（三）政策工具与政策颁布层级二维分析

根据江苏省跨境电子商务政策工具与政策颁布层级二维表（表 4-19），在江苏省跨境电商政策工具中，省级单位颁布的有 39 项，地市级单位颁布的有 41 项，这种分布说明在江苏省跨境电商政策制定中，省级单位和地市级单位都扮演了重要角色。具体来看：

（1）供给型政策工具方面，共有 17 项省级政策工具，20 项地市级政策工具。展开来看，在省级政策工具中，分别使用了"公共服务"（5 项）、"基础设施建设"（4 项）、"科技信息支持"（4 项）、"人力资源培养"（3 项）、"资金投入"（1 项）类政策工具，这些政策工具的使用次数相差不是很大，由此可以推断，江苏省政府重视供给型政策工具的协调使用，据此全方位推动跨境电商发展。需要说明的是，目前江苏省跨境电商人才缺口较大，虽然省级单位使用了 3 项"人力资源培养"类政策工具，但仅采取培训形式的跨境电商人才培养策略，尚未出台人才定向培养相关政策，使得江苏省跨境电商人才仍然非常紧缺。与省级政策不同的是，地市级单位更重视"资金投入"（7 次）和"基础设施建设"（5 次）类政策工具的使用。结合政策内容可知，在"资金投入"方面，苏州市、常熟市、扬州市、昆山市和南京市均为支持跨境电商发展制定了详细的资金扶持政策，且扶持力度较大。另外，与省级政策相比，地市级单位制定的"基础设施建设"政策内容更加多样，如支持跨境电商产业园建设、推动快递物流园区基础设施建设、搭建线下综合园区平台、加快形成产业集群等。

（2）环境型政策工具方面，共有 17 项省级政策工具，17 项地市级政策工具。进一步分析，在省级政策工具中，使用次数最多的是"策略性措施"（5 项）类政策工具，这些政策工具涉及的内容主要是引导和鼓励电商企业"走出去"、国际交流合作、建立海外营销渠道等。使用次数较少的是"税收优惠"，仅为 1 项，这一政策工具的使用明确了推动苏州跨境电商税收管理规范高效的基本方针，但并未制定相应的执行规划。而地市级政府秉承省级政府文件精神，在通关、外汇管理、数据填报等方面制定相关政策，使用数量较多的是"法规管制"（8 项）类政策工具，并以"策略性措施"加以辅助。另外，地市级单位为了解决跨境结算手续烦琐的问题，还使用了"金融支持"类政策工具（3 项），鼓励银行及第三方支付机构开展跨境结算业务。

（3）需求型政策工具方面，省级单位只使用了"示范建设"和"海外机构管理"类政策工具（分别为 3 项和 2 项），地市级单位也只使用了"示范建设"

类政策工具(4项),但政策涉及内容各不相同。其中,省级政策重点在于开展跨境电商进出口试点、认定和扶持跨境电商示范企业和平台。同时,通过整合现有的海外仓储资源,建设了一批跨境电子商务公共海外仓和精品商品体验馆。为了响应省级政策的号召,地市级单位工作重点是实施企业示范工程、认定一批外贸综合服务企业、跨境电商产业园、公共海外仓、跨境电商创新孵化基地(企业、园区)等市级试点以及开展一体化供应链体系建设试点等。综上可见,地市级单位在"示范建设"方面的工作部署体现了较强的贯彻执行能力。

表 4-19　江苏省跨境电子商务政策工具与政策颁布层级二维表

政策工具	政策颁布层级	省级	地市级
供给型	人力资源培养	3	4
	科技信息支持	4	2
	基础设施建设	4	5
	资金投入	1	7
	公共服务	5	2
环境型	目标规划	3	2
	金融支持	4	3
	税收优惠	1	0
	法规管制	4	8
	策略性措施	5	4
需求型	贸易管制	0	0
	海外机构管理	2	0
	示范建设	3	4
	政府采购	0	0
	外包	0	0
总计		39	41

(四)政策主体与政策颁布层级二维分析

在省级政策文件中,首先,以政府为主体的政策工具数目最多,包括加快电子商务发展、跨境电子商务综合试验区的建立和对试点城市进行业务指导等内容(见表 4-20)。其次,以第三方平台为主体的政策工具也较多,省级单位建立线上单一窗口、大数据信息中心和线下一站式跨境综合服务平台、综合园区平台。在线上形成了一个较大的数据圈,在线下采用综合园区的布局方式,覆盖融资、通关、结汇、退税、物流、保险等,推动了产业集聚和加快化发展。最后,以物流企业为主体的跨境电商政策数目较少,主要涉及海外仓和精品商品体验馆的建设。

在地市级政策文件中,以政府为主体的政策工具也是最多的。相比于省级单位,地市级单位在以政府为主体的内容上更加细化,对跨境电子商务的试点实施和综合试验区的发展提出了更加具体的措施。其次,以物流企业、银行和支付机构为主体的政策工具最少。

表 4-20 江苏省跨境电子商务政策主体与政策颁布层级二维表

政策颁布层级 政策主体	省级	地市级	总计
政府	17	19	36
企业	6	7	13
物流企业	2	0	2
第三方平台	11	12	23
银行和支付机构	3	3	6
总计	39	41	80

五、浙江省跨境电子商务政策结构分析

(一)政策工具分析

根据统计结果(表 4-21),在浙江省颁布的 23 项跨境电子商务政策文件中,共使用了 122 项政策工具,其中:45.08% 为供给型,48.36% 为环境型,6.56% 为需求型。这一结构反映出浙江省跨境电商政策偏向于对环境型和供给型政策工具的使用,但对需求型政策工具的运用相对较少。下面,对政策工具做进一步分析。

(1)环境型政策工具方面,"法规管制"的使用次数最高,有 19 项,这与浙江省在跨境电商领域实行了多项先行先试模式有关。杭州市是全国首个跨境电商综试区,随后宁波和义乌也跻身跨境电商综试区榜单。通过先行

先试,在通关、退税、结汇、报检、产品质量安全、风险监测、数据、经营主体、消费者保护、售后服务等方面均探索出了较为完善的管理体系。与此同时,为跨境电商企业指引方向的政策性引导和总体规划也是政府工作的重点,使得"策略性措施"(15项)和"目标规划"(13项)类政策工具使用也较多。另外,由于产业结构尚未完全定型,在兼顾效率和公平的前提下,浙江省政府结合产业规划也推行了一部分帮扶型措施,如使用了"金融支持"(10项)和"税收优惠"(2项)类政策工具。一方面,鼓励金融机构、非银行支付机构、第三方电子商务交易平台与外贸综合服务企业之间开展合作,为跨境电子商务交易提供在线支付结算、在线融资、在线保险等一站式金融服务;另一方面,对符合条件的电子商务出口货物实行增值税和消费税免税与退税政策。

(2)供给型政策工具方面,首先是"基础设施建设"的使用次数最高,有17项。结合政策内容可知,浙江省通过建设跨境电商产业园区、物流仓储中心、经济合作实验区、产业集聚区等,为跨境电商发展提供基础设施保障。其次是"人力资源培养"(11项)和"科技信息支持"(10项)类政策工具。不难发现,浙江省组织建立了创业型和实用技能型的跨境电子商务人才培训基地,并从专业化、社会化、国际化等角度构建了跨境电子商务人才培养体系,实现了对各类人才量身定做培养方案。另外,运用云计算、物联网、大数据等先进信息技术,建立信息交换共享机制、信息合作机制、物流智能信息系统和大数据中心等,推动了信息流、资金流、货物流之间的信息互联互通,促进了跨境电商交易的便利化。最后,为了激发跨境电商企业活力,浙江省政府也制定了一些直接的推动性措施,如"公共服务"(8项)和"资金投入"(9项)等方面的政策。

(3)需求型政策工具方面,浙江省仅使用了"示范建设"(6项)和"海外机构管理"(2项)类政策工具。从开展的实践活动来看,浙江省在加快杭州、宁波、金华、舟山跨境电子商务试点城市建设的同时,不断创新示范模式,继续开展全省产业集聚跨境电商试点、外汇支付业务试点、省级跨境电商服务企业和园区培育试点等工作,试图通过深挖跨境电商试点和业务范围,为跨境电商发展创新出更多示范模式。

表 4-21　浙江省跨境电子商务政策工具使用频数统计表

政策工具	工具名称	条文编号	计数	百分比
供给型	人力资源培养	6-5,8-3,9-7,10-5,12-7,15-4,16-4,17-6,20-9,21-2,22-5	11	45.08%
	科技信息支持	6-4,9-2,12-2,14-3,15-7,17-4,19-4,20-6,21-5,22-2	10	
	基础设施建设	1-6,3-2,4-3,6-2,7-3,8-2,9-5,10-2,12-5,13-1,14-4,15-2,17-2,19-3,20-2,21-3,23-3	17	
	资金投入	3-3,7-5,8-4,10-3,13-2,16-5,20-4,21-1,23-6	9	
	公共服务	1-5,4-4,12-6,16-3,17-3,19-2,20-5,22-3	8	
环境型	目标规划	1-1,2-1,4-1,6-1,7-1,9-1,10-1,12-1,14-1,15-1,16-1,17-1,23-1	13	48.36%
	金融支持	1-4,3-4,7-4,8-5,9-4,12-4,17-5,20-3,21-4,22-6	10	
	税收优惠	4-5,25	2	
	法规管制	1-2,2-4,3-1,4-6,6-3,7-6,9-3,10-4,12-3,14-2,15-6,16-6,17-7,19-1,20-1,22-1,23-5,24,26	19	
	策略性措施	2-3,4-2,7-2,8-1,9-6,10-6,12-8,13-3,14-5,15-3,16-2,17-8,20-7,22-4,23-2	15	
需求型	贸易管制	N/A	N/A	6.56%
	海外机构管理	6-5,17-9	2	
	示范建设	1-3,2-2,13-4,15-5,20-8,23-4	6	
	政府采购	N/A	N/A	
	外包	N/A	N/A	
合计			122	100%

（二）政策工具与政策主体二维分析

根据浙江省跨境电子商务政策工具与政策主体二维表（表 4-22），以政府为主体的政策工具占比最高，达到 45.9%；以第三方平台为主体的政策工具次之,为 27.87%;以企业、物流企业、银行和支付机构等为主体的政策工具占比相对较低,分别为 17.21%、4.92%、4.1%。从中可以看出,大部分政策工具的作用对象是政府,针对银行和支付机构的政策工具数目最少。具体来看:

(1)供给型政策工具方面,以第三方平台、政府、企业、物流企业、银行和支付机构为主体的政策工具分别有 31 项、11 项、8 项、5 项和 0 项,说明供给型政策工具大部分是针对第三方平台制定的。具体来看,以第三方平台为主体的政策工具中,"基础设施建设"和"人力资源培养"数目最多,这是因为基础设施包含跨境电商仓储物流中心、线下综合园区、跨境电商园区平台等,人力资源培养包括构建人才建设体系、开展跨境电商人才培训和引进、加强人才服务保障。以政府为主体的政策工具中"资金投入"占有最大的比重,建设专门用于支持电子商务服务体系,说明政府重视对企业的资金扶持。同样,以企业为主体的政策工具包含了较多的"资金投入",政府按照网络平台的建设费用、网上交易额、零售额给予资金补贴,并对达到一定规模和运用时长的企业提供奖励,为企业发展跨境电商提供资金扶持。以物流企业为主体的政策工具是以"公共服务"和"基础设施建设"为主,其中包括跨境电商物流服务体系、支付服务体系、境外服务体系的建设,以及可信交易服务、快捷结算服务、便利商务服务的拓展等。以银行和支付机构为主体的政策工具中供给型政策工具数量为 0。

(2)环境型政策工具方面,以政府、企业、银行和支付机构、第三方平台、物流企业为主体的政策工具分别有 42 项、9 项、5 项、2 项和 1 项。具体来看,以政府为主体的政策工具数目较多的是"法规管制"和"目标规划","税收优惠"相关政策数目较少。当前跨境电商发展模式不断推陈出新,政府更加重视企业在市场上的行为,对行业的规范规划更为关注。以银行和支付机构为主体的政策数目较多,其在提高企业运行效率方面具有较强的作用。以企业、物流企业为主体的政策工具主要是提供"策略性措施",包含鼓励跨境电子商务主体培育、做大跨境电子商务出口规模、提高跨境物流专业化水平和国际化水平等。以第三方平台为主体的政策工具只有"金融支持",以支持跨境电子商务金融体系建设为主。

(3)需求型政策工具方面,以企业、政府、第三方平台为主体的政策工具分别有 4 项、3 项和 1 项,而针对物流企业、银行和支付机构的政策工具则均为 0 项。具体来看,以政府、企业为主体的政策工具数目较多的是"示范建设",主要涉及跨境电子商务创新发展示范基地建设、示范企业的培育、开展产业集群发展跨境电商试点示范创建等。以第三方平台为主体的政策工具仅有1项"海外机构管理",主要是积极推进公共海外仓等平台。

表 4-22　浙江省跨境电子商务政策工具与政策力度二维表

政策工具 ＼ 政策主体		政府	企业	物流企业	第三方平台	银行和支付机构
供给型	人力资源培养	3	0	0	8	0
	科技信息支持	2	2	0	6	0
	基础设施建设	2	2	2	11	0
	资金投入	4	4	0	1	0
	公共服务	0	0	3	5	0
环境型	目标规划	13	0	0	0	0
	金融支持	4	0	0	2	4
	税收优惠	2	0	0	0	0
	法规管制	19	0	0	0	0
	策略性措施	4	9	1	0	1
需求型	贸易管制	0	0	0	0	0
	海外机构管理	0	1	0	1	0
	示范建设	3	3	0	0	0
	政府采购	0	0	0	0	0
	外包	0	0	0	0	0
总计		56	21	6	34	5

(三)政策工具与政策颁布层级二维分析

根据浙江省跨境电子商务政策工具与政策颁布层级二维表(表 4-23),浙江省跨境电商政策工具主要由地市级单位制定(63条),其次是省级单位(47条),最少为区县级单位(12条)。由此可以看出,浙江省在跨境电子商务产业发展过程中较为重视顶层设计,强调地市级职能部门在推动行业发展过程中的中坚作用。相对于省级和地市级单位,区县级政策偏少,这与跨境电子商务业务开展方式有关。一般跨境电商业务的开展是以地市级为单位成立综试区或试点,而区级单位则主要执行上级机关政策文件中涉及本区域的工作要求,故区级政策文件相对较少。

(1)供给型政策工具方面,共有 19 条省级政策工具,31 条市级政策工具。展开来看,在省级政策工具中,"基础设施建设"类政策工具出现频率最高(6 条),其次是"科技信息支持"(5 条)、"人力资源培养"(4 条)和"公共服务"(3 条)类政策工具,"资金投入"类政策工具最少(1 条)。究其原因,浙江省政府在促进跨境电子商务产业发展过程中最重视为企业"修路搭桥",即为企业营造良好的生存环境,但对资金扶持政策关注度不高,这是因为省级单位对于各市的发展行情了解不够全面,如果贸然分配资金会导致各市的行业发展不协调,不利于全省跨境电商工作的有效开展。由此造成的现象是,市级单位更重视对本地跨境电子商务企业提供直接资金支持,通过资金扶持调控跨境电商产业结构,填缺补漏,从而实现全市跨境电商结构化发展。整体而言,除"资金投入"类政策工具外,其他市级政策工具的频数分布大体符合省级相关文件精神。在区级政策工具中,富阳区和西湖区均制定了鼓励跨境电商产业发展的实施意见,在鼓励建设保税物流中心、综合保障等基础配套设施的同时,对入驻的跨境电商平台和交易企业均给予一定的奖励,体现了对跨境电商的重视程度。

(2)环境型政策工具方面,共有 24 条省级政策工具、29 条地市级政策工具和 6 条区县级政策。进一步分析可知,与其他省市类似,"法规管制"和"策略性措施"(分别为 8 项和 6 项)也是浙江省政府的重点工作内容。不同之处在于,浙江省政府使用了较多的"目标规划"类政策工具(6 项),专门针对跨境电商发展制定了《浙江省跨境电子商务发展三年行动计划(2015—2017)》《浙江省人民政府办公厅关于印发中国(杭州)跨境电子商务综合试验区实施方案的通知》《浙江省大力推进产业集群跨境电商发展工作指导意见》等政策文件,明确提出在跨境电商交易额、产业集群跨境电商出口额、培育跨境电商服务企业数量等方面的主要目标。与此相对地,为了最大限度地发挥市场自由竞争机制,浙江省政府对跨境电子商务企业金融和税务方面的支持相对较弱。另外,地市级政策工具在某种程度上继承了省级职能部门相关文件精神,"法规管制"(8 项)、"金融支持"(8 项)和"策略性措施"(7 项)类政策工具也是地市级单位使用最多的政策工具,且地市级"金融支持"类政策工具的使用远远多于省级。除提出建立金融服务体系外,允许跨境电商企业享受政策性融资担保政策,给予上年度企业纳税额 5 倍以内贷款担保额度。可见地市级单位制定了很多支持力度较大和操作性较强的"金融支持"类政策,较好地落实了省级"金融支持"类政策文件精神。

(3)需求型政策工具方面,共有 4 项省级政策工具,3 项市级政策工具,1 项区级政策工具,这些政策工具大部分与"示范建设"相关,但"示范建设"内容存在差异。具体来看,省级"示范建设"对象包括建设跨境电商试点城市、外汇支付业务试点、全省产业集聚跨境电商试点示范等,地市级"示范建设"工作的重点内容是建设跨境电商创新发展示范基地和示范企业,而区县级"示范建设"主要围绕电商标准化试点(示范)项目建设来开展。因此,浙江省在"示范建设"工作中主要采用由上而下逐层开展的方式,但区县级和地市级对省级"示范建设"工作部署的执行力相对较弱。

表 4-23   浙江省跨境电子商务政策工具与政策颁布层级二维表

政策工具 \ 政策颁布层级		省级	地市级	区县级
供给型	人力资源培养	4	6	1
	科技信息支持	5	5	0
	基础设施建设	6	9	2
	资金投入	1	6	2
	公共服务	3	5	0
环境型	目标规划	6	6	1
	金融支持	2	8	0
	税收优惠	2	0	0
	法规管制	8	8	3
	策略性措施	6	7	2
需求型	贸易管制	0	0	0
	海外机构管理	1	1	0
	示范建设	3	2	1
	政府采购	0	0	0
	外包	0	0	0
总计		47	63	12

（四）政策主体与政策颁布层级二维分析

在省级政策文件中,以政府为主体的政策工具数目较多,包括开展杭州市跨境贸易电子商务服务试点、跨境电子商务综合试验区以及深入推进"电商换市"等(见表 4-24)。其次,以第三方平台为主体的政策工具也较多,省级单位在线上建立了"单一窗口",在线下建立了跨境电商综合园区平台、物流平台、海外仓等,推动了产业集聚和加快化发展。最后,以物流企业为主体的跨境电商政策数目较少,主要涉及提高物流专业化水平的"策略性措施"。

在地市级政策文件中,以政府为主体的政策工具也是最多的。相比于省级单位,地市级单位在以政府为主体的内容上更加细化,且偏向于跨境电商人才培养体系和融资体系的建设。另外,以物流企业、银行和支付机构为主体的政策工具最少。

在区县级政策文件中,以企业为主体的政策工具多于以第三方平台为主体的政策工具,说明在区县级层面,政府更加重视对企业的支持而不是平台的建设。原因可能是平台大多在地市级地区运行,造成区县级单位更关注区内企业信息化建设情况。

表 4-24 浙江省跨境政策文件主体与政策文件颁布层级二维表

政策颁布层级 政策主体	省级	地市级	区县级	总计
政府	24	28	4	56
企业	5	11	5	21
物流企业	2	4	0	6
第三方平台	13	18	3	34
银行和支付机构	3	2	0	5
总计	47	63	12	122

六、福建省跨境电子商务政策结构分析

（一）政策工具维度分析

根据表 4-25,福建省共使用了 86 项政策工具,其中供给型占 44.19%,环境型占 45.35%,需求型占 10.47%。同样地,下面进一步分析政策工具

的具体分类情况。

(1)供给型政策工具方面,"基础设施建设"和"资金投入"的使用次数最多,分别为12项和11项,体现出福建省通过良好的基础设施和大量的"资金投入"来吸引企业开展跨境电商的基本思路。展开来看,福建省鼓励建设跨境电商产业园区、公共海外仓、跨境电子商务集散配送中心和展示交易中心等,同时,为保障基础设施的顺利建设,福建省还为其提供配套的资金扶持政策。另外,从跨境电商产业的发展程度看,福建省已经落后于广东省、浙江省、上海市等地。尤其是跨境电商市场的主体较少,使得福建省采取"引进为主、自主培育为辅"的策略,对入驻的跨境电商企业、综合服务企业、公共服务机构和组织给予大量资金扶持,以此推动福建省跨境电商产业发展。不难发现,政府对"公共服务"(4项)和"人力资源培养"(5项)类政策工具关注程度相对较弱。在"公共服务"方面,福建省提出了建设健全跨境电商公共平台和服务体系,但涉及通关、税收、检验检疫等方面的具体化"公共服务"政策内容较少。在"人力资源培养"方面,福建省要求企业员工须到经政府认定的培训机构培训业务,且培训内容必须涵盖电子商务、外贸业务和网络营销等知识。

(2)在环境型政策工具方面,"策略性措施"和"法规管制"的使用频率最高,分别为15项和13项,说明政府更倾向于"软硬结合",既通过强制性措施来约束企业行为,同时辅之以激励政策。进一步分析可知,在"策略性措施"方面,福建省依托区位优势,支持跨境电商企业拓展现有业务,如在美、欧、日等发达国家和"一带一路"沿线新兴市场建设了进出口货物海外仓、创新了营销方式等。在"法规管制"方面,制定了适应跨境电商发展实际的交易、支付、物流、通关、退税、结汇等环节的服务管理实施细则。同时,政府使用"金融支持"6项,主要是引导有资质的银行、支付机构、第三方电子商务平台等企业,为跨境电子商务企业提供融资、保险、本币跨境结算、结售汇等配套金融服务,解决企业金融难题。另外,政府使用了4项"目标规划"类政策工具。与其他省市相比,数量上占有优势。结合政策内容可知,福建省除提出打造贸易生态圈、培育竞争优势的目标外,对开展跨境电商综试区和海外仓建设工作也制订了明确的目标。

(3)需求型政策方面,福建省仅使用了7项"示范建设"型政策工具和2项"海外机构管理",具体包括支持发展较好的城市开展跨境贸易电子商务服务试点和综合试验区等,并认定一批海外仓公共示范企业,鼓励"示范建设"在全省跨境电子商务发展过程中发挥引领、带动和辐射作用。

表 4-25 福建省跨境电子商务政策工具使用频数统计表

政策工具	工具名称	条文编号	计数	百分比
供给型	人力资源培养	5-9,15-4,16-6,18-2,21-5	5	44.19%
	科技信息支持	2-3,3-2,5-5,7-7,16-2,20-2	6	
	基础设施建设	2-5,5-6,7-5,9-1,10-3,11-1,12-1, 15-1,16-4,19-1,20-3,21-3	12	
	资金投入	1,3-3,7-3,8-2,9-2,11-2,13-2,14-1,15-2,17-5,19-2	11	
	公共服务	5-7,6-1,7-2,17-3	4	
环境型	目标规划	5-1,16-1,17-1,20-1	4	45.35%
	金融支持	2-2,5-3,7-4,15-3,16-7,20-7	6	
	税收优惠	2-7	1	
	法规管制	2-1,3-4,5-2,7-6,10-1,12-3,14-2,15-5,16-3,17-6,18-1,20-6,21-1	13	
	策略性措施	2-4,3-1,4,5-8,7-1,8-1,10-2,11-3,12-2,13-3,16-5,17-4,20-5,21-4,22	15	
需求型	贸易管制	N/A	N/A	10.47%
	海外机构管理	13-1,18-3	2	
	示范建设	2-6,5-4,6-2,10-4,17-2,20-4,21-2	7	
	政府采购	N/A	N/A	
	外包	N/A	N/A	
合计			86	100%

(二)政策工具与政策主体二维分析

根据福建省跨境电子商务政策工具与政策力度二维表(表4-26),以政府为主体的政策工具占比最高,达46.51%,以企业为主体的政策工具次之,为27.91%,以第三方平台、银行和支付机构、物流企业等为主体的政策工具占比相对较低,分别为17.44%、4.65%和3.49%。综合来看,福建省大部分政策工具的作用对象是政府,针对物流企业的政策工具数量最少。具体来看:

(1)供给型政策工具方面,以企业、第三方平台、政府为主体的政策工具分别有 15 项、14 项和 9 项,而针对物流企业、银行和支付机构为主体的政策工具均为 0 项。具体来看,以企业为主体的政策工具包含了较多的"资金投入",政府通过资金奖励、为设立海外仓提供补助和按照电子商务进出口额给予补助等方式为企业发展跨境电商提供扶持。以第三方平台为主体的政策工具中,"基础设施建设"和"科技信息支持"数目最多,主要原因在于基础设施包含境外仓储和服务网点、跨境电子商务园区建设、引导跨境电商聚集化发展等。"科技信息支持"包含公共信息平台的开发建设、全省电子口岸平台建设、"单一窗口"服务平台建立等。以政府为主体的政策工具分布较为均匀,其中"基础设施建设"的占比最大。以物流企业、以银行和支付机构为主体的政策工具中供给型政策工具数量为 0。

(2)环境型政策工具方面,以政府、企业、银行和支付机构、物流企业、第三方平台为主体的政策工具分别有 24 项、8 项、3 项、3 项和 1 项。具体来看,以政府为主体的政策工具数目较多的是"法规管制""策略性措施"和"目标规划",在"金融支持"和"税收优惠"等方面的支持较少。与其他地区类似,因支付方式在跨境电商中的作用,使得银行和支付机构为主体的政策工具较多。另外,以企业、物流企业为主体的政策工具主要是"策略性措施",包含支持有实力的跨境电子商务企业面向"海丝"沿线国家和地区开展营销推广活动、鼓励企业建设海外仓等,而以第三方平台为主体的政策工具仅有"金融支持"1 项。

(3)需求型政策工具方面,以政府、企业、银行和支付机构为主体的政策工具分别有 7 项、1 项和 1 项,而针对物流企业和第三方平台的政策工具中需求型工具为 0 项。展开来看,以政府、银行和支付机构为主体的政策工具数目较多的是"示范建设",主要涉及海峡两岸跨境电子商务示范区的建设、跨境电子商务服务试点的加快推进、公共海外仓示范的创建等。以企业为主体的政策工具仅有"海外机构管理"1 项,主要是鼓励企业建设海外仓。

表 4-26 福建省跨境电子商务政策工具与政策主体二维表

政策工具	政策主体	政府	企业	物流企业	第三方平台	银行和支付机构
供给型	人力资源培养	2	1	0	2	0
	科技信息支持	1	0	0	5	0

政策工具 ＼ 政策主体		政府	企业	物流企业	第三方平台	银行和支付机构
供给型	基础设施建设	3	4	0	5	0
	资金投入	2	9	0	0	0
	公共服务	1	1	0	2	0
环境型	目标规划	4	0	0	0	0
	金融支持	1	1	0	1	3
	税收优惠	1	0	0	0	0
	法规管制	13	0	0	0	0
	策略性措施	5	7	3	0	0
需求型	贸易管制	0	0	0	0	0
	海外机构管理	1	1	0	0	0
	示范建设	6	0	0	0	1
	政府采购	0	0	0	0	0
	外包	0	0	0	0	0
总计		40	24	3	15	4

(三)政策工具与政策颁布层级二维分析

根据福建省跨境电子商务政策工具与政策颁布层级二维表(表4-27)，在福建省跨境电子商务政策工具中，49项由省级单位制定，37项由地市级单位制定，未涉及区县级政策工具。具体来看：

(1)供给型政策工具方面，共有20项省级政策工具，18项地市级政策工具。展开来看，在省级政策工具中，"基础设施建设"使用次数最多，为6项，结合政策内容可知，福建省政府在推动跨境电商发展过程中善于依托自身区位优势，建立两岸跨境电商集散中心和展示交易中心等，并将科技信息技术融入跨境电商备案、通关、结汇、退税、企业、物流、第三方支付机构等，实现各环节的互联互通和综合管理，致力于将跨境电商打造成科技导向型行业。另外，调整人才结构也是政府工作的重要内容，省级单位使用了3项"人力资源培养"类政策工具，提出培养掌握电子商务、外贸业务和市场营销等知识的复合型人才，而福建省人均工资水平较低导致跨境电商人才流失现象较为严重,使得人才培养政策实施效果并不显著。与省级政策不同,"基础设施建设"(6项)和"资金投入"(7项)是地市级单位的工作重点,可见地市级单位在注重基础设施建设的同时,偏向于以资金投入直接拉动跨境电商发展。需要说明的是,地市级单位作为跨境电商政策的执行主体,但在"公共服务"方面,仅提出对跨境电商和厦台海运快件的公共平台建设和公共服务等给予支持,并未给出明确的支持细则。

(2)环境型政策工具方面,共有22项省级政策工具,17项地市级政策工具。进一步分析可知,在省级政策工具中,使用次数最多的是"法规管制"和"策略性措施",分别为7项和8项。可见"法规管制"和"策略性措施"是省级单位的工作重点。一方面,通过建立通关服务管理方式、检验检疫监管模式、海外仓监管政策、资金支持管理办法等,缓解跨境电商发展过程中通关效率低、质量安全问题频发等问题。另一方面,支持建设国际互换局和互换站、拓展服务业务、建设海外仓和精品体验馆等,引导企业多渠道拓展海外市场。此外,为解决跨境电商企业融资难、发展方向不明确等问题,省级单位还使用了"金融支持"和"目标规划"类工具(均为3项)。与省级政策工具类似,地市级政策工具也以"法规管制"和"策略性措施"为主,不同之处在于市级制定的"目标规划"类政策数目较少。

(3)需求型政策工具方面,共有7项省级政策工具、2项地市级政策工具,这些政策工具集中于"示范建设",但涉及内容各有侧重。在省级政策工具中,福建省依托天然区位优势,建设海峡两岸跨境电商示范区、公共海外仓示范、企业示范等,并支持有条件的城市创建国家跨境电商试点城市,而地市级"示范建设"类政策仅支持第三方支付机构开展跨境电商外汇支付业务试点,试点涉及范围较窄,难以有效执行省级试点工作要求。

表 4-27 福建省跨境电子商务政策工具与政策颁布层级二维表

政策工具 \ 政策颁布层级		省级	地市级
供给型	人力资源培养	3	2
	科技信息支持	4	2
	基础设施建设	6	6
	资金投入	4	7
	公共服务	3	1

政策工具 政策颁布层级		省级	地市级
环境型	目标规划	3	1
	金融支持	3	3
	税收优惠	1	0
	法规管制	7	6
	策略性措施	8	7
需求型	贸易管制	0	0
	海外机构管理	1	1
	示范建设	6	1
	政府采购	0	0
	外包	0	0
总计		49	37

(四)政策主体与政策颁布层级二维分析

在省级政策文件中,首先,以政府为主体的政策工具数目最多,包括支持快递业加快发展、加快互联网经济发展、推进海外仓建设、推广综合试验区成熟经验做法等内容(见表4-28)。其次,以第三方平台为主体的政策工具也较多,省级单位在线上开发建设公共信息平台,加快全省统一电子口岸平台建设,在线下推动跨境电商园区建设。最后,以物流企业、银行和支付机构为主体的跨境电商政策数目较少。

在地市级政策文件中,首先,以政府为主体的政策工具也是最多的。相比于省级单位,地市级单位在以政府为主体的内容上更加细化。其次,以物流企业、银行和支付机构为主体的政策工具相对较少。

表 4-28　福建省跨境电子商务政策主体与政策颁布层级二维表

政策主体 政策颁布层级	省级	地市级	总计
政府	26	14	40
企业	12	12	24

续　表

政策颁布层级 政策主体	省级	地市级	总计
物流企业	2	1	3
第三方平台	7	8	15
银行和支付机构	2	2	4
总计	49	37	86

七、山东省跨境电子商务政策结构分析

(一)政策工具分析

根据统计结果(表 4-29),在山东省颁布的 14 项跨境电子商务政策文件中,共使用 52 项政策工具,其中 36.54% 为供给型,51.92% 为环境型,11.54% 为需求型。由此可以看出,山东省政府倾向于为跨境电子商务企业提供一个良好的环境,并辅以资金、人才、信息等资源来推动本省跨境电子商务的发展,但拉动型政策措施较少。下面进一步分析政策工具的具体分类。

(1)供给型政策工具方面,首先是"基础设施建设"的使用次数最多,有 8 项。结合实际情况可知,山东省依托跨境电商重点产业园区、跨境电商服务平台、公共海外仓等"基础设施建设"类政策工具,为跨境电商企业提供良好的环境基础。其次是"公共服务"(7 项)和"科技信息支持"(3 项)类政策工具。结合政策内容可知,山东省将信息化技术融入供应链各环节来建立"一体化""公共服务"平台,实现了报关、报检、物流、退税、结汇等在内的全方位综合服务,极大地提高了"公共服务"效率。政府在提供基础设施和服务的同时,引导资源配置也是其重点工作内容,但当前"人力资源培养"型政策工具仅为 1 项,而"资金投入"型政策工具尚为空白。可见跨境电商人才培养和资金扶持政策还未引起山东省的重视。

(2)环境型政策工具方面,"法规管制"的使用次数最高,有 9 项。目前,山东省重点加强海关、检验检疫、税收、资金方面的管理工作,在规范的同时采取"目标规划"(6 项)和"策略性措施"(7 项)为跨境电商发展指明方向。结合具体的政策文件,政策明确提出跨境电商企业、园区、公共海外仓、交易额等发展目标;同时,为了更好地实现工作目标,山东省采取鼓励和支持策

略,引导企业向目标方向发展。使用较少的是"金融支持"(4 项)类政策工具,与其他省市类似,均是鼓励金融机构为具有真实交易背景的跨境电子商务交易提供在线支付结算、在线融资、在线保险等金融服务,金融创新相对缺乏。另外,考虑到税收优惠可以促进产业结构调整,也是调节市场的经济手段,且目前山东省"税收优惠"政策工具仅有 1 项,可通过增加相关政策促进跨境电商产业的加速发展。

(3)需求型政策工具方面,山东省政府只使用了 4 项"示范建设"类政策工具和 2 项"海外机构管理"类政策工具;但与其他省市相比,山东省"示范建设"政策明显偏少。目前,山东省主要是从打造跨境贸易电子商务综合服务示范区、跨贸产业孵化示范企业、网上直购进口等方面开展跨境贸易电商试点工作,但在产业集聚跨境电商试点、外汇支付业务试点等对跨境电商发展更重要的方面示范较少,使得山东省并未探索出发展跨境电商的独特优势。

表 4-29　山东省跨境电子商务政策工具使用频数统计表

政策工具	工具名称	条文编号	计数	百分比
供给型	人力资源培养	12-7	1	36.54%
	科技信息支持	7-3,9-3,12-4	3	
	基础设施建设	1-2,2,3-2,8-5,9-2,11-4,12-3,14-1	8	
	资金投入	N/A	N/A	
	公共服务	1-3,4-3,7-4,9-6,11-2,12-2,14-4	7	
环境型	目标规划	4-1,7-1,8-1,9-1,11-1,12-1	6	51.92%
	金融支持	1-4,8-4,9-4,12-5	4	
	税收优惠	12-8	1	
	法规管制	1-5,4-2,5,6-1,8-3,9-5,10,12-9,13	9	
	策略性措施	1-1,4-4,7-2,8-2,11-5,12-6,14-2	7	
需求型	贸易管制	N/A	N/A	11.54%
	海外机构管理	11-3,14-3	2	
	示范建设	3-1,4-5,9-7,11-6	4	
	政府采购	N/A	N/A	
	外包	N/A	N/A	
合计			52	100.00%

(二)政策工具与政策主体二维分析

根据山东省跨境电子商务政策工具与政策主体二维表(表 4-30),以政府为主体的政策工具占比最高,达 46.15%;以第三方平台为主体的政策工具次之,为 21.15%。另外,以企业、银行和支付机构、物流企业等为主体的政策工具分别占比 19.23%、7.69%和 5.77%。

(1)供给型政策工具方面,以第三方平台、政府、企业、物流企业、银行和支付机构为主体的政策工具分别有 11 项、4 项、3 项、1 项和 0 项,说明供给型政策工具大部分是针对平台制定的。具体来看,以第三方平台为主体的政策工具中,"基础设施建设"数目最多,这是因为基础设施包含跨境电商查验服务平台的建设、公共海外仓的建设、线上服务平台和线下综合支撑平台的搭建等。而以政府和企业为主体的政策工具包含了较多的公共服务,包括鼓励跨境电商综合服务体系的建设、建立综合监管通关服务体系等,说明政府通过推进综合服务体系的建设,优化一体化服务,为企业发展跨境电商提供扶持,支持企业做大做强。以物流企业为主体的政策工具仅有 1 项"科技信息支持",主要涉及跨境电子商务智慧物流体系的构建。以银行和支付机构为主体的政策工具中供给型政策工具总体数量为 0 项。

(2)环境型政策工具层面,以政府、企业、银行和支付机构、物流企业、第三方平台为主体的政策工具分别有 18 项、4 项、4 项、1 项和 0 项。具体来看,与大多数地区一样,以政府为主体的政策工具数目较多的是"法规管制"和"目标规划"。类似地,以银行和支付机构为主体的政策工具较多,主要用于解决跨境电商企业的支付与融资问题。以企业、物流企业为主体的政策工具都是"策略性措施",包含引导跨境贸易电子商务企业集聚发展、形成跨境电子商务配套服务产业链等。

(3)需求型政策工具方面,以企业、政府、物流企业为主体的政策工具分别有 3 项、2 项和 1 项,而针对第三方平台、银行和支付机构的政策工具中需求型政策工具数量为 0 项。展开来看,以企业、政府为主体的政策工具数目较多的是"示范建设",主要涉及跨境贸易电子商务服务的试点、综合服务示范区的培育和跨贸产业孵化示范企业的建设等。以物流企业为主体的政策工具仅有"海外机构管理",且主要是支持企业建设公共海外仓。

表 4-30　山东省跨境电子商务政策工具与政策主体二维表

政策工具	政策主体	政府	企业	物流企业	第三方平台	银行和支付机构
供给型	人力资源培养	1	0	0	0	0
	科技信息支持	0	0	1	2	0
	基础设施建设	1	1	0	6	0
	资金投入	0	0	0	0	0
	公共服务	2	2	0	3	0
环境型	目标规划	6	0	0	0	0
	金融支持	0	0	0	0	4
	税收优惠	1	0	0	0	0
	法规管制	9	0	0	0	0
	策略性措施	2	4	1	0	0
需求型	贸易管制					
	海外机构管理	0	1	1	0	0
	示范建设	2	2	0	0	0
	政府采购	0	0	0	0	0
	外包	0	0	0	0	0
总计		24	10	3	11	4

(三)政策工具与政策颁布层级二维分析

根据山东省跨境电子商务政策工具与政策颁布层级二维表(表 4-31),跨境电子商务政策工具主要由省级单位制定(34 条),其次是地市级单位(18 条),暂无区县级政策工具。由此可以看出,省级单位是山东省跨境电子商务政策制定的中坚力量。

(1)供给型政策工具方面,共有 14 项省级政策工具,5 项地市级政策工具。展开来看,在省级政策工具中,使用了"基础设施建设"(6 项)、"公共服务"(5 项)、"科技信息支持"(2 项)和"人力资源培养"(1 项)类政策工具。由此可以看出,山东省政府在促进跨境电子商务产业发展过程中更注重基础设施的建设,包括跨境电子商务综合试验区的建设、线上综合服务平台和综合支撑平台的搭建等;另外,在公共配套服务、科技服务和人才培养等方面也出台了相关政策。与其他省份相比,山东省地市级政策工具对供给型政策工具的使用数量和类别均较少,表明地市级政府对跨境电商发展的推动力有待加强。

(2)环境型政策工具方面,共有 16 项省级政策工具,11 项市级政策工具。进一步分析可知,在省级政策工具中,为了打击出口假冒伪劣商品,提高贸易便利化水平,使用了较多的"法规管制"(5 项)类政策工具。另外,还使用了"目标规划"和"金融支持"类政策工具(均为 3 项)。通过这两类政策工具的使用,一方面为全省跨境电商发展和青岛跨境电商综试区发展制定详细规划;另一方面,引导金融机构为跨境电商企业提供结算、融资和保险支持,缓解企业融资难、结算手续烦琐的问题。需要说明的是,"目标规划"的落实需要大量的"策略性措施"配套执行。目前省级单位使用了 4 项"策略性措施",该措施还包括发展"集货集发+采购供货+代采代发"跨境电子商务零售出口新模式、促进形成跨境电子商务配套服务产业链等内容。地市级政策在某种程度上继承了省级职能部门相关文件精神,两者所使用的政策工具较为类似。

(3)需求型政策工具方面,共有 4 条省级政策工具,2 条市级政策工具,这些政策工具主要为"示范建设",但涉及内容各有侧重。结合具体政策条款可知,省级单位出台的政策主要涉及跨境贸易产业孵化示范企业建设方面,而市级单位更倾向于跨境贸易电子商务综合服务示范区建设。

表 4-31 山东省跨境电子商务政策工具与政策颁布层级二维表

政策工具	政策颁布层级	省级	地市级
供给型	人力资源培养	1	0
	科技信息支持	2	1
	基础设施建设	6	2
	资金投入	0	0
	公共服务	5	2
环境型	目标规划	3	3
	金融支持	3	1
	税收优惠	1	0
	法规管制	5	4
	策略性措施	4	3

政策工具	政策颁布层级	省级	地市级
需求型	贸易管制	0	0
	海外机构管理	2	0
	示范建设	2	2
	政府采购	0	0
	外包	0	0
总计		34	18

(四)政策主体与政策颁布层级二维分析

在省级政策文件中,以政府为主体的政策工具数目最多,包括促进进出口稳增长调结构、建设跨境电子商务综合试验区及零售出口货物免税等内容(见表 4-32)。同样地,以企业和第三方平台为主体的政策工具也较多,具体表现为线上综合服务平台和线下综合支撑平台的建设,在线上建立信息共享体系和综合服务平台,在线下采用综合试验区的布局方式。另外,以物流企业为主体的跨境电商政策数目较少,原因可能是物流环节涉及跨境电商的具体运营,相关环节的规定以执行国家标准为主。考虑到省级政策的核心作用是宏观调控作用,故对物流过程的具体细节监管涉及较少。

(2)在地市级政策文件中,以政府为主体的政策工具也是最多的。相比于省级单位,地市级单位在以政府为主体的内容上更加细化,包括开展跨境贸易电子商务服务试点的具体措施、发展跨境电子商务发展的具体行动等。另外,与其他地区一样,山东省以物流企业、银行和支付机构为主体的政策工具相对较少。

表 4-32　山东省跨境政策主体与政策颁布层级二维表

政策主体	政策颁布层级	省级	地市级	总计
政府		14	10	24
企业		8	2	10
物流企业		3	0	3

政策颁布层级 政策主体	省级	地市级	总计
第三方平台	6	5	11
银行和支付机构	3	1	4
总计	34	18	52

八、广东省跨境电子商务政策结构分析

(一)政策工具分析

根据统计结果(表4-33),在广东省颁布的34项跨境电子商务政策文件中,共使用了165项政策工具,其中41.82%为供给型、47.27%为环境型、10.91%为需求型,环境型和供给型政策工具的使用频率最高。由此可以推断,广东省政府试图以两手抓策略,通过提供良好的环境和生产条件,全面集合本省资源促进跨境电子商务产业的发展。从政策工具的作用细分上看:

(1)环境型政策工具方面,与其他省市类似,广东省以"法规管制"和"策略性措施"为主,使用频数分别为28项和24项。但是,与其他省市相比,广东省除提出建立跨境电子商务商品进出境报关、检验检疫、跨境结算、退税和统计等环节的监督制度外,还在海关特殊监管区域、金融服务、快递业、示范企业认定、海外仓建设、检验检疫、税收、数据、产品质量信息方面制定了专项的监督管理办法。相对而言,政府对"目标规划"和"金融支持"型政策工具的使用较少,分别为11项和10项。结合政策内容可知,与其他省市相比,在"目标规划"方面,除明确跨境电商进出口额目标外,还对综合试验区建设、海外仓建设、海关特殊监管区域整合优化、保税区域转型升级制定了专项发展目标;在"金融支持"方面,除支持金融机构为跨境电商企业提供融资、保险服务外,同时为了实现这些服务内容,广东省进一步拓宽融资渠道,鼓励企业通过改制上市、集合债券、集合票据、商圈融资、融资租赁等多种形式进行融资。另外,广东省政府还使用了"税收优惠"(5项)类政策工具,但与广东省跨境电商发展规模相比,现有的"税收优惠"政策较少。

(2)供给型政策工具方面,首先是"基础设施建设"的使用次数最高,有19项,这与广东省跨境电商的发展现状有关。由于广东省集聚着大量的本

土跨境电商中小企业，像网易考拉、天猫国际、京东全球购这样的龙头企业较少，故跨境电商产业园区、海外仓集货中心、快件物流中心等配套基础设施建设向中小企业聚集。其次是"科技信息支持"（18 项）和"公共服务"（17项）类政策工具。结合政策内容可知，在"科技信息支持"方面，依托信息服务平台，推进大数据信息服务、信息流通和互联共享、物流信息一体化服务等，为跨境电商发展提供了强大技术支撑。在"公共服务"方面，通过建设一批服务设施完备、服务能力较强、外贸关联度较高的"公共服务"平台，实现跨境电子商务通关、检验检疫、结汇、退税等关键环节的综合服务，降低中小企业运营成本。相对而言，"人力资源培养"和"资金投入"的使用频次较低（分别为 9 项和 6 项），特别是"人力资源培养"政策，考虑到广东省是跨境电商发展强省，有广东和深圳这两个老牌综试区，对跨境电商人才的需求也较大，故建议政府应把握机会，制定跨境电商人才培养和培训政策，提高现有人才向跨境电商人才的转化率。

（3）需求型政策工具方面，"示范建设"使用最多，高达 13 项。主要原因在于，广东省是最早拥有"示范建设"的城市之一，与其他省市相比，跨境电商发展相对成熟，广东省只有在现有发展的基础上不断进行先行先试，才能继续保持发展优势。同时，广东省也充分发挥自身经济优势，使用了 5 项"海外机构管理"型政策工具，重点支持有条件的企业参与境外投资、建设出口产品海外仓、展示展销中心、连锁店等方式，深入融入国际市场，进而扩大国际市场对我国跨境电商商品的需求。

表 4-33　广东省跨境电子商务政策工具使用频数统计表

政策工具	工具名称	条文编号	计数	百分比
供给型	人力资源培养	4-8,16-11,21-1,23-10,24-6,25-7,26-10,31-9,35-9	9	41.82%
	科技信息支持	4-4,9-3,11-9,12-2,14-2,16-4,17-5,18-2,19-2,23-2,24-5,25-3,26-4,30-5,31-3,32-3,35-7,36-3	18	
	基础设施建设	2-4,4-2,6-1,8-2,9-2,11-4,16-3,17-1,18-1,21-5,23-3,24-8,26-3,27-3,30-3,31-6,32-2,35-5,36-1	19	
	资金投入	7-6,8-3,16-9,20-2,29,35-4	6	
	公共服务	4-3,7-3,8-1,11-3,12-3,16-10,17-2,18-4,19-1,19-5,23-4,24-4,25-2,26-8,27-2,31-7,35-6	17	

政策工具	工具名称	条文编号	计数	百分比
环境型	目标规划	2-1,9-1,11-1,12-1,16-1,23-1,24-1,25-1,26-1,31-1,35-1	11	47.27%
	金融支持	1-2,4-7,7-5,11-6,16-6,23-7,25-4,26-5,31-4,35-8	10	
	税收优惠	4-6,6-3,23-9,24-3,26-7	5	
	法规管制	1-3,4-5,7-4,8-4,9-5,10,11-2,12-4,15-1,16-8,17-4,18-3,19-3,20-1,21-6,23-6,24-2,25-6,26-2,27-1,28,30-4,31-2,32-4,33,34,35-10,36-4	28	
	策略性措施	1-1,2-2,3,4-1,7-1,8-5,9-4,11-8,12-5,15-2,16-2,17-3,19-4,21-4,23-5,24-7,25-5,26-6,27-4,30-2,31-5,32-1,35-3,36-2	24	
需求型	贸易管制	N/A	N/A	10.91%
	海外机构管理	11-5,16-7,21-2,23-8,26-9	5	
	示范建设	2-3,5,6-2,7-2,11-7,14-1,15-3,16-5,21-3,27-5,30-1,31-8,35-2	13	
	政府采购	N/A	N/A	
	外包	N/A	N/A	
合计			165	100%

(二)政策工具与政策主体二维分析

根据广东省跨境电子商务政策工具与政策主体二维表(表 4-34),以政府为主体的政策工具占比最高,达 46.15%;以第三方平台为主体的政策工具次之,为 21.15%;以企业、支付机构和银行、物流企业等为主体的政策工具占比相对较低,分别为 19.23%、7.69%、5.77%。

(1)供给型政策工具方面,以第三方平台、政府、企业、物流企业、银行和支付机构为主体的政策工具分别有 11 项、4 项、3 项、1 项和 0 项。具体来看,以第三方平台为主体的政策工具中,"基础设施建设"数目最多,这是因为基础设施包含对外文化贸易电子商务交易平台的探索建设、跨境电子商务公共海外仓的建设等内容。以政府为主体的政策工具中公共服务占有最大的比重,包括综合服务体系建设、优化一体化服务等,而以企业为主体的政策工具同样包含了较多的公共服务,说明政府通过鼓励各产业园加快构建跨境电商综合服务体系、建立综合监管通关服务体系等为企业发展跨境电商提供扶持,支持企业做大做强品牌,进一步占领市场份额。以物流企业为主体的政策工具仅有"科技信息支持"1项,主要内容包括跨境电子商务智慧物流体系、信用管理体系的建设等。以银行和支付机构为主体的政策工具中供给型政策工具数量为0。在中小跨境电商企业出现资金匮乏的局面时,银行可以为企业提供融资,帮助企业摆脱困境,方便企业开展交易。

(2)环境型政策工具方面,以政府、企业、银行和支付机构、物流企业、第三方平台为主体的政策工具分别有18项、4项、4项、1项和0项。具体来看,首先,与其他地区一样,因金融政策相对成熟,故以政府为主体的政策工具数目较多的是"法规管制"和"目标规划"。其次,以银行和支付机构为主体的政策工具,在解决企业支付难、融资难等问题方面具有一定的作用,故针对跨境电商的相关专项政策较多。最后,以企业、物流企业为主体的政策工具均是"策略性措施",包括引导跨境贸易电子商务企业集聚发展、支持发展跨境电子商务快递物流业务等。

(3)需求型政策工具方面,以企业、政府、物流企业为主体的政策工具分别有3项、2项和1项,而针对第三方平台、银行和支付机构的需求型工具数量为0。展开来看,以政府、企业为主体的政策工具数目较多的是"示范建设",主要涉及培育跨境贸易电子商务综合服务示范区、建设一批跨贸产业孵化示范企业等内容。以物流企业为主体的政策工具仅有"海外机构管理"1项,主要内容是支持快递物流企业建设公共海外仓。

表 4-34　广东省跨境电子商务政策工具与政策主体二维表

政策工具	政策主体	政府	企业	物流企业	第三方平台	银行和支付机构
供给型	人力资源培养	1	0	0	0	0
	科技信息支持	0	0	1	2	0
	基础设施建设	1	1	0	6	0
	资金投入	0	0	0	0	0
	公共服务	2	2	0	3	0

政策工具	政策主体	政府	企业	物流企业	第三方平台	银行和支付机构
环境型	目标规划	6	0	0	0	0
	金融支持	0	0	0	0	4
	税收优惠	1	0	0	0	0
	法规管制	9	0	0	0	0
	策略性措施	2	4	1	0	0
需求型	贸易管制	0	0	0	0	0
	海外机构管理	0	1	1	0	0
	示范建设	2	2	0	0	0
	政府采购	0	0	0	0	0
	外包	0	0	0	0	0
总计		24	10	3	11	4

（三）政策工具与政策颁布层级二维分析

根据广东省跨境电子商务政策工具与政策颁布层级二维表（表 4-35），广东省跨境电商政策工具首先是由地市级单位制定（90 项），其次是由省级单位制定（65 项），最少的是由区县级单位制定（9 项）。由此可以看出，地市级单位是跨境电商政策制定主体，这与广东省具有深圳、广州、珠海、东莞四大跨境电商综试区有关。具体来看：

（1）供给型政策工具方面，共有 29 项省级政策工具，36 项市级政策工具，4 项区县级政策工具。展开来看，在省级政策工具中，"基础设施建设""科技信息支持""公共服务""人力资源培养"类政策工具使用较多。由此可以看出，广东省政府在促进跨境电子商务产业发展过程中，强调各项供给型政策工具的均衡使用，试图通过优越的生产条件来推动跨境电商发展。另外，为促进传统贸易企业向跨境电商转型，省级单位还使用了 1 项"资金投入"类政策工具，提出设立促进跨境电商发展和质量风险监控专项资金，以此来激发市场活力。与省级政策工具类似，地市级政策工具中"基础设施建设""科技信息支持""公共服务"类政策工具使用也较多，但在"人力资源培养"方面却明显少于省级政策，虽然提出引进和培养相结合的人才发展策略,但具体的可实施性措施较少。为响应省市级政策的要求,区县级单位结合自身实际情况与需求,使用了较多"资金投入"类政策工具(3项),制定了跨境电商交易企业、服务企业和平台企业的专项资金扶持标准。由此可见,加大对跨境电商企业的"资金投入"是区级单位的重点工作内容。

(2)环境型政策工具方面,共有 30 项省级政策工具、44 项市级政策工具和 4 项区级政策工具。进一步分析可知,在省级政策工具中,"法规管制""策略性措施"和"目标规划"类政策工具使用频率较高,分别为 8 项、8 项和 6 项。可以推断,宏观把控跨境电商发展是广东省政府的工作重点,即在规范化发展环境的同时,为引导跨境电商发展制定了明确的发展方向。为贯彻执行省级政策文件精神,市级和区级政策工具也以"法规管制"和"策略性措施"为主,通过上下级之间的联动来保障跨境电商企业自由公平竞争。

(3)需求型政策工具方面,"示范建设"在省级、地市级和区县级政策中出现频率很高,分别有 3 项、9 项和 1 项。可见上下级均对"示范建设"较为重视,但地市级"示范建设"型政策工具明显多于省级和区县级,这与地市级单位是跨境电商综试区的执行主体有关。另外,广东省还充分发挥自身海外华侨资源,使用了 4 项省级"海外机构管理"类政策工具,鼓励企业建设出口产品海外仓、展示、分销、物流、配送、售后服务中心,拉动国外消费者的需求。除"示范建设"型政策工具外,市级单位也使用了 1 项"海外机构管理"类政策工具,鼓励和支持有条件的企业在沿线国家设立展示展销中心、连锁店、产业园等,推广自主创新产品和自主品牌形象。不难发现,省级政策工具以"示范建设"和"海外机构管理"为主,而地市级政策工具以"示范建设"为主。

表 4-35　广东省跨境电子商务政策工具与政策颁布层级二维表

政策工具	政策颁布层级	省级	地市级	区县级
供给型	人力资源培养	7	2	0
	科技信息支持	7	11	0
	基础设施建设	7	12	0
	资金投入	1	2	3
	公共服务	7	9	1

续　表

政策工具 ＼ 政策颁布层级		省级	地市级	区县级
环境型	目标规划	6	5	0
	金融支持	5	4	1
	税收优惠	3	2	0
	法规管制	8	18	2
	策略性措施	8	15	1
需求型	贸易管制	0	0	0
	海外机构管理	4	1	0
	示范建设	3	9	1
	政府采购	0	0	0
	外包	0	0	0
总计		66	90	9

(四)政策主体与政策颁布层级二维分析

在省级政策文件中,以政府为主体的政策工具数目最多,包括实施跨境电子商务综合试验区、试行零售出口货物免税等内容。同时,以企业和第三方平台为主体的政策工具也较多,省级单位在线上通过建设综合服务平台和线下综合支撑平台,在线上形成了一个较大的数据圈,在线下则采用综合试验区的布局方式。另外,以物流企业为主体的跨境电商政策数目较少,主要涉及"海外仓"和保税物流中心的建设等"基础设施建设"政策工具。

地市级政策文件有 18 项,以政府为主体的政策工具也是最多的。相比于省级单位,地市级单位在以政府为主体的内容上更加细化,主要涉及跨境贸易电子商务服务试点的具体实施、跨境电子商务的发展计划等。此外,与大多数地区类似,以银行和支付机构、物流企业为主体的政策工具相对较少。

表 4-36　广东省跨境电子商务政策主体与政策颁布层级二维表

政策颁布层级　政策主体	省级	地市级	总计
政府	14	10	24
企业	8	2	10
物流企业	3	0	3
第三方平台	6	5	11
银行和支付机构	3	1	4
总计	34	18	52

第四节　中部地区跨境电商政策的描述性统计分析

一、安徽省跨境电子商务政策结构分析

(一)政策工具分析

根据统计结果(表 4-37),安徽省共使用了 59 项跨境电子商务政策工具,其中 45.76% 为供给型,42.37% 为环境型,11.86% 为需求型。同样地,下面进一步分析政策工具的具体分类。

(1)环境型政策方面,首先是"法规管制"的使用次数最高,有 12 项。结合实际内容可知,安徽省实施"分类管理、便利进出""一次申报、分批核销""企业全备案、商品全申报、质量全追溯"的监管措施,通过营造自由便利的环境吸引跨境电商企业入驻。其次是"策略性措施"类政策工具(8 项),与其他省市相比,安徽省"策略性措施"涵盖内容较少,仅局限于支持和鼓励企业利用电子商务开展对外贸易、优势电商物流企业加强联合等,并未引导企业开展海外仓和综合试验区建设等。另外,"金融支持"和"目标规划"类政策工具使用的数量较少,均为 2 项。需要指出的是,虽然"金融支持"政策仅有 2 项,但内容涉及了在线融资、在线保险等金融服务业务,覆盖范围较广。相比而言,"目标规划"政策只是明确了跨境电商企业和线下园区的数量、进出口额的发展目标,对跨境电商各交易环节问题缺乏有效指导。最后,使用次

数最少的政策工具是"税收优惠",仅为1项,具体内容指落实跨境电子商务出口退（免）税政策。

（2）供给型政策方面,"基础设施建设"类政策工具最多（11项）。根据政策内容可知,安徽省以建设省级跨境电商产业园为契机,建设的产业园包括合肥市出口加工区跨境电子商务产业园、蚌埠市的安徽蚌山跨境电子商务产业园、马鞍山市的安徽浙阿跨境电商产业园、芜湖跨境电子商务产业园等4家,通过为跨境电商企业提供良好的园区设施来推动其发展。其次是"公共服务"（5项）,涉及搭建产业发展平台、创新进出口管理模式、强化综合服务配套等。"人力资源培养"和"科技信息支持"类政策工具均为4项。需要说明的是,安徽省在"科技信息支持"方面,仅将信息化手段应用于采集平台数据,并未重视信息化技术在物流、仓储等环节的应用。另外,使用政策工具最少的是"资金投入"（3项）,与其他省市相比,安徽省合肥市虽然均根据自身发展需求制定了相应的资金支持政策,但支持范围较窄,仅包括跨境电商平台、跨境电商企业、提供互联网支付和移动支付等业务的企业。总体来看,安徽省结合自身实际情况,将"基础设施建设"作为工作重心,通过改善发展环境和间接帮扶的方式,缩小跨境电子商务产业与发达省份之间的差距。

（3）需求型政策方面,安徽省将工作重心放在"示范建设"（4项）上,积极鼓励合肥和芜湖等有条件的市建立跨境电商示范园区,以力争获得国家跨境电商综合试点政策支持。另外,安徽省还充分发挥自身海外商旅资源,制定了2项"海外机构管理"类政策工具和1项"政府采购"类政策工具,支持企业在条件成熟的国家和地区设立仓配服务及物流机构,通过与海外经济主体建立直接联系,以拉动本地跨境电子商务产业的发展。

表4-37 安徽省跨境电子商务政策工具使用频数统计表

政策工具	工具名称	条文编号	计数	百分比
供给型	人力资源培养	3-7,7-4,12-5,14-4	4	45.76%
	科技信息支持	3-2,9-1,11-1,13-4	4	
	基础设施建设	1-4,2-1,3-9,5-1,6-1,7-5,10,11-3,12-2,13-2,14-3	11	
	资金投入	4,6-4,7-3	3	
	公共服务	2-3,3-8,11-2,12-3,14-5	5	

续　表

政策工具	工具名称	条文编号	计数	百分比
环境型	目标规划	3-1,14-1	2	42.37%
	金融支持	3-4,12-4	2	
	税收优惠	16	1	
	法规管制	1-5,3-5,5-4,6-2,7-6,8,9-2,11-5,12-6,13-3,14-6,15	12	
	策略性措施	1-3,2-2,3-6,5-2,7-1,12-1,13-1,14-2	8	
需求型	贸易管制	N/A	N/A	11.86%
	海外机构管理	1-1,5-3	2	
	示范建设	1-2,3-3,7-2,11-4	4	
	政府采购	6-3	1	
	外包	N/A	N/A	
合计			59	100.00%

(二)政策工具与政策主体二维分析

根据安徽省跨境电子商务政策工具与政策主体二维表(表4-38),以政府为主体的政策工具占比最高,达50.85%;以企业、第三方平台为主体的政策工具次之,均为22.03%;以物流企业、银行和支付机构等为主体的政策工具占比最低,分别为3.39%和1.69%。从中可以看出,大部分政策工具的作用对象是政府,针对银行和支付机构的政策工具数目较少。具体来看:

(1)供给型政策工具方面,以第三方平台、政府、企业为主体的政策工具分别有13项、9项和5项,而针对物流企业、银行和支付机构的供给型政策工具数量均为0。具体来看,以第三方平台为主体的政策工具中,"基础设施建设"和"公共服务"数目最多,这是因为基础设施包含了线下"综合园区"、公共服务平台、海外仓储设施以及"单一窗口"等,公共服务则包含了开展跨境电子商务的综合服务、产业发展平台的搭建、线上综合服务平台的建立等。以政府为主体的政策工具中,科技信息支持和基础设施建设占有最大的比重。而以企业为主体的政策工具则主要体现在基础设施建设和资金投入上,政府通过完善设施、建立专项资金、补贴或奖励的形式为企业发展跨境电商提供资金扶持。最后,以物流企业、银行和支付机构为主体的政策工具中供给型政策工具总体数量为 0。

(2)环境型政策工具方面,以政府、企业、物流企业、银行和支付机构、第三方平台为主体的政策工具分别有 17 项、5 项、2 项、1 项和 0 项。具体来看,与其他省份不同,以政府为主体的政策工具数目较多的是"法规管制"。这表明安徽省更加重视约束企业行为,在跨境电子商务产业的长期规划方面,更多是按照国家计划执行,而且对企业融资的帮助也相对较少。以银行和支付机构为主体的政策工具在安徽省主要体现在支付方式的创新上。支付环节作为跨境电商交易的关键环节之一,安徽省通过相关政策工具有效保障了交易流程的有效性。以企业、物流企业为主体的政策工具主要是策略性措施,包含探索跨境电子商务进口展销新模式、支持线上推广和紧急培育跨境电商经营主体等。

(3)需求型政策工具方面,以政府、企业为主体的政策工具分别有 4 项和 3 项,而针对物流企业、第三方平台、银行和支付机构的需求型政策工具数量均为 0。这说明政府和企业是需求型政策工具的针对主体。展开来看,以政府、企业为主体的政策工具数目较多的是"示范建设",主要涉及鼓励建立跨境电子商务示范园区、实施跨境电子商务示范工程,说明这两个主体较为重视示范建设。

表 4-38　安徽省跨境电子商务政策工具与政策主体二维表

政策工具 ＼ 政策主体		政府	企业	物流企业	第三方平台	银行和支付机构
供给型	人力资源培养	1	0	0	3	0
	科技信息支持	3	0	0	1	0
	基础设施建设	3	3	0	5	0
	资金投入	1	2	0	0	0
	公共服务	1	0	0	4	0
环境型	目标规划	2	0	0	0	0
	金融支持	1	0	0	0	1
	税收优惠	1	0	0	0	0
	法规管制	12	0	0	0	0
	策略性措施	1	5	2	0	0

政策工具 ＼ 政策主体		政府	企业	物流企业	第三方平台	银行和支付机构
需求型	贸易管制	0	0	0	0	0
	海外机构管理	0	2	0	0	0
	示范建设	3	1	0	0	0
	政府采购	1	0	0	0	0
	外包	0	0	0	0	0
总计		30	13	2	13	1

（三）政策工具与政策颁布层级二维分析

根据安徽省跨境电子商务政策工具与政策颁布层级二维表（表4-39），省级单位共颁布38项，地市级单位颁布17项，区县级单位颁布的政策相对较少，仅有4项。下面来看一下具体情况。

（1）供给型政策工具方面，共有17项省级政策工具，8项地市级政策工具，2项区级政策工具。展开来看，在省级政策工具中，"基础设施建设"类政策工具使用最多（7项），主要致力于跨境电子商务配套基础设施的建设，如海外仓储设施、跨境专项商品指定口岸、国际邮件互换局、产业园区等。需要说明的是，省级单位仅采用了2项"人力资源培养"类政策工具，试图通过鼓励社会培训机构开展跨境电商人才培养，提高人才供给。但是，安徽地区当前人才培训规格较低，且开设跨境电商专业的高等院校以及相关培训机构较少，使得跨境电商的人才稀缺状态并未得到明显改善。与省级政策不同，"资金投入"（2项）是地市级单位使用较多的政策工具，扶持对象均为跨境电商服务企业，但从整体上，目前安徽省跨境电商企业仍然存在规模小、数量少的问题，资金扶持效果并未达到预期。在区县级政策工具层面，政府秉承省市级政府相关文件精神，在注重"基础设施建设"的同时，对跨境电商企业也给予了一定的资金扶持。

（2）环境型政策工具方面，共有17项省级政策工具、7项地市级政策工具和1项区级政策工具。进一步分析可知，省级政策工具以"法规管制"（8项）和"策略型措施"（5项）为主，和其他省市一样，安徽省政府注重对跨境电商主体行为进行约束与引导。另外，安徽省政府还使用了"金融支持"（2项）和"目标规划"（1项）类政策工具，这两类政策工具均来源于《中国（合肥）跨境电子商务综合试验区建设实施方案》。该方案明确了跨境电商企业和线下园区数量、进出口额的发展目标,同时为了解决企业融资难、结算手续烦琐的问题,提出建立在线支付结算、在线融资、在线保险等完备便捷的金融服务体系。另外,省政府还使用了 1 项"税收优惠",实现跨境电子商务出口退(免)政策。地市级单位为了执行省级政策文件的要求,同样采取了规范管理和引导扶持并行的发展策略。与省级和地市级政策不同,区县级单位使用 1 项"法规管制"型政策工具。在该政策中明确规定了跨境电商建设工作领导小组的职责。

(3)需求型政策工具方面,共有 4 项省级政策工具、2 项地市级政策工具。展开来看,省级政策工具中,"示范建设"和"海外机构管理"分别使用了3 项和 1 项,一方面鼓励合肥、芜湖等有条件的地区建立跨境电商示范园区、国家级进口贸易促进创新示范区、国家跨境电商进口业务试点等,通过先行先试,整合安徽省资源优势;另一方面,支持企业在海外建立交易展示中心、商品市场、专卖店、"海外仓"等各类国际营销网络,以拉动产品需求。另外,巢湖市在开展跨境电商工作中,也使用了 1 项"示范建设"类政策工具,提出实施跨境电子商务示范工程,构筑适应巢湖市跨境电商产业发展的新型模式。

表 4-39　安徽省跨境电子商务政策工具与政策颁布层级二维表

政策工具 ＼ 政策颁布层级		省级	地市级	区县级
供给型	人力资源培养	2	2	0
	科技信息支持	4	0	0
	基础设施建设	7	3	1
	资金投入	0	2	1
	公共服务	4	1	0
环境型	目标规划	1	1	0
	金融支持	2	0	0
	税收优惠	1	0	0
	法规管制	8	3	1
	策略性措施	5	3	0

续　表

政策工具 \ 政策颁布层级		省级	地市级	区县级
需求型	贸易管制	0	0	0
	海外机构管理	1	1	0
	示范建设	3	1	0
	政府采购	0	0	1
	外包	0	0	0
总计		38	17	4

（四）政策主体与政策颁布层级二维分析

在省级政策文件中，以政府为主体的政策工具数目最多。与其他地区类似，主要包括跨境电子商务综合试验区的建设、跨境电子商务产业园区的认定、部分零售出口货物免税的管理等内容（见表 4-40）。另外，以第三方平台为主体的政策工具也较多，省级单位采用"线上＋线下"混合形式开展相关工作。其中，在线上建立"单一窗口"，在线下加快加速完善"综合园区"平台，形成"一核三区"的主要结构。最后，以物流企业、银行和支付机构为主体的跨境电商政策数目较少，物流企业主要涉及策略性措施，而银行和支付机构则主要涉及以金融服务体系建设为主要内容的金融工具。

在市级政策文件中，以政府和企业为主体的政策工具同样是最多的。相比于省级单位，地市级单位在以政府、企业为主体的内容上更加细化。另外，以物流企业、银行和支付机构为主体的政策工具同样相对较少。

在区县级政策文件中，只有以政府、企业为主体的政策工具，而并没有以第三方平台为主体的政策工具，主要原因在于平台建设往往依托于上一级管理部门，故对于区县级政府部门，保税仓、建立公共海外仓等公共基础设施的建设是其关注的焦点。

表 4-40　安徽省跨境政策主体与政策颁布层级二维表

政策主体 \ 政策颁布层级	省级	地市级	区县级	总计
政府	22	6	2	30
企业	5	6	2	13

政策颁布层级 政策主体	省级	地市级	区县级	总计
物流企业	1	1	0	2
第三方平台	9	4	0	13
银行和支付机构	1	0	0	1
总计	38	17	4	59

二、河南省跨境电子商务政策结构分析

(一)政策工具维度分析

由表 4-41 可知,河南省共使用了 60 项政策工具,其中 43.33% 为供给型,48.33% 为环境型,8.33% 为需求型。由此可见,河南省跨境电商政策以供给型和环境型为主,且两者相差不大。下面,进一步分析政策工具的具体分类。

(1)供给型政策工具方面,"科技信息支持"和"基础设施建设"使用最多(7 项)。通过相关政策的实施,河南省在依托跨境电商综合信息服务平台,优化数据交换、支付、安全认证、用户管理、物流管理、单证管理、仓储信息管理、通关物流控制等跨境电商交易过程上取得了较好的经验。此外,河南省对基础设施建设同样投入较大,特别是在建设仓储物流中心、办公用房、产业园区等配套设施方面,为全国其他地区提供了先行先试的经验。另外,河南省还使用了"人才资源培养""资金投入"和"公共服务"类政策工具,使用次数均为 4 项。需要说明的是,虽然河南省已根据市场需求,采取定向培养和专项培训的人才培养策略,但当前人才供给仍然难以满足跨境电商发展需求。

(2)环境型政策工具方面,首先是"法规管制"和"策略性措施"使用最多,分别为 11 项和 8 项,这两类政策工具的频繁使用与跨境电商发展阶段密切相关。目前,河南省跨境电商正处于发展初期,管理体系、监管措施等都不够成熟,产业发展面临不公平竞争、不规范操作等问题,这两类政策工具的频繁使用可以有效解决上述问题,规范跨境电商行业发展。其次是"金融支持"(5 项)和"目标规划"(4 项)类政策工具。结合政策内容可知,河南省一方面创新完善跨境电商金融服务体系,鼓励政策性银行、商业银行和其他金融机构创新业务模式,拓展跨境电子商务融资渠道,为企业提供了良好

的融资环境;另一方面,针对郑州市跨境贸易电子商务服务试点和综合试验区建设内容的差异,制定了相应的发展目标。最后,河南省还使用了 1 项"税收优惠"类政策工具,即对纳入"单一窗口"综合服务平台监管,但无法取得合法有效进货凭证的跨境电子商务零售出口货物暂免征增值税。与其他跨境电商发达地区相比,河南省在"税收优惠"方面的工具使用需进一步加强,以提升区域跨境电子商务的竞争力。

（3）需求型政策工具方面,河南省以"示范建设"为主(4 项),主要内容是加快建设跨境贸易电商服务试点和综合试验区,形成跨境电商示范体系,缓解跨境电商发展过程中的不确定性问题。另外,创新性地使用了 1 项"海外机构管理"类政策工具,主要为支持跨境电商企业涉及海外分机构,从而引导跨境电商企业拓展更多的营销渠道。

表 4-41　河南省跨境电子商务政策工具使用频数统计表

政策工具	工具名称	条文编号	计数	百分比
供给型	人力资源培养	4-4,6-3,7-4,9-7	4	43.33%
	科技信息支持	1-2,2-4,4-6,5-2,6-1,7-2,10-2	7	
	基础设施建设	1-3,4-2,5-6,6-2,7-3,9-2,10-4	7	
	资金投入	4-5,7-7,9-5,10-7	4	
	公共服务	4-3,6-9,9-3,10-3	4	
环境型	目标规划	1-1,4-1,7-1,10-1	4	48.33%
	金融支持	4-9,5-4,6-4,7-5,10-8	5	
	税收优惠	6-8	1	
	法规管制	1-4,2-1,4-7,5-3,6-7,7-6,8,9-4,10-5,11,12	11	
	策略性措施	1-5,2-2,3,4-8,5-5,6-5,9-1,10-6	8	
需求型	贸易管制	N/A	N/A	8.33%
	海外机构管理	9-6	1	
	示范建设	2-3,5-1,6-6,10-9	4	
	政府采购	N/A	N/A	
	外包	N/A	N/A	
合计			60	100%

(二)政策工具与政策主体二维分析

根据河南省跨境电子商务政策工具与政策主体二维表(表 4-42),以政府为主体的政策工具占比最高,达 50%,以第三方平台为主体的政策工具次之,为 25%,以企业、银行和支付机构、物流企业等为主体的政策工具分别占比 10%、10% 和 6%。具体来看:

(1)供给型政策工具方面,以第三方平台、政府、企业、物流企业、银行和支付机构为主体的政策工具分别有 14 项、8 项、2 项、1 项和 1 项。具体来看,在以第三方平台为主体的政策工具中,因科技信息涵盖范围广(包括技术平台、电子口岸、"单一窗口"综合服务平台)等,以及公共服务(包括全球物流供应链和境外物流服务体系等)是开展跨境电子商务业务的基础,获得的政策支持最多。以政府为主体的政策工具中供给型政策工具分布较为均匀,只有针对公共服务的工具数量为 0。而以企业为主体的政策工具包含了 2 项基础设施建设,具体内容为政府通过推动建设跨境电子商务仓储物流中心和公共海外仓、建立跨境电子商务 O2O 线下体验店,为企业发展跨境电商提供必要支撑。另外,以物流企业、银行和支付机构为主体的政策工具都是以资金投入为主,其中包括增强企业资本供给、补贴国际物流费用等内容。

(2)环境型政策工具方面,以政府、银行和支付机构、企业、物流企业、第三方平台为主体的政策工具分别有 18 项、5 项、3 项、2 项、1 项,说明环境型政策工具大部分是通过政府制定的。具体来看,以政府为主体的政策工具数目较多的是"法规管制","金融支持"相对较少。另外,以企业、第三方平台、物流企业为主体的政策工具主要是策略性措施,包括争取中国邮政集团公司支持、建立境外销售渠道、促进产业结构调整、推动跨境电商在线交易等。

(3)需求型政策工具方面,以政府、企业为主体的政策工具分别有 4 项和 1 项,而针对第三方平台、银行和支付机构、物流企业的需求型政策工具数量为 0。展开来看,以政府为主体的政策工具数目均为示范建设,主要涉及创建跨境电子商务综合试验区、开展示范园区培育等内容。以企业为主体的政策工具仅有海外机构管理,主要是支持设立海外分公司,这与跨境电子商务发展后期通过建立海外仓、海外子公司等模式减少企业成本、加速货物运转的趋势密不可分。

表 4-42　河南省跨境电子商务政策工具与政策主体二维表

政策工具 \ 政策主体		政府	企业	物流企业	第三方平台	银行和支付机构
供给型	人力资源培养	2	0	0	2	0
	科技信息支持	2	0	0	5	0
	基础设施建设	2	2	0	3	0
	资金投入	2	0	1	0	1
	公共服务	0	0	0	4	0
环境型	目标规划	4	0	0	0	0
	金融支持	0	0	0	0	5
	税收优惠	1	0	0	0	0
	法规管制	11	0	0	0	0
	策略性措施	2	3	2	1	0
需求型	贸易管制	0	0	0	0	0
	海外机构管理	0	1	0	0	0
	示范建设	4	0	0	0	0
	政府采购	0	0	0	0	0
	外包	0	0	0	0	0
总计		30	6	3	15	6

(三)政策工具与政策颁布层级二维分析

据河南省跨境电子商务政策工具与政策颁布层级二维表(表 4-43),在河南省跨境电商政策工具中,有 35 项是省级政策工具,25 项是地市级政策工具,尚未涉及区县级政策工具。由此可以看出,河南省跨境电子商务政策的制定基本以省级单位为主,地市级单位为辅。具体来看:

(1)供给型政策工具方面,省级和市级政策工具分别为 14 项和 12 项。展开来看,在省级政策工具中,因在跨境电子商务发展初期主要依托基础设施建设和平台建设,使得"科技信息支持"和"基础设施建设"类政策工具使用最多,分别为 5 项和 4 项,具体包括开展仓储物流设施、办公用房、产业园区等配套设施创建工作,建立信息技术平台和综合服务平台工作。在地市级政策工具中,"基础设施建设""资金投入""科技信息支持""公共服务"和

"人力资源培养"类政策工具的使用次数依次为 3 项、3 项、2 项、2 项和 2 项，整体上不同供给型政策工具的使用较为均衡。与省级政策不同，地市级单位较为重视"资金投入"类政策工具的使用，如通过建立产业引导基金、补贴国际物流费用、设立综试区专项基金等措施，增加企业资本供给，从而推动跨境电商企业发展。

（2）环境型政策工具方面，共有 18 项省级政策工具和 11 项地市级政策工具。进一步分析可知，在省级政策工具中，包括"法规管制""策略性措施""金融支持""目标规划""税收优惠"类政策工具，使用频数分别为 7 项、5 项、3 项、2 项和 1 项。由此可见，河南省政府对"法规管制"和"策略性措施"类政策工具的使用较为频繁，对"税收优惠"和"目标规划"类政策工具的使用相对较少，这与跨境电商所处的发展阶段密切相关。另外，因跨境电商容易滋生虚假交易、商品质量差、售后服务不健全等问题，使得在地市级单位使用的政策工具中"法规管制"（4 项）也占据多数，其次是"策略性措施"（3 项）、"金融支持"（2 项）和"目标规划"（2 项），而"税收优惠"类政策工具尚未被使用。

（3）需求型政策工具方面，共有 3 项省级政策工具和 2 项市级政策工具。其中，省级单位仅使用了"示范建设"类政策工具，为 3 项，政策重点内容包括加快建设跨境贸易电商服务试点、郑州跨境电商综合试验区、培育认定示范园区等。需要说明的是，虽然地市级单位也使用了 1 项"示范建设"类政策工具，但政策内容仅局限于建设本市跨境电商示范体系，并没有很好地落实省级"示范建设"相关工作部署。另外，地市级单位还使用了 1 项"海外机构管理"类政策工具，支持跨境电商企业设立海外分公司，试图以分公司为据点推广自身品牌。

表 4-43　河南省跨境电子商务政策工具与政策颁布层级二维表

政策工具 ＼ 政策颁布层级		省级	地市级	区县级
供给型	人力资源培养	2	2	0
	科技信息支持	5	2	0
	基础设施建设	4	3	0
	资金投入	1	3	0
	公共服务	2	2	0

政策工具	政策颁布层级	省级	地市级	区县级
环境型	目标规划	2	2	0
	金融支持	3	2	0
	税收优惠	1	0	0
	法规管制	7	4	0
	策略性措施	5	3	0
需求型	贸易管制	0	0	0
	海外机构管理	0	1	0
	示范建设	3	1	0
	政府采购	0	0	0
	外包	0	0	0
总计		35	25	0

(四)政策主体与政策颁布层级二维分析

在省级政策文件中,首先是以政府为主体的政策工具数目最多,包括跨境贸易电子商务服务试点、综合试验区的申建、加快培育经济新动力等内容,说明省级单位在本地跨境电商发展中起着重要的宏观调控作用(见表4-44)。其次,以第三方平台为主体的政策工具也较多,省级单位在线上建设"单一窗口"综合服务平台、加快建设电子口岸,形成了一个较大的综合服务体系,在线下建立综合园区平台、推动仓储物流中心的建设。最后,以物流企业为主体的跨境电商政策数目较少,主要涉及争取中国邮政集团公司支持,推进招商工作等。

在地市级政策文件中,以政府为主体的政策工具也是最多的。相比于省级单位,地市级单位在以政府为主体的内容上更加细化。以物流企业、银行和支付机构为主体的政策工具较少。

表 4-44　河南省跨境电子商务政策主体与政策颁布层级二维表

政策颁布层级　　政策主体	省级	地市级	区县级	总计
政府	19	11	0	30
企业	3	3	0	6
物流企业	1	2	0	3
第三方平台	9	6	0	15
银行和支付机构	3	3	0	6
总计	35	25	0	60

第五节　西部地区跨境电商政策的描述性统计分析

一、重庆市跨境电子商务政策结构分析

(一)政策工具分析

根据表 4-45 的结果,在重庆市颁布的 13 项跨境电子商务政策文件中,共使用了 50 项政策工具,其中环境型政策工具使用频率最高,占比 50%。供给型政策工具次之,达到 38%,需求型政策工具使用最少,仅为 12%。从政策工具的作用细分上看:

(1)环境型政策工具方面,首先是"法规管制"的使用最多,有 10 项。结合政策内容可知,重庆市通过创新各部门的监督管理服务与监管模式,提出对跨境电商交易实施集中监管、清单验放、汇总申报的新型监管模式,为解决跨境电商监管体系混乱问题提供了经验。其次是"策略性措施"(7 项),主要采取"引进来"和"走出去"策略促进跨境电商发展,一是支持跨境电商企业建立海外营销渠道,推动电商走出去;二是鼓励传统外贸企业利用第三方平台和跨境电子商务拓展国际市场,从而扩大跨境电商参与主体。另外,重庆市也使用了"金融支持"(4 项)和"目标规划"(4 项)类政策工具。展开来看,在"目标规划"方面,重庆市依托政策、区位、物流、仓储成本优势,在《重庆市创新跨境电子商务监管服务工作方案》中提出将重庆跨境电商保税仓

打造为覆盖中西部地区的中心物流配送基地;在"金融支持"方面,虽然重庆鼓励商业银行、出口信用保险公司、担保公司为跨境电商提供融资服务,但较大的跨境电商行业风险给银行和企业融资担保增加了负担,使得"金融支持"政策难以发挥实际作用。需要说明的是,重庆市没有使用"税收优惠"类政策工具,可能重庆跨境电商还处于发展探索阶段,税收配套政策体系还未建立。

(2)供给型政策方面,"基础设施建设"和"科技信息支持"类政策工具使用次数最多,分别为9项和5项,这与跨境电商特征有关。由于跨境电子商务"互联网+"特性,大数据、云计算、物联网技术等先进技术的使用会便利化跨境电商交易流程,也可以提高政府监管效率,除使用信息化技术外,跨境电商的发展也需要大量的产业园、仓储、物流、办公场所等基础配套设施,所以政府对这两项政策工具较为重视。使用较少的是"资金投入"(2项)、"公共服务"(2项)、"人力资源培养"(1项)类政策工具,尤其是对"人力资源培养"的重视不够。目前,政策仅提出加快专业人才队伍建设,鼓励社会培训机构开展人才培训,但如何进行人力资源培养缺乏具体的规划。

(3)需求型政策方面,"示范建设"类政策工具使用最多,有5项,说明重庆市较为重视示范工程建设。结合政策内容可知,目前,重庆市重点打造跨境电商国家级和市级示范基地、外汇支付试点、示范企业等,进一步挖掘跨境电商发展潜力,扩大跨境电商发展规模。另外,重庆市还创新性地使用了1项"外包"型政策工具。这里的"外包"指服务外包,主要内容是培育和引进一批具有国际先进水平的服务外包企业,同时推进服务外包业务向信息技术、财务结算、监测分析等产业价值链高端延伸,拓展服务外包行业领域,积极承接国际服务外包。

表 4-45　重庆市跨境电子商务政策工具使用频数统计表

政策工具	工具名称	条文编号	计数	百分比
供给型	人力资源培养	3-8	1	38.00%
	科技信息支持	3-2,4-2,5-2,9-2,11-4	5	
	基础设施建设	2-2,3-4,4-1,5-1,6-2,7-2,8-2,10-1,11-1	9	
	资金投入	2-1,3-9	2	
	公共服务	1-2,12-3	2	

政策工具	工具名称	条文编号	计数	百分比
环境型	目标规划	3-1,6-1,8-1,9-1	4	50.00%
	金融支持	2-3,3-7,6-4,8-5	4	
	税收优惠	N/A	N/A	
	法规管制	1-3,3-3,4-3,6-5,7-1,8-3,9-4,11-2,12-2,13	10	
	策略性措施	1-1,3-6,4-5,7-3,9-3,10-2,12-1	7	
需求型	贸易管制	N/A	N/A	12.00%
	海外机构管理	N/A	N/A	
	示范建设	3-5,4-4,6-3,8-4,11-3	5	
	政府采购	N/A	N/A	
	外包	5-3	1	
合计			50	100%

(二)政策工具与政策主体二维分析

根据重庆市跨境电子商务政策工具与政策主体二维表(表4-46),以政府为主体的政策工具占比最高,达52%,以第三方平台为主体的政策工具次之,为26%,以企业、银行和支付机构等为主体的政策工具占比分别为14%和8%,而针对物流企业的政策工具占比为0。从中可以看出,大部分政策工具的作用对象是政府,针对物流企业的政策工具数目最少。具体来看:

(1)供给型政策工具方面,以第三方平台、政府、企业为主体的政策工具分别有10项、6项和3项,而针对物流企业、银行和支付机构的政策工具数目为0。具体来看,以第三方平台为主体的政策工具中,基础设施建设数目最多,包括跨境电商O2O展示体验店、公共服务平台、保税智能仓储、综合试验区等。以政府为主体的政策工具中科技信息支持占有最大的比重,特别是各类跨境电子商务平台的建设,以及基于交易环节开展的技术手段升级等。而以企业为主体的政策工具包含了基础设施建设和资金投入,政府主要通过鼓励跨境电子商务龙头企业在"一带一路"沿线设立海外仓、在保税区内设立保税仓、建立专项资金、补贴或奖励的方式提供扶持。以物流企业、银行和支付机构为主体的政策工具中供给型政策工具占比为0。

（2）环境型政策工具方面，以政府、企业、银行和支付机构、第三方平台、物流企业为主体的政策工具分别有 18 项、4 项、2 项、1 项和 0 项。具体来看，与其他地区类似，以政府为主体的政策工具数目以"法规管制"和"目标规划"为主，金融支持和税收优惠相关政策较少。以企业、第三方平台为主体的政策工具主要是策略性措施，包含推动电子商务走出去、支持与境外企业的合作、发展"保税自营＋直采"等跨境电子商务模式。

（3）需求型政策工具方面，以政府、第三方平台、银行和支付机构为主体的政策工具均有 2 项，而针对企业、物流企业的需求型政策工具数量为 0 项。展开来看，以政府、银行和支付机构、第三方平台为主体的政策工具主要集中于"示范建设"，包括打造跨境电子商务服务业示范基地、推进支付机构跨境外汇支付业务试点等内容。

表 4-46　重庆市跨境电子商务政策工具与政策主体二维表

政策工具	政策主体	政府	企业	物流企业	第三方平台	银行和支付机构
供给型	人力资源培养	0	0	0	1	0
	科技信息支持	4	0	0	1	0
	基础设施建设	1	2	0	6	0
	资金投入	1	1	0	0	0
	公共服务	0	0	0	2	0
环境型	目标规划	4	0	0	0	0
	金融支持	1	1	0	0	2
	税收优惠	0	0	0	0	0
	法规管制	10	0	0	0	0
	策略性措施	3	3	0	1	0
需求型	贸易管制	0	0	0	0	0
	海外机构管理	0	0	0	0	0
	示范建设	1	0	0	2	2
	政府采购	0	0	0	0	0
	外包	1	0	0	0	0
总计		26	7	0	13	4

(三)政策工具与政策颁布层级二维分析

根据重庆市跨境电子商务政策工具与政策颁布层级二维表(表 4-47),在跨境电商政策工具中,有 42 项省级政策工具和 8 项地市级政策工具。具体来看:

(1)供给型政策工具方面,共有 16 项省级政策工具和 3 项地市级政策工具。展开来看,在省级政策工具中,"基础设施建设"和"科技信息支持"类政策工具使用频率最高,分别有 7 项和 5 项,"公共服务"类政策工具有 2 项,"人力资源培养"和"资金投入"类政策工具使用最少(均为 1 项)。由此可以看出,重庆市在跨境电子商务产业发展过程中选择了以科技信息和基础设施为主导的产业发展战略。另外,市级政府重视人才和资金在行业发展中的作用,所以适当地使用了"公共服务""人力资源培养"和"资金投入"类政策工具。在地市级政策工具方面,分别使用了 2 项"基础设施建设"和 1 项"资金投入"类政策工具,可以发现省级单位与地市级单位在工作重心上存在较好的一致性。

(2)环境型政策工具方面,共有 21 项省级政策工具和 4 项地市级政策工具。进一步分析可知,在省级政策工具中,"法规管制"和"策略性措施"类政策工具使用较多,分别有 9 项和 7 项,表明重庆市对跨境电商行业的规范和引导最为重视。结合政策内容,省级单位一方面建立了关检联合查验机制、账册管理制度、清单管理制度、数据标准规范、认证规范等,为跨境电商发展营造了规范化环境;另一方面,通过支持海外营销渠道的建立、跨境电商企业与传统外贸企业合作等方式引导跨境电商行业有序发展。另外,为解决重庆市跨境电商发展方向不明确和企业融资难、融资贵的问题,省级单位还使用了"目标规划"(3 项)和"金融支持"(2 项)类政策工具。在地市级政策工具中,各项政策工具均使用较少,且没有使用"税收优惠"和"策略性措施"类政策工具。

(3)需求型政策工具方面,省级单位和地市级单位分别使用了 5 项和 1 项政策工具,且主要集中在"示范建设"类示范工具。另外,省级单位还使用了 1 项"外包"类政策工具,通过培育和引进一批具有国际先进水平的服务外包企业,促进信息技术外包、业务流程外包和知识流程外包协调发展,从而拓展服务外包行业领域。

表 4-47　重庆市跨境电子商务政策工具与政策颁布层级二维表

政策工具 ＼ 政策颁布层级		省级	地市级
供给型	人力资源培养	1	0
	科技信息支持	5	0
	基础设施建设	7	2
	资金投入	1	1
	公共服务	2	0
环境型	目标规划	3	1
	金融支持	2	2
	税收优惠	0	0
	法规管制	9	1
	策略性措施	7	0
需求型	贸易管制	0	0
	海外机构管理	0	0
	示范建设	4	1
	政府采购	0	0
	外包	1	0
总计		42	8

(四)政策主体与政策颁布层级二维分析

在省级政策文件中,首先,以政府为主体的政策工具数目最多,包括实施跨境电子商务综合试验区、开展重庆两江新区服务贸易创新发展试点、试行重庆口岸提升跨境贸易便利化若干措施等内容(见表 4-48)。其次,以第三方平台为主体的政策工具也较多,省级单位在线上建立公共服务平台辅助数据库,在线下推动综合园区平台建设,采用综合试验区、示范基地的布局方式,推动了产业发展。最后,以物流企业为主体的跨境电商政策数量为 0。

在地市级政策文件中,首先针对各个主体的政策工具较为均衡,其中以政府为主体的政策工具最多。相比于省级单位,地市级单位在以政府为主体的内容上更加细化。其次,以物流企业、银行和支付机构为主体的政策工具最少。

表 4-48　重庆市跨境电子商务政策主体与政策颁布层级二维表

政策主体 ＼ 政策颁布层级	省级	地市级	总计
政府	23	3	26
企业	5	2	7
物流企业	0	0	0
第三方平台	11	2	13
银行和支付机构	3	1	4
总计	42	8	50

二、四川省跨境电子商务政策结构分析

(一)政策工具分析

根据表 4-49,四川省主要通过保障人才供给、资金科技等生产要素,以及优化营商环境的方式推动跨境电子商务发展。四川省跨境电子商务的政策主要以供给型和需求型政策工具为主,分别占 39.71％和51.47％,相对而言,需求型政策工具使用频率较低,仅占 8.82％。从具体的政策工具上看:

(1)供给型政策工具方面,首先是"基础设施建设"使用频数最高,达 10 项。目前,四川省充分发挥区位优势,立足于西部地区,着力将四川省建设成为跨境电子商务运营及仓储功能叠加的西部运营中心、西部电子商务国际物流中心以及跨境电商资源集聚的服务资源中心。其次是"资金投入"(5 项)、"科技信息支持"(4 项)、"公共服务"(4 项)和"人力资源培养"(4 项)类政策工具。其中:首先在"资金投入"方面,四川省制定了跨境电子商务专项资金实施细则,不仅对跨境电子商务平台、供应链服务平台和电子商务及服务企业等进行了资金扶持,而且继续加大财政资金扶持,将跨境电子商务境外服务机构和服务网点建设纳入境外投资的支持领域;其次,在"人力资源培养"方面,虽然四川省提出引进和培训相结合的跨境电商人才扩张策略,但相比于杭州、北京以及上海等先进地区,四川省跨境电商人才的平均工资水平较低,人才流失率较高,导致人才培养政策实施效果不显著。

(2)环境型政策工具方面,"法规管制"和"策略性措施"类政策工具使用次数最多,分别为 14 项和 11 项。与其他地区类似,四川省也采取了系列政

策规范和引导跨境电子商务政策。一方面,明确了跨境电子商务在支付、报关、进出口检验、质量安全等方面的监管流程,规范了跨境电子商务发展过程中的不规范行为;另一方面,为解决四川省跨境电子商务服务商资源不足的问题,提出了鼓励混合式营销、支付结算与物流等便利化政策支持服务商走出去,提升自主品牌影响力。此外,为保持跨境电子商务的发展活力,四川省使用了 6 项"金融支持"类政策工具,主要是鼓励银行和支付机构为跨境电子商务业务简化程序,提升交易效率。但是,支付和融资等政策在实际操作过程中缺乏有效的持续性引导,使得金融工具未能充分发挥实质性作用。最后,关于"目标规划"类的政策工具共有 4 项,包括指明建立了"基站""动力"和"中继"为三位一体的成都跨境电子商务综试区,并制定了跨境电子商务园区、免税展示体验店、"公共服务"平台和物流服务网络建设等阶段性发展目标。

(3)需求型政策工具方面,四川省仅使用了 5 项"示范建设"类政策工具和 1 项"海外机构管理"类政策工具。与其他地区相比,四川省"示范建设"涉及面较窄,虽然鼓励成都、绵阳、资阳等具备条件的区域开展跨境电子商务试点,但试点内容仅局限于物流环节。而且,在外汇支付业务、服务企业等具体环节的试点也较少。

表 4-49　四川省跨境电子商务政策工具使用频数统计表

政策工具	工具名称	条文编号	计数	百分比
供给型	人力资源培养	1-2,9-2,10-6,14-8	4	39.71%
	科技信息支持	5-3,10-3,14-7,15-3	4	
	基础设施建设	2-4,3-4,5-1,6-3,7-1,10-1,12-1,13-2,14-3,15-4	10	
	资金投入	2-5,9-3,12-3,13-4,14-6	5	
	公共服务	2-1,3-2,5-2,12-2	4	
环境型	目标规划	3-6,6-5,10-7,14-1	4	51.47%
	金融支持	2-3,3-5,6-6,14-4,15-2,17-2	6	
	税收优惠	N/A	N/A	
	法规管制	1-1,2-6,3-3,5-4,6-1,7-2,8,10-4,11,13-3,14-5,15-6,16,17-1	14	
	策略性措施	1-3,3-1,4-2,5-5,6-4,9-1,10-2,13-1,14-2,15-1,17-3	11	

政策工具	工具名称	条文编号	计数	百分比
需求型	贸易管制	N/A	N/A	8.82%
	海外机构管理	15-5	1	
	示范建设	2-2,4-1,6-2,7-3,10-5	5	
	政府采购	N/A	N/A	
	外包	N/A	N/A	
合计			68	100%

(二)政策工具与政策主体二维分析

据四川省跨境电子商务政策工具与政策力度二维表(表 4-50),以政府为主体的政策工具占比最高,达 44.12%;以第三方平台为主体的政策工具次之,为 20.59%;以企业、物流企业、银行和支付机构等为主体的政策工具分别占比 17.65%,10.29%和 7.35%。具体来看:

(1)供给型政策工具方面,以第三方平台、政府、企业、物流企业、银行和支付机构为主体的政策工具分别有 13 项、6 项、4 项、4 项和 0 项。具体来看,在以第三方平台为主体的政策工具中,"基础设施建设"和"公共服务"数目最多。究其原因,各地区在跨境电子商务发展初期主要通过基础设施建设带动产业发展。比如,通过海外仓建设可以显著提升发货速度以及客户体验,促进企业成交额的快速提升。又比如,通过跨境电子商务综合园区的建设,可以集聚跨境电子商务企业,特别是可为中小型跨境电子商务企业提供一站式服务。另外,以政府为主体的政策工具也包含了较多的资金投入,政府通过建立跨境电商股权投资基金,加大对跨境电商企业的信贷支持。以物流企业为主体的政策工具是以基础设施建设为主,其中包括建设西部企业跨境电商应用服务中心和国际物流中心、梯度培育跨境电商服务企业等。以银行和支付机构为主体的政策工具中供给型政策工具数量为 0。

(2)环境型政策工具方面,以政府、企业、银行和支付机构、物流企业、第三方平台为主体的政策工具分别有 21 项、7 项、5 项、2 项和 0 项。具体来看,与大多数地区类似,以政府为主体的政策工具集中于"法规管制""目标规划"和"策略性措施",对"金融支持"和"税收优惠"相关政策的制定较少。另外,以企业、物流企业为主体的政策工具主要是"策略性措施",包含引导培育传统实体制造企业应用跨境电商、积极推动企业依托电商平台将产品和服务销往境外、整合地方物流和第三方物流资源、支持跨境电子商务保税线下自提发展。

（3）需求型政策工具方面，以政府、企业、第三方平台、物流企业、银行和支付机构为主体的政策工具分别有3项、1项、1项、1项和0项。展开来看，以政府、企业、物流企业为主体的政策工具数目较多的是"示范建设"，主要涉及开展跨境电子商务试点、培育一批跨境电子商务出口创业示范企业等内容。以第三方平台为主体的政策工具以海外机构管理为主，主要是支持跨境电商海外仓储建设。

表 4-50　四川省跨境电子商务政策工具与政策主体二维表

政策工具	政策主体	政府	企业	物流企业	第三方平台	银行和支付机构
供给型	人力资源培养	2	2	0	0	0
	科技信息支持	1	1	0	2	0
	基础设施建设	1	0	4	5	0
	资金投入	2	1	0	2	0
	公共服务	0	0	0	4	0
环境型	目标规划	4	0	0	0	0
	金融支持	0	1	0	0	5
	税收优惠	0	0	0	0	0
	法规管制	14	0	0	0	0
	策略性措施	3	6	2	0	0
需求型	贸易管制	0	0	0	0	0
	海外机构管理	0	0	0	1	0
	示范建设	3	1	1	0	0
	政府采购	0	0	0	0	0
	外包	0	0	0	0	0
总计		30	12	7	14	5

（三）政策工具与政策颁布层级二维分析

据四川省跨境电子商务政策工具与政策颁布层级二维表（表4-51），政策工具首先主要由省级单位制定（35 项），其次是由地市级单位制定（26 项），最少的为区县级单位制定（7 项）。四川省位于西南地区，除省会城市成都以外，其他城市的经济优势并不明显。因此，四川省政府在制定成都跨境电商综试区实施计划的同时，也将成都综试区的成功经验有效推广到了乐山、绵阳等其他地区。同时，成都市作为全国性跨境电子商务综试区，为保障跨境电商的顺利发展，也制定了一系列专项资金扶持、实施方案等。另外，武侯区和青白江区也相继开展了跨境电子商务活动，在自己的能力范围内制定适应本区跨境电商发展的政策。具体来看：

（1）供给型政策工具方面，共有 11 项省级政策工具、11 项地市级政策工具和 5 项区县级政策工具。从使用数量的角度看，大多数供给型政策工具是由省级政府和地市级政府制定的。在省级政府制定的政策工具中，数量最多的是"基础设施建设"，达 5 项。因"基础设施建设"是培育跨境电商发展主体的先决条件，故对"基础设施建设"较为重视，颁布了一系列建设跨境电商综合园区、海外仓、基地、物流服务平台、电子口岸等政策。与省级单位不同，地市级单位对 5 项供给型政策工具的使用比较均匀，体现出地市级单位较为重视供给型政策工具的综合实施。在区县级政策工具层面，区县级政府制定了 2 项"基础设施建设"、2 项"资金投入"和 1 项"公共服务"类政策工具，尚未涉及"人力资源培养"和"科技信息支持"类政策工具。从分布上可以看出，区县级单位一方面秉承省市级政府工作精神，注重"基础设施建设"，另一方面为了提高政策的实施效果，激发跨境电商市场活力，区级单位对跨境电商发展进行了大量的资金扶持。

（2）环境型政策工具方面，共有 20 项省级政策工具、13 项地市级政策工具和 2 项区县级政策工具。在省级政策工具中"法规管制"最多，为 8 项，其次是"策略性措施"（5 项）、"金融支持"（4 项）和"目标规划"（3 项）。由此可以发现，规范跨境电商市场是四川省环境型政策的核心，通过建立新型海关、进出口检验检疫监管、结汇与退税和信用体系等管理机制，为跨境电商发展打造一个公平有序的环境，故使用了较多的管制类工具。地市级政策工具则在很大程度上与省级政策工具保持一致，以"法规管制"和"策略性措施"为主，均为 5 项。区别在于，地市级单位仅使用了"目标规划"这类政策工具 1 项，这是因为省级单位制定的"目标规划"相对完善，地市级单位主要采用执行方式为主。与省级和地市级政策工具相比，区县级政策工具数量较少，仅使用了 1 项"法规管制"和"策略性措施"，且这两项政策工具均来源于《成都市青白江区人民政府办公室关于印发外贸及跨境电商发展促进政策的通知》(以下简称《通知》)。在该《通知》中,为了保证专项资金扶持政策的有效落实,制定了明确资金扶持附则等措施,以规范和引导区内投入资金的合理使用。

(3)需求型政策工具方面,共有 4 项省级政策工具和 2 项市级政策工具,且集中于"示范建设"类政策工具。展开来看,在省级政策层面,政府为积极争取国家跨境电子商务综合试点或其他政策支持,在成都、绵阳、资阳等地大力开展了跨境电子商务先行先试。需要说明的是,虽然地市级单位是试点的执行主体,但四川省仅有成都市一个综试区,制定的"示范建设"政策也局限于支持跨境电商企业示范创建,涉及内容相对较窄。

表 4-51 跨境电子商务政策工具与政策颁布层级二维表

政策工具	政策颁布层级	省级	地市级	区县级
供给型	人力资源培养	2	2	0
	科技信息支持	1	3	0
	基础设施建设	5	3	2
	资金投入	1	2	2
	公共服务	2	1	1
环境型	目标规划	3	1	0
	金融支持	4	2	0
	税收优惠	0	0	0
	法规管制	8	5	1
	策略性措施	5	5	1
需求型	贸易管制	0	0	0
	海外机构管理	0	1	0
	示范建设	4	1	0
	政府采购	0	0	0
	外包	0	0	0
总计		35	26	7

(四)跨境政策主体与政策颁布层级二维分析

在省级政策文件中,首先以政府为主体的政策工具数目最多,包括推动电子商务加快发展、跨境电子商务支持资金的实施、综合试验区的实施等内容。其次,以第三方平台为主体的政策工具也较多,与其他地区一样,省级单位在线上构建"单一窗口"线上公共服务平台,在线下建设跨境电商综合服务园区、物流服务平台,形成了一个公共服务平台。最后,以物流企业为主体的跨境电商政策数目同样较少,主要原因在于信息技术的发展极大地促进了物流产业。

与省级政策文件类似,在地市级政策文件中,以政府为主体的政策工具也是最多的。相比于省级单位,地市级单位在以政府为主体的内容上更加细化。其次,以银行和支付机构为主体的政策工具最少。

在区县级政策文件中,以第三方平台为主体的政策工具多于以企业为主体的政策工具,说明在区县级层面四川政府更加重视对平台的建设而不是对企业的支持。

表 4-52　四川省跨境政策主体与政策颁布层级二维表

政策主体 ＼ 政策颁布层级	省级	地市级	区县级	总计
政府	18	10	2	30
企业	5	6	1	12
物流企业	1	5	1	7
第三方平台	7	4	3	14
银行和支付机构	4	1	0	5
总计	35	26	7	68

第六节　对策建议

一、调整不同类型政策工具的使用比例

从两方面出发改善政策工具的使用结构。一方面,针对现阶段使用较多的环境型和供给型政策工具(比如"目标规划"和"法规管制"等),及时开展评估,完善后续监管制度,保证各项具体事务落到实处;另一方面,对于使用较少的需求型的政策工具,要加大对它们的使用,充分发挥每个政策工具的功效。比如,政府可以出台更多的意见、方案等类型的政策文件,在文件

中鼓励企业在境外设立服务机构，以便国内企业抢先占领国际市场，加快我国跨境电商企业国际化进程。

二、扩大市区级层面政策工具的出台

在政策颁布层级方面，存在着以省级单位为主，市区级单位政策缺位的问题。而相对于省市级单位而言，市区级单位更能结合本区实际，及时发现跨境电商发展过程中的问题，并有针对性地给出解决方案。因此，建议市区级单位启用不同类型的政策工具，比如对于行业发展起重要作用的企业，可以给予更多的资金、人力、科技等资源支持，充分发挥市区级单位对本地跨境电商发展的帮扶作用。

三、增加以银行和支付机构为主体的政策工具的使用

对于供给型和需求型政策工具，均较少制定以物流、银行和支付机构为主体的相关政策。而在中小跨境电商企业出现资金匮乏的局面时，银行可以为企业提供融资，帮助企业摆脱困境，方便企业开展交易。因此针对银行和支付机构等这类主体，建议政府加大政策支持，鼓励其为中小企业的发展贡献自己的力量，以促进跨境电商的发展。

5

第五章 基于区域视角的跨境电商政策热点挖掘

随着跨境电子商务的进一步融合发展,国内跨境电子商务政策的广度和深度进一步延展。不同区域由于地理位置、经济状况等差异,在跨境电商政策上往往存在不同的关注热点。在此背景下,单一方法已经难以宏观把握区域跨境电子商务政策的特征结构及研究热点演变。此外,当前跨境电子商务的蓬勃发展,也必然带来更多新的研究热点。因此,明确区域跨境电商政策研究热点,了解其未来研究趋势,对区域跨境电商领域的研究具有重要的启示作用。本章第一节简介跨境电商政策热点分析的理论概念,主要包括社会网络分析中的中心性概念;第二、三、四节通过关键词对中、东、西地区 12 个省市的政策文本进行关注热点分析;第五节基于分析结果,提出对策建议。

第一节 中心性指标

中心性是社会网络理论中一个比较重要的概念,它反映的是个人或者组织在社会网络中所处位置的重要性,如果中心性越大,则个人或组织就具有更加重要的地位。点的度数中心性指标包括点的度数中心度和图的度数中心势,点的度数中心度衡量的是某个行动者在社会网络图中所处的位置,它可以分为两类:绝对中心度和相对中心度。如果这两个数值越大,则表示行动者在网络中具有比较重要的位置,即所关注的热点内容。

一、绝对中心度

在社会网络图中,核心节点处于中心位置,与其他节点存在多种直接相连的方式,因此可以用与节点直接相连的点的个数,对节点的度数进行测量。如果某个节点的度数最高,则它可能处于网络图的中心位置,所拥有的权利也最大。但这种测量方式没有考虑与该点间接相连的点,所以只能反映点的局部状况,测出来的中心度也被称为"局部中心度"。如果用 $C_{AD}(i)$ 表示某个节点 i 的绝对中心度,则计算公式为:

$$C_{AD}(i) = d(i) = \sum_j x_{ij} \tag{5-1}$$

其中 x_{ij} 是 0 或 1,表示节点 i 是否与节点 j 有关系。

二、相对中心度

在两个规模不同的网络图中,同一个节点的绝对中心度是不可比较的,此时需要将绝对中心度标准化,从而引出相对中心度的概念:点的绝对中心度与图中点的最大可能的度数之比。如果图中涉及 n 个点,则图中任何一个点最大可能的度数是 $n-1$。用 $C_{RD}(i)$ 表示节点 i 的相对中心度,则计算公式为:

$$C_{RD}(i) = \frac{d(i)}{n-1} \tag{5-2}$$

第二节　东部地区跨境电商政策的关注热点挖掘

一、北京市跨境电商政策的关注热点挖掘

(一)政策文本形式

对北京市人民政府、国家税务总局北京市税务局、北京商务之窗等部门网站的政策文件进行收集,共得到跨境电商政策文本 19 项,涵盖了通知、公告、意见及其他等 4 种形式。根据表 5-1 所示,通知类政策文件最多,达 15 项,占整个政策文本的 79%;其次是公告类,有 2 项。通知是带有指导性的政策文本,一方面被北京市政府用于布置申报或征集跨境电子商务发展资

金支持项目等工作,另一方面被用于印发本级机关制定推进跨境电商发展的措施和要求,以督促下级各机关认真贯彻执行。该通知类政策体现了北京市政府立足实际需求,重视政策措施的落实与实施,但实施过程中必然会出现很多新情况和新问题。因此需要意见类政策提出解决问题的思路和办法,而北京市政府对这类政策的使用却较少。

表 5-1　北京市跨境电子商务相关政策文本形式统计

政策文本形式	通知	公告	意见	其他
数量	15	2	1	1

(二)提取关键词

首先,筛选上述跨境电商政策文本,运用文本挖掘方法提取关键词。然后,剔除了"扩大""推进"等与研究主题无关的关键词,合并相似关键词,如"退税""免税""保税"用"税收"代替。最后,筛选出跨境电商政策关键词20个,各个关键词的出现频数如表 5-2 所示。

表 5-2　北京市跨境电商政策关键词出现频数

序号	关键词	词频	序号	关键词	词频
1	企业	241	11	金融	21
2	服务	201	12	检验检疫	20
3	平台	113	13	技术	18
4	建设	89	14	运营	15
5	资金	69	15	试点	15
6	模式	41	16	示范	15
7	数据	33	17	结汇	11
8	仓储	28	18	人才	11
9	外汇	27	19	合作	11
10	支付	22	20	税收	8

从词频分布数据上看,首先是"企业"和"服务"出现次数最多,分别为241次和201次,说明在跨境电子商务发展过程中,服务跨境电商企业是政府的工作重点。其次是"平台""建设""资金""金融"等涉及基础设施建设和支持政策的词语,词频在21次—113次之间,其中,"平台"和"建设"词频为

113 次和 89 次,而"资金"和"金融"只有 69 次和 21 次,说明北京市政府主要通过平台建设、资金投入的方式支持跨境电商发展,而对资金投入和金融支持等政策使用不多。结合实施情况可知,在基础设施建设方面,北京市重点建设了跨境电商公共服务平台,依托平台强化部门间联动协同,继而为跨境电子商务企业提供关、检、税、汇等一站式服务。在资金投入方面,北京市政府定期开展跨境电商建设项目的申报,为申报成功的项目提供大量资金补助。在金融支持方面,因北京市跨境电商还处于探索阶段,金融支持体系尚未完善,再加之"一带一路"沿线部分国家法律法规不健全,金融机构都不敢涉足风险不明确和回款周期长的跨境电商行业,这些问题导致北京市政府对其建设的积极性也不高。然后是"仓储""外汇""支付""检验检疫"等涉及跨境电商具体环节的词语,词频在 8 次—20 次之间,相差较小,说明政府对各个环节的重视程度比较平衡。需要说明的是,"税收"一词出现次数最少(8 次),这主要是由跨境电子商务的发展阶段决定的。

(三)中心性分析

为了进一步研究北京市跨境电商政策所关注的热点问题,在跨境电商政策高频关键词的基础上,得到了北京市跨境电商政策的语义网络图和中心性分析结果(分别见表 5-3 和图 5-1)。

表 5-3　北京市跨境电商政策关键词网络中心性分析结果

序号	关键词	点度中心度	序号	关键词	点度中心度
1	企业	44.079	11	支付	24.013
2	平台	44.079	12	示范	19.737
3	服务	42.434	13	外汇	19.079
4	建设	42.105	14	运营	19.079
5	税收	30.263	15	试点	15.789
6	仓储	29.276	16	技术	14.803
7	资金	28.289	17	结汇	12.829
8	数据	26.645	18	检验检疫	10.526
9	模式	25.658	19	合作	10.526
10	金融	25.329	20	人才	7.566

注:网络中心势 Network Centralization=21.64%。

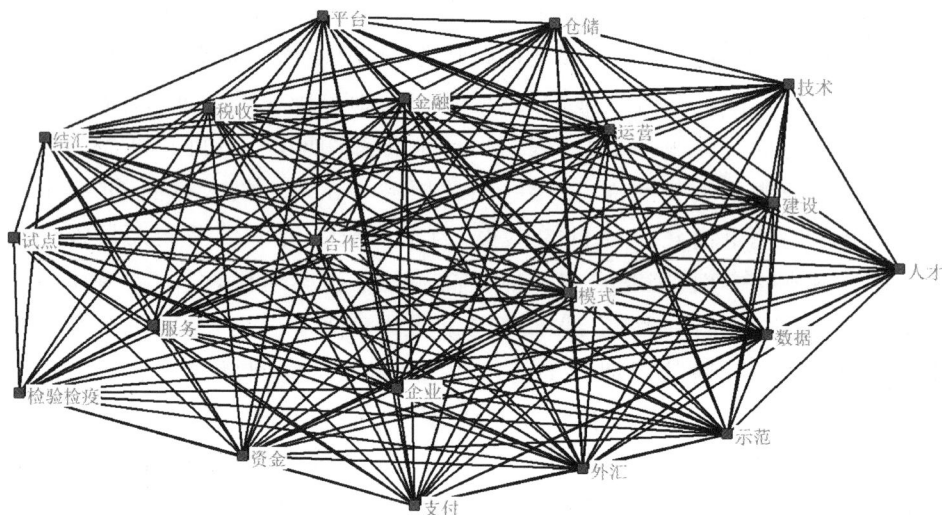

图 5-1　北京市跨境电商政策文本关键词网络图

根据跨境电商政策关键词网络中心性分析结果可知,该网络的网络中心势为 21.64%,表明北京市跨境电商政策关键词网络有一定的集中趋势,但仍有一些词语联系不够。下面,进一步通过点度中心度和网络图分析北京市跨境电商政策关注的热点问题。

根据表 5-3 和图 5-1 可知,首先是"企业""平台""服务"和"建设"点度中心度最高,分别为 44.08、44.08、42.43 和 42.11,表明这些词语在网络中地位最高,也说明北京市跨境电商政策都是围绕上述方面来制定的。其次是"税收""仓储""支付""外汇"和"检验检疫"等涉及跨境电子商务供应链各环节的关键词,点度中心度在 11 次—3 次之间,跨度较大,尤其是"检验检疫"一词的点度中心度较低,说明"检验检疫"与其他环节联系的紧密性有待提高。最后,点度中心度最低的关键词是"人才"(7.57),且位于关键词网络图的边缘,说明人才与其他关键词之间存在割裂现象。虽然跨境电商发展势头强劲,但据《2017 年跨境电商行业人才管理调研分析报告》显示,未来三年中国跨境电商相对领域的人才缺口将高达 450 万人,且 2017 年在以 39% 的速度增加,缺口持续拉大[①]。因此,北京市政府更应完善相关制度,实施有效措施,吸引人才、培养人才以及留住人才,从而促进跨境电子商务的可持续发展。

---

① 有关报告详细分析,可参考薛芳、菀浩畅、李冬雪:《"互联网+"背景下应用型本科院校国贸专业人才培养与方案改革》,《智库时代》2019 年第 3 期。

二、天津市跨境电商政策的关注热点挖掘

(一)政策文本形式

从天津市政府相关部门网站上可以发现,该市涉及"跨境电子商务"的13项政策文本中,涵盖了通知、方案、办法、意见 4 种形式。根据表 5-4 所示,通知类政策文本使用最多(7 项),占政策文本总量的 53.85%;方案类政策文本使用次之(3 项);而办法类和意见类政策文本最少,分别为 2 项和 1 项。结合政策条文可知,通知类政策一方面被上级机关用于指示下级机关强化跨境电商交易主体、运营环境、综服水平等,另一方面对跨境电商海外仓建设试点企业政策支持和综试区服务体系建设项目申报指南等规章制度进行发布。另外,为贯彻执行上级机关的指示,天津市下级机关因地制宜地制定了推动跨境电商发展的工作方案,可见天津市跨境电商相关政策的落实度较高。

表 5-4　天津市跨境电子商务相关政策文本形式统计

政策文本形式	通知	方案	办法	意见
数量	7	3	2	1

(二)提取关键词

通过筛选上述政策文本,得到跨境电商政策关键词 22 个,各个关键词的出现频数如表 5-5 所示。

表 5-5　天津市跨境电商政策关键词出现频数

序号	关键词	词频	序号	关键词	词频
1	企业	246	12	人才	32
2	服务	228	13	合作	30
3	建设	112	14	通关	28
4	物流	102	15	试点	24
5	平台	100	16	货物	22
6	数据	58	17	备案	21
7	资金	55	18	风险	20

序号	关键词	词频	序号	关键词	词频
8	金融	53	19	外汇	18
9	模式	53	20	技术	17
10	仓储	37	21	检验检疫	13
11	支付	33	22	税收	5

从关键词词频分布上看，"企业"和"服务"出现次数最多，分别为 246 次和 228 次，说明与其他省份一样，在跨境电子商务领域，天津市政府的重点关注主体仍是企业。同时，为更好地服务跨境电子商务的发展，服务体系建设也是政府当前的重要工作。"物流"一词在政策文本中出现频数也较高，达到 102 次，说明当前阶段物流是天津市跨境电子商务发展的主要特点。究其原因，天津市地处京津冀环渤海地区的中心位置，且拥有北方最大的航空货运机场。因此，其依托发展跨境电子商务的海空两港优势，以跨境电子商务仓储物流中心区建设为抓手，拓展了国际邮件集散功能，在航空直邮、海运快件等业务方面具有明显的竞争优势。然后是"建设""平台""资金""金融"等涉及基础设施建设和支持政策的词语，词频均在 53—112 次之间，差别较大。其中，"建设"和"平台"的词频为 112 次和 100 次，而"资金"和"金融"的词频只有 55 次和 53 次，可见天津市政府对"建设"和"平台"等基础设施建设更加重视，对"资金投入"和"金融支持"等直接支持政策的重视力度则相对较弱。随后是"仓储""支付""通关""外汇"和"检验检疫"等涉及跨境电子商务发展具体环节的词语，在政策文本中出现频次均较少，在 13—37 次之间，这在一定程度上反映出天津市政府对跨境电子商务交易本身的关注相对较少。另外，"技术"一词在政策文本中出现了 17 次，这与跨境电子商务本身的特点密切相关。作为"互联网＋"的产物，其产业链建设和政府监管都需要借助信息技术，技术建设已经成为跨境电子商务发展不可或缺的一环。最后，"税收"位于关键词词频分析的末尾，仅出现了 5 次，该结果与大多数地区一致。因跨境电子商务产业的特殊性，税务监管是主要难点，既不能通过加强管理限制产业发展，又不能放松管制使逃税漏税事件频繁出现。

（三）中心性分析

为了进一步研究天津市跨境电商政策所关注的热点问题，同样地，在前文的关键词基础上，构造天津市跨境电商政策的语义网络图，并计算其中心性(分别见表 5-6 和图 5-2)。

表 5-6　天津市跨境电商政策关键词网络中心性分析结果

序号	关键词	点度中心度	序号	关键词	点度中心度
1	服务	49.451	12	资金	26.374
2	平台	49.451	13	支付	26.374
3	企业	47.619	14	技术	23.077
4	建设	46.154	15	外汇	21.978
5	税收	36.996	16	检验检疫	21.978
6	物流	36.63	17	仓储	21.245
7	模式	35.897	18	人才	20.147
8	金融	35.531	19	风险	19.78
9	试点	32.601	20	货物	17.582
10	数据	31.502	21	备案	17.582
11	通关	31.136	22	合作	16.85

注:网络中心势 Network Centralization=21.10%。

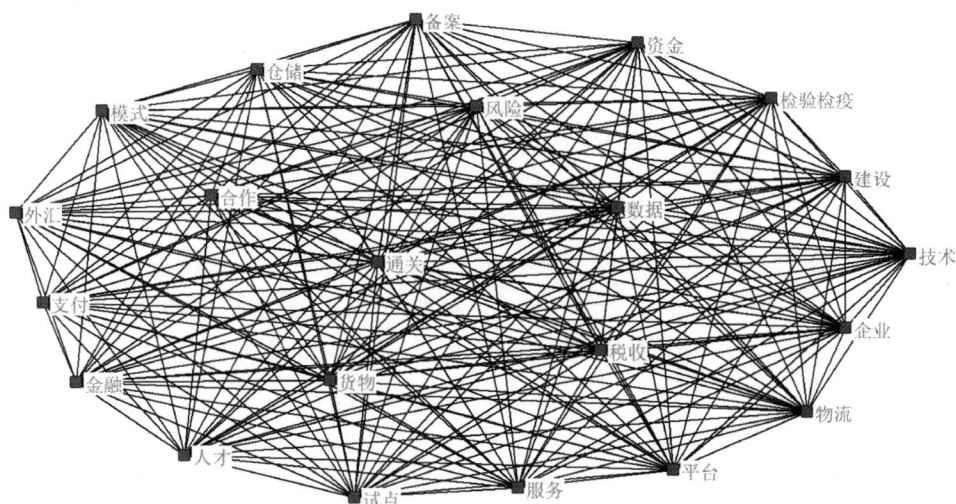

图 5-2　天津市跨境电商政策文本关键词网络图

根据天津市跨境电商政策关键词网络中心性分析结果可知(见表 5-6),该网络的网络中心势为 21.10%。与其他地区相比,天津市各监管部门在跨境电子商务相关事务上的合作不够紧密。事实上,从我国现行行政体系内容上看,各职能部门在日常工作中更侧重于分工,但是跨境电子商务产业的业务跨部门、跨地区特征明显。因此,部门间的协作以及信息共享在跨境电子商务监管中尤为重要。

下面,进一步通过点度中心度和社会网络图分析天津市跨境电商政策关注的热点问题,可以发现"服务"和"平台"的点度中心度最高,均为49.45。另外,"企业"和"建设"等涉及基础设施建设的词语,点度中心度居于中间位置,且位于社会网络图的中心。可见天津市跨境电商政策是以服务企业为核心制定的,对相关基础设施的建设也较为重视。其次是"物流""通关""支付""检验检疫"和"仓储"等涉及跨境电子商务具体环节的词语,点度中心度在21次—37次之间,且大多处于社会网络图的外围,与跨境电商生态圈的其他部分连接不够紧密,体现出天津市政府对跨境电子商务具体环节配套政策的协同实施有待加强。需要指出的是,"合作"一词的点度中心度最低,仅为16.85。结合现有与合作相关的政策条文可知,天津市虽然制定了一系列鼓励跨境电商物流企业合作、协会合作和对外合作的政策,但是真正将合作落实到跨境电商产业链各个环节的可操作性政策较少。

三、上海市跨境电商政策的关注热点挖掘

(一)政策文本形式

从上海市政府相关部门网站上可以发现,首先是涉及跨境电子商务的政策文件共有12项,涵盖公告、通知、方案、意见及规划5种形式。根据表5-7所示,其中,公告和通知类政策文件最多,均为4项,占全部政策文件的66.67%。其次是方案类政策文件,有2项。意见和规划类政策文本最少,各为1项。结合政策条文可知,公告类政策文本主要被政府用于公布跨境电商检验检疫监督管理、跨境电子商务网购保税进口业务、进口非特殊用途化妆品备案管理试点等相关监管事项,政策力度也较强,体现了上海市政府对开展跨境电商相关工作的重视程度。另外,通知类政策文本以印发类为主,政策内容主要表达了上级对下级开展跨境电商综试区和示范园区等工作的要求和指示,这与实践中上海市政府注重上下级之间的联动密切相关。除此之外,上海市还利用了方案、意见、规划类政策,在政策文本使用形式上具有较好的多样性。

表 5-7　上海市跨境电子商务相关政策文本形式统计

政策文本形式	公告	通知	方案	意见	规划
数量	4	4	2	1	1

(二)提取关键词

通过筛选上述政策文本,得到跨境电商政策关键词 23 个,各个关键词的出现频数如表 5-8 所示。

表 5-8　上海市跨境电商政策关键词出现频数

序号	关键词	词频	序号	关键词	词频
1	服务	157	13	金融	20
2	企业	130	14	数据	19
3	平台	56	15	示范	19
4	检验检疫	53	16	通关	18
5	备案	48	17	仓储	15
6	建设	41	18	运营	14
7	物流	38	19	货物	13
8	模式	35	20	外汇	13
9	质量	29	21	人才	11
10	支付	29	22	试点	10
11	合作	26	23	税收	9
12	风险	23			

从关键词词频统计结果可以看出,与其他省市一样,首先,"服务"和"企业"出现次数最多,分别为 157 次和 130 次。其次,"平台"和"检验检疫"分别在政策文本中出现了 56 次和 53 次,说明平台建设和检验检疫也是上海市政府关注的重点。另外,"物流"一词在政策文本中出现 38 次,也是上海市跨境电子商务发展的一大特色。主要原因有两点:一是上海市地处长江中下游平原、长江入海口,地面、水面、空中交通发达,具备良好的运输条件;二是上海处于我国的国际经济、金融和贸易中心,具备发展跨境电商的良好基础。值得注意的是,"试点"一词在政策文本中仅出现了 10 次,目前虽然上海市政府尝试开展跨境电商"网购保税＋线下自提"新模式试点和进口非特

殊用途化妆品备案管理试点,但与其他省市相比,对于跨境电商发展新模式的尝试仍然较少。而"税收"虽然只出现了 9 次,但结合税收相关政策条文可知,上海市政府在跨境电商税收机制上进行了很多创新,比如,在上海自贸试验区内实行"7+2"税收政策,其中,7 项为明确类政策,包括鼓励投资的政策(主要涉及非货币性资产对外投资、股权激励等方面)和促进贸易的政策(主要涉及融资租赁出口退税试点、进口环节增值税、选择性征税、部分货物免税、启运港退税试点等内容①)。

(三)中心性分析

为进一步研究上海市跨境电商政策所关注的热点问题,在上文筛选出的关键词基础上,得到上海市跨境电商政策的语义网络图和中心性分析值(分别见表 5-9 和图 5-3)。

表 5-9　上海市跨境电商政策关键词网络中心性分析结果

序号	关键词	点度中心度	序号	关键词	点度中心度
1	企业	56.57	13	运营	32.32
2	模式	51.01	14	合作	31.31
3	物流	50.51	15	仓储	31.31
4	平台	44.95	16	人才	26.26
5	服务	43.94	17	试点	24.75
6	建设	38.38	18	数据	23.74
7	税收	38.38	19	货物	22.73
8	支付	37.37	20	示范	21.21
9	风险	37.37	21	备案	20.71
10	质量	36.36	22	检验检疫	15.15
11	金融	34.85	23	外汇	8.59
12	通关	34.85			

注:网络中心势 Network Centralization=25.64%。

由上海市跨境电商关键词网络中心性分析结果可知,该网络的网络中心势为 25.64%。总体来说,上海市比较注重部门间的协同合作联合监管,

---

① 有关政策详细内容分析,可参考姚玉洁、何欣荣、周蕊:《八部委解读上海自贸区试验区热点》,《新华每日电讯》2013 年 9 月 30 日第 3 版。

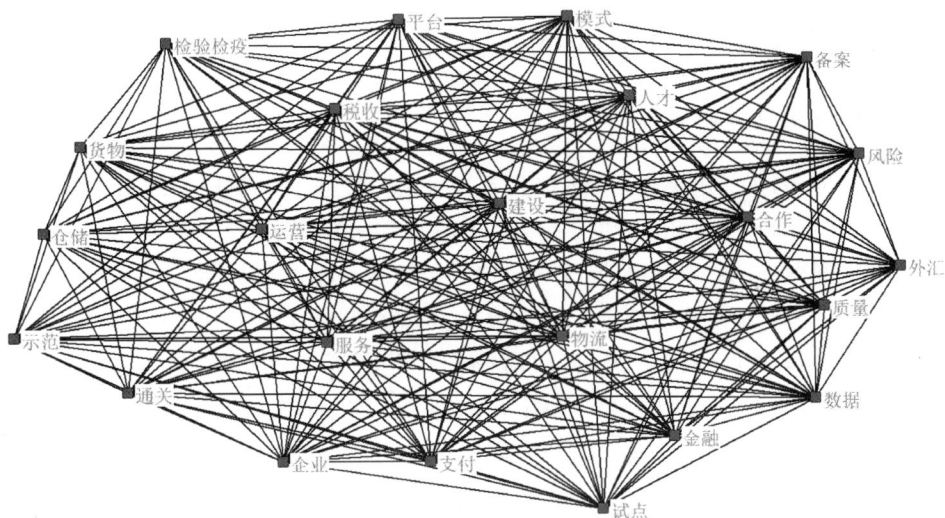

图 5-3　上海市跨境电商政策文本关键词网络图

但仍有部分关键词之间的关联并不明显。

　　同样地,下面通过点度中心度和社会网络图进一步分析上海市跨境电商政策关注的热点问题。可以发现,首先,"企业""模式"和"物流"的点度中心度最高,分别为 56.57、51.01 和 50.51,表明这些词语在网络中地位最高。结合政策条文可知,上海市凭借自身优越的地理位置和经济实力,依托本市电子口岸,把跨境电商公共服务平台建设成为"单一窗口"平台,以此为进出口电商和支付、物流、仓储等企业提供数据交换服务,同时也为海关、检验检疫、税务、外管等部门提供信息共享,保证了跨境电子商务各环节的高效服务。显然,上海市跨境电子商务政策都是围绕"企业""模式"和"物流"来制定的。其次,"平台""服务""建设"和"金融"等涉及基础设施建设的词语的点度中心度分别为 44.95、43.94、38.38 和 34.85,在网络中地位也较高,且位于社会网络图的中心,可见上海市跨境电商政策在服务企业的基础上,对基础设施的建设也较为重视。再次,"支付"和"风险"也具有较高的点度中心度(均为 37.37)。从现实情况来看,跨境电子商务商品具有多、杂、散的特征,增加了入境商品潜在的生物威胁风险、质量风险、产品安全风险等。因此上海市政府通过颁布一系列政策来控制相关风险。需要指出的是,与其他省市不同,"外汇"一词点度中心度较低,且位于上海市跨境电商关键词网络外围,与其他词语存在一定的割裂现象。因此,在后续工作中,上海市政府应提高对外汇工作的关注,争取在该领域起到先行先试的带头作用。

四、江苏省跨境电商政策的关注热点挖掘

(一)政策文本形式

从江苏省政府相关部门网站上可以发现,涉及"跨境电子商务"的政策文本有 18 项,涵盖通知、意见、方案、公告及其他 5 种形式。根据表 5-10 所示,首先,通知和意见类政策文本使用次数最多,占政策文本总量的 77.78%;方案类政策文件有 2 项;而公告和其他类型政策文本使用最少,均为 1 项。结合政策内容可知,江苏省政府倾向于使用通知类政策文件,印发本级机关制定的跨境电商相关公文,并要求下级各机关认真贯彻执行,如印发《中国(苏州)跨境电子商务综合试验区实施方案的通知》《昆山市开展跨境贸易电子商务试点实施方案的通知》《关于促进常熟跨境电子商务发展的若干政策》等。其次,在意见类政策文本中,专门针对跨境电商发展的意见较少,一般附属于促进电商发展的意见条文中,着重点是对开展跨境电商进出口试点、建设跨境服务类综合平台、建立进口商品质量安全追溯体系等工作进行指导,目前尚未涉及既定标准和要求、且可操作性较强的规范类政策条文。由此可见,虽然江苏省对跨境电商发展提出了指导性意见,但对意见的落实以及规划的执行等方面还需加强。

表 5-10　江苏省跨境电子商务相关政策文本形式统计

政策文本形式	通知	意见	方案	公告	其他
数量	8	6	2	1	1

(二)提取关键词

通过筛选上述跨境电商政策文本,可得到关键词 24 个,各个关键词的出现频数如表 5-11 所示。

表 5-11　江苏省跨境电商政策关键词出现频数

序号	关键词	词频	序号	关键词	词频
1	企业	443	13	合作	43
2	服务	253	14	支付	39
3	平台	196	15	风险	38

序号	关键词	词频	序号	关键词	词频
4	建设	142	16	通关	33
5	物流	93	17	检验检疫	32
6	数据	89	18	运营	28
7	货物	64	19	仓储	28
8	模式	64	20	外汇	24
9	资金	62	21	备案	20
10	人才	59	22	技术	20
11	试点	55	23	质量	18
12	金融	48	24	税收	8

从词频分布数据上看,与其他省市类似,首先是"企业""服务""平台"和"建设"出现的次数最多,词频分别高达443次、253次、196次和142次。其次是"物流""货物""支付""通关""检验检疫"和"仓储"等涉及跨境电子商务具体环节的词汇,词频在28—93次之间,差异相对较大。由此可见政府对跨境电子商务不同环节的关注度存在差别。其中,对物流和支付环节最为重视,而对检验检疫和仓储环节的重视性相对较弱。然后是"资金"和"金融",词频分别为62次和48次。特别是,与其他省份不同,江苏省对跨境电子商务的资金支持力度较大。结合政策条文中涉及资金的条款可知,江苏省为引进国内外知名的跨境电商企业入驻,对效益较好的跨境电商平台和跨境电商企业提供大量资金支持,同时为培育本土跨境电商创新模式和创新项目设立了专项资金。最后,与其他地区一样,"税收"一词出现的次数最少,仅有8次。

(三)中心性分析

下面,采用中心性理论分析江苏省跨境电子商务政策的关注热点。同样地,在前文的高频关键词基础上,构建江苏省跨境电子商务政策的语义网络图,并分析其中心性(分别见表5-12和图5-4)。

表 5-12　江苏省跨境电商政策关键词网络中心性分析结果

序号	关键词	点度中心度	序号	关键词	点度中心度
1	企业	49.57	13	通关	28.12
2	服务	46.67	14	人才	27.83
3	平台	46.67	15	金融	25.22
4	建设	44.64	16	质量	25.22
5	试点	40.29	17	资金	24.93
6	物流	37.39	18	仓储	21.74
7	模式	36.23	19	数据	20.19
8	支付	31.30	20	风险	20.00
9	运营	29.28	21	外汇	19.71
10	税收	28.41	22	技术	16.52
11	货物	28.12	23	备案	13.33
12	合作	28.12	24	检验检疫	3.77

注:网络中心势 Network Centralization＝22.56%。

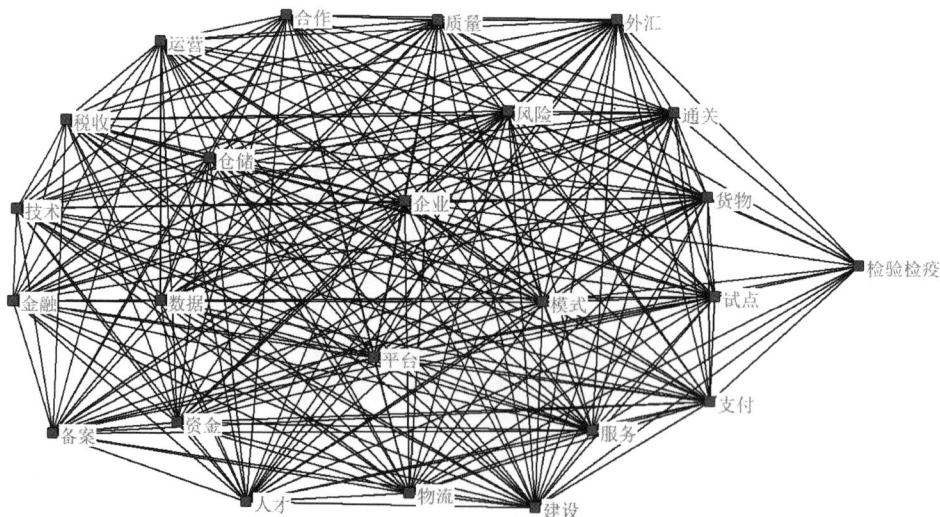

图 5-4　江苏省跨境电商政策文本关键词网络图

根据跨境电商政策关键词网络中心性分析结果可知,该网络的网络中心势为 22.56%,表明该网络有一定的集中趋势,但仍有很多关键词之间的关联并不紧密。因此,政府在制定跨境电子商务政策时,需要进一步关注各环节协调发展的问题。

下面通过点度中心度和社会网络图继续分析江苏省跨境电子商务政策的重点关注问题。由表 5-12 和图 5-4 可知,首先是"企业""服务""平台"的点度中心度最高,分别为 49.57、46.67 和 46.67,且均位于网络图的中心位置,表明这三个词在网络中地位最高,即,江苏省跨境电子商务政策主要是围绕它们制定的。结合实际情况可知,江苏省建立了以制造业 B2B 跨境电子商务为主、B2C 跨境电子商务兼顾、保税与非保税相互融合的跨境电子商务服务体系。同时,为完善相应的配套服务,江苏省政府借助信息化手段将配套服务嵌入平台,借助跨境服务类综合平台为不同类型的跨境电商交易企业提供融资、通关、结汇、退税、物流、保险等一站式服务。其次是"建设""试点"这两个关键词,点度中心度均在 40—45 之间,说明江苏省在发展跨境电子商务过程中,"建设"和"试点"是开展不同工作的主要枢纽。再次,"物流""支付""仓储"等涉及跨境电商具体环节的词语的点度中心度在 21—38 之间,且均位于社会网络图的外围,表明上述词汇涉及的环节与其他环节之间的联系还不够紧密。最后,"检验检疫"一词点度中心度最低,仅为 3.77,且位于社会网络图的边缘位置,与其他词语存在割裂现象。究其原因,江苏省对于进出口的产品的检验检疫主要以国家标准为主,并未因其自身特点进行其他先行先试工作。

五、浙江省跨境电商政策的关注热点挖掘

(一)政策文本形式

从浙江省政府相关部门网站上可以发现,涉及"跨境电子商务"的政策文本有 23 项,涵盖了意见、通知、方案、规划、办法、公告及其他 7 种形式。根据表 5-13 所示,首先是意见和通知类政策文本使用次数最多,占政策文本总量的 65.22%,其次是方案和其他类型政策文本,使用最少的是规划、办法和公告类政策文本,均为 1 项。

结合政策内容,可以发现,在意见类政策文本中,先是浙江省商务厅联合财政厅等 7 部门发布了开展跨境电商工作的任务安排,随后各市县也根据实际情况,制定了鼓励跨境电商发展的实施意见,形成较好的政策连贯性。在通知类政策文本中,主要是上级机关指示下级机关建设跨境电子商务服务体系、推进跨境电子商务发展等事务。在方案类政策文件中,一般是

下级机关部门根据上级机关颁发的意见中提出的各项任务,制定出台具体、周密和可操作性强的操作方案,如跨境电商人才培训方案和跨境电商综合试验区实施方案等。而规划和办法类涉及全面和具体做法的政策文本较少,目前只是提出了跨境电商经营主体管理、监督管理、产业支持政策等。

表 5-13　浙江省跨境电子商务相关政策文本形式统计

政策文本形式	意见	通知	方案	其他	规划	办法	公告
数量	8	7	3	2	1	1	1

(二)提取关键词

通过筛选上述跨境电商政策文本,可得到关键词 23 个,各个关键词的出现频数如表 5-14 所示。

表 5-14　浙江省跨境电商政策关键词出现频数

序号	关键词	词频	序号	关键词	词频
1	企业	667	13	仓储	84
2	服务	547	14	通关	75
3	平台	373	15	外汇	74
4	建设	272	16	资金	75
5	物流	236	17	合作	68
6	人才	107	18	备案	52
7	支付	100	19	技术	49
8	模式	97	20	货物	49
9	试点	89	21	质量	48
10	风险	87	22	运营	33
11	金融	83	23	税收	18
12	检验检疫	71			

从关键词分布上看,"企业""服务"和"平台"出现的次数最多,分别高达 667 次、547 次和 373 次。结合实际情况,浙江省为促进跨境电商发展,一方面,建设线上"单一窗口"和线下"综合园区"两平台来简化跨境电商业务办理流程;另一方面,建立信息共享、金融、智能物流等服务体系,打通跨境电

商各环节信息壁垒,提升了跨境电商交易效率。相对而言,"仓储""外汇"和"资金"等涉及跨境电子商务供应链具体环节的词语,在政策文本中出现的次数较少。需要指出的是,与其他省市不同,在浙江省的政策中,"人才"一词出现明显较多,有 107 次。究其原因,杭州作为跨境电商发展的主要阵地,有 80% 的企业存在缺人现象,跨境电商人才的巨大缺口远远不能满足产业的发展需求。

(三)中心性分析

为了进一步研究浙江省跨境电商政策所关注的热点问题,在上文筛选出的跨境电商政策高频关键词基础上,构造浙江省跨境电商政策的语义网络图并分析关键词中心性(分别见表 5-15 和图 5-5)。

表 5-15　浙江省跨境电商政策关键词网络中心性分析结果

序号	关键词	点度中心度	序号	关键词	点度中心度
1	平台	50.21	13	支付	26.86
2	服务	48.55	14	风险	26.86
3	建设	48.55	15	质量	26.65
4	企业	48.14	16	外汇	26.45
5	试点	42.98	17	金融	25.21
6	物流	42.77	18	技术	21.90
7	人才	37.6	19	税收	19.84
8	模式	33.26	20	备案	18.80
9	仓储	33.06	21	运营	17.36
10	货物	30.79	22	资金	16.74
11	合作	29.13	23	检验检疫	9.92
12	通关	27.48			

注:网络中心势 Network Centralization=21.22%。

根据跨境电商政策关键词网络中心性分析结果可知,该网络的网络中心势为 21.22%,表明该网络有一定的集中趋势,但仍有很多关键词之间的关联并不明显或无关联。下面通过点度中心度和社会网络图继续分析。

由表 5-15 和图 5-5 可知,与其他省市一样,首先是"平台"和"服务"在浙江省跨境电商政策社会网络中地位最高。其次是"建设""企业""试点"和

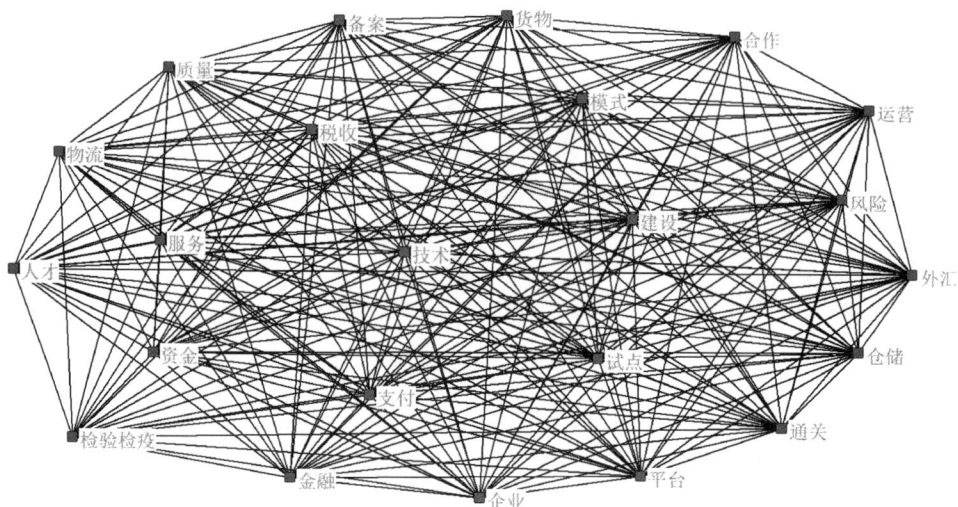

图 5-5 浙江省跨境电商政策文本关键词网络图

"物流"等涉及跨境电商基础设施建设的词语,点度中心度均在 40 以上,说明跨境电商基础设施建设是浙江省政府工作的重点内容。此外,"通关""支付""检验检疫"等涉及跨境电子商务供应链具体环节的词语,点度中心度均在 30 以下,且位于网络图的外围,与其他词语存在一定割裂现象,说明政府对于这些环节的关注度不够,平台、经营主体、仓储、物流等环节之间尚未形成协同监管。需要强调的是,"人才"在浙江省跨境电商政策中占有一定位置,与其他关键词连接也较为紧密,说明浙江省注重跨境电子商务人才的培养,与关键词词频分析结果一致。不同于传统的外贸行业,跨境电商行业要求人才具有复合型技能,既要求熟练掌握各国语言(特别是东盟国家小语种),又要求熟悉跨境电商平台操作和基本外贸知识。为有效破解现有人才技能单一的困境,浙江省一方面建立创业型和使用技能型的跨境电商人才培训基地,将现有人才转化为跨境电商人才;另一方面,构建人才建设体系,引导高等院校加强跨境电商学科建设和人才培养,为跨境电商行业提供更多的专业型人才。

六、福建省跨境电商政策的关注热点挖掘

(一)政策文本形式

从福建省人民政府、福建省商务厅、福州市人民政府、泉州市人民政府、

漳州市人民政府、南平市人民政府、中国平潭综合实验区等政府门户网站，共收集到跨境电商政策文本 22 项，涵盖了通知、意见、方案、措施等 4 种形式。

根据表 5-16 所示，通知类政策文件最多，有 13 项；意见类政策文件次之，有 5 项；方案类和措施类政策文件最少，均为 2 项。结合政策内容可知，首先，福建省侧重于采用通知类政策文件对跨境电商相关工作事务进行说明，如建设海峡两岸电子商务经济合作试验区、搭建科技金融服务平台、对跨境电商海外仓项目予以资金支持等。其次，以意见形式发布的政策属于一种问题解决型的文件，这类文件主要集中于福建省政府对跨境电商海外仓和跨境电商外汇支付试点建设的见解和处理办法。相对而言，方案和措施类涉及具体实施计划的政策文件较少，可见福建省跨境电商政策整体上侧重于宏观指导。

表 5-16　福建省跨境电子商务相关政策文本形式统计

政策文本形式	通知	意见	方案	措施
数量	13	5	2	2

(二)提取关键词

通过筛选上述跨境电商政策文本，可得到关键词 23 个，各个关键词的出现频数如表 5-17 所示。

表 5-17　福建省跨境电商政策关键词出现频数

序号	关键词	词频	序号	关键词	词频
1	企业	330	13	人才	41
2	服务	229	14	数据	36
3	建设	151	15	金融	34
4	平台	142	16	试点	32
5	物流	129	17	资金	29
6	支付	95	18	运营	28
7	仓储	62	19	货物	28
8	合作	58	20	示范	24
9	模式	57	21	结汇	17

序号	关键词	词频	序号	关键词	词频
10	检验检疫	48	22	技术	17
11	通关	47	23	税收	6
12	外汇	43			

从词频分布数据上看,首先,"企业"和"服务"出现的次数最多,分别高达 330 次和 229 次,说明福建省在开展跨境电子商务工作的过程中采取以服务企业为主的策略。其次,"建设""物流""仓储"等词语在文本中出现的频数较高,分别为 151 次、129 次和 62 次,说明福建省政府重视仓储和物流建设。究其原因,福建省是中国大陆重要的出海口,也是中国与世界交往的重要窗口和基地,其在仓储、物流建设方面具有天然优势。此外,"合作""金融""试点"和"资金"等涉及政府对跨境电商相关活动支持的高频词出现次数在 8—29 次之间,可以看出福建省在为跨境电子商务企业提供资金和金融支持方面做出了较多工作。最后,"技术"和"税收"的使用不足 20 次,结合政策内容可知,在技术方面,为提高服务效率和水平,福建省政府支持跨境电商服务企业应用现代信息技术,但在技术条件、技术风险、技术手段等方面缺乏必要的基础保障,使得信息技术应用性并不高。在税收方面,政策明确了需要制定税收服务管理实施细则,但目前尚未有相关具体进展。

(三)中心性分析

同样地,为了进一步研究福建省跨境电商政策所关注的热点问题,在上文筛选出的跨境电商政策高频关键词基础上,得到福建省跨境电商政策的语义网络图和中心性分析结果(分别见表 5-18 和图 5-6)。

表 5-18 福建省跨境电商政策关键词网络中心性分析结果

序号	关键词	点度中心度	序号	关键词	点度中心度
1	企业	58.85	13	税收	33.01
2	物流	56.94	14	数据	31.34
3	平台	55.74	15	货物	29.67
4	服务	55.50	16	检验检疫	27.99
5	建设	54.76	17	人才	26.56

序号	关键词	点度中心度	序号	关键词	点度中心度
6	支付	43.54	18	结汇	22.25
7	模式	43.54	19	运营	21.53
8	合作	43.06	20	金融	20.57
9	仓储	38.52	21	示范	20.57
10	通关	37.32	22	资金	20.10
11	试点	37.21	23	技术	18.90
12	外汇	36.12			

注:网络中心势 Network Centralization=24.29%。

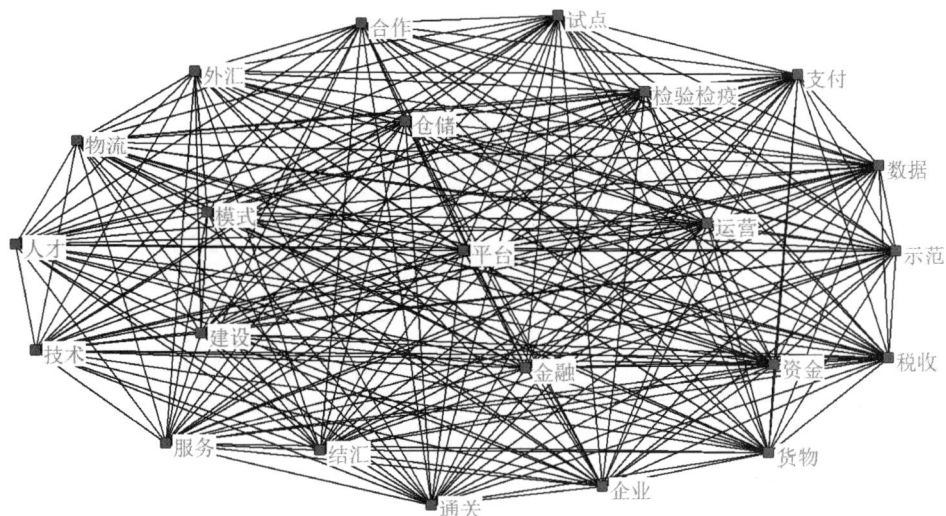

图 5-6　福建省跨境电商政策文本关键词网络图

根据跨境电商政策关键词网络中心性分析结果可知,该网络的网络中心势为 24.29%,表明该关键词网络有一定的集中趋势,但仍有很多关键词之间缺乏联系。所以福建省各级政府在制定跨境电商政策时,需要加强产业链中各个环节之间的联系,通过各环节的协调发展来促进跨境电商整体发展。

下面通过点度中心度和社会网络图继续分析福建省跨境电商政策关注的热点问题,由表 5-18 和图 5-6 可知,首先,点度中心度最高的是"企业"(58.85)和"物流"(56.94)。这些词语在跨境电商的发展过程中与其他关键词联系最为紧密,在网络中处于最高地位。究其原因,福建省作为沿海地区,拥有福州港、江阴港、泉州港和厦门港等重要港口,在跨境物流方面具有明显优势。为更好地解决跨境物流运转中存在的问题,福建省政府颁布了大量的政策条文。其次,"平台""服务""建设"的点度中心度则在54—56之间,说明服务体系建设和平台建设是政府工作重点。此外,"支付"的点度中心度为43.54。通过查阅涉及"支付"关键词的政策条文可知,为缓解跨境电商企业结算和融资难的问题,福建省重点鼓励第三方支付机构获取互联网支付牌照及开展跨境电子商务外汇支付业务试点,并为其提供最高不超过300万元奖励。最后,"技术"一词的点度中心度最低(18.90),且位于网络图的外围,说明该词与其他政策关键词的关联程度不够紧密。结合政策文本可知,尽管现有政策已经提出利用移动通信、物联网、云计算、大数据等技术促进交易的便利化,但要将这些技术完全融入跨境电商的各个环节,仍需要大量的可操作性政策来落实。

七、山东省跨境电商政策的关注热点挖掘

(一)政策文本形式

在涉及"跨境电子商务"的13项政策文本中,涵盖通知、措施、意见、条例、计划、方案、公告7种形式。根据表5-19所示,通知类政策文本使用次数最多,占总量的38.46%;措施和意见均有2项;其余政策文本形式使用次数相等,均为1项。结合政策内容可知,政府偏好以传达信息为主的通知类政策文件,主要包括总体要求、目标规划、监督管理等;对其他政策文本形式的使用较为均衡,说明山东省政府倾向于通过多样化的政策,利用各类政策的优势互补以促进跨境电商的发展。

表5-19　山东省跨境电子商务相关政策文本形式统计

政策文本形式	通知	措施	意见	条例	计划	方案	公告
数量	5	2	2	1	1	1	1

(二)提取关键词

通过筛选上述跨境电商政策文本,可得到关键词23个,各个关键词的出现频数如表5-20所示。

表 5-20 山东省跨境电商政策关键词出现频数

序号	关键词	词频	序号	关键词	词频
1	服务	340	13	风险	40
2	企业	322	14	技术	36
3	平台	197	15	试点	36
4	建设	161	16	示范	36
5	物流	112	17	检验检疫	32
6	数据	82	18	人才	32
7	模式	63	19	运营	30
8	合作	60	20	支付	28
9	通关	57	21	外汇	21
10	金融	55	22	质量	19
11	资金	50	23	税收	9
12	货物	49			

　　从词频分布上看,与大部分省市一致,首先是"服务"和"企业"出现的次数最多,分别高达 340 次和 322 次。其次是"平台"和"建设",在政策文本中分别出现了 197 次和 161 次。结合政策条文内容可知,山东省政府在政策文件中重点强调要完善跨境电商支撑服务体系,具体包括互联网支付服务体系、物流配送服务体系等,并且积极搭建线上综合服务平台和线下综合支撑平台两个平台,旨在提高跨境电子商务交易的便利性。然后,在涉及跨境电商具体环节的关键词中,"物流"一词出现次数最多,达 112 次。这是由于山东省地处华东沿海、黄河下游、京杭大运河中北段,其西部又是黄淮海平原,独特的地理位置为物流发展提供了优越的运输条件。因此,山东省政府为了突出发展优势,在现有物流体系基础上,开始将信息化技术融入物流,建设智能物流体系,颁布了较多相关政策。最后,"检验检疫""人才""外汇""税收"等出现次数最少,均在 32 次以下。说明山东省政府对这些方面不够关注,尤其是在人才方面。众所周知,人才是一个行业发展的核心力量。没有人才,一个行业就没有了创新的驱动力,行业就不能长远地发展。因此,山东省政府应注重人才的培养和引进,为跨境电商的发展注入核心生命力。

(三)中心性分析

为了进一步研究山东省跨境电商政策所关注的热点问题,在上文筛选出的跨境电商政策高频关键词基础上,构建山东省跨境电商政策的语义网络图并分析其中心性(分别见表 5-21 和图 5-7)。

表 5-21 山东省跨境电商政策关键词网络中心性分析结果

序号	关键词	点度中心度	序号	关键词	点度中心度
1	企业	56.06	13	示范	31.82
2	服务	54.56	14	支付	31.06
3	建设	52.27	15	技术	30.682
4	平台	51.52	16	检验检疫	30.68
5	税收	47.73	17	货物	29.92
6	通关	45.46	18	金融	25.38
7	模式	44.68	19	风险	25.38
8	物流	42.80	20	人才	25.00
9	数据	40.91	21	质量	25.00
10	试点	39.39	22	外汇	21.59
11	合作	36.36	23	资金	20.46
12	运营	35.99			

注:网络中心势 Network Centralization=21.18%。

根据跨境电商政策关键词网络中心性分析结果可知,该网络的网络中心势为 21.18%,表明该网络有一定的集中趋势,但仍有很多关键词之间的关联并不紧密,说明山东省跨境电商文本内容较为分散,各有侧重。

下面通过点度中心度和社会网络图继续分析山东省跨境电商政策关注的热点问题,由表 5-21 和图 5-7 可知,首先,"企业""服务""建设"和"平台"四个词的点度中心度最高,分别为 56.06、54.56、52.27、51.52,表明这四个词在语义矩阵中处于最重要的位置,即与其他政策高频词联系较为紧密,可见山东省跨境电商政策主要是围绕它们而制定。其次,"税收""物流""试点"三个词语的点度中心度也很高,分别为 47.73、42.80、39.39,说明政府对这三个环节同样重视。在试点方面,山东省政府一方面开展金融创新试点工作,通过设立风险补偿资金,对出口订单融资业务予以支持,满足跨境电

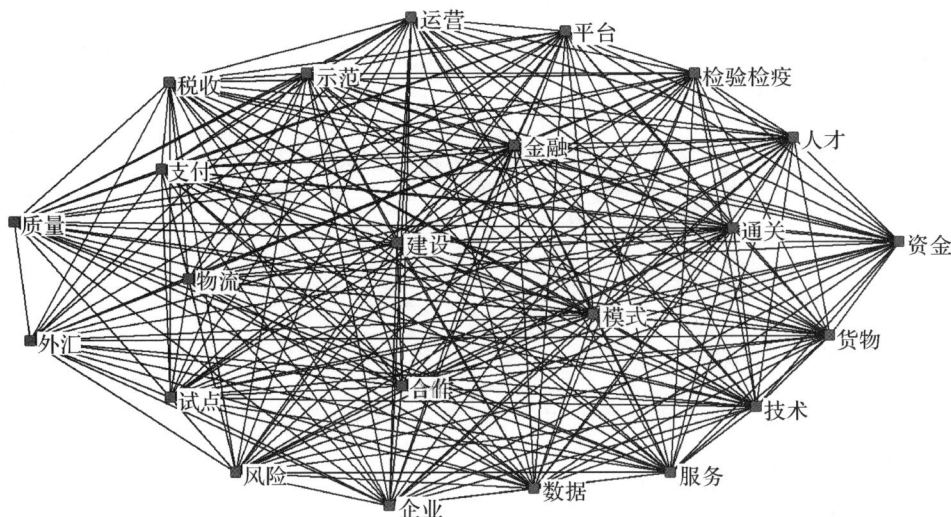

图 5-7　山东省跨境电商政策文本关键词网络图

商企业的融资需求;另一方面进行服务试点,规划建设跨境电商企业聚集区和仓储物流配套服务区,推进海关监管、检验检疫监管、收付汇、退(免)税等模式创新,建立跨境电商综合服务平台。显然,山东省政府重视在跨境电商各环节进行试点,旨在统筹创新发展跨境电商各环节。而"人才"的点度中心度较低,只有 25,且位于社会网络图的外围,与其他政策高频词的关系不够紧密,表明人才政策在山东省跨境电商政策文本中的地位较低。但是,在跨境电商电子化交易中,人才是影响供应链其他环节发展的重要因素,山东省政府应更加重视人才方面的发展。

八、广东省跨境电商政策的关注热点挖掘

(一)政策文本形式

从广东省政府相关部门官网上可以发现,该省涉及"跨境电子商务"的34 项政策文本中,涵盖通知、意见、方案、计划及其他 5 种形式。根据表5-22所示,首先是通知类政策文本使用次数最多,共有 20 项,占政策文本总量的58.82%。其次是意见类政策文本,共有 7 项;最后使用最少的是方案、计划及其他类政策文本,分别为 5 项、1 项、1 项。结合政策内容可知,广东省政府早期颁布的通知类政策主要将跨境电商作为创新发展电子商务、"互联网+"和外贸政策的一部分,随着跨境电商的快速发展,广东省政府开始将其

作为独立的主体进行考察,对跨境电商海外仓建设、检验检疫监督管理、零售进口税收等若干具体事务进行指导。相比之下,规划、方案、办法等给予多层面深层次指导的政策文本较少。

表 5-22　广东省跨境电子商务相关政策文本形式统计

政策文本形式	通知	意见	方案	其他	计划
数量	20	7	5	1	1

(二)提取关键词

通过筛选上述跨境电商政策文本,可得到关键词 24 个,各个关键词的出现频数如表 5-23 所示。

表 5-23　广东省跨境电商政策关键词出现频数

序号	关键词	词频	序号	关键词	词频
1	企业	531	13	支付	77
2	服务	465	14	人才	61
3	平台	281	15	技术	61
4	建设	230	16	风险	59
5	物流	191	17	试点	55
6	模式	123	18	示范	51
7	通关	123	19	外汇	48
8	质量	113	20	税收(退税)	48
9	数据	105	21	备案	44
10	合作	86	22	仓储	40
11	金融	80	23	货物	38
12	检验检疫	77	24	资金	33

从词频分布上看,与其他省市一致,首先是"企业"和"服务"两词出现的次数最多,分别为 531 次和 465 次。其次是"平台"和"建设",在政策文本中分别出现了 281 次和 230 次。然后是"物流""通关""检验检疫""支付""仓储"等涉及跨境电商具体环节的词语出现的频数在 40—191 次之间,词频相差较大,说明广东省政府对跨境电商发展过程中每个环节的关注度不同。

其中,"物流"和"通关"的词频较高,而"检验检疫""支付""仓储"的词频相对较低。可见广东省政策重视物流和通关环节,而对检验检疫、支付、仓储环节关注不足。而"风险"一词出现 59 次,考虑到广东省的跨境电商交易规模最大,每一笔交易过程中都伴随着产品质量、物流、支付等各种各样的风险,一旦风险发生,广东省跨境电商交易市场将陷入瘫痪。因此,广东省政府应加强风险控制和预防,通过设立风险监控专项资金、建立风险控制体系等来防范风险。另外,为了扶持本地中小型跨境电子商务企业的发展,广东省政府也适时制定了一些关于"退税"的政策。

(三)中心性分析

为了进一步研究广东省跨境电商政策所关注的热点问题,在上文筛选出的跨境电商政策高频关键词基础上,构造广东省跨境电商政策的语义网络图并分析词的中心性(分别见表 5-24 和图 5-8)。

表 5-24　广东省跨境电商政策关键词网络中心性分析结果

序号	关键词	点度中心度	序号	关键词	点度中心度
1	服务	54.96	13	检验检疫	31.83
2	企业	53.39	14	试点	31.13
3	平台	50.09	15	数据	30.44
4	建设	49.91	16	外汇	30.26
5	物流	46.09	17	质量	29.91
6	通关	44.00	18	货物	28.00
7	模式	43.48	19	备案	27.48
8	金融	36.70	20	仓储	27.30
9	技术	36.52	21	风险	25.91
10	税收(退税)	35.30	22	人才	25.22
11	支付	35.13	23	资金	20.17
12	合作	34.96	24	示范	15.65

注:网络中心势 Network Centralization＝21.60％。

根据跨境电商政策关键词网络中心性分析结果可知,该网络的网络中心势为 21.6％,表明该网络有一定的集中趋势,但仍有很多关键词相互之间关联并不明显。下面通过点度中心度和社会网络图继续分析广东省跨境电

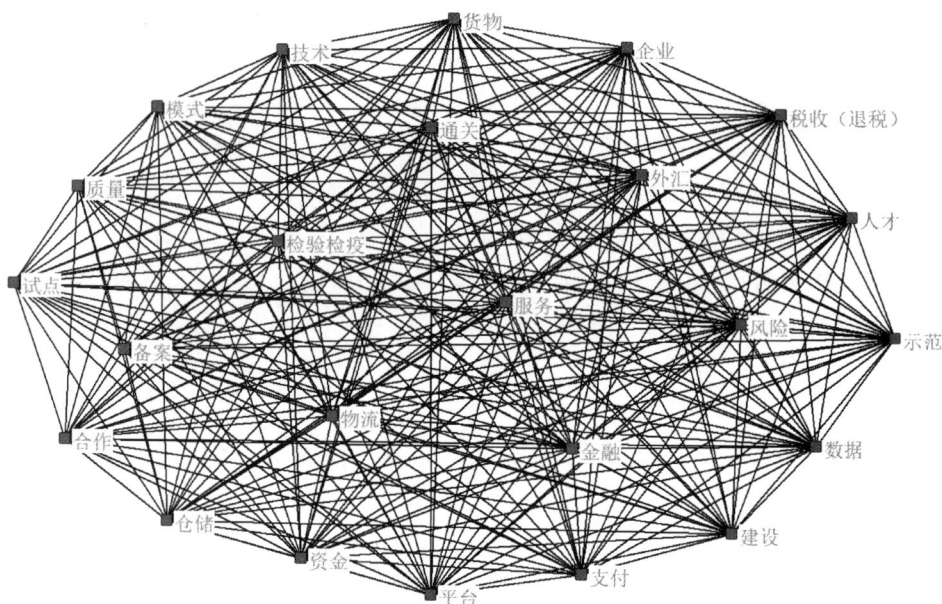

图 5-8　广东省跨境电商政策文本关键词网络图

商政策关注的热点问题。

　　由表 5-24 和图 5-8 可知,首先是"服务""企业""平台"和"建设"4 个词语的点度中心度最高,分别为 54.96、53.39、50.09 和 49.91,表明它们在网络中地位最高,跨境电商政策主要是围绕它们来制定的。结合广东省跨境电商相关政策内容可知,广东省政府重点培育本地影响力大和辐射力强的跨境电商公共服务平台、第三方交易平台、通关监管平台和数据共享平台等,旨在为跨境电商企业提供一体化服务。其次是"物流""通关""支付""检验检疫"和"仓储"等涉及跨境电商具体环节的词语,点度中心度基本在 27—46之间,相差不大,表明政府注重供应链各环节均衡发展。最后是"质量""风险""资金"的点度中心度较小,分别是 29.91、25.91 和 20.17,表明它们与其他政策关键词的关联程度不够紧密,在跨境电商政策语义网络中地位较低。目前,广东省跨境电商市场充斥着大量的中小企业,它们普遍存在经营规模较小、业务分散、产品价格低和资金链脆弱的问题,而政府适当的资金投入、风险控制、质量安全监管可以提高中小企业的抗风险能力,从而引导广东省跨境电商产业转型创新。因此,政府应该适当增加相关政策的制定和落实。

第三节　中部地区跨境电商政策的关注热点挖掘

一、安徽省跨境电商政策的关注热点挖掘

(一)政策文本形式

从安徽省人民政府办公厅、巢湖市人民政府、合肥市人民政府等部门网站的政策文件中收集到跨境电商相关政策文本 16 项,涵盖意见、通知、公示、公告、方案、办法 6 种形式。根据表 5-25 所示,首先是意见类政策文件最多,有 7 项;其次是通知类型的政策文件,有 5 项;最后是使用最少的为公示、公告、方案、办法等类型的政策文件,均为 1 项。结合政策内容可知,在早期颁布的意见类政策文件中,跨境电商只是作为发展外贸和电子商务的一部分。随着跨境电商的高速发展,安徽省政府开始将其从中剥离出来,作为独立的政策颁布主体,此时的政策条文脉络为:先是上级领导机关对跨境电商发展的相关工作进行部署,然后安徽省各市县根据自身实际情况对上级机关部署的工作提出落实办法。可见安徽省上下级对跨境电商相关工作越来越重视。相比之下,方案和办法类涉及具体做法和要求的政策文件数目较少,已有的相关政策只是为了落实合肥跨境电子商务综合试验区建设和检验检疫监管工作,而其他部门并未对开展跨境电商工作提出具体实施做法。

表 5-25　安徽省跨境电子商务相关政策文本形式统计

政策文本形式	意见	通知	公示	公告	方案	办法
数量	7	5	1	1	1	1

(二)提取关键词

通过筛选上述跨境电商政策文本,可得到关键词 21 个,各个关键词的出现频数如表 5-26 所示。

表 5-26　安徽省跨境电商政策关键词出现频数

序号	关键词	词频	序号	关键词	词频
1	企业	320	12	备案	30
2	服务	161	13	货物	29
3	平台	139	14	运营	29
4	建设	115	15	金融	25
5	物流	66	16	仓储	24
6	检验检疫	47	17	人才	21
7	资金	46	18	外汇	21
8	支付	37	19	数据	21
9	模式	36	20	风险	20
10	质量	32	21	税收	4
11	通关	31			

从词频分布数据上看,首先是"企业"一词在政策文本中出现次数最高,达 320 次。其次是"服务""平台"和"建设"等涉及跨境电商基础设施建设的词语,词频分别为 161 次、139 次和 115 次,说明服务体系和公共服务平台建设是安徽省跨境电商发展的工作重点,尤其对平台建设支持力度较大。结合安徽省实际情况可知,相对于第三方平台,自建平台具有培育周期长、成本高和成功概率小等特点。因此,安徽省政府为加强跨境电商综合服务、线上公共服务和第三方跨境支付等平台的建设,采取以引进为主的策略,为其中效益较好的平台提供大量的资金支持。然后是"物流""检验检疫""支付""仓储"等涉及跨境电商供应链各环节的词语,词频在 24—66 次之间,差距较大。其中只有"物流"和"检验检疫"的词频较高。可见安徽省政府更重视物流和检验检疫环节,而对其他环节重视程度相对较弱。最后需要指出的是,"税收"位于关键词词频分析的末尾,仅出现 4 次,说明安徽省政府对税收环节不够重视。

(三)中心性分析

为了进一步研究安徽省跨境电商政策所关注的热点问题,在上文筛选出的跨境电商政策高频关键词基础上,得到安徽省跨境电商政策的语义网络图和中心性分析结果(分别见表 5-27 和图 5-9)。

表 5-27　安徽省跨境电商政策关键词网络中心性分析结果

序号	关键词	点度中心度	序号	关键词	点度中心度
1	平台	49.62	12	模式	27.31
2	企业	48.85	13	金融	25.39
3	服务	48.46	14	人才	21.15
4	建设	47.69	15	质量	20.39
5	物流	41.15	16	运营	18.46
6	支付	35.77	17	数据	16.92
7	税收	30.77	18	货物	15.00
8	备案	29.62	19	风险	13.85
9	资金	29.23	20	外汇	12.31
10	仓储	28.08	21	检验检疫	11.92
11	通关	28.08			

注:网络中心势 Network Centralization＝23.26％。

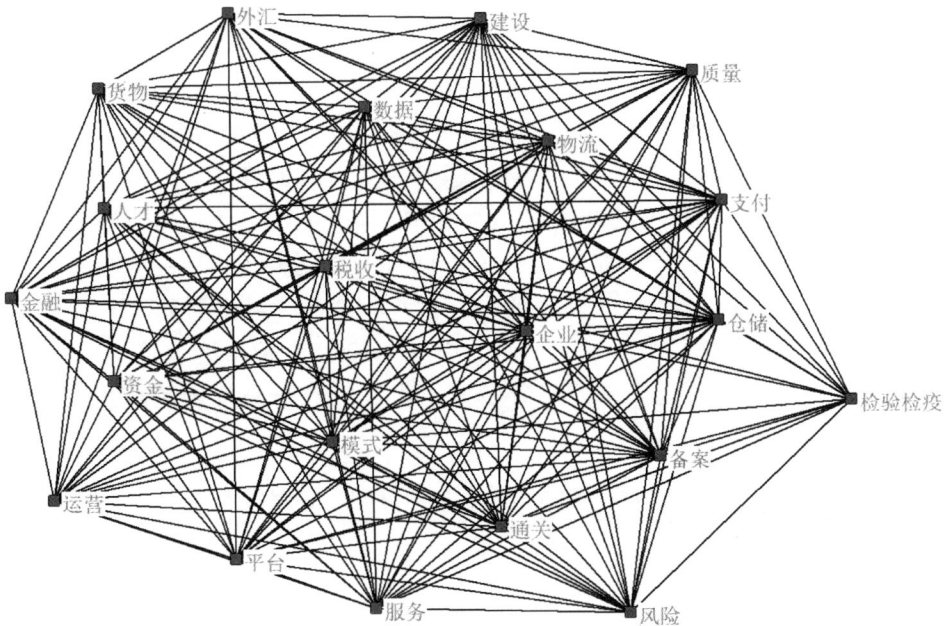

图 5-9　安徽省跨境电商政策文本关键词网络图

根据跨境电商政策关键词网络中心性分析结果可知,该网络的网络中心势为23.26％,表明安徽省跨境电商政策关键词网络有一定的集中趋势,但仍有较多词语联系不够。下面通过点度中心度和社会网络图继续分析安徽省跨境电商政策重点关注的问题。

由表5-27和图5-9可知,首先是"平台""企业""服务"和"建设"的点度中心度最高,分别为49.62、48.85、48.46、47.69,表明这些词语在网络中地位最高,安徽省跨境电商政策主要是围绕它们来制定的,与关键词词频结果也一致。其次是"物流""支付""仓储""通关"等高频词,点度中心度在28—41之间,这些词语都是跨境电商产业发展链条中的重要环节。可见安徽省政府制定跨境电商政策时,比较重视各环节的协调发展,但是"外汇"和"检验检疫"两词的点度中心度最低,仅为12.31和11.92,且位于跨境电商关键词网络外围,与其他词语存在一定割裂现象,说明政府对跨境电子商务发展的检验检疫环节和外汇工作有所忽视。因此,在接下来的工作中应提高对它们的关注度。

二、河南省跨境电商政策的关注热点挖掘

(一)政策文本形式

从河南省人民政府网、河南省商务厅、郑州市人民政府网、郑州市商务局等部门网站的政策文件中收集到有关河南省跨境电商政策文本12项,根据表5-28所示,有通知和意见2种形式,分别为8项和4项。结合政策内容可知,河南省侧重于采用通知类政策文件对跨境电商综合试验区申建工作方案、建设实施方案、发展实施方案等不同环节的总体目标、主要任务和落实保障措施相关工作事务进行说明,可见河南省政府对发展跨境电商有明确的实施步骤,注重上级对下级工作的引导。相对于通知类政策文本而言,意见类政策文本更倾向于相关部门根据工作职责对自身发展跨境电商提出见解,其政策力度也更强。

表 5-28 河南省跨境电子商务相关政策文本形式统计

政策文本形式	通知	意见
数量	8	4

(二)提取关键词

通过筛选上述跨境电商政策文本,可得到关键词23个,各个关键词的

出现频数如表 5-29 所示。

表 5-29　河南省跨境电商政策关键词出现频数

序号	关键词	词频	序号	关键词	词频
1	企业	319	13	备案	52
2	服务	284	14	人才	50
3	建设	188	15	支付	47
4	平台	168	16	技术	47
5	物流	137	17	金融	43
6	资金	103	18	仓储	37
7	模式	75	19	外汇	36
8	检验检疫	66	20	质量	34
9	数据	63	21	合作	31
10	风险	58	22	货物	21
11	通关	54	23	税收	15
12	试点	53			

从词频分布数据上看,首先是"企业"和"服务"两词出现的次数最多,分别为 319 次和 284 次;其次是"建设"和"平台"两词,出现的次数分别为 188 次和 168 次;"资金"一词出现了 103 次。可见河南省政府在服务跨境电商企业发展的同时,倾向于为跨境电商发展提供大量的资金支持。然后是"物流""通关""支付""仓储"等涉及跨境电商具体环节的关键词,词频在 37—137 次之间,差距较大。其中只有"物流"的词频较高,有 137 次,可见在素有"九州腹地、十省通衢"之称的河南,政府较大地发挥了其作为全国重要综合交通枢纽和人流物流信息流中心的优势,着重跨境物流环节的发展,而对其他环节重视程度相对较弱。最后要指出的是,"税收"一词出现的最少,只有 15 次,说明政府对其不够重视。

(三)中心性分析

为了进一步研究河南省跨境电商政策所关注的热点问题,在上文筛选出的跨境电商政策高频关键词基础上,得到河南省跨境电商政策的语义网络图和中心性分析结果(分别见表 5-30 和图 5-10)。

表 5-30　河南省跨境电商政策关键词网络中心性分析结果

序号	关键词	点度中心度	序号	关键词	点度中心度
1	企业	59.09	13	合作	37.60
2	建设	57.85	14	风险	35.95
3	服务	57.44	15	检验检疫	35.95
4	平台	57.44	16	模式	35.95
5	物流	53.31	17	人才	33.88
6	支付	50.83	18	试点	31.82
7	仓储	47.93	19	外汇	31.41
8	税收	46.28	20	数据	31.41
9	通关	46.28	21	技术	27.69
10	备案	42.56	22	货物	23.97
11	金融	42.15	23	资金	22.73
12	质量	37.60			

注：网络中心势 Network Centralization＝19.62％。

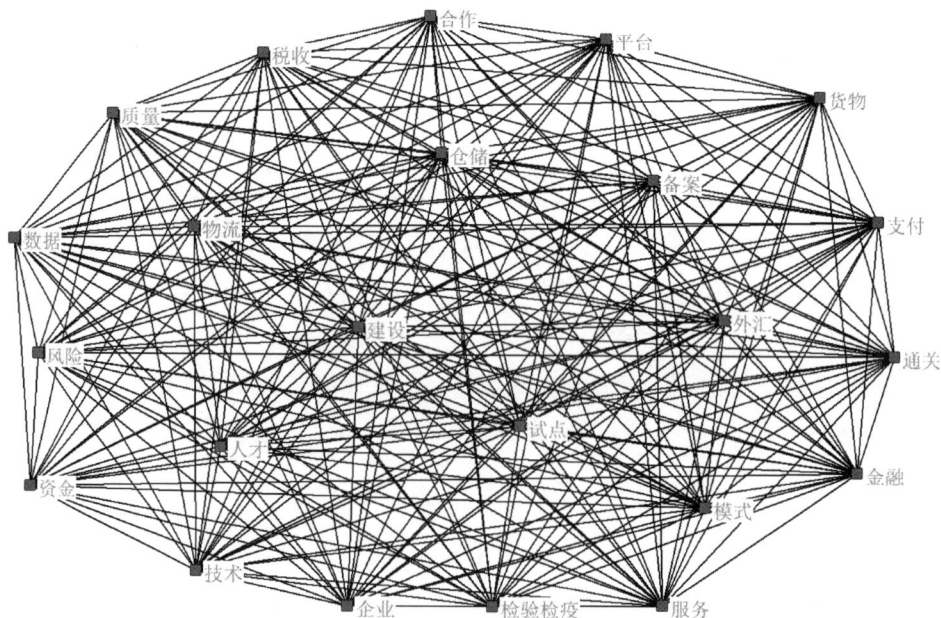

图 5-10　河南省跨境电商政策文本关键词网络图

根据跨境电商政策关键词网络中心性分析结果可知,该网络的网络中心势为19.62%,表明该网络图有一定的离散趋势,很多高频词之间关联不大甚至没有关联。

下面通过点度中心度和社会网络图继续分析河南省跨境电商政策关注的热点问题。由表5-30和图5-10可知,点度中心度最高的词语首先是"企业""建设""服务"和"平台",分别为59.09、57.85、57.44和57.44,表明它们在网络中最重要,河南省跨境电商政策主要是围绕它们制定的。其次,"物流""支付""仓储""通关"等涉及跨境电商具体环节的关键词,点度中心度均在46—53之间,数值差距较小,可见它们与其他政策高频词的关联程度较为紧密,地位也较高。需要指出的是,"人才"点度中心度较低,仅为33.88。目前,河南省极度缺乏熟悉国际贸易、精通电子商务和外语交流能力的交叉型复合跨境电商人才,河南作为人口大省,河南省政府可以组织有针对性的专业培训机构进行专门人才培养,解决跨境电商人才紧缺和严重流失的问题。

第四节　西部地区跨境电商政策的关注热点挖掘

一、重庆市跨境电商政策的关注热点挖掘

(一)政策文本形式

从重庆市人民政府、重庆市大渡口区人民政府、重庆市经济和信息化委员会等部门网站的政策文件中共收集到重庆市跨境电商政策文本13项,涵盖通知、意见、方案、办法及公告5种形式。根据表5-31所示,首先是通知类政策文件最多,为5项;其次是意见类政策文件,有4项;方案类有2项;而办法和公告类政策文件使用最少,均为1项。结合政策条款可知,重庆市政府颁布的通知类政策文件除对跨境电商扶持办法、服务贸易创新发展试点实施方案、跨境电商监管服务工作方案等相关事务进行说明外,还比较重视对跨境电商相关事项提出见解和处理办法,如对跨境电商公共服务平台和保税智能仓储等建设、支付机构跨境外汇支付业务试点等表现出积极的支持态度。

表 5-31　重庆市跨境电子商务相关政策文本形式统计

政策文本形式	通知	意见	方案	办法	公告
数量	5	4	2	1	1

(二)提取关键词

通过筛选上述跨境电商政策文本,可得到关键词 21 个,各个关键词的出现频数如表 5-32 所示。

表 5-32　重庆市跨境电商政策关键词出现频数

序号	关键词	词频	序号	关键词	词频
1	企业	125	12	风险	20
2	服务	104	13	外汇	15
3	物流	55	14	仓储	15
4	平台	50	15	支付	14
5	货物	47	16	质量	14
6	建设	47	17	合作	14
7	通关	37	18	技术	14
8	税收＋退＋免	35	19	资金	13
9	数据	34	20	金融	12
10	模式	28	21	试点	11
11	检验检疫	21			

从词频分布数据上看,首先是"企业"和"服务"两词出现的次数最多,分别为 125 次和 104 次;其次是"物流"和"平台"两词,出现的次数分别为 55 次和 50 次。目前,依托"一带一路"和长江经济带连接点的区位优势,即通过"渝新欧"实现联通欧洲与亚洲的铁、空、公、水多式联运,重庆市不断完善跨境电商交易服务平台,现已初步形成由两江新区、3 个国家经济技术开发区、4 个国家高新技术产业开发区构成的产业集聚平台体系,由 3 个海关特殊监管区域、3 个保税监管场所、重庆检验检疫综合改革试验区等构成的口岸和保税平台体系,由重庆自贸试验区和中新互联互通项目 2 个开放型经济综

合改革试验平台构成的制度创新平台体系[①]。可见重庆市政府重视平台体系的建设,且已初见成效。最后需要指出的是,"资金"一词仅出现 13 次。与传统贸易模式不同,跨境电商模式需要卖家在前期的备货、运输、仓储等各个环节垫付大量的资金,且资金回笼需要一定的周期。通常跨境电商各个环节存在较多的不确定性因素,如产品滞销、运输和仓储存在问题、政策调整等都有可能导致卖家资金链断裂。而当前重庆市政府对跨境电商资金投入不足,将使得卖家在自身资金出现问题的同时难以从外部取得资金的支持,这不利于重庆市跨境电商企业的生存。因此需要重庆市政府加强对资金链的调控监管。

(三)中心性分析

为了进一步研究重庆市跨境电商政策所关注的热点问题,在上文筛选出的跨境电商政策高频关键词基础上,得到重庆市跨境电商政策的语义网络图和中心性分析结果(分别见表 5-33 和图 5-11)。

表 5-33　重庆市跨境电商政策关键词网络中心性分析结果

序号	关键词	点度中心度	序号	关键词	点度中心度
1	通关	48.95	12	货物	20.53
2	企业	38.16	13	数据	20.00
3	服务	38.16	14	仓储	16.84
4	物流	33.68	15	外汇	16.32
5	平台	31.84	16	试点	14.74
6	建设	31.58	17	风险	13.95
7	合作	26.05	18	支付	13.16
8	税收+退+免	24.21	19	检验检疫	11.84
9	质量	22.37	20	资金	9.74
10	模式	22.11	21	金融	9.74
11	技术	21.69			

注:网络中心势 Network Centralization=28.59%。

---

① 有关详细内容可参考《重庆市人民政府办公厅关于印发重庆市开放协同发展规划(2018—2020 年)的通知》,重庆市人民政府公报,2018(9):2—16。

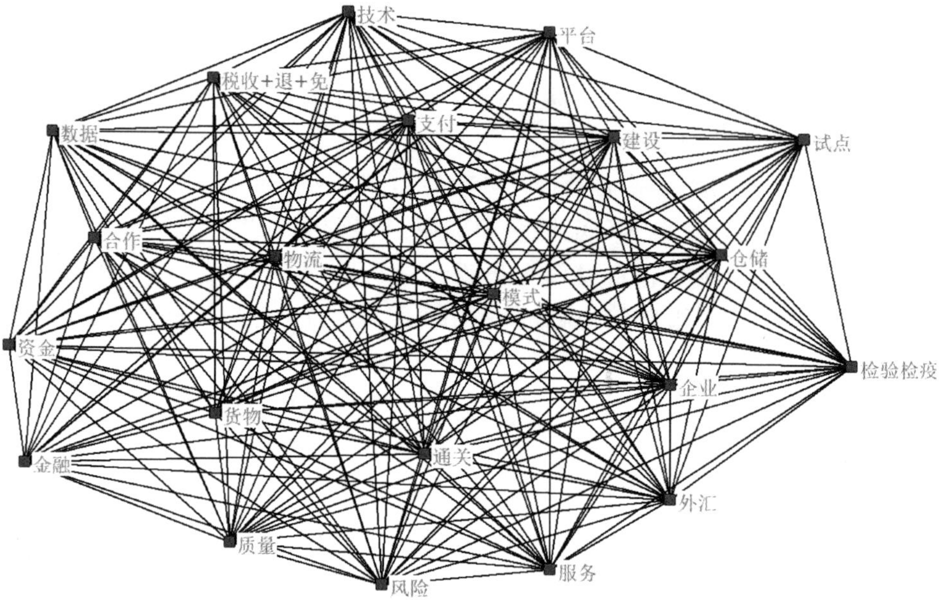

图 5-11　重庆市跨境电商政策文本关键词网络图

根据跨境电商政策关键词网络中心性分析结果可知,该网络的网络中心势为 28.59％,表明该网络有一定的集中趋势,但仍有很多关键词之间的关联并不紧密。下面通过点度中心度和社会网络图继续分析重庆市跨境电商政策关注的热点问题。

由表 5-33 和图 5-11 可知,首先,"通关""企业"和"服务"的点度中心度最高,分别为 48.95、38.16、38.16,且位于社会网络的中心,表明这 3 个词在网络中最重要,跨境电商政策主要围绕它们来制定。其次,"平台"和"建设"两词的点度中心度也较高,分别为 31.84 和 31.58,在网络中地位也较高。结合政策条文可知,重庆初步建立的平台体系实现了"通关、检验检疫、税收、物流、仓储"等一体化监管,并探索建立了"通报、通检、通放"和进口食品"空检铁放"等监管模式[①],可见重庆市政府重视平台协同发展。最后,"风险""支付""检验检疫""资金"和"金融"等词语的点度中心度较低,分别为 13.95、13.16、11.84、9.74、9.74,说明它们在跨境电商政策语义网络中地位较低,与其他政策关键词的关联程度不够紧密。特别是重庆市涉及风险的

---

①　有关具体政策条文,可参考《重庆市人民政府办公厅关于印发重庆市开放协同发展规划(2018—2020 年)的通知》,重庆市人民政府公报,2018(9):2—16.

政策条文较少,实践中也尚未建立涵盖跨境电商供应链各环节的风险预警处置机制和风险评估分析机制等较为全面的风险监控体系,为重庆市跨境电商发展埋下较大隐患。

二、四川省跨境电商政策的关注热点挖掘

(一)政策文本形式

从四川省人民政府网、四川出入境检验检疫局、成都市人民政府网、成都市商务委、成都市财政局、成都海关等部门网站的政策文件中收集到四川省跨境电商政策文本 17 项,涵盖了通知、意见、细则、指南、公告和其他 6 种形式。根据表 5-34 所示,通知类政策文本形式最多,有 8 项,占政策文本总量的 47.06%;意见类政策文本次之,为 5 项;而细则、指南、公告类政策文件使用最少,均为 1 项。结合政策内容可知,四川省颁布的通知类政策文本侧重于对跨境电商综试区总体要求、实施范围、建设任务、创新举措和组织实施等主要工作事项进行说明,同时通过定期开展项目资金申报实现财政资金对跨境电商发展的引导。另外,为了加强通知和意见类政策的落实,四川省政府还采用细则类政策文本对其做详细的解释和补充。需要说明的是,办法等行政约束力更强的政策文本使用较少。目前,四川省只对跨境电商检验检疫监督管理的工作提出具体做法,而对海关、外汇等跨境电商环节的监督管理工作尚未明确。

表 5-34　四川省跨境电子商务相关政策文本形式统计

政策文本形式	通知	意见	细则	指南	公告	其他
数量	8	5	1	1	1	1

(二)提取关键词

通过筛选上述跨境电商政策文本,可得到关键词 21 个,各个关键词的出现频数如表 5-35 所示。

表 5-35　四川省跨境电商政策关键词出现频数

序号	关键词	词频	序号	关键词	词频
1	企业	363	12	通关	35
2	服务	261	13	备案	29

序号	关键词	词频	序号	关键词	词频
3	平台	157	14	货物	27
4	资金	98	15	外汇	26
5	建设	92	16	质量	23
6	物流	86	17	试点	20
7	模式	71	18	合作	18
8	支付	53	19	金融	17
9	免税（退税）	49	20	风险	16
10	运营	45	21	仓储	16
11	人才	40			

从词频分布数据上看，首先，"企业"一词在政策文本中出现频率最高（363次），其次是"服务""平台"两个词语，在政策文本中分别出现261次和157次，与其他省市相同，四川省政府同样重视服务体系建设和平台建设。结合实际情况可知，自2016年2月成都跨境电商公共服务平台正式上线，其间政府不断对该平台进行信息系统建设和升级改造，全面提升了报关、检验检疫、结售汇、出口退税等通关流程效率。目前该平台已实现双向申报功能，并在双流空港、双流综保、邮政等园区投入运行。其次，"资金"一词在政策文本中出现次数也较高，可见四川省政府对其重视程度也较高。结合政策条文可知，与其他省市不同，四川省颁布了专门针对跨境电商支持资金的实施细则，并且每年定期对跨境电商平台、供应链服务平台、电子商务及服务企业等进行资金扶持，这是其他省市可以借鉴的地方。再次，"物流""支付""免税（退税）""通关"和"仓储"等涉及跨境电子商务具体环节的词语在政策中出现频次基本在16—86次之间，频数相差较大，说明政府对跨境电子商务发展过程的每个环节关注度有所差异，如对物流、支付等环节较为重视，而对通关和仓储的重视程度不足。最后需要说明的是，"试点"一词在政策文本中出现频次较低（20次），可见四川省政府对试点不够重视。结合实际情况可知，四川省政府虽然也颁布了开展跨境外汇支付业务试点的政策条文，但试点工作仅侧重于外汇支付业务单方面建设，忽略了各环节间的联动。

（三）中心性分析

为了进一步研究四川省跨境电商政策所关注的热点问题，在上文筛选出的跨境电商政策高频关键词基础上,得到四川省跨境电商政策的语义网络图和中心性分析结果(分别见表 5-36 和图 5-12)。

表 5-36　四川省跨境电商政策关键词网络中心性分析结果

序号	关键词	点度中心度	序号	关键词	点度中心度
1	企业	50.00	12	外汇	25.36
2	平台	44.64	13	试点	23.21
3	免税(退税)	43.21	14	质量	20.71
4	服务	42.50	15	合作	20.71
5	建设	40.71	16	备案	18.93
6	物流	36.43	17	风险	18.93
7	支付	35.36	18	通关	18.57
8	资金	35.00	19	货物	11.07
9	模式	32.50	20	仓储	9.29
10	运营	31.07	21	金融	5.36
11	人才	27.14			

注:网络中心势 Network Centralization=24.17%。

根据跨境电商政策关键词网络中心性分析结果可知,该网络的网络中心势为 24.17%,表明从总体上来说,四川省跨境电商网络具有一定集中趋势,但结合上述分析可知,跨境电商各环节联系还不够紧密,仍有很多关键词间关联并不明显。

下面通过点度中心度和社会网络图继续分析四川省跨境电商政策关注的热点问题,由表 5-36 和图 5-12 可知,首先,"企业"和"平台"的点度中心度最高,分别为 50.00 和 44.64,表明它们在网络中地位最高,与其他关键词联系最紧密,可见四川省政府颁布的跨境电商政策主要是围绕它们而制定的,这与前面关键词频数分析的结果一致。其次,"免税(退税)""物流""支付""资金""外汇"等涉及跨境电商具体环节的词语的点度中心度均在 25—43 之间,说明政府对于不同环节之间联系的关注度不同。再次,"人才"的点度中心度为 27.14,显示出四川省一直面临跨境电商人才紧缺的问题,且相对于上海和杭州等城市,四川省跨境电商企业员工工资水平较低,跨境电商人才流失率也较高,显然四川省跨境电商企业处在人才紧缺和流失率高的双重困境,如果此时政府未能采取有效的解决措施,对四川省跨境电商企业而

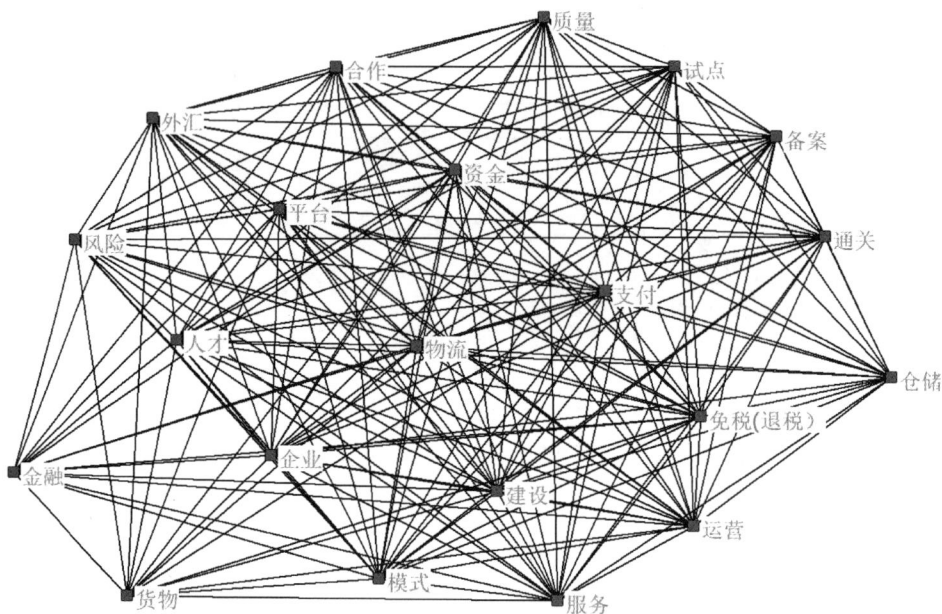

图 5-12　四川省跨境电商政策文本关键词网络图

言无异于釜底抽薪。最后，"仓储"和"金融"的点度中心度最低，分别是 9.29
和 5.36，与其他政策关键词间联系不够紧密，在跨境电商政策语义网络中地
位较低，说明政府对仓储和金融方面关注不够，而仓储作为物流发展的重要
环节，如若不能得到政府关注，会在很大程度上限制物流发展。

第五节　对策建议

一、增强跨境电商产业链上环节间的"黏合"

　　跨境电商供应链涉及物流、通关、检验检疫、税收、支付等多个环节，各
个环节的均衡发展决定了跨境电商的健康发展，因此加强跨境电商各环节
间的联系显得尤为重要。一方面，建议政府尽早建立各部门的工作联动机
制，加强各部门间的数据、资源共享，打破信息壁垒，提升工作效率；另一方
面，鼓励不同部门之间联合发文，如：在先送检后报关过程中，海关和检验检
疫总局可以联合发文，既考虑到在查验过程中可能出现的问题，也要考虑到
这些问题给后面报关过程可能带来的困难，从而实现政府对各个环节的综

合监管，避免因某个环节出现错误所引发的系统性风险。

二、加大政府对跨境电商风险的把控力度

针对政府在跨境电商发展过程中对风险把控不足的问题，一是建议创新风险监管模式，充分利用跨境电子商务安全风险监测平台，实行风险预警和风险监测；二是实行责任溯源制，能大大增强相关主体部门的责任意识，有效降低风险，为企业和消费者营造一个安全放心的市场环境；三是建议加强信用体系建设，完善跨境电子商务企业信用信息记录，建立企业信用档案，实现"一处失信，处处受限"，这也是降低风险的一种有效手段。

三、加强跨境电商技术支撑

跨境电商各环节（如交易、支付、物流等）的正常运作离不开技术的支持，因此建议加强技术与跨境电商各环节的融合，比如，利用大数据、云计算等技术，对各类平台商品交易、物流、通关等数据进行汇总分析，逐步建立多层面、多维度反映跨境电子商务运行状况的综合指数体系，形成完善的跨境电商监管体系。另外，鼓励技术创新，加强跨境电商新技术的自主研发和引进，加快成果转化。

6

第六章 基于 PMC 模型的区域跨境电商政策评价

上一章梳理了我国区域跨境电商政策文本的结构特征与关注热点,发现区域跨境电商政策工具主要以供给型和环境型为主。政府单位主要围绕"服务""物流""模式"和基础设施类等关键词来制定政策。但若仅从结构特征和关注热点两个方面对区域跨境电商政策进行量化评价,难以对各区域政策内容的侧重点进行客观对比分析。因此本章将利用跨境电商政策文本的结构特征与关注热点数据,结合具体的城市案例,运用 PMC 模型进行实证检验,并进一步对其政策进行量化评价,为后续评价其他试点城市的政策特点提供参考。本章第一节概述跨境电商政策评价模型的指标体系,第二节简介 PMC 指数的计算过程,第三节通过 PMC 模型对 4 个地区的政策文本进行评估与对比,第四节基于分析结果提出对策建议。

第一节 基于 PMC 的区域跨境电商政策评价模型

PMC 指数模型是 Ruiz Estrada 在 Omnia Mobilis 假设基础上建立的。该模型指出,一切事物都是运动的,并且相互之间存在一定的联系,因此在构建政策模型时应考虑所有可能的变量,而不能简单地选取部分认为重要的变量进行实证研究。PMC 模型不仅可以分析政策内部的一致性,还可以直观了解某一单项政策的优势和缺陷,从而有针对性地进行改进。PMC 模型的构建具体可分为四个步骤:①确定分析的政策文本;②确定评价指标体系;③计算 PMC 指数;④绘制 PMC 曲面。

一、政策文本的筛选

PMC 模型构建的关键在于评价指标的选择,要考虑到所有可能影响评价结果的变量。但 PMC 模型对政策文本没有任何特殊要求,它既可以是省级政策制度,也可以是市级或区级层面的制度。政策文本内容既可以是关于跨境电商综试区建设,也可以是涉及跨境电商供应链监管。如果一开始就按照一定的规律来筛选政策文本,可能会带有一定的主观性,进而影响评价结果的真实性。因此可以在各省市跨境电商政策文本中随机选取一项政策文本作为研究对象,政策文本详见表 6-1。

表 6-1　样本选取

序号	政策名称
1	北京市推进跨境电子商务创新发展实施意见
2	天津市邮政管理局关于印发天津市跨境电子商务快递企业管理办法的通知
3	上海出入境检验检疫局关于发布跨境电子商务检验检疫管理办法的公告
4	市政府办公室关于印发昆山市开展跨境贸易电子商务试点实施方案的通知
5	浙江省人民政府关于印发中国(杭州)跨境电子商务综合试验区实施方案的通知
6	中国(合肥)跨境电子商务综合试验区建设实施方案
7	福建省跨境贸易电子商务工作实施方案
8	青岛市商务局、财政局关于支持跨境电子商务做优做强政策措施的通知
9	河南省人民政府关于大力发展电子商务加快培育经济新动力的若干意见
10	中国(广州)跨境电子商务综合试验区实施方案
11	中国(重庆)跨境电子商务综合试验区实施方案
12	四川省人民政府办公厅关于推动跨境电子商务加快发展的实施意见
13	云南省人民政府关于进一步加快跨境电子商务发展的指导意见
14	广西关于促进全区跨境电商健康快速发展的实施意见
15	贵州省人民政府关于大力发展电子商务的实施意见
16	海南省人民政府办公厅关于推进跨境电子商务发展的意见
17	河北省人民政府办公厅印发关于推进新时代外贸高质量发展实施方案的通知
18	武汉东湖新技术开发区关于促进跨境电子商务发展的支持办法

序号	政策名称
19	吉林省人民政府办公厅关于支持跨境贸易电子商务零售出口加快发展的实施意见
20	长沙市商务局、长沙市财政局关于印发《长沙市跨境电子商务产业扶持资金管理暂行办法》的通知
21	江西省促进跨境电子商务健康快速发展工作方案
22	陕西省发展跨境电子商务实施方案
23	黑龙江省推进跨境电子商务健康快速发展工作方案
24	内蒙古自治区人民政府办公厅关于发展跨境电子商务的实施意见
25	甘肃省人民政府办公厅关于促进外贸回稳向好的实施意见
26	辽宁省人民政府办公厅关于印发辽宁省发展跨境电子商务工作方案的通知

二、政策评价指标体系的构建

结合赵杨、张永安等人的研究成果,本章选取了 9 个一级指标作为区域跨境电商政策评价指标,分别为政策性质 X_1、政策时效 X_2、政策层级 X_3、政策工具 X_4、政策内容 X_5、政策倾向 X_6、激励方式 X_7、政策领域 X_8 和作用对象 X_9。在二级指标的确立上,政策性质、政策时效和政策层级指标的具体测度可以从政策的基本属性中获得,政策工具和作用对象指标是通过前文编码得到的,政策倾向、政策内容、激励方式和政策领域指标是从文本挖掘所获得的关键词中提取的,具体指标体系详见表 6-2。

表 6-2　跨境电子商务政策评价指标体系

一级指标	二级指标		
政策性质 X_1	$(X_{1;1})$通知 $(X_{1;4})$办法	$(X_{1;2})$意见 $(X_{1;5})$其他	$(X_{1;3})$方案
政策时效 X_2	$(X_{2;1})$长期 $(X_{2;4})$临时	$(X_{2;2})$中期	$(X_{2;3})$短期
政策层级 X_3	$(X_{3;1})$省级	$(X_{3;2})$地市级	$(X_{3;3})$区县级

一级指标	二级指标		
政策工具 X_4	供给面 ($X_{4,1}$)人力资源培养 ($X_{4,2}$)科技信息支持 ($X_{4,3}$)基础设施建设 ($X_{4,4}$)资金投入 ($X_{4,5}$)公共服务	环境面 ($X_{4,6}$)目标规划 ($X_{4,7}$)金融支持 ($X_{4,8}$)税收优惠 ($X_{4,9}$)法规管制 ($X_{4,10}$)策略性措施	需求面 ($X_{4,11}$)贸易管制 ($X_{4,12}$)海外机构管理 ($X_{4,13}$)示范建设 ($X_{4,14}$)政府采购 ($X_{4,15}$)外包
政策内容 X_5	($X_{5,1}$)货物监管 ($X_{5,4}$)基础设施建设	($X_{5,2}$)供应链管理 ($X_{5,5}$)示范建设	($X_{5,3}$)资源投入 ($X_{5,6}$)运营方式
政策倾向 X_6	($X_{6,1}$)支持、鼓励 ($X_{6,4}$)规范、监管	($X_{6,2}$)加强、推动	($X_{6,3}$)优化、完善
激励方式 X_7	($X_{7,1}$)税收政策 ($X_{7,4}$)人才引进与管理	($X_{7,2}$)专项资金、 补贴或奖励	($X_{7,3}$)融资、保险
政策领域 X_8	($X_{8,1}$)经济贸易 ($X_{8,4}$)服务体系建设	($X_{8,2}$)信息化管理 ($X_{8,5}$)监管制度	($X_{8,3}$)商品流通 ($X_{8,6}$)环境
作用对象 X_9	($X_{9,1}$)政府 ($X_{9,4}$)银行和支付机构	($X_{9,2}$)企业 ($X_{9,5}$)物流企业	($X_{9,3}$)第三方平台

其中,政策性质 X_1,反映某项政策是以通知、意见、方案、办法、其他中的哪种形式颁布的;政策时效 X_2,分为长期(5 年以上)、中期(3—5 年)、短期(1—3 年)、临时(1 年以内);政策层级 X_3,包含省级、地市级和区县级 3 个级别;政策工具 X_4,具体可分为环境型、供给型和需求型 3 大类;政策内容 X_5,考察政策所关注的热点,涵盖货物监管、供应链管理、资源投入、基础设施建设、示范建设和运营方式 6 个方面;政策倾向 X_6,反映政策偏向引导型还是强制型;激励方式 X_7,表明政策主要通过哪些途径刺激跨境电商发展,具体包括税收激励、资金补贴、融资保险激励和人才引进与管理 4 个方面;政策领域 X_8,反映政策文本所涉及的具体行业,涵盖经济贸易、信息化管理、商品流通、服务体系建设、监管制度和环境 6 个领域;作用对象 X_9,考察待评价政策是否涉及政府、企业、第三方平台、银行和支付机构、物流企业等部门。

三、PMC 指数的计算及 PMC 曲面的绘制

(一)多投入产出表的编制

多投入产出表的编制是 PMC 指数计算的基础。此表是基于上一节所

构建的跨境电商政策指标体系来编制的,表的左边是 9 个一级指标,右边是一级指标所对应的 52 个二级指标。二级指标参数的设置规则为:如果政策文本中有对应二级指标表示的内容,则相应的数值记为 1,否则记为 0。PMC 模型的各个变量具有同等的重要性,因此各个二级指标的权重均相等,具体的多投入产出表详见表 6-3。

表 6-3　多投入产出表

一级指标	二级指标										
X_1	$X_{1;1}$	$X_{1;2}$	$X_{1;3}$	$X_{1;4}$	$X_{1;5}$						
X_2	$X_{2;1}$	$X_{2;2}$	$X_{2;3}$	$X_{2;4}$							
X_3	$X_{3;1}$	$X_{3;2}$	$X_{3;3}$								
X_4	$X_{4;1}$	$X_{4;2}$	$X_{4;3}$	$X_{4;4}$	$X_{4;5}$	$X_{4;6}$	$X_{4;7}$	$X_{4;8}$	$X_{4;9}$	$X_{4;10}$	$X_{4;11}$
	$X_{4;12}$	$X_{4;13}$	$X_{4;14}$	$X_{4;15}$							
X_5	$X_{5;1}$	$X_{5;2}$	$X_{5;3}$	$X_{5;4}$	$X_{5;5}$	$X_{5;6}$					
X_6	$X_{6;1}$	$X_{6;2}$	$X_{6;3}$	$X_{6;4}$							
X_7	$X_{7;1}$	$X_{7;2}$	$X_{7;3}$	$X_{7;4}$							
X_8	$X_{8;1}$	$X_{8;2}$	$X_{8;3}$	$X_{8;4}$	$X_{8;5}$	$X_{8;6}$					
X_9	$X_{9;1}$	$X_{9;2}$	$X_{9;3}$	$X_{9;4}$	$X_{9;5}$						

(二)PMC 指数的计算

PMC 指数模型的计算步骤具体可分为四步:①通过前文建立的一级指标和二级指标,得到多投入产出表;②由公式(6-1)和公式(6-2)计算二级指标的数值;③根据公式(6-3)计算一级指标的数值;④对一级指标的数值进行加总得到单项政策的 PMC 值。

$$X-N[0,1] \tag{6-1}$$

$$X=\{XP:[0,1]\} \tag{6-2}$$

$$X_t\left(\sum_{j=1}^{n}\frac{X_{tj}}{T(X_{tj})}\right) \quad t=1,2,3,4,5,\cdots\cdots \tag{6-3}$$

式(6-3)中,$t=$一级指标,$j=$二级指标。

$$PMC = \begin{bmatrix} X_1\left(\sum_{i=1}^{5}\dfrac{X_{1i}}{5}\right) + X_2\left(\sum_{j=1}^{4}\dfrac{X_{2i}}{4}\right) + X_3\left(\sum_{k=1}^{3}\dfrac{X_{3k}}{3}\right) + \\ X_4\left(\sum_{l=1}^{15}\dfrac{X_{4l}}{15}\right) + X_5\left(\sum_{m=1}^{6}\dfrac{X_{5m}}{6}\right) + X_6\left(\sum_{n=1}^{4}\dfrac{X_{6n}}{4}\right) + \\ X_7\left(\sum_{p=1}^{4}\dfrac{X_{7p}}{4}\right) + X_8\left(\sum_{q=1}^{4}\dfrac{X_{8q}}{4}\right) + X_9\left(\sum_{r=1}^{5}\dfrac{X_{9r}}{5}\right) \end{bmatrix} \qquad (6\text{-}4)$$

将区域跨境电商政策文本的 PMC 指数计算出来后,可根据指数值对其进行评级,评价标准如表 6-4 所示。

表 6-4　基于 PMC 指数值的政策等级划分

PMC 指数	0—2.856	2.857—4.423	4.424—5.99	6—6.783
评价等级	不良	可接受	优秀	完美

(三)绘制 PMC 曲面

在计算得到区域跨境电商政策的 PMC 指数后,为进一步了解单项政策的优劣,需要构建 PMC 曲面来展示模型的计算结果。构建 PMC 曲面,首先需要构建一个 PMC 矩阵,PMC 矩阵需包含一级变量的所有结果。本章共选取 9 个一级变量,恰好能够建立一个 3×3 的方阵来形成一个完整的对称曲面图。PMC 曲面计算公式如下:

$$PMC = \begin{pmatrix} X_1 & X_2 & X_3 \\ X_4 & X_5 & X_6 \\ X_7 & X_8 & X_9 \end{pmatrix} \qquad (6\text{-}5)$$

第二节　基于 PMC 的区域跨境电商政策分析

一、PMC 指数变量计算

以北京的政策文本为例,《北京市推进跨境电子商务创新发展实施意见》是北京市级单位颁布的短期政策,它采用的政策工具是"科技信息支持""公共服务""目标规划""策略性措施"和"示范建设",内容涉及供应链管理、资源投入和基础设施建设三个方面。文中表征情感特征的词既包括支持和鼓励等引导型词汇,也有优化、监管等强制性词语。涉足行业包括经济贸易、信息化建设、服务体系建设和监管制度,作用对象涵盖政府、企业和第三方平台。该政策的多投入产出详见表6-5。

表 6-5　北京市跨境电商政策的多投入产出表

一级指标值	二级指标值										
X_1	$X_{1;1}$	$X_{1;2}$	$X_{1;3}$	$X_{1;4}$	$X_{1;5}$						
P_1	0	1	0	0	0						
X_2	$X_{2;1}$	$X_{2;2}$	$X_{2;3}$	$X_{2;4}$							
P_1	0	0	1	0							
X_3	$X_{3;1}$	$X_{3;2}$	$X_{3;3}$								
P_1	1	0	0								
X_4	$X_{4;1}$	$X_{4;2}$	$X_{4;3}$	$X_{4;4}$	$X_{4;5}$	$X_{4;6}$	$X_{4;7}$	$X_{4;8}$	$X_{4;9}$	$X_{4;10}$	$X_{4;11}$
	$X_{4;12}$	$X_{4;13}$	$X_{4;14}$	$X_{4;15}$							
P_1	0	1	0	0	1	1	0	0	0	1	0
	0	1	0	0							
X_5	$X_{5;1}$	$X_{5;2}$	$X_{5;3}$	$X_{5;4}$	$X_{5;5}$	$X_{5;6}$					
P_1	0	1	1	1	0	0					
X_6	$X_{6;1}$	$X_{6;2}$	$X_{6;3}$	$X_{6;4}$							
P_1	1	0	1	1							
X_7	$X_{7;1}$	$X_{7;2}$	$X_{7;3}$	$X_{7;4}$							
P_1	0	0	0	0							
X_8	$X_{8;1}$	$X_{8;2}$	$X_{8;3}$	$X_{8;4}$	$X_{8;5}$	$X_{8;6}$					
P_1	1	1	0	1	1	0					
X_9	$X_{9;1}$	$X_{9;2}$	$X_{9;3}$	$X_{9;4}$	$X_{9;5}$						
P_1	1	1	1	0	0						

二、PMC 指数的计算

由公式(6-4)和表6-5的投入产出表,计算26项区域跨境电商政策文本的 PMC 指数,结果见表6-6。

表 6-6　26 项政策的 PMC 指数

评价指标	X₁	X₂	X₃	X₄	X₅	X₆	X₇	X₈	X₉	PMC 指数值	评价等级
P_1	0.20	0.25	0.33	0.33	0.50	0.75	0.00	0.67	0.60	3.63	可接受
P_2	0.20	0.25	0.33	0.13	0.50	0.25	0.25	0.67	0.40	2.98	可接受
P_3	0.20	0.25	0.33	0.07	0.33	0.25	0.00	0.50	0.40	2.33	不良
P_4	0.20	0.25	0.33	0.47	0.67	0.75	0.75	0.50	0.80	4.71	优秀
P_5	0.20	0.25	0.33	0.47	0.83	0.75	0.50	0.67	1.00	5.00	优秀
P_6	0.20	0.25	0.33	0.60	1.00	0.75	0.75	0.50	0.80	5.18	优秀
P_7	0.20	0.25	0.33	0.47	0.67	1.00	1.00	0.67	0.80	5.38	优秀
P_8	0.20	0.25	0.33	0.33	0.67	0.75	0.25	0.50	0.80	4.08	可接受
P_9	0.20	0.25	0.33	0.40	0.83	1.00	0.25	0.50	1.00	4.76	优秀
P_{10}	0.20	0.25	0.33	0.67	1.00	0.75	0.75	0.83	1.00	5.78	优秀
P_{11}	0.20	0.25	0.33	0.60	1.00	1.00	0.75	1.00	1.00	6.13	完美
P_{12}	0.20	0.25	0.33	0.40	0.83	1.00	0.75	0.83	0.80	5.40	优秀
P_{13}	0.20	0.25	0.33	0.40	1.00	1.00	0.5	0.67	1.00	5.35	优秀
P_{14}	0.20	0.25	0.33	0.40	0.83	0.75	0.75	0.83	1.00	5.35	优秀
P_{15}	0.20	0.25	0.33	0.27	0.83	1.00	0.25	0.67	0.60	4.40	可接受
P_{16}	0.20	0.25	0.33	0.47	1.00	0.75	0.75	0.83	0.60	5.18	优秀
P_{17}	0.20	0.25	0.33	0.27	0.67	0.50	0.25	0.50	0.60	3.56	可接受
P_{18}	0.20	0.25	0.33	0.27	0.50	0.25	0.75	0.33	0.80	3.68	可接受
P_{19}	0.20	0.25	0.33	0.67	0.83	1.00	1.00	0.67	1.00	5.95	优秀
P_{20}	0.20	0.25	0.33	0.40	0.83	0.75	0.75	0.50	0.60	4.61	优秀
P_{21}	0.20	0.25	0.33	0.67	1.00	1.00	0.75	0.83	1.00	6.03	完美
P_{22}	0.20	0.25	0.33	0.40	0.50	1.00	0.75	0.67	0.60	4.70	优秀
P_{23}	0.20	0.25	0.33	0.60	0.67	1.00	0.5	0.50	1.00	5.05	优秀
P_{24}	0.20	0.25	0.33	0.67	0.83	1.00	1	0.67	1.00	5.95	优秀
P_{25}	0.20	0.25	0.33	0.27	0.50	0.50	0.25	0.17	0.40	2.86	可接受
P_{26}	0.20	0.25	0.33	0.47	0.67	0.75	0.75	0.50	1.00	4.91	优秀

由表 6-6 的结果可知,26 项区域跨境电商政策中处于"优秀"级别的政

策文本最多,占比 61.53%,其次是"可接受"级别的政策文本,占比 26.92%,处于"完美"和"不良"级别的政策文本最少,分别占比 7.69% 和 3.86%。总体来看,区域跨境电商政策涉及范围较广,涵盖经济、环境、服务体系建设等多个方面,政策工具类型多样,供给、环境、需求型均有涉及,政策内容也较为丰富。

从具体的政策来看,评价等级为"完美"的政策分别是《中国(重庆)跨境电子商务综合试验区实施方案》和《江西省促进跨境电子商务健康快速发展工作方案》,二者在一级指标 X_5、X_6、X_9 上的得分均较高,说明这两项政策内容较为丰富,涵盖跨境电商经营主体培育、创新通关模式、建立示范企业和平台、完善风险防范机制、加强行业自律和合作、加大资金投入等多个方面,并且既有规范、监管等强制性词汇,也有支持、鼓励等引导性词语。此外,该项政策对政策作用对象考虑得较为全面,政策调控范围较为广泛。

评价等级为"不良"的政策条文为《上海出入境检验检疫局关于发布跨境电子商务检验检疫管理办法的公告》,其得分较低的原因是该政策由上海出入境检验检疫局所颁布,属于专项政策,政策内容仅涉及跨境电商检验检疫环节监管的具体办法,内容单一。因此,该政策多项二级指标的参数值均为 0,导致 PMC 指数得分也较低。

评价等级为"可接受"的政策文本共有 7 项。总体来看,这 7 项政策在 X_5 上的得分较高,可见这 7 项政策文本的内容较为丰富。结合政策原文,这 7 项政策文本内容主要围绕培育电商企业、提供综合服务、创新跨境电子商务模式和分配专项资金等方面来展开。然而,这 7 项政策在一级指标 X_4、X_7 上的得分较低,说明政策工具和激励措施的类型较为单一。综合相应的二级指标,这些政策大多采用基础设施建设和法规管制,其他政策工具的使用较少,并且在人才、资金、税收等激励政策上有所欠缺,最终导致得分偏低。

第三节　基于 PMC 的区域跨境电商政策影响因素分析

一、基于 PMC 的重庆市跨境电商政策影响因素分析

为了更加直观地展现区域跨境电商政策文本的 PMC 指数结果,现结合一级指标数据绘制相应的 PMC 曲面图,以可视化的方式呈现政策优劣(见图 6-1)。

由图 6-1 可知,重庆市跨境电商政策的 PMC 指数为 6.13,其中政策内容 X_5、政策倾向 X_6、政策领域 X_8 和作用对象 X_9 等一级指标的得分均为 1,说明这项政策在制定的时候考虑得比较全面,所对应的作用对象较为丰富,作用领域也较为广泛。与此相对地,政策工具 X_4 和激励方式 X_7 的得分分别为 0.6 和 0.75,可见该项政策中有许多类型的政策工具尚未被使用,且资金支持不足。如果要对该项政策进行改进,可以从这两个角度进行完善。通过增加政策工具的种类或者采取多样化的激励政策,以此提高政策文本 PMC 指数得分。

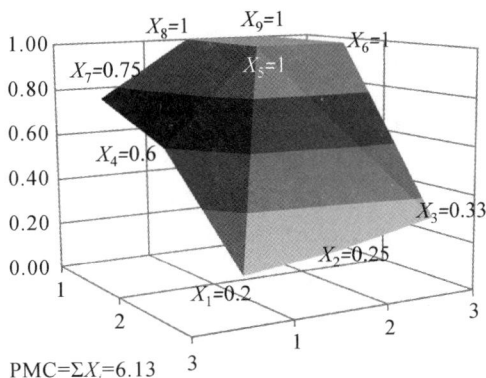

图 6-1　重庆市跨境电商政策 P_{11} 的 PMC 曲面

为了更好地从全局视角了解重庆市区域跨境电商政策的具体情况,现结合投入产出表进行详细分析(其中政策性质 X_1、政策时效 X_2、行政级别 X_3 具有互斥性,一级指标取值均相等,故忽略),结果如表 6-7 所示。

在政策工具方面,供给型和环境型政策工具使用较为频繁。除公共服务 $X_{4,5}$ 和税收优惠 $X_{4,8}$ 外,其他政策工具的得分均为 1。这说明重庆市政府主要通过提供行业发展所需要的资源条件和构建一个良好的竞争环境两个方面来促进跨境电商的发展。但重庆市对于需求型政策工具的使用较为单一,仅使用了"示范建设",其他二级指标的得分均为 0,表明该项跨境电商政策文本存在政策工具结构不均衡的问题,应适当增加需求型政策工具的使用[1]以便发挥出更好的效果。

在激励方式上,税收政策 $X_{7,1}$,专项资金、补贴或奖励 $X_{7,2}$,人才引进与

---

[1]　有关政策工具结构不均衡问题,可参考刘晓彤:《基于文本挖掘的国家创业政策主题演变与协调性分析》,山西财经大学 2018 年硕士学位论文。

管理 $X_{7,4}$ 的得分均为 1。与之相对地,融资、保险 $X_{7,3}$ 的得分为 0,即该项政策未采用融资或保险方式为企业提供资金支持。因此,在继续保持税收、资金和人才政策的条件下,可以适当为企业提供融资,能够进一步提升该项政策的效果。

表 6-7　重庆市跨境电商政策的投入产出表

一级指标值	二级指标值										
X_4	$X_{4,1}$ $X_{4,12}$	$X_{4,2}$ $X_{4,13}$	$X_{4,3}$ $X_{4,14}$	$X_{4,4}$ $X_{4,15}$	$X_{4,5}$	$X_{4,6}$	$X_{4,7}$	$X_{4,8}$	$X_{4,9}$	$X_{4,10}$	$X_{4,11}$
P_{11}	1 0	1 1	1 0	1 0	0	1	1	0	1	1	0
X_5	$X_{5,1}$	$X_{5,2}$	$X_{5,3}$	$X_{5,4}$	$X_{5,5}$	$X_{5,6}$					
P_{11}	1	1	1	1	1	1					
X_6	$X_{6,1}$	$X_{6,2}$	$X_{6,3}$	$X_{6,4}$							
P_{11}	1	1	1	1							
X_7	$X_{7,1}$	$X_{7,2}$	$X_{7,3}$	$X_{7,4}$							
P_{11}	1	1	0	1							
X_8	$X_{8,1}$	$X_{8,2}$	$X_{8,3}$	$X_{8,4}$	$X_{8,5}$	$X_{8,6}$					
P_{11}	1	1	1	1	1	1					
X_9	$X_{9,1}$	$X_{9,2}$	$X_{9,3}$	$X_{9,4}$	$X_{9,5}$						
P_{11}	1	1	1	1	1						

二、基于 PMC 的浙江省跨境电商政策影响因素分析

为了更加直观地展现 PMC 指数结果,现结合一级指标数据绘制相应的 PMC 曲面图,以可视化的方式呈现政策优劣(见图 6-2)。

由图 6-2 可知,浙江省跨境电商政策文本的 PMC 指数为 4.83,等级为"优秀"。其中,作用对象 X_9 和政策内容 X_5 的得分较高,分别为 1 和 0.83,说明该项政策作用于政府、企业等多个主体,包含主体培育、货物监管、供应链管理等多个方面的内容。政策工具 X_4 和激励方式 X_7 的得分分别为 0.47和 0.5,可见该项政策所使用的政策工具多样性不足,政府采取的激励措施也相对较少。如果要对该项政策进行改进,可优先从这两方面着手。通过增加缺失政策工具的使用或出台更多的资金和人才政策来进一步刺激浙江

省跨境电商行业的发展。

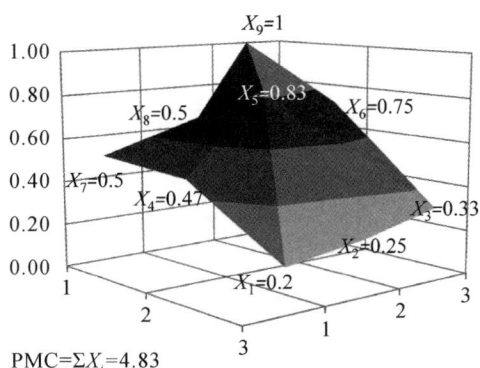

图6-2 浙江省跨境电商政策 P₅ 的 PMC 曲面

为了更好地从全局视角了解浙江省区域跨境电商政策的具体情况，现结合投入产出表进行详细分析，结果如表 6-8 所示。

前文已提到，政策工具 X_4 和激励方式 X_7 是导致浙江省 PMC 指数得分下滑的主要原因。在政策工具方面，首先是环境型政策工具的使用频率较高，仅税收优惠一项未被使用。其次是供给型政策工具，资金投入 $X_{4:4}$ 和公共服务 $X_{4:5}$ 的得分均为 0，即浙江省政府从未采取直接的资金支持或建设公共服务平台等措施来支持跨境电商的发展。而在需求型政策工具的使用上，该政策的得分均为 0，可见浙江省政府对需求型政策工具的拉动作用不够重视。为了更好地发挥政策工具的效果，可以适当增加需求型政策工具的使用，如通过开展试点或政府购买服务的形式推动跨境电商发展。

在激励方式上，税收政策 $X_{7:1}$ 和人才引进与管理 $X_{7:4}$ 的得分均为 1。与之相对地，专项资金、补贴或奖励 $X_{7:2}$ 和融资、保险 $X_{7:3}$ 的得分为 0，即该项政策未通过设立专项资金或融资为企业提供资金支持。因此，为了增强政策效果，建议政府通过建立专项资金或鼓励银行为跨境电商企业提供融资，促进跨境电商行业的发展。

表 6-8　浙江省跨境电商政策的投入产出表

一级指标值	二级指标值										
X_4	$X_{4;1}$ $X_{4;2}$ $X_{4;3}$ $X_{4;4}$ $X_{4;5}$ $X_{4;6}$ $X_{4;7}$ $X_{4;8}$ $X_{4;9}$ $X_{4;10}$ $X_{4;11}$ $X_{4;12}$ $X_{4;13}$ $X_{4;14}$ $X_{4;15}$
P_5	1　1　1　0　0　1　1　0　1　1　0 0　0　0　0
X_5	$X_{5;1}$　$X_{5;2}$　$X_{5;3}$　$X_{5;4}$　$X_{5;5}$　$X_{5;6}$
P_5	1　1　1　1　0　1
X_6	$X_{6;1}$　$X_{6;2}$　$X_{6;3}$　$X_{6;4}$
P_5	1　0　1　1
X_7	$X_{7;1}$　$X_{7;2}$　$X_{7;3}$　$X_{7;4}$
P_5	1　0　0　1
X_8	$X_{8;1}$　$X_{8;2}$　$X_{8;3}$　$X_{8;4}$　$X_{8;5}$　$X_{8;6}$
P_5	0　1　0　1　1　1
X_9	$X_{9;1}$　$X_{9;2}$　$X_{9;3}$　$X_{9;4}$　$X_{9;5}$
P_5	1　1　1　1　1

三、基于 PMC 的湖北省跨境电商政策评价影响因素分析

为了更加直观地展现 PMC 指数结果,现结合一级指标数据绘制相应的 PMC 曲面图,以可视化的方式呈现政策优劣(见图 6-3)。

由图 6-3 可知,《武汉东湖新技术开发区关于促进跨境电子商务发展的支持办法》的 PMC 指数为 3.68,等级为"可接受"。其中,激励方式 X_7 和作用对象 X_9 的得分较高,分别为 0.8 和 0.75,可见该项政策作用于政府和企业等多个主体,并且出台了较多的税收、资金和人才政策来刺激跨境电商发展。与之相对地,政策工具 X_4、政策倾向 X_6 和政策领域 X_8 的得分较低,分别为 0.27、0.25 和 0.33,说明该项政策所采取的政策工具单一,与其他行业的联系不够紧密,情感特征也不够显著。如果要对该项政策进行改进,可以从这三个方面来进行,如增加该政策所缺失的政策工具或在文本中多使用鼓励、完善等带有情感特征的词汇,进一步提高湖北省跨境电商政策文本的 PMC 指数得分。

为了更好地从全局视角了解湖北省区域跨境电商政策的具体情况,现结合投入产出表进行详细分析,结果如表 6-9 所示。

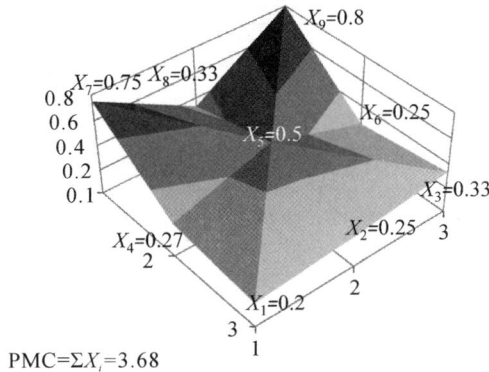

图 6-3 湖北省跨境电商政策 P_{18} 的 PMC 曲面

根据前文的结论，政策工具 X_4、政策领域 X_8 和政策倾向 X_6 是导致湖北省跨境电商政策得分较低的主要原因。在政策工具方面，基础设施建设 $X_{4,3}$、资金投入 $X_{4,4}$、公共服务 $X_{4,5}$ 和示范建设 $X_{4,13}$ 的指标值均为 1，其他二级指标的得分为 0，反映武汉东湖新技术开发区政府在支持跨境电商行业发展时倾向于提供资金、服务和平台等条件，但未考虑采取人才引进和税收优惠等支持政策，导致企业发展跨境电商的热情不足。此外，在跨境电商发展的起步阶段，政府购买、外包等需求型政策工具的使用可以减少跨境零售产品在初期进入市场的不确定性，降低企业的经营风险。因此，为了更好地发挥政策效果，建议湖北省政府增加环境和需求型政策工具的使用，以优化跨境电商政策工具结构。

在政策倾向上，除加强、推动 $X_{6,2}$ 外，其他二级指标的得分均为 0。这说明在该项跨境电商政策中，政府以鼓励、支持的态度为主，没有采取强制性措施。在政策领域方面，经济贸易 $X_{8,1}$ 和环境 $X_{8,6}$ 为该政策的主要应用领域。与之相对地，信息化管理 $X_{8,2}$、商品流通 $X_{8,3}$、服务体系建设 $X_{8,4}$ 和监管制度 $X_{8,5}$ 这几个指标的数值为 0。总体来看，该政策的作用领域还较为局限，未涉及信息化监管系统或服务体系的建设。对于湖北省来说，扩展跨境电商政策的作用领域和尽可能采用多样化的政策工具，是提升湖北省跨境电商发展的主要方案。

表 6-9 湖北省跨境电商政策的投入产出表

一级指标值	二级指标值										
X_4	$X_{4;1}$	$X_{4;2}$	$X_{4;3}$	$X_{4;4}$	$X_{4;5}$	$X_{4;6}$	$X_{4;7}$	$X_{4;8}$	$X_{4;9}$	$X_{4;10}$	$X_{4;11}$
	$X_{4;12}$	$X_{4;13}$	$X_{4;14}$	$X_{4;15}$							
P_{18}	0	0	1	1	1	0	0	0	0	0	0
	0	1	0	0							
X_5	$X_{5;1}$	$X_{5;2}$	$X_{5;3}$	$X_{5;4}$	$X_{5;5}$	$X_{5;6}$					
P_{18}	0	1	1	1	0	0					
X_6	$X_{6;1}$	$X_{6;2}$	$X_{6;3}$	$X_{6;4}$							
P_{18}	0	1	0	0							
X_7	$X_{7;1}$	$X_{7;2}$	$X_{7;3}$	$X_{7;4}$							
P_{18}	1	1	1	0							
X_8	$X_{8;1}$	$X_{8;2}$	$X_{8;3}$	$X_{8;4}$	$X_{8;5}$	$X_{8;6}$					
P_{18}	1	0	0	0	0	1					
X_9	$X_{9;1}$	$X_{9;2}$	$X_{9;3}$	$X_{9;4}$	$X_{9;5}$						
P_{18}	1	1	1	0	1						

四、基于 PMC 的上海市跨境电商政策评价影响因素分析

为了更加直观地展现 PMC 指数结果，现结合一级指标数据绘制相应的 PMC 曲面图，以可视化的方式呈现政策优劣（见图 6-4）。

由图 6-4 可知，上海市跨境电商政策的 PMC 指数为 2.33，等级为"不良"。其得分较高的一级指标为政策领域 X_8 和作用对象 X_9，得分分别为 0.5 和 0.4，说明这项政策作用于政府和企业等不同的主体，作用领域相对广泛。与之相对地，政策倾向 X_6 和激励方式 X_7 的得分仅为 0.25 和 0，表明该项政策情感不够丰富，并且未采取专项资金、融资或人才激励政策。如果要对该项政策进行改进，可以通过增加具有情感特征的词汇或利用激励政策来提高上海市跨境电商政策文本的 PMC 指数得分。

为了更好地从全局视角了解上海市区域跨境电商政策的具体情况，现结合投入产出表进行详细分析，结果如表 6-10 所示。

通过前面的分析可知，政策倾向 X_6 和激励方式 X_7 的数值偏低是导致上海市跨境电商政策效果不理想的主要原因。具体来看，在政策倾向方面，

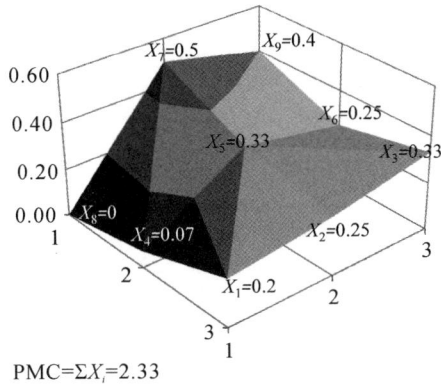

PMC=ΣX_i=2.33

图-4 上海市跨境电商政策 P_{11} 的 PMC 曲面

规范、监管 $X_{6;4}$ 的指标值为 1，而其他二级指标均为 0，说明政府的态度以强制性为主。结合政策内容来看，该项政策是针对检验检疫机构对跨境电子商务实施企业备案、商品备案查验等事宜的规定，政策倾向较为局限。因此其对 PMC 指数的贡献较小。

在激励方式上，税收政策 $X_{7;1}$、专项资金、补贴或奖励 $X_{7;2}$、融资、保险 $X_{7;3}$、人才引进与管理 $X_{7;4}$ 等二级指标的得分均为 0，即该项政策没有采取任何的激励政策。由政策内容可知，该项政策是关于检验检疫方面的专项监管类政策。作为一个专项政策，其政策内容单一，情感因素单调是导致该项政策 PMC 指数的得分较低的主要原因。

表 6-10 上海市跨境电商政策的投入产出表

一级指标值	二级指标值										
X_4	$X_{4;1}$	$X_{4;2}$	$X_{4;3}$	$X_{4;4}$	$X_{4;5}$	$X_{4;6}$	$X_{4;7}$	$X_{4;8}$	$X_{4;9}$	$X_{4;10}$	$X_{4;11}$
	$X_{4;12}$	$X_{4;13}$	$X_{4;14}$	$X_{4;15}$							
P_3	0	0	0	0	0	0	0	0	1	0	0
	0	0	0	0							
X_5	$X_{5;1}$	$X_{5;2}$	$X_{5;3}$	$X_{5;4}$	$X_{5;5}$	$X_{5;6}$					
P_3	1	0	0	0	0	1					
X_6	$X_{6;1}$	$X_{6;2}$	$X_{6;3}$	$X_{6;4}$							
P_3	0	0	0	1							

一级指标值	二级指标值					
X_7	$X_{7:1}$	$X_{7:2}$	$X_{7:3}$	$X_{7:4}$		
P_3	0	0	0	0		
X_8	$X_{8:1}$	$X_{8:2}$	$X_{8:3}$	$X_{8:4}$	$X_{8:5}$	$X_{8:6}$
P_3	0	1	1	0	1	0
X_9	$X_{9:1}$	$X_{9:2}$	$X_{9:3}$	$X_{9:4}$	$X_{9:5}$	
P_3	1	1	0	0	0	

五、基于 PMC 的地区跨境电商政策评价对比分析

为了更加清晰地对比地区跨境电商政策的得分差异,选取上述重庆市、浙江省、湖北省和上海市 4 个地区的跨境电商政策进行比较,具体见表 6-11。

表 6-11　4 项政策的 PMC 指数

	P_{11}	P_5	P_{18}	P_3	均值
政策性质 X_1	0.2	0.2	0.2	0.2	0.2
政策时效 X_2	0.25	0.25	0.25	0.25	0.25
行政级别 X_3	0.33	0.33	0.33	0.33	0.33
政策工具 X_4	0.6	0.47	0.27	0.07	0.42
政策内容 X_5	1	0.83	0.5	0.33	0.7
政策倾向 X_6	1	0.75	0.25	0.25	0.6
激励方式 X_7	0.75	0.5	0.75	0	0.55
政策领域 X_8	1	0.67	0.33	0.5	0.67
作用对象 X_9	1	1	0.8	0.4	0.8
PMC 指数	6.13	4.83	3.68	2.33	……
排名	1	14	21	26	……

依据 PMC 指数及 PMC 曲面的数据结果,这 4 项地区跨境电商政策涵盖了"完美、优秀、可接受及不良"四个等级。整体来看,4 项政策中政策内容 X_5 和作用对象 X_9 的平均值较高,说明区域跨境电商政策的制定涵盖了基础设施建设、资源支持、供应链管理等多个方面的内容,并且政策的作用对

象较为广泛,包含企业、第三方平台和政府、银行和支付机构、物流企业等多个主体。相对而言,政策工具 X_4 和政策倾向 X_6 的分值较低,一方面,反映了区域跨境电商政策工具多样性相对不足,较多类型的政策工具从未被采用;另一方面,则反映出当前跨境电商政策以激励型或强制型政策为主,政策组合使用的情况较少。

从单项政策来看,政策 P_{11} 的 PMC 指数为 6.13,居第 1 位,等级为"完美",其各项一级指标值均高于平均值,说明该项政策无论是从工具的使用还是从政策内容、激励方式方面均较为全面。政策 P_5 的 PMC 指数为 4.83,指数排名第 14 位,等级为"优秀",除激励方式 X_7 外,其他指标的得分均超过平均值,说明该项政策文本中缺乏强制性或引导型词汇,情感倾向不明显。政策 P_{18} 的 PMC 指数为 3.68,指数排名第 21 位,等级为"可接受"。其在政策工具、政策内容、政策倾向和政策领域上的得分均较低,尤其是政策倾向 X_6 上,得分和均值相差达到 0.35。政策 P_3 的 PMC 指数为 2.13,排名处于最末位置,是所有政策文本中唯一等级为"不良"的政策。除政策性质 X_1、政策时效 X_2 和行政级别 X_3 外,该政策的其他一级指标均低于均值,尤其是激励方式 X_7,其得分与均值的差异高达 0.55。

为了更加清晰地分析 4 项政策差异的来源情况,现结合投入产出表进行详细分析。从表 6-7 至表 6-10 可以看出,4 项政策在政策工具 X_4、政策内容 X_5、政策倾向 X_6、激励方式 X_7、政策领域 X_8、作用对象 X_9 等方面均存在一定的差异,具体分析如下。

(1)在政策工具方面,首先,政策 P_{11} 得分为 0.6,政策文本共含有 9 项政策工具。结合政策内容,发现该政策是关于重庆综试区建设的方案,属于综合性政策文件,因此政策工具使用相对较多。其次,政策 P_{18} 得分为 0.27,与 P_{11} 得分相差 0.33。P_{18} 是《武汉东湖新技术开发区关于促进跨境电子商务发展的支持办法》,从内容上看,该政策从供给角度为本区跨境电商发展提供平台、资金、服务等条件,因此搭配使用"基础设施建设""资金投入""公共服务"和"示范建设"这 4 项政策工具,来实现本区跨境电商快速发展的政策目标。政策 P_3 得分为 0.07,与政策 P_{11} 相比,相差 0.53。从二级指标可以看出,P_3 仅采取了一项"法规管制"。原因在于,P_3 是《上海出入境检验检疫局关于发布跨境电子商务检验检疫管理办法的公告》,它是为规范上海跨境电子商务检验检疫监督工作而制定的专项政策,规定了企业和商品备案、申报和查验、风险监测和监督管理等事项,相对于 P_{11} 而言是针对性较强的一项政策。

（2）在政策内容方面，政策 P_5 在示范建设上的得分低于政策 P_{11}。这是因为浙江省在综试区建设方案中，主要强调两平台六体系的建设，并未对其他方面的建设改革做出明确规定。政策 P_{18} 在货物监管、示范建设和运营方式上的得分低于 P_{11}，产生这一现象的原因是 P_{18} 是通过资金扶持等方式支持本区企业发展跨境电商的政策文本，对于后续行业的运营和监管，该政策并未做出具体规定。政策 P_3 提出了商品备案或风险防控的监管措施，因此在货物监管和运营方式上的得分与 P_{11} 相等，而其他二级指标的得分均为 0。

（3）在政策倾向方面，政策 P_5 低于 P_{11} 的仅有加强、推动（$X_{6:2}$）这一项，说明重庆市的跨境电商政策以引导型为主。政策 P_{18} 则恰恰相反，它仅有 $X_{6:2}$ 这一项与 P_{11} 相等，其他二级指标的得分均低于 P_{11}，说明武汉东湖新技术开发区虽然为本区跨境电商的发展提供了直接的资金扶持，但对受益企业的要求比较严格。政策 P_3 中只有规范、监管 $X_{6:4}$ 的得分为 1，其他二级指标的得分均为 0。由此可见，政策 P_3 倾向于对本地规范上海跨境电子商务检验检疫监督工作，因此强制性政策出现次数较多。

（4）在激励方式上，政策 P_{11} 在 $X_{7:3}$ 上的得分为 0，其他二级指标均为 1。这是因为，在 P_{11} 中并未涉及为本地企业发展跨境电商提供融资服务的条文。政策 P_{18} 在激励方式上得分为 0.67，但与 P_{11} 的区别在于它在 $X_{7:4}$ 上的得分较低，原因是在政策文本中没有直接涉及人才引进与管理的相关内容。而政策 P_5 在 $X_{7:2}$、$X_{7:3}$ 上的得分均为 0，说明它未建立专项资金或通过融资形式吸引企业发展跨境电商，导致最终在激励方式上的得分较低，仅为 0.5。

（5）在政策领域 X_8 中，政策 P_{11} 的得分为 1，可见它涵盖了经济贸易、信息化建设和商品流通等多个领域。相对而言，政策 P_5 在经济贸易 $X_{8:1}$ 和商品流通 $X_{8:3}$ 上的得分低于政策 P11 的得分。这是因为，P_5 中提及建立信息共享体系、创新跨境电子商务金融服务和物流服务、创新跨境电子商务监管制度等内容，但对经济贸易和商品流通并未说明。政策 P_{18} 主要是利用补贴的形式支持企业入区发展、扩大业务规模和提升仓储环境，因此在经济贸易 $X_{8:1}$ 和环境 $X_{8:6}$ 上的得分与 P11 相等。政策 P_3 在经济贸易 $X_{8:1}$、服务体系建设 $X_{8:4}$ 和 $X_{8:6}$ 环境上的得分低于 P_{11}，结合政策内容可知，政策 P_3 仅提出要对商品备案进行电子化管理，而未涉及经济贸易和创新服务等内容。

（6）在作用对象上，政策 P_{11} 和 P_5 的得分均为 1，作用对象包含政府、企业、第三方平台、银行和支付机构、物流企业 5 大类主体。政策 P_{18} 在银行和

支付机构 $X_{9:4}$ 上的得分低于 P_{11}，说明 P_{18} 对跨境电商的支付环节没有做出明确规定。政策 P_3 是关于规范上海市跨境电商检验检疫工作的专项政策，主要是要求相应的政府部门执行监管要求，同时也离不开企业的配合。因此它在政府 $X_{9:1}$、企业 $X_{9:2}$ 两个指标上的得分为 1。

第四节　对策建议

一、优化跨境物流服务水平

加快建设国际寄递物流服务网络，切实提高国际产业链供应链一体化服务能力。鼓励邮政快递企业与跨境电商企业共商共建团体标准，提高服务可靠性，提供全程跟踪查询、退换货、丢损赔偿、拓展营销、融资、仓储等增值服务。积极构建航空货运供求信息共享机制，探索组建航空货运包机平台公司，提升货源组织能力。积极争取国际航空货运服务关口前移、开通空陆联运海关绿色通道等政策支持。加快开辟面向日韩等地区国际快船运输新通道，提升海运运力。支持跨境电商仓储物流企业拓展国际海、空货运专线。

二、加大财政金融支持

强化政策引导激励，统筹用好国家和省相关资金，加大对跨境电商重点项目、重点企业、重要环节的扶持力度。支持银行等金融机构接入跨境电商公共服务平台，便利跨境电商经营主体收付汇。鼓励有资质的保险机构为跨境电商企业、外贸综合服务平台提供出口信用保险服务，加强信用保险承保支持。积极探索跨境电商业务信保保单融资模式创新，解决企业的资金需求问题。

三、推进跨境电商综试区改革建设新任务

结合工作计划，定位好中长期跨境电商发展方向，着重补齐短板、拉长长板，推动各综试区资源共享、错位发展。加快破解瓶颈问题，积极探索 B2B、B2B2C 模式。探索跨境电商全口径的认定和统计方案，准确跟踪把脉跨境电商发展态势。进一步加大政策与制度供给，加强产业、贸易、科技、金

融等领域对跨境电商的政策引导,优化跨境电商发展的政策环境。

四、完善风险防控体系以及明确风险类型

针对跨境电子商务风险关注不足的问题,一是建议通过建立信用监管制度和对风险进行分级,来完善跨境电子商务风险防控体系;二是政府可考虑组织开展跨境电子商务全流程的专业风险分析①,有效防控经济风险、交易风险、技术风险等各类风险因素,营造一个竞争有序的环境。

---

① 有关完善风险防控体系的政府措施,可参考《杭州市人民政府办公厅关于印发中国(杭州)跨境电子商务综合试验区管理办公室主要职责内设机构和人员编制规定的通知》,杭州市人民政府公报,2016(1):35—37.

7

第七章 政策组合对跨境电商产业规模效应的影响研究

由政府干预理论可知,在经济发展初期,需要由政府主导资源配置和经济发展。考虑到当前跨境电商正处于发展初期,市场运行机制尚未形成,很大程度上需要政府主导跨境电商资源配置和发展。因此,为了推动跨境电商产业的健康快速发展,近年来,我国各级政府颁布了一系列跨境电商新政策、新规范。尤其是2013年8月,商务部、发展改革委、财政部、人民银行、海关总署等八部委联合出台《关于实施支持跨境电子商务零售出口有关政策的意见》(以下简称《意见》),提出对跨境电商收结汇、税收、支付等给予支持(梁楠和房婷婷,2014)。随后,各大部委根据《意见》要求也相继出台相应的配套政策措施,这些政策深入到跨境电商的方方面面,如税收优惠、科技信息支持、企业管理、基础设施建设等,形成了以供给型政策、需求型政策和环境型政策协同实施的政策系统。政策系统具有互动性和动态性特征,监管部门制定的单一跨境电商政策容易受到其他政策工具的影响,实施效果往往偏离预定目标,无法对跨境电商发展起到有效的推动作用,这就要求政府选择合适的政策组合来解决跨境电商发展中的问题,以发挥政策的最大效应(徐喆和李春艳,2017;郭雯等,2018)。故而,有必要充分认识跨境电商政策组合现状,剖析不同组合政策的执行效果,对于提升跨境电商政策组合选择的科学性具有重要意义。

因此,本章第一节分析三维视角下的跨境电商政策组合内容;第二节剖析跨境电商政策组合特征;第三节研究政策组合对跨境电商产业规模效应的影响;第四节基于分析结果提出相关的对策建议。

第一节 基于三维视角的跨境电商政策组合内容分析

一、跨境电商政策组合分析框架

由前述概念界定可知,政策组合是为实现政策目标而采取不同效力的政策工具的动态集合。显然,跨境电商政策组合的基本要素,不仅包括政策工具,还包含政策目的和政策效力。因此,仅仅通过政策工具维度并不能准确刻画跨境电商政策组合的整体内容,还需要考虑跨境电商政策力度及其所要实现的目的。

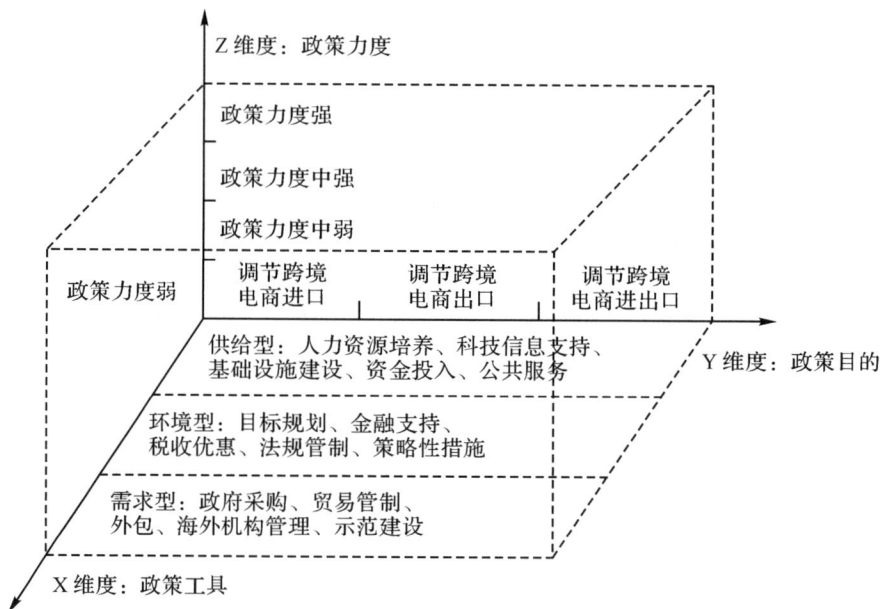

图 7-1 跨境电商政策组合三维分析框架

鉴于此,围绕跨境电商政策组合概念,从政策工具、政策目的和政策力度三个维度刻画我国跨境电商政策组合内容,如图 7-1 所示。其中:X 轴为政策工具类型,供给型、环境型和需求型;Y 轴为政策目的,调节跨境电商进口、出口和进出口;Z 轴为政策力度,政策力度强、政策力度中强、政策力度中弱、政策力度弱。

(一)X 维度:政策工具

政策工具是指政府制定政策时为实现政策意图而采用的方法和手段。根据政策工具理论,参照 Rothwell 和 Zegveld 的思想,根据作用方式的不同,将跨境电商政策工具分为供给型、环境型和需求型。具体各类型政策工具的细分与含义在第四章中已阐明,此处不再赘述,详见表 4-1、表 4-2、表 4-3。

(二)Y 维度:政策目的

跨境电商政策的制定是为了规范、影响和引导我国跨境电商产业与不同国家之间的贸易往来,显然跨境电商政策的主要目的是调节跨境电商进口、出口以及进出口。其中,跨境电商进口(出口)政策是指政府为规范和引导跨境电商进口(出口)而采取的措施;与之不同,跨境电商进出口政策是指政府为规范和引导跨境电商整个行业所采取措施的总称,即没有明显倾向于调节跨境电商出口或进口的政策。

(三)Z 维度:政策力度

政策力度反映了政府所制定政策和实施政策的法律效力。根据国务院《规章制定程序条例》和彭纪生等对政策力度的划分,结合我国跨境电商政策类型的实际分布情况,将跨境电商政策力度分为以下几类(见表 7-1):第一类政策力度强,对应文种类型为全国人民代表大会及其常务委员会颁布的法律;第二类政策力度中强,对应文种类型包括规范、批复、函、规划和工作要点;第三类政策力度中弱,主要包括意见、措施和细则类文种;第四类政策力度弱,文种类型是通知、公告和说明。

表 7-1　政策力度

政策力度	政策类型
政策力度强	全国人民代表大会及其常务委员会颁布的法律
政策力度中强	规范、批复、函、规划、工作要点
政策力度中弱	意见、措施、细则
政策力度弱	通知、公告、说明

二、政策文本编码

在上文构建的跨境电商政策组合分析框架的基础上,本章对第三章遴选出的 84 项政策样本内容按照"政策编码—条款序列号"进行分类编码,形成基于政策工具、政策目的和政策力度的跨境电商政策组合内容分析单元编码表(见表 7-2)。

表 7-2　跨境电商政策文本内容分析单元编码表

政策编号	政策文件	跨境电商政策文本的内容分析单元	编码
1	《珠江三角洲地区改革发展规划纲要(2008—2020 年)》	建设以珠江三角洲地区为中心的南方物流信息交换中枢,进一步确立珠江三角洲地区的国际电子商务中心地位。	1
		······	
83	《海关总署公告 2018 年第 194 号〈关于跨境电子商务零售进出口商品有关监管事宜的公告〉》	跨境电子商务平台企业、物流企业、支付企业等参与跨境电子商务零售进出口业务的企业,应当依据海关报关单位注册登记管理相关规定,向所在地海关办理注册登记。	83-1
		鼓励跨境电子商务平台企业建立并完善进出口商品安全自律监管体系。	83-2
84	《海关总署公告 2018 年第 219 号〈关于跨境电子商务企业海关注册登记管理有关事宜的公告〉》	跨境电子商务支付企业、物流企业应当按照海关总署 2018 年第 194 号公告的规定取得相关资质证书,并按照主管部门相关规定,在办理海关注册登记手续时提交相关资质证书。	84

三、跨境电商政策组合单维度分析

(一)政策工具维度分析

在对政策组合内容分析单元编码进行归类的基础上,形成我国跨境电商政策工具分配比例表(见表 7-3)。由表可知,在所有编码的政策文本中,使用频率最高的为环境型政策工具(60.12%),其次是供给型政策工具(24.4%),使用频率最低的为需求型政策工具(15.48%)。这说明政府偏向于使用间接性政策(环境型),忽略了对跨境电商发展的直接作用政策的使用(供给型和需求型)。具体来看:

在供给型政策工具中,首先是"科技信息支持"和"公共服务"政策工具的使用占据了一半以上的比例(60.98%),可见政府主要依托科技信息技术和公共服务推动跨境电商发展。一方面,由于跨境电商必须借助电子商务平台完成交易,对科技信息技术要求较高,所以政府意识到它的重要性,大力支持跨境电子商务信息化建设。另一方面,政府也颁布了一系列优化跨境电子商务通关、检验检疫、结售汇等方面服务水平的政策条款,力图通过服务效率的提升来缩短跨境电商交易周期,进而提升我国跨境电商交易的国际竞争力。其次是"人力资源培养""基础设施建设"和"资金投入",占比均较小,说明政府在这三方面的直接支持较弱,尤其是资金投入。与传统贸易不同,跨境电商以中小企业为主,它们普遍存在规模小、资金缺乏、融资困难等问题,此时资金方面的支持对跨境电商企业至关重要,政府应该提高对其的重视程度。

表 7-3　政策工具分配比例

政策工具	工具名称	条文编号	计数	百分比
供给型	人力资源培养	9-4,41-3,42-8,44-5	4	24.40%
	科技信息支持	9-2,16-6,22-5,28,37-3,38-2,41-2,44-2,45-1,50-4,73-3,75-2	12	
	基础设施建设	1,2,3,8-3,27-1,36-6,42-9,44-4	8	
	资金投入	9-5,22-2,42-5,44-6	4	
	公共服务	5-3,9-3,16-4,34-1,36-2,37-2,39-3,41-4,42-7,43-2,49-2,74-3,77-2	13	
环境型	目标规划	4,5-2,8-1,11-1,22-1,33,39-1,41-1,50-1,77-1	10	60.12%
	金融支持	16-2,36-4,42-4	3	
	税收优惠	16-5,23-1,24-2,42-3,52-2,58-2,68,76-1,81-2	9	
	法规管制	9-1,14-1,16-1,23-3,24-1,25,27-2,29,30,31-2,32-2,34-3,36-1,37-1,39-4,40,41-5,42-2,43-3,44-3,45-2,47,48,50-3,52-1,52-1,53,54,55,56,57,59,60,61,62,63,64,65,66,67,70,71,72-1,74-1,75-1,78,79,80,81-3,82,83-1,84	52	
	策略性措施	5-1,6,7,8-2,10,11-2,12,13,16-3,22-3,34-2,35-2,36-3,38-3,39-2,42-1,43-1,44-1,49-1,50-2,51-3,58-1,73-2,74-2,75-2,77-2,83-2	27	

政策工具	工具名称	条文编号	计数	百分比
需求型	贸易管制	23-2,32-1,81-1	3	15.48%
	海外机构管理	22-4	1	
	示范建设	11-3,14-2,15,17,18,19,20,21,26,31-1,35-1,36-5,38-1,42-6,44-7,46,49-3,51-2,58-3,69,72-2,73-1	22	
	政府采购	N/A	N/A	
	外包	N/A	N/A	
合计			168	100%

在环境型政策工具中,"法规管制"政策工具使用最多,占比51.49%,也是所有政策工具中使用最多的一类,法规管制政策工具频繁使用与跨境电商发展阶段紧密相关。跨境电商作为一种新兴业态,业务流程、监管模式以及标准体系等方面不够成熟,产业发展面临标准缺失、不公平竞争等问题,此时广泛使用法规管制政策工具有助于维护市场秩序,规范跨境电子商务行业发展。另外,在规范跨境电商市场的同时,引导资源配置和产业结构调整也是政府工作的重点内容。但当前"税收优惠""目标规划"和"金融支持"政策工具使用频率较低,占比均低于10%,表明政府在税收和金融方面的支持力度不够,同时对跨境电商长远发展也缺乏详细的规划,使得跨境电商市场缺乏活力。

在需求型政策工具中,首先是使用最频繁的"示范建设"工具,占比高达84.62%,说明政府侧重于通过跨境电子商务综试区、外贸综合服务企业试点等先试点后推广的方式,探索适应跨境电商发展需求的政策体系和管理制度,缓解跨境电商建设不确定性问题。其次是"贸易管制"和"海外机构管理"工具,占比10%左右,表明政府虽然通过试点的先行先试总结了一系列标准体系,但在贸易规制和海外机构管理方面的配套政策措施仍需进一步优化与完善。

(二)政策目的维度分析

由表7-4可知,在政策目的维度上,首先是使用最频繁的进出口型政策文本(52.98%),其次是出口型政策文本(27.38%),使用频率最低的是进口型政策文本(19.64%)。进出口型政策的频繁使用与其在跨境电商发展过程中的作用密切相关。因为只有通过进出口型政策来消除跨境电商发展过程中存在的支付、物流、报关等配套服务问题,跨境电商进口和出口才能在此基础上不断进行模式创新和制度创新。另外,为了推动"一带一路"倡议的贯彻落实,政府以跨境电商为突破口,对跨境电商出口业务进行大力扶持和引导,鼓励跨境电商出口企业沿着"一带一路"进行战略布局,导致出口型政策的使用次数多于进口型政策。

表 7-4　政策目的分配比例

政策目的	条文编码	计数	百分比
进口	7,23-1,23-2,23-3,32-1,32-2,45-1,45-2,47,52-1,52-2,53,55,56,57,59,60,61,62,63,64,65,67,68,72-1,72-2,78,79,80,81-1,81-2,81-3,82-1	33	19.64%
出口	8-1,8-2,9-1,11-1,13,15,16-1,16-2,16-3,16-4,16-5,16-6,22-3,22-4,22-5,24-1,24-2,25,27-1,34-2,34-3,36-1,36-2,36-3,36-4,36-5,36-6,38-1,38-2,38-3,39-1,39-2,39-4,42-1,42-5,42-9,49-1,49-2,50-2,50-3,51-1,51-3,58-1,58-2,76-1,76-2	46	27.38%
进出口	1,2,3,4,5-1,5-2,5-3,6,8-3,9-2,9-3,9-4,9-5,10,11-2,11-3,12,14-1,14-2,17,18,19,20,21,22-1,22-2,26,27-2,28,29,30,31-1,31-2,33,34-1,35-1,35-2,37-1,37-2,37-3,39-3,40,41-1,41-2,41-3,41-4,41-5,42-2,42-3,42-4,42-6,42-7,42-8,43-1,43-2,43-3,44-1,44-2,44-3,44-4,44-5,44-6,44-7,46,48,49-3,50-1,50-4,51-2,54,58-3,66,69,70,71,73-1,73-2,73-3,74-1,74-2,74-3,75-1,75-2,77-1,77-2,77-3,82,83-2,84	89	52.98%

(三)政策力度维度分析

由表 7-5 可知,在政策力度维度上,有 68 项中弱力度政策工具,62 项弱力度政策工具,35 项中强力度政策工具,3 项强力度政策工具。显然,政府在制定跨境电商政策时,倾向于使用力度偏弱的引导规范性政策,而对强制性政策使用较少,这与政府在跨境电商发展过程中扮演角色有关。由于跨境电商发展主体是企业,而政府在此过程中充当引导规范的角色,这就需要使用更多的以意见和措施为主的中力度政策文件。

表 7-5　政策力度分配比例

政策力度	条文编码	计数	百分比
政策力度强	74-1,74-2,74-3	3	1.79％
政策力度中强	1,6,8-1,8-2,8-3,17,18,19,20,21,26,33,34-1,34-2,34-3,45-1,45-2,46,48,49-1,49-2,49-3,50-1,50-2,50-3,50-4,51-1,51-2,51-3,61,63,69,73-1,73-2,73-3	35	20.83％
政策力度中弱	4,5-1,5-2,5-3,7,9-1,9-2,9-3,9-4,9-5,12,14-1,14-2,15,22-1,22-2,22-3,22-4,22-5,27-1,27-2,28,32-1,32-2,35-1,35-2,36-1,36-2,36-3,36-4,36-5,36-6,37-1,37-2,37-3,38-1,38-2,38-3,41-1,41-2,41-3,41-4,41-5,42-1,42-2,42-3,42-4,42-5,42-6,42-7,42-8,42-9,43-1,43-2,43-3,44-1,44-2,44-3,44-4,44-5,44-6,44-7,47,58-1,58-2,58-3,72-1,72-2	68	40.48％
政策力度弱	2,3,10,11-1,11-2,11-3,13,16-1,16-2,16-3,16-4,16-5,16-6,23-1,23-2,23-3,24-1,24-2,25,29,30,31-1,31-2,39-1,39-2,39-3,39-4,40,52-1,52-2,53,54,55,56,57,59,60,62,64,65,66,67,68,70,71,75-1,75-2,76-1,76-2,77-1,77-2,77-3,78,79,80,81-1,81-2,81-3,82,83-1,83-2,84	62	36.90％

四、跨境电商政策组合二维交叉分析

(一)政策工具与政策目的二维分析

据表 7-6 所示,在进口型政策中,运用环境型、需求型、供给型政策工具的比例分别为 84.85％、12.12％、3.03％,可见环境型政策工具最多。其中,"法规管制"类政策工具使用较多,"税收优惠、贸易管制、策略性措施、示范建设和科技信息支持"类政策工具也有涉及,而其他类型政策工具均未使用。结合政策内容可知,现有的法规管制类政策主要是对跨境电商进口模式、商品清单、税收政策等进行规范管理,说明政府对跨境电商进口市场采取的监管措施较为严格,这种情况下严格守法的跨境电商进口企业会有更广阔的市场,对于规范境内跨境电商进口市场具有促进作用。

在出口型政策中,运用环境型、供给型、需求型政策工具的比例分别为 69.56％、21.74％和 8.7％,环境型政策工具仍然占比最高。其中,"策略性措施"(14项)和"法规管制"(9项)类政策工具使用最多,"目标规划、金融支持、税收优惠、科技信息支持、基础设施建设、公共服务、示范建设"类政策工具也有涉及,而"资金投入和海外机构管理"类政策工具运用得较少,"贸易管制、政府采购、外包"类政策工具没有涉及。结合政策条款可知,一方面,政府采用法规管制明确跨境电商零售出口经营主体、外汇、海关和检验检疫等监管职责;另一方面,使用策略性措施支持引导跨境电商海外仓储、展示中心、海外营销渠道等建设,可见在跨境电商出口过程中,政府主要扮演引导性和规范性角色。

在进出口型政策中,运用环境型、供给型和需求型政策工具的占比分别为46.07%、33.71%和20.22%,环境型政策工具依旧占比最高。进一步分析政策小类可以发现,"法规管制"和"示范建设"类政策工具使用较多,"科技信息支持、公共服务、目标规划、策略性措施"类政策工具次之,"人力资源培养、基础设施建设、资金投入、金融支持、税收优惠"类政策工具较少,而"贸易管制和海外机构管理"类政策工具未被使用。可见在进出口型政策中,政府主要采取规范和试点的策略,这与进出口型政策内容有关。实际上,进出口型政策主要内容是完善跨境电商配套服务,而在跨境电商发展初期,缺乏类似的经验可以借鉴,政府为了完善跨境电商通关、税收等服务体系,采取了试点的形式进行先行先试,积累成熟经验之后再全面推广,降低试错成本。

表7-6　政策工具和政策目的二维分布表

			进口	出口	进出口
供给型		人力资源培养	0	0	4
		科技信息支持	1	3	8
		基础设施建设	0	3	5
		资金投入	0	1	3
		公共服务	0	3	10
环境型		目标规划	0	3	7
		金融支持	0	2	1
		税收优惠	4	4	1
		法规管制	23	9	20
		策略性措施	1	14	12

续　表

		进口	出口	进出口
需求型	贸易管制	3	0	0
	海外机构管理	0	1	0
	示范建设	1	3	18
	政府采购	0	0	0
	外包	0	0	0

(二)政策工具与政策力度二维分析

由表 7-7 可知,在供给型政策方面,以中弱力度政策为主,占比高达 63.41%,强力度、中强力度和弱力度政策数量明显偏少,占比均不足 18%。整体而言,供给型政策力度偏中弱。进一步分析可以发现,除强力度政策工具外,"科技信息支持、基础设施建设和公共服务"在其他 3 种政策力度中均有涉及,而"人力资源培养和资金投入"只有中弱力度政策,还没有强力度、中强力度和弱力度政策。由此看出,我国政府目前在供给型政策工具上对于"科技信息、基础设施建设和公共服务"方面的支持力度较为均衡,而对跨境电商产业发展影响最大、最直接的"人力资源培养和资金投入"方面的支持力度不均衡,导致其政策实施效果不理想,难以有效发挥实际水平。

在环境型政策方面,弱力度和中弱力度政策使用较多,分别占比50.5%和30.69%,而强力度和中强力度政策使用较少,仅分别占比 1.98%和16.83%,表明环境型政策整体力度偏弱。在 4 种不同力度政策中,"法规管制、策略性措施"类政策工具均有涉及,而"金融支持和税收优惠"仅有中弱力度和弱力度政策,还没有强力度和中强力度政策。显然,"法规管制、策略性措施"政策力度较为均衡,"金融支持和税收优惠"缺乏强力度和中强力度政策的使用。

表 7-7　政策工具和政策力度二维分布表

		政策力度强	政策力度中强	政策力度中弱	政策力度弱
供给型	人力资源培养	0	0	4	0
	科技信息支持	0	3	7	2
	基础设施建设	0	2	4	2
	资金投入	0	0	4	0

续　表

		政策力度强	政策力度中强	政策力度中弱	政策力度弱
供给型	公共服务	1	2	7	3
环境型	目标规划	0	3	4	3
	金融支持	0	0	2	1
	税收优惠	0	0	2	7
	法规管制	1	7	12	32
	策略性措施	1	7	11	8
需求型	贸易管制	0	0	1	2
	海外机构管理	0	0	1	0
	示范建设	0	11	9	2
	政府采购	0	0	0	0
	外包	0	0	0	0

在需求型政策方面,中强力度和中弱力度政策使用最多,均占整个需求型政策工具的 42.31%,弱力度政策使用最少,占比 15.38%,尚未使用强力度政策工具,可见整体政策力度中等。展开来看,除强力度政策工具外,"示范建设"在 3 种政策力度中均有涉及,且以中强力度和中弱力度政策为主,"贸易管制"各有 1 项中弱力度和 2 项弱力度政策,"海外机构管理"仅有 1 项中弱力度政策。显然,政府对"示范建设"的支持力度较大,而对"贸易管制和海外机构管理"的支持力度较弱。

(三)政策目的与政策力度二维分析

如表 7-8 所示,在进口型政策中,大部分是弱力度政策(67.65%),中强力度政策(11.76%)和中弱力度政策(20.59%)均使用较少,强力度政策尚未涉及,可见整体政策力度偏弱,说明政府对跨境电商进口监管较为宽松,"四八新政"一再延迟也论证了此说法。目前,跨境电商进口正处于培育观察期,政府出台的监管政策也较为灵活。未来,随着跨境电商进口监管模式的不断稳定,政府将根据实际发展情况,制定更加严格的监管措施。

表 7-8　政策目的和政策力度二维分布表

	政策力度强	政策力度中强	政策力度中弱	政策力度弱
进口	0	4	7	23
出口	0	10	20	16
进出口	3	21	42	23

在出口型政策中,使用最频繁的是中弱力度政策(43.48%),弱力度政策(34.78%)和中强力度政策(21.74%)均使用较少,可见整体政策力度中弱。与进口型政策相比,出口型政策力度较大。这是因为跨境电子商务出口交易额对我国外贸出口总额的贡献率高达30%左右,而跨境电商进口交易额对我国外贸进口总额的贡献率仅为10%左右。在目前我国出口总量保持平稳增长的情况下,跨境出口电商高速增长已经成为出口增长的新引擎,所以政府对跨境电商出口的支持力度也较大。

在进出口型政策中,中弱力度政策使用最多(47.19%),中强力度政策(23.6%)和弱力度政策(25.84%)均使用较少,强力度政策使用得最少(3.37%),可见整体政策力度中弱。中弱力度政策的频繁使用,与进出口型政策在跨境电商发展过程中扮演的角色密切相关。因为进出口型政策重点在于规范和引导跨境电商整个行业发展,以意见、措施和细则为主的中力度政策工具均属于规范和引导性政策,所以政策力度也较为中性。

第二节　政策组合特征分析

为使跨境电商政策组合发挥最大效应,政策组合需要实现互补互动的结果,避免反向互动。所以,在上节构建的跨境电商政策组合三维分析框架的基础上,本节进一步对其进行量化,并从综合性、一致性和均衡性三个方面测算跨境电商政策组合特征,分析政策组合特征的演变趋势。

一、政策指标量化及统计

本节在参考彭纪生等(2008)和张国兴等(2014)对于科技创新政策的量化标准的基础上,结合我国跨境电商政策内容,初步确定政策力度、政策目标、政策工具的赋值标准;然后组织4名研究人员及学生按照初步的政策量化标准对跨境电商政策进行打分,根据分数的差异分析对量化标准进行修正与完善,最终确定下述量化标准。

(一)政策力度

首先,根据国务院《规章制定程序条例》和彭纪生等对政策力度的划分,结合我国跨境电商政策类型的实际分布情况,对涉及全国人大常委会、国务院、商务部、发展改革委、工业和信息化部、农业农村部、财政部、海关总署、质检总局、外汇局、税务总局、市场监管总局和食品药品监管总局等30多个机构颁布的法律、规范、函、规划、意见、措施、细则、通知、公告和说明等10种类型政策确定政策力度量化标准:

　　4——全国人民代表大会及其常务委员会颁布的法律

　　3——规范、批复、函、规划、工作要点

　　2——意见、措施、细则

　　1——通知、公告、说明

(二)政策工具

本章从"人力资源培养、科技信息支持、基础设施建设、资金投入"等方面对政策工具进行赋值,尚未使用的政策工具则未提供量化标准。具体的量化标准如表7-9所示。

表7-9　政策工具量化标准

人力资源培养	对应分值	科技信息支持	对应分值
具有完善的人才培养体系,并制定专项人才培养方案	5	给予大力支持,并制定专项科技信息支持措施	5
大力支持人才培养,并制定详细的人才培养方案	4	给予一定的支持,并制定详细的科技信息支持措施	4
鼓励人才培养,并提出具体的人才培养方案	3	给予一定的支持,部分提出具体措施	3
鼓励人才培养,未制定具体人才培养方案	2	给予一定的支持,未涉及具体措施	2
仅仅提及人才培养	1	仅仅提及科技信息支持	1
基础设施建设	对应分值	资金投入	对应分值
非常重视基础设施建设,有完善的建设方案	5	全方位给予资金支持	5

基础设施建设	对应分值	资金投入	对应分值
比较重视基础设施建设,并制定详细的建设方案	4	给予较大支持,制定专项资金支持措施	4
重视基础设施建设,并提出部分建设方案	3	给予一定比例的支持,并提出具体的资金支持措施	3
重视基础设施建设,并进行一定的宏观指导	2	给予一定比例的支持,未涉及具体的资金支持措施	2
仅仅涉及基础设施建设	1	仅仅提及资金支持	1
公共服务	对应分值	目标规划	对应分值
强调公共服务的重要性,从立法角度指导公共服务	5	全方位提出目标规划,详细制定各方面、各阶段的发展目标	5
非常重视公共服务,从各部门监管职责出发制定详细的公共服务优化措施	4	明确提出目标规划,并提出具体发展目标	4
重视公共服务,并提出具体优化措施	3	重视目标规划,部分提出具体发展目标	3
提及公共服务,并进行一定的宏观指导	2	提及目标规划,未涉及具体发展目标	2
仅仅提及公共服务	1	仅仅提及目标规划	1
金融支持	对应分值	税收优惠	对应分值
给予大力支持,融资方式非常多,并制定专项金融支持措施	5	所得税率不高于 10% 或若干年内免税	5
给予一定的支持,融资方式较多,并制定详细的金融支持措施	4	所得税率不高于 15% 或若干年内免部分税	4
给予一定的支持,融资方式较少,部分提出具体措施	3	所得税优惠不高于 15%,但有前提限制	3
给予一定的支持,融资方式非常少,未涉及具体措施	2	所得税不高于 24%	2
仅仅提及金融支持	1	仅仅提及税收减免	1
法规管制	对应分值	策略性措施	对应分值
从立法层面提出法规管制	5	从立法层面提出策略性措施	5

续　表

法规管制	对应分值	策略性措施	对应分值
非常重视法规管制,从各部门监管角度制定详细的监管制度	4	全方位鼓励和支持跨境电商发展,从各环节、各方面引导跨境电商发展	4
重视法规管制,并提出具体的监管制度	3	重视策略性措施,并制定具体的引导措施	3
提及法规管制,未涉及具体监管制度	2	鼓励和支持跨境电商发展,并制定一定的宏观引导措施	2
仅仅涉及法规管制	1	仅仅提及策略性措施	1
贸易管制	对应分值	示范建设	对应分值
对跨境电商物品出入境实行非常宽松的管制措施	5	强调示范建设的重要性,并制定专项示范建设实施方案	5
对跨境电商物品出入境实行比较宽松的管制措施	4	非常重视示范建设,详细制定具体建设方案	4
对跨境电商物品出入境实行比较严格的管制措施	3	重视示范建设,部分提出具体建设措施	3
对跨境电商物品出入境实行非常严格的管制措施	2	提及示范建设,但未涉及具体措施	2
仅仅提及贸易管制	1	仅仅涉及示范建设	1

(三)政策目标

对跨境电商政策目标的赋值从调节跨境电商进口、出口和进出口三个方面进行,下面分别对每项政策目标赋予不同的分值,具体的量化标准如表7-10所示。

表7-10　政策目标量化标准

调节进口目标得分标准	对应分值
强调跨境电商进口的重要性,从立法角度调节进口	5
明确提出调节跨境电商进口,详细规定各种交易模式的跨境电商进口	4
重视跨境电商进口,并提出具体措施	3
提及跨境电商进口,但未提出具体措施	2

续　表

调节进口目标得分标准	对应分值
仅仅涉及跨境电商进口	1

调节出口目标得分标准	对应分值
强调跨境电商出口的重要性,从立法角度提出调节出口	5
明确提出调节跨境电商出口,详细规定各种交易模式的跨境电商出口	4
重视跨境电商出口,部分提出具体措施	3
提及跨境电商出口,未涉及具体措施	2
仅仅涉及跨境电商出口	1

调节进出口目标得分标准	对应分值
从立法角度强调跨境电商进出口	5
强调跨境电商进出口,制定专门的跨境电商进出口制度,详细规定跨境电商货物、物品、消费品、商品等的监管事宜	4
重视跨境电商进出口,并建章立制规范和促进跨境电商进出口活动	3
涉及跨境电商进出口,并进行一定的宏观指导	2
仅仅涉及跨境电商进出口	1

在得到每项跨境电商政策的量化分值后,参照程华的方法,对每一年内新颁布的相关政策的各项指标进行累计,计算出自 2008 年以来跨境电商政策各项指标的年度数值:

$$TCE_t^q = \sum_{i=1}^{t}(CE_i^q \times P_i^q) \quad t \in [2008, 2018] \tag{7-1}$$

其中,t 表示年份,q 表示政策指标类型,CE 表示政策指标得分,P 表示政策力度得分,TCE_t^q 表示 t 年内第 q 类型政策指标的累计得分。

二、政策组合特征测算

在政策指标量化的基础上,借鉴 Constantini 等(2015)、徐喆和李春艳(2017)、郭雯等(2018)提出的测算方法,从综合性、一致性和均衡性三个方面,分别测度不同类型政策组合和同一类型内不同政策组合特征。下面对政策组合特征值的测算方法进行说明。

(一)政策组合的综合性测算

综合性指的是政策组合内不同类型政策运用的总量,即在促进跨境电商发展的过程中,政府采用的政策工具越多,政策力度越强,政策组合的综合性也越高。借鉴 Costantini 等的测算方法,通过计算不同政策指标的年度累计得分之和得到政策组合的综合性:

$$CEP_{Compre_t} = \sum_{q=1}^{m}(TCE_t^q) \tag{7-2}$$

其中,m 表示某类政策内政策指标的总数。

(二)政策组合的一致性测算

一致性是指政策组合内不同类型政策的基本特征或特性相类似。同样借鉴 Costantini 等的测算方法,通过计算政策指标累计得分之和与赫芬达尔—赫希曼指数相除得到政策组合的一致性:

$$CEP_{Dispers_t} = \sum_{q=1}^{m}(TCE_t^q) \times \left[1 / \sum_{q=1}^{m}(\frac{TCE_t^q}{CEP_{Compre_t}})^2\right] \tag{7-3}$$

(三)政策组合的均衡性测算

均衡性是指政策组合内不同类型政策强度的平衡性。在测算均衡性之前,首先计算政策组合内不同政策指标之间的相关性指数:

$$CEP_{Bal_t}^d = \left[\frac{|TCE_t^m - TCE_t^n|}{\sqrt{TCE_t^m + TCE_t^n}}\right]^{-1} \quad \forall \, m \neq n \tag{7-4}$$

其中,m 和 n 表示政策组合中不同的政策指标,d 表示政策组合中任意两个政策指标的两两组合。在上式基础上,通过计算相关性指数的标准差得到政策组合的均衡性:

$$TOT\_CEP_{Bal_t} = \sqrt{\frac{\sum_{d=1}^{n}(CEP_{Bal_t}^d - \frac{\sum_{d=1}^{n}CEP_{Bal_t}^d}{n})^2}{n}}^{-1} \tag{7-5}$$

其中,n 表示政策组合中不同政策指标两两组合的总个数。

三、跨境电商政策组合特征分析

(一)不同类型之间政策组合特征

图 7-2 显示,在综合性方面,政策目标组合和政策工具组合的综合性都是从 2014 年开始呈显著上升趋势,且在 2015 年和 2018 年增幅较大。这是因为 2015 年政府出台了一系列跨境外汇支付业务试点、跨境电商综合试验

区、跨境贸易电子商务服务试点政策及相应的配套监管措施,以及 2018 年颁布的《中华人民共和国电子商务法》均对跨境电商发展起到了显著的推动作用。

在一致性方面,两种类型政策组合的一致性从 2014 年开始也经历了一个显著上升的阶段,这是因为 2015 年供给型、需求型、环境型以及规范和引导进口、出口、进出口等政策文件持续出台,在跨境电商发展不同模式、不同阶段形成了良好的政策衔接。在 2016 年之后,虽然政策工具组合的一致性与政策目的差距拉大,但也形成了很好的衔接。

在均衡性方面,两种类型政策组合的均衡性趋势差异较大。其中,政策工具组合的均衡性较低,尽管不同年份出现较大波动,但整体呈波动下降趋势,说明供给型政策、需求型政策和环境型政策工具的发展不均衡。需要说明的是,2013 年政策工具组合的均衡性经历了快速下降的过程,这是源于过去供给型和环境型是政策工具的主要手段,而 2013 年我国为简化外汇支付方式,制定了一系列跨境电商外汇支付业务试点的相关政策措施,需求型政策得以迅速发展,发展速度远高于其他政策工具,造成政策工具组合的均衡性较低。与之相反,政策目标组合的均衡性较高,整体呈波动上升趋势。具体来看,在 2010 年之前,政策目标的均衡性增长较为平稳,而在 2010 年以后增长幅度明显提高,其中 2010 至 2013 年和 2014 至 2016 年间的增幅最大,并在 2012 年和 2015 年出现两个增幅峰值。这种情况出现的主要原因是,在 2010 年以前(在 2014 年以前),进出口(出口)政策发展较快,在 2013 年之后(在 2016 年之后),出口(进出口)政策发展速度较快,二者发展速度差异较大,在互相超越的过程中达到了短暂的均衡状态。

(二)同一类型内不同政策组合特征

1.同一政策目标内不同政策组合特征

从图 7-3 可以看出,在综合性方面,3 种政策目标的综合性都是从 2014 年开始呈现显著上升趋势,说明跨境电商作为外贸增长的新引擎得到政府部门的高度重视。具体来看,2014 年以来,进出口政策组合的综合性最高,出口政策组合次之,进口政策组合的综合性最低,且后两种政策目的的综合性差距不断缩小,但仍显著低于进出口政策组合,说明我国跨境电商政策的目标以规范和引导进出口为主,同时对跨境电商进口的重视程度不断增强。

在一致性方面,与综合性类似,3 种政策目标的一致性从 2014 年开始也

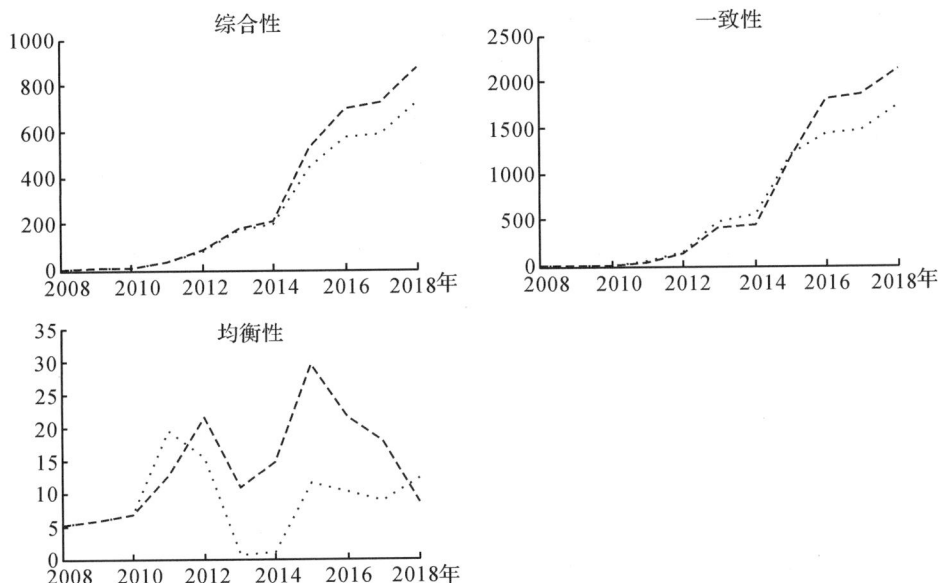

图 7-2　2008—2018 年不同类型跨境电商政策组合特征演化

经历了一个显著上升的阶段,且 3 种政策目的的一致性差距不断加大,这是对跨境电商进口调节不足造成的,即政策制定过程中较少涉及跨境电商进口。需要说明的是,进出口政策目的组合的一致性在 2012 年至 2014 年间经历了一个先上升后下降的过程,这主要是因为 2013 年我国制定的政策主要集中于规范和试点类措施,与 2012 年制定的支持类和引导类措施形成有效互补。

　　在均衡性方面,3 种政策目的组合的均衡性趋势差异较大,但整体来看,进口政策的均衡性最高,其次是进出口政策,出口政策的均衡性最低,说明虽然调节进出口是我国跨境电商政策的主要目的,但其各项政策发展的均衡性却低于进口政策。具体来看,进口政策目的组合的均衡性在不同年份呈现出较大波动,但总体来看呈现下降趋势,其中 2015 至 2017 年间的降幅最大,并在 2016 年出现谷值。这主要是因为在 2016 年之前规范和支持跨境电商进口是主要政策手段,之后,规范进口类政策迅速发展,而支持进口类政策发展速度较慢,使得规范进口类政策的发展速度远远高于支持进口类政策,造成进口政策目的组合的均衡性较低。出口政策目的组合的均衡性在 2014 年之前较低,2014 至 2015 年间明显增长,趋于进出口政策之上。这种情况出现的主要原因是我国跨境电商进口政策由依靠单一措施向综合

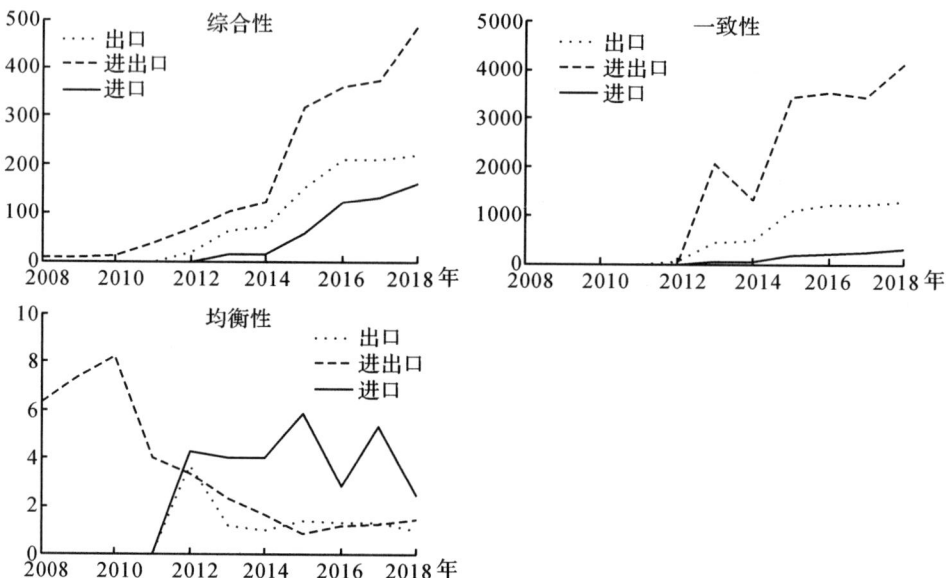

图 7-3 　 2008—2018 年同一政策目标内不同政策组合特征演化

利用各种政策措施转变,通过政策综合发展推动跨境电商进口。与之相反,进出口政策目的组合的均衡性在 2014 年之前较高,2014 至 2015 年间明显下降,主要是因为目标规划政策的使用大幅减少。

2.同一政策工具内不同政策组合特征

从图 7-4 可以看出,在综合性方面,2014 年以前,3 种政策工具的综合性增长较为平稳,而在 2014 年以后增长幅度明显提高。其中,环境型政策工具组合的增长幅度最大,其次为供给型和需求型政策工具组合,且前者与后两者的差距逐渐拉大,说明环境型是我国跨境电商政策最常使用的工具,且使用频次逐渐增强。

在一致性方面,环境型和供给型政策工具组合的一致性差距较小,且显著高于需求型政策工具组合,说明环境型和供给型政策工具组合具有良好的衔接性。展开来看,在 2008 至 2013 年间,环境型政策工具组合的一致性处于较低水平,随后在 2014 年出现了急剧增长,在 2015 至 2017 年间增长又趋于平缓,之后再次恢复高速增长。需要说明的是,环境型政策组合的一致性在 2014 年保持高速增长,是源于这一年环境型政策工具从目标规划、策略性措施到法规管制、税收减免、信贷资金支持等政策文件陆续出台,与跨境电商发展的其他阶段形成有效衔接。与环境型政策类似,供给型政策工具组合的一致性也处于较高水平,尤其是从 2014 年开始有明显提高,这主要是因为 2014 年人力资源培养、科技信息支持、基础设施建设、资金投入和公共服务等政策的相继出台对原有供给型政策工具形成补充,使得供给型政策工具组合之间具有良好的衔接。与之不同,需求型政策工具组合的一致性仅从 2012 年开始保持小幅度增长。

在均衡性方面,3 种政策工具组合的均衡性变化趋势存在明显区别。在 2011 年之前,供给型政策组合的均衡性最高,其他两项政策组合的均衡性较低,在 2011 年以后,三项政策工具组合的均衡性经历了一个持续下降的过程,直到 2014 年,需求型和环境型政策组合的均衡性高速增长,迅速超越供给型政策,居于前两位。总体上看,环境型政策组合的均衡性最高,其次是需求型政策,均衡性最低的为供给型政策,说明虽然需求型政策是我国使用较少的政策工具,但其各项政策发展的均衡性却高于供给型政策。具体来看,环境型政策工具组合的均衡性在 2014 年以前和 2017 年之后较低,在 2014 至 2017 年间经历了一个迅速上升和下降的过程,且在 2016 年达到最高点,主要是因为政府部门加大了税收优惠政策的使用。与之不同,需求型政策工具组合的均衡性在 2014 年以前较为平缓,在 2014 至 2018 年间经历了一个阶梯式上升的过程,且在 2014 至 2015 年和 2017 至 2018 年间的增速最快,这是因为在 2015 年和 2018 年政府部门均大量增加了示范建设政策和贸易管制政策的使用。供给型政策工具组合的均衡性在 2011 年之后较低,2008 至 2011 年间经历了一个上升和下降的过程,这是因为之前基础设施建设政策发展较快,之后公共服务政策发展较快,二者发展速度的差异导致短暂的均衡状态。

第三节　政策组合对跨境电商产业规模效应的影响研究

上一节测算了不同类型和同一类型内跨境电商政策组合的特征值,本节则进一步采用线性回归分析方法测度政策组合特征对跨境电商产业的规模效应影响,考察跨境电商政策组合的实际作用效果。

一、模型设定与变量选取

研究政策组合对跨境电商产业规模效应的影响,首先需要考察跨境电

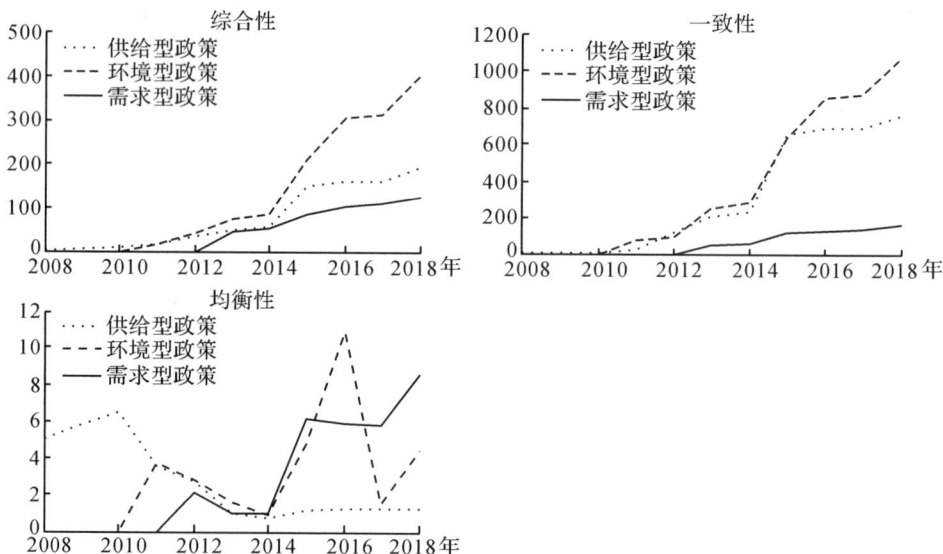

图 7-4　2008—2018 年同一政策工具内不同政策组合特征演化

商产业规模效应由哪些因素决定。已有研究证实了政策工具组合需要具备一致性、可靠性和全面性三个特征才能发挥最大效应（张宏伟，2017；Reichardt 和 Rogge，2014）。所以本节将政策组合的综合性、一致性和均衡性作为解释变量引入模型，解释变量的具体含义请参考上一节，在此不再赘述（见图 7-4）。另外，考虑到跨境电商交易活动需要通过电子商务平台达成交易、进行支付结算，并通过跨境物流送达商品。在这一过程中，跨境电商产业规模发展需要依托互联网、电子商务平台、海外仓等的配套基础设施建设。显然，基础设施建设是跨境电商产业规模效应的重要决定因素，所以本节将基础设施建设作为控制变量引入模型。其中，由于跨境电商是"互联网+外贸"催生的新型贸易模式，其快速发展离不开互联网软件和硬件等基础设施的建设，因此结合数据的可获得性，基础设施建设用互联网普及率来度量，跨境电商产业规模用跨境电商交易额来表示。

　　本节借鉴徐喆和李春燕（2017）、郭雯等（2018）的做法，采用线性回归分析测算政策组合对跨境电商产业规模效应的影响。考虑到政策组合及其他控制变量对跨境电商产业规模效应影响的滞后性，因此本模型将跨境电商交易额滞后一期处理。具体构建的模型如下：

$$Y_{t+1} = \alpha_0 + \beta_1 IP_t + \beta_2 PMC_t + \beta_3 PMD_t + \beta_4 PMB_t \quad (7-6)$$

其中，Y 为我国跨境电商的交易额，IP 为互联网普及率，PMC 为政策组合的综合性,*PMD* 为政策组合的一致性,*PMB* 为政策组合的均衡性,*t* 表示半年度。需要说明的是,由于不同变量的单位存在差别,故在回归估计之前对变量做标准化处理。

二、实证分析

(一)模型估计

由于不同类型政策工具组合和同一类型内政策工具组合特征对跨境电商产业规模效应影响的模型估计过程类似,所以本节主要阐述前者的估计过程,后者的估计过程见附录 3-5。下面利用 Eviews16.0 软件对模型参数进行估计(相关结果见表 7-11),可以得到不同政策工具组合特征对跨境电商产业规模效应影响的估计结果:

$$y_{t+1} = 1.2619 + 0.472ip_t + 0.0104pmc_t - 0.0022pmd_t - 0.033pmb_t$$

$$t = \qquad (2.0971)\ (1.1045) \qquad (-0.6036) \qquad (-0.9543)$$

$$R^2 = 0.9214, \quad \overline{R}^2 = 0.9018, \quad DW = 3.6927 \tag{7-7}$$

1. 拟合优度检验

参数估计结果显示,统计量 $R^2 = 0.9214$,修正的 $\overline{R}^2 = 0.9018$,说明模型拟合优度较好。

2. 回归方程的显著性检验

由计算结果可知,检验统计量 $F = 46.8945$,对应的 P 值接近 0,所以在显著性水平为 0.05 的条件下,拒绝原假设,即表明方程是高度显著的。

3. 自相关性检验

因为 $n = 19$, $k = 4$,查 DW 检验表得到:$d_L = 0.859$, $d_U = 1.848$;而 $4 - d_L < DW = 3.6927 < 4$,说明残差项存在严重的序列自相关性。利用偏自相关性检验和 BG 检验也进一步说明,模型只存在一阶自相关性,不存在高阶自相关性。

4. 异方差性检验

利用 White 法检验异方差性,得到辅助回归方程 $nR^2 = 20.4087$,对应的 P 值为 0.1178,说明模型不存在异方差性。

5. 回归系数的显著性检验

根据计算结果可知,在显著性水平为 0.05 的条件下,只有常数项和控制变量的回归系数通过了显著性检验，而所有解释变量的回归系数均未通过显著性检验（见表 7-11）。

表 7-11　回归结果

Variable	Coefficient	Std. Error	t-Statistic	Prob.
C	1.261873	0.30084	4.194503	0.0007
PMC	0.010414	0.009429	1.104455	0.2857
PMD	−0.002229	0.003693	−0.603646	0.5545
PMB	−0.032968	0.034546	−0.954341	0.3541
IP	0.471952	0.225046	2.097136	0.0522
R-squared	0.921406	Mean dependent var		2.050476
Adjusted R-squared	0.901758	S. D. dependent var		1.515459
S. E. of regression	0.475	Akaike info criterion		1.553253
Sum squared resid	3.609999	Schwarz criterion		1.801948
Log likelihood	−11.30915	Hannan-Quinn criter.		1.607226
F-statistic	46.89453	Durbin-Watson stat		3.692686
Prob(F-statistic)	0.0000			

注：以上均为 Eviews16.0 的输出结果。

（二）模型调整

根据上述检验结果可以初步确定模型存在一阶自相关性，所以采用广义差分法对模型进行修正，相关结果见表 7-12。

表 7-12　修正模型回归结果

Variable	Coefficient	Std. Error	t-Statistic	Prob.
C	1.345267	0.090803	14.81519	0.0000
PMC	0.01127	0.002961	3.806438	0.0019
PMD	−0.002565	0.001152	−2.226672	0.0429
PMB	−0.046126	0.012105	−3.810488	0.0019
IP	0.522014	0.065834	7.929261	0.0000
AR(1)	−0.877343	0.121539	−7.218587	0.0000
R-squared	0.982774	Mean dependent var		2.123

Variable	Coefficient	Std. Error	t-Statistic	Prob.
Adjusted R-squared	0.976622	S. D. dependent var		1.516978
S. E. of regression	0.231945	Akaike info criterion		0.158689
Sum squared resid	0.753176	Schwarz criterion		0.457409
Log likelihood	4.413109	Hannan-Quinn criter.		0.217002
F-statistic	159.7449	Durbin-Watson stat		2.045775
Prob(F-statistic)	0.0000			

注:以上均为 Eviews16.0 的输出结果。

1.修正回归方程的显著性检验

修正模型的结果显示,统计量 R^2 由 0.9214 提高至 0.9828,修正的 $\overline{R^2}$ 也由 0.9018 提高至 0.9766,说明修正模型的拟合程度更高了。

2.修正模型的自相关性检验

统计值 DW 也变为 2.0458,接近于 2,说明修正模型已经消除了残差自相关性。需要说明的是,所有解释变量的回归系数均由不显著变为显著。

3.修正模型的稳定性检验

根据前述分析可知,2013 年跨境电商政策集聚出台,因此在 2013 年可能会发生结构性的变化,所以选定 2013 年上半年作为可能发生结构变化的转折点进行检验。本节利用 Chow 检验模型稳定性,得到统计量 F = 1.5779,对应的 P 值为 0.2687,说明模型是稳定的。

综上可知,修正模型的拟合质量得到很大提高。修正模型的估计结果为:

$$y_{t+1} = 1.3453 + 0.522ip_t + 0.0113pmc_t - 0.0026pmd_t - 0.0461pmb_t - 0.8773$$
$$t = \qquad (7.9293) \quad (3.8064) \quad (-2.2267) \quad (-3.8105) \quad (-7.2186)$$
$$R^2 = 0.9828, \quad \overline{R}^2 = 0.9766, \quad DW = 2.0458 \qquad (7\text{-}8)$$

(三)结果分析

1.政策工具组合对跨境电商产业规模效应的影响

供给型、需求型和环境型政策工具组合的综合性对跨境电商产业规模效应产生显著的正向影响,说明我国跨境电商政策工具组合总体应用强度的提升对跨境电商产业规模效应的形成具有一定的促进作用。尤其是 2013

年 8 月,八部委联合出台《意见》,提出对跨境电商收结汇、税收、支付等给予支持。随后,各监管部门根据《意见》要求,从税收优惠、科技信息支持、企业管理、基础设施建设等方面出台了一系列供给型、需求型和环境型组合政策,对跨境电商产业规模效应的形成起到了一定的推动作用。

不同政策工具组合的一致性和均衡性对产业规模效应形成产生负向作用。其中,政策工具组合的均衡性对跨境电商产业规模影响的系数值最高,这是因为 3 种政策工具的发展存在较大差异,需求型政策工具发展速度较慢,而供给型和环境型政策工具发展速度较快。尤其是 2014 年至 2018 年,政府部门仅在需求型政策工具中的"示范建设、贸易管制、海外机构管理"三方面制定了有限的政策。具体而言,在"示范建设和贸易管制"中,只是通过鼓励和引导跨境电商综试区先行先试、外汇支付业务试点、外贸综合服务企业试点、规范跨境电商出入境物品等方式,探索跨境电商建设的突破口,而较少使用可操作性较强的政策措施。在"海外机构管理"方面,仅在 2013 年提出支持跨境电商服务企业在境外设立服务机构,并未制定详细的后续配套落实措施,可见政府部门对需求型政策工具的重视不足,却频繁使用环境型和供给型政策工具,这种不均衡严重阻碍了跨境电商产业规模发展。

就一致性而言,环境型和供给型政策组合的一致性一直较高,主要是从2014 年开始,环境型和供给型政策工具从"目标规划、策略性措施、人力资源培养"到"法规管制、税收减免、信贷资金支持、科技信息支持"等政策文件持续出台,在跨境电商发展的不同阶段形成有效协同。需求型政策一致性虽然在 2012 年之后保持小幅度增长,但远远低于环境型和供给型政策组合,正是因为政策工具之间的不协同对跨境电商产业规模发展产生了抑制作用。

2.同一政策工具内不同政策组合对跨境电商产业规模效应的影响

供给型政策工具中,政策组合的综合性对跨境电商产业规模效应的形成产生了显著的正向影响,且系数值较高,而一致性和均衡性对产业规模效应形成的影响并不明显,说明随着供给型政策数量的不断增多,政策的广度不断增强,对跨境电商产业规模效应的促进作用不断增大(见表 7-13)。结合政策组合特征分析可知,供给型政策组合的综合性较低,但作用效果显著,说明供给型政策组合的综合性能够对跨境电商产业规模发展起到有效的杠杆作用。

环境型政策工具中,政策组合的一致性对跨境电商产业规模效应的形成具有负向影响,且系数值也较高,表明政策之间缺乏有效协同。结合政策组合特征分析可知,与供给型政策组合相比,环境型政策组合的一致性仅在2015年之后保持了较高的水平,其他年份与供给型政策组合相差不大,特别是在2008年至2013年间,环境型政策组合的一致性一直处于较低水平。整体而言,环境型政策组合的一致性仍然较低,尚未实现有效协同,所以对跨境电商产业规模发展产生了显著的抑制作用。就综合性和均衡性而言,政策组合的综合性和均衡性对产业规模效应形成的影响均不显著。结合政策组合特征可知,环境型政策组合的综合性和均衡性一直处于最高位,但对产业规模效应的影响并不理想,没有发挥应有的作用。

表 7-13　同一政策工具内不同政策组合对跨境电商产业的规模效应影响

	供给型政策		环境型政策		需求型政策	
	系数值	P 值	系数值	P 值	系数值	P 值
PMC	1.1695	0.0000	0.0133	0.2469	0.0810	0.0186
PMD	−0.0805	0.2423	−1.4628	0.0000	−0.0488	0.0660
PMB	0.0223	0.5853	−0.9520	0.5237	0.0618	0.1339
IP	0.4992	0.0004	3.3187	0.0116	0.4291	0.0022
C	2.1028	0.0000	−0.5200	0.7143	1.0748	0.0000
AR(1)	−0.7591	0.0004	0.7834	0.0000	−0.706	0.0019
F	81.362	0.0000	117.6701	0.0000	69.3766	0.0000
R²	0.9667		0.9768		0.9612	
D−W	1.9205		1.9103		1.9495	

注:以上均为 Eviews16.0 的输出结果。

需求型政策工具中,政策组合的综合性和一致性均对跨境电商产业规模效应的形成产生相反的影响效果,而均衡性的影响效果并不明显。其中,政策组合的综合性对产业规模效应影响的系数值较高。结合政策组合特征可知,需求型政策组合的综合性一直处于最低位,但能够对产业规模效应产生显著的促进作用。对于均衡性而言,需求型政策组合的均衡性较低,对产业规模效应的影响也不显著。就一致性而言,需求型政策组合的一致性持续较低,已经对跨境电商产业规模效应的形成产生了显著的抑制作用。这是源于从2013年至2018年,政府部门出台了一系列示范建设类政策,而海外机构管理和贸易管制仅在2013年、2015年和2018年的政策文件中有所提及,并未与示范建设类政策形成良好的衔接,正是这种不协同阻碍了跨境电商产业规模发展。

本章主要目的是探究政策组合对跨境电商产业规模效应的影响效果。首先从政策工具、政策目的和政策力度角度对跨境电商政策组合内容现状及特征进行分析,并借助实证分析方法测度政策组合特征对跨境电商产业规模效应的影响,进而诊断不同类型跨境电商政策组合的有效性,主要得出以下结论:

第一,不同类型政策组合和同一类型内不同政策组合的综合性、一致性都呈不断增长趋势,而均衡性发展趋势存在较大差异。如,政策工具组合、环境型政策组合的均衡性呈现波动增长趋势,政策目标组合、进口政策组合的均衡性呈现波动下降趋势,进出口、出口、供给型政策组合的均衡性呈持续下降趋势,需求型政策组合的均衡性呈持续上升趋势。

第二,不同类型政策工具组合的综合性对跨境电商产业规模效应产生正向影响,而一致性和均衡性对产业规模效应的影响为负向的,且负向影响系数值远远大于正向影响。就一致性而言,环境型和供给型政策组合的一致性较高,在跨境电商发展的不同阶段形成有效协同,而需求型政策的一致性仅在 2012 年之后保持小幅度增长,远远低于环境型和供给型政策组合,正是因为政策工具组合之间的不协同对跨境电商产业规模发展产生了抑制作用。对于均衡性而言,需求型政策工具发展速度较慢,而供给型和环境型政策工具发展速度较快,3 种政策工具发展的不均衡同样对跨境电商产业规模发展产生严重阻碍作用。

第三,同一类型政策工具组合的均衡性对跨境电商产业规模效应的影响均不显著,而综合性和一致性均能对跨境电商产业规模效应产生显著影响。如,相较于环境型和需求型政策,供给型政策工具组合的综合性不高,但能对跨境电商产业规模效应起到有效的杠杆作用,是推动跨境电商产业规模发展的主要力量;需求型政策工具组合的综合性和一致性较低,但综合性能对跨境电商产业规模效应产生显著的正向影响,而一致性对其产生的影响为负;环境型政策工具组合的一致性不高,但能够对跨境电商产业规模效应形成产生显著的抑制效应。

第四节　对策建议

一、加强供给型政策工具组合的使用强度

供给型政策工具能对跨境电商产业规模效应起到有效的杠杆作用,但其组合的综合性不高。针对该问题,一方面,从提高我国跨境电商供给型政策工具的力度出发,建议政府部门可以适度增加科技信息支持、基础设施建设、公共服务和资金投入等政策工具的实施力度;另一方面,从增加供给型政策工具的使用频数出发,建议政府部门适当增强人力资源培养、资金投入和基础设施建设等政策工具的使用次数,以此通过综合提高供给型政策工具的应用程度来全方位推动跨境电商发展。

二、加强需求型政策工具组合的协同

需求型政策工具组合的一致性较低,导致其对跨境电商产业规模效应起到了显著的抑制作用。针对该问题,建议"政企联动",提高需求型政策工具内部的协同作用,有效拉动跨境电商发展。例如,建议政府相关部门有选择性地购买跨境电商相关创新技术(服务)或将跨境电商相关技术创新项目委托给企业或民间机构,避免对单一政策的过度使用,强化和完善示范建设、贸易管制、海外机构管理、政府采购和外包等政策工具间的协同配合,综合利用各种需求型政策工具来促进跨境电商发展。

三、增强政府推动与市场拉动作用

现有的跨境电商政策中,环境型政策工具的数量占据一半以上,但其组合特征对跨境电商产业规模效应的影响不明显,而行之有效的供给型和需求型政策工具的占比较低,这种不均衡性已严重阻碍跨境电商产业规模发展。因此,政策部门可适当降低对环境型政策工具的使用强度,尤其是法规管制和策略性措施,同时加强对供给型和需求型政策的利用程度,大力发挥政策的推动作用与市场的拉动作用,双管齐下,共同保障跨境电商可持续健康发展。

第八章 跨境电商政策组合的宏观经济效应研究：一个两国 DSGE 模型

在传统外贸增速持续放缓的背景下，跨境电商高速发展已经成为我国外贸增长的新引擎、促进经济发展的重要因素。为保障跨境电商持续健康发展，我国政府部门先后出台了《关于促进电子商务应用的实施意见》(2013)、《全国电子商务物流发展专项规划（2016—2020 年）》(2016)、《电子商务法》(2018)，将引导和规范跨境电商发展上升到国家战略层次，试图通过创新监管理念，优化监管模式，完善业务流程，规范制度措施，实现跨境电商进出口贸易额持续增长。

要实现上述目标，首先需要选择合适的跨境电商政策。考虑到跨境电商与贸易、本国政府及国外政府部门关系的复杂性，跨境电商政策的制定必须在考虑宏观性和结构性基础上，平衡企业、本国政府与国外各方的利益，才能有效引导和促进其发展。因此，厘清跨境电商政策对利益相关者产生的影响效应，对跨境电子商务行业的可持续性发展具有重要的意义。

虽然现有研究对跨境电商相关政策的经济效应进行了定性分析，但相关研究基本局限于跨境电商政策对相关利益方的影响，未从宏观视角出发量化研究跨境电商政策给经济系统带来的综合影响。因此，在上一章构建的政策组合分析框架的基础上，本章则从宏观经济视角出发，评估不同类型跨境电商政策组合的间接经济效应，探索促进跨境电商发展的有效政策"组合拳"。结合现有分析体系，动态随机一般均衡模型（DSGE）能相对合理地刻画跨境电子商务产品的生产与交易过程。而且，目前已有很多学者采用此模型研究了供给型、需求型和环境型等政策组合冲击对宏观经济的影响。比如，刘尧成和徐晓萍（2010）运用动态随机一般均衡模型模拟分析了货币供给冲击和需求冲击对一国经济外部失衡的影响,发现两种冲击发生后该国的外部资产和汇率水平会从初始的"0 均衡"状态偏离,而到最终收敛大约需要 10 年—15 年的时间。陈明华等(2014)通过构建石油消费和生产的两部门 DSGE 模型,模拟分析发现供求因素对国际油价波动具有长期冲击效应。高然和龚六堂(2017)将地方政府的土地财政行为纳入 DSGE 模型,模拟发现房地产需求冲击是导致房地产市场波动的主要冲击。

　　虽然上述文献就如何利用 DSGE 模型分析政策组合冲击的经济效应开展了较为丰富的讨论,但是大多是在封闭的 DSGE 模型框架下进行,与跨境电商产生的现实经济特征存在明显不符。比如,我国增加跨境电商商品的需求,会直接影响国外跨境电商商品的出口和产出。同时,国外跨境电商商品产出的变化又会影响国外对我国商品的进口。因此,建立开放 DSGE 分析框架更符合跨境电商政策的现实经济活动。

　　关于开放经济 DSGE 模型的研究,Obstfeld 和 Rogoff(1995)最早构建了开放经济 DSGE 模型以解释货币政策和财政政策的福利效应,开创了新开放宏观经济学研究的先河。此后,部分学者基于该模型进行了大量的拓展研究。比如,Smets 和 Wouters(2003)将资本调整成本和习惯形成纳入了开放经济 DSGE 模型;为更真实地刻画现实经济,Lombardo 和 Ravenna(2014)构建了包含贸易品和非贸易品生产的两部门开放经济 DSGE 模型;鉴于银行业在国民经济中的作用,康立和龚六堂(2014)则将银行部门和金融摩擦纳入开放 DSGE 模型;考虑日趋重要的信贷市场,梅冬州和龚六堂(2012)基于信贷市场的不完备性,建立了开放经济 DSGE 模型。

　　因此,本章将基于跨境电子商务的贸易中介功能,构建一个包含跨境电商供给型、环境型和需求型冲击的开放经济动态随机一般均衡模型,模拟分析不同类型的跨境电商政策工具组合冲击对主要宏观经济变量的影响效应,并对比分析其在不同政策目的和政策力度下的效果差异。本章第一节将跨境电子商务出口贸易中介部门纳入模型,构建包含异质性贸易品生产商的两国经济动态随机一般均衡模型;第二节运用贝叶斯方法对参数进行估计;第三节从特征事实的模拟、方差分解和脉冲响应等角度分析不同类型的跨境电商政策组合冲击对主要宏观经济变量的动态影响;第四节模拟分析;第五节基于分析结果,提出相应的对策建议。

第一节 模型构建

考虑一个由居民、贸易品生产商、非贸易品生产商、跨境电子商务出口贸易中介、进口部门、政府及相应国外部门构成的经济模型。居民向生产商提供劳动获得工资收入,购买国债和国际债券获得利息收入,在满足一定预算约束的情况下最大化期望效用。生产商由非贸易品部门和贸易品部门构成,它们通过雇佣居民提供的劳动进行生产。对于贸易品部门,其将生产的商品一部分出售给国外进口部门,一部分委托跨境电子商务出口贸易中介出售给国外消费者。对于非贸易品部门,其将生产的商品直接出售给国内消费者。对于跨境电子商务出口贸易中介,其通过雇佣劳动为贸易品部门提供商务服务,并收取一定的佣金;对于进口部门,其将进口国外商品重新合成最终商品出售给国内消费者。最后,政府在满足自己预算约束方程的条件下,利用货币政策调节经济运行。下面,根据前述过程,构建对应的模型。

一、国内部分

(一)居民

假设代表性居民的期望效应函数形式为:

$$\max E_0 \sum_{i=0}^{\infty} \beta^i \left(\frac{C_t^{1-\sigma}}{1-\sigma} - \frac{L_t^{1+\varphi}}{1+\varphi} \right) \tag{8-1}$$

其中,β 是贴现因子,σ 刻画了消费的跨期替代弹性,φ 反映劳动的供给弹性的倒数,C_t 表示居民的消费水平,L_t 是居民提供的劳动量。本国居民消费由本国生产的非贸易品 $C_{N,t}$ 和进口国外商品 $C_{F,t}$ 复合而成,满足:

$$C_t = \left[(1-\lambda_1)^{\frac{1}{p_1}} (C_{F,t})^{\frac{p_1-1}{p_1}} + \lambda_1^{\frac{1}{p_1}} (C_{N,t})^{\frac{p_1-1}{p_1}} \right]^{\frac{p_1}{p_1-1}} \tag{8-2}$$

其中,$0 \leq \lambda_1 \leq 1$ 反映居民对本国非贸易品的偏好程度,$p_1 > 0$ 表示两种商品的替代弹性。由居民消费商品需求函数,可得到国内消费者价格指数 P_t 的复合函数,有:

$$P_t = \left[(1-\lambda_1)((1+\tau_{F,t})P_{F,t})^{1-p_1} + \lambda_1 (P_{N,t})^{1-p_1} \right]^{\frac{1}{1-p_1}} \tag{8-3}$$

其中,$\tau_{F,t}$ 为进口贸易税(主要包括进口关税、进口环节增值税、进口环节消费税),其对数形式服从 $AR(1)$ 过程,即 $\ln\tau_{F,t} = \rho_{\tau,F}\ln\tau_{F,t-1} + \varepsilon_t^{\tau,F}$。$P_{N,t}$ 为本国消

费者所消费国内非贸易品的价格指数，$P_{F,t}$ 是本国消费者所消费进口商品的价格指数。居民面临的预算约束方程和消费复合函数分别为：

$$P_tC_t+B_{H,t}+S_tB_{H,t}^*=W_{N,t}L_{N,t}+W_{H,t}L_{H,t}+W_{M,t}L_{M,t}+R_{t-1}B_{H,t-1}+R_{t-1}^*S_tB_{H,t-1}^*+\prod_t$$

(8-4)

$$P_tC_t=P_{N,t}C_{N,t}+(1+\tau_{F,t})P_{F,t}C_{F,t} \tag{8-5}$$

其中，S_t 是直接标价法下本币汇率，$W_{i,t}$ 和 $L_{i,t}$ 分别是 i 部门的名义工资和具体劳动时间，R_{t-1} 和 R_{t-1}^* 分别是 $t-1$ 期的名义无风险利率和国际债券无风险利率，$\prod_t$ 是进口部门利润，$B_{H,t}$ 和 $B_{H,t}^*$ 分别为居民在 t 期购买的政府债券和国际债券。

在给定的预算约束条件下，居民通过选择消费水平（C_t）、劳动时间（$L_{i,t}$）、购买政府债券（$B_{H,t}$）和国际债券（$B_{H,t}^*$）使得其实现终生效用最大化。

求解上面的最优化问题，得到一阶条件如下：

$$C_t^{-\sigma}-\lambda_tP_t=0 \tag{8-6}$$

$$-L_t^\varphi+\lambda_tW_{i,t}=0 \quad i=N,H,M \tag{8-7}$$

$$-\lambda_t+\beta E_t(\lambda_{t+1}R_i)=0 \tag{8-8}$$

$$-S_t\lambda_i+\beta E_t(\lambda_{t+1}S_{t+1}R_t^f)=0 \tag{8-9}$$

其中，λ_t 是拉格朗日乘子，式（8-6）和式（8-8）相结合可得到居民消费欧拉方程，式（8-7）是居民的最优劳动供给方程，式（8-8）和式（8-9）是居民最优储蓄决策方程，两式结合可得到非抛补利率平价方程为 $R_t=R_t^fE_t(S_{t+1}/S_t)$。

（二）生产商

生产商由非贸易品生产商和贸易品生产商两个部门构成，假定其是完全竞争的，并且按照如下生产函数进行生产：

$$Y_{i,t}(z)=A_{i,t}[L_{i,t}(z)]^{a_i} \quad i=N,H \tag{8-10}$$

其中，$A_{i,t}$ 是 i 部门第 t 期的国内全要素生产率水平，服从 $AR(1)$ 过程，即 $\ln A_{i,t}=\rho_i\ln A_{i,t-1}+\varepsilon_t^i$；$\alpha_i$ 表示 i 部门资本和劳动的产出弹性；$L_{i,t}$ 表示 i 部门第 t 期的国内劳动投入。

（三）进口部门

进口部门以 $S_tP_{N,t}^*$ 的价格从国外进口商品，然后将商品重新包装之后以 $P_{F,t}$ 的价格卖给消费者，假定贸易品的加价率为 $x_{F,t}=P_{F,t}/(S_tP_{N,t}^*)$，且进口部门具有垄断定价权，每期获得价格调整机会的概率为 $1-\varphi_F$。由此推导出

进口产品价格对应的菲利普斯曲线,有:

$$\pi_{F,t} = \beta E_t \pi_{F,t+1} + \frac{(1-\varphi_F)(1-\varphi_F\beta)}{\varphi_F} x_{F,t} \tag{8-11}$$

(四)跨境电子商务出口贸易中介

跨境电子商务出口贸易中介的生产函数与生产商类似,所不同的是贸易品作为投入要素进入到跨境电子商务出口贸易中介的生产函数当中,具体形式为:

$$Y_{M,t} = A_{M,t} Y_{EH,t}^{1-\alpha_M} L_{M,t}^{\alpha_M} \tag{8-12}$$

其中,$A_{M,t}$ 为第 t 期跨境电子商务技术水平,服从 $AR(1)$ 过程,即 $\ln A_{M,t} = \rho_M \ln A_{M,t-1} + \varepsilon_t^M$;$Y_{EH,t}$ 表示第 t 期的贸易品投入;$L_{M,t}$ 表示第 t 期的劳动投入。则跨境电子商务出口贸易中介利润最大化问题为:

$$\overset{\max}{Y_{EH,t}} P_{H,t}^0 Y_{M,t} - P_{H,t} Y_{EH,t} - W_{M,t} L_{M,t} \tag{8-13}$$

二、国外部分

(一)居民

在本章的设定中,国内部分和国外部分之间的差异表现为:国内外居民的消费结构不同。由于近年来我国跨境电子商务出口交易额占贸易品出口总额的 30% 左右,而跨境电子商务商品进口交易额占比相对较低(大概为 10%)。因此,本章假设国外居民消费由本国生产商品、进口跨境电子商务商品、进口传统贸易品构成,而国内居民消费仅由本国非贸易品和进口传统贸易品构成。假设代表性国外居民的效用函数与国内类似,则跨期效用函数可以表示为:

$$\mathrm{Max} E_0 \sum_{i=0}^{\infty} \beta_f^i \left[\frac{(C_t^*)^{1-\sigma_f}}{1-\sigma_f} - \frac{(L_t^*)^{1+\varphi_f}}{1+\varphi_f} \right] \tag{8-14}$$

在最终消费品构成上,假设国外居民消费由本国生产商品 $C_{N,t}^*$ 和进口商品 $C_{H,t}^*$ 复合而成,满足:

$$C_t^* = \left[(1-\lambda_1^*)^{\frac{1}{\rho_1^*}} (C_{H,t}^*)^{\frac{\rho_1^*-1}{\rho_1^*}} + \lambda_1^{*\frac{1}{\rho_1^*}} (C_{N,t}^*)^{\frac{\rho_1^*-1}{\rho_1^*}} \right]^{\frac{\rho_1^*}{\rho_1^*-1}} \tag{8-15}$$

其中,$0 \leqslant \lambda_1^* \leqslant 1$ 反映国外居民对本国生产商品的偏好程度,$\rho_1^* > 0$ 表示两种

商品的替代弹性。其中，进口商品 $C^*_{H,t}$ 由传统贸易品 $C^*_{SH,t}$ 和跨境电子商务产品 $C^*_{EH,t}$ 复合而成，满足：

$$C^*_{H,t}=\left[(1-\lambda^*_{2,t})^{\frac{1}{\rho^*_2}}(C^*_{EH,t})^{\frac{\rho^*_2-1}{\rho^*_2}}+\lambda^{*\frac{1}{\rho^*_2}}_{2,t}(C^*_{SH,t})^{\frac{\rho^*_2-1}{\rho^*_2}}\right]^{\frac{\rho^*_2}{\rho^*_2-1}}\quad(8\text{-}16)$$

其中，$0\leqslant\lambda^*_2\leqslant1$ 反映国外居民对跨境电商商品的偏好程度，$\rho^*_2>0$ 表示两种商品的替代弹性。通过求解国外居民在本国商品、进口跨境电子商务商品和进口传统贸易品之间配置的支出最小化问题，可得到国外消费者价格指数 P^*_t 的复合函数，满足：

$$P^*_t=\left[(1-\lambda^*_1)(P^*_{H,t})^{1-\rho^*_1}+\lambda^*_1(P^*_{N,t})^{1-\rho^*_1}\right]^{\frac{1}{1-\rho^*_1}}\quad(8\text{-}17)$$

$$P^*_{H,t}=\left[(1-\lambda^*_{2,t})(P^*_{EH,t})^{1-\rho^*_2}+\lambda^*_{2,t}(P^*_{SH,t})^{1-\rho^*_2}\right]^{\frac{1}{1-\rho^*_2}}\quad(8\text{-}18)$$

其中，$\tau^*_{EH,t}$ 和 $\tau^*_{SH,t}$ 分别为国外对跨境电子商务产品和传统贸易品征收的进口贸易税，其对数形式均服从 $AR(1)$ 过程，即 $\ln\tau^*_{i,t}=\rho^*_{\tau,i}\ln\tau^*_{i,t-1}+\varepsilon^{\tau,i*}_t$。$P^*_{H,t}$是国外消费者所消费的本国商品的价格指数，$P^*_{N,t}$ 为国外消费者所消费的进口商品的价格指数，$P^*_{EH,t}$ 表示国外消费者所消费的跨境电子商务商品的价格指数，$P^*_{SH,t}$ 是国外消费者所消费的传统贸易品的价格指数。同时，国外对跨境电商商品征收进口贸易税 $\tau^*_{EH,t}$：

$$P^*_{EH,t}=(1+\tau^*_{EH,t})^{\frac{P^0_{H,t}}{S_t}}\quad(8\text{-}19)$$

与本国类似，国外居民面临的预算约束方程和消费复合函数分别为：

$$P^*_tC^*_t+\frac{B_{F,t}}{S_t}+B^*_{F,t}=W^*_tL^*_t+R_{t-1}\frac{B_{F,t-1}}{S_t}+R^*_{t-1}B^*_{F,t-1}+\Pi^*_t\quad(8\text{-}20)$$

$$P^*_tC^*_t=P^*_{N,t}C^*_{N,t}+P^*_{EH,t}C^*_{EH,t}+P^*_{SH,t}C^*_{SH,t}\quad(8\text{-}21)$$

（二）生产商

假设生产商是完全竞争的，按照如下生产函数进行生产：

$$Y^*_{N,t}(Z)=A^*_{N,t}[L^*_t(Z)]^{\alpha^*}\quad(8\text{-}22)$$

其中，$A^*_{N,t}$ 是第 t 期的国外全要素生产率水平，其对数形式服从 $AR(1)$过程，即 $\ln A^*_t=\rho^*_N\ln A^*_{t-1}+\varepsilon^{N*}_t$；$\alpha^*$ 表示国外资本和劳动的产出弹性；L^*_t 表示第 t 期的国外劳动投入。

（三）进口部门

进口部门以 $(1+\tau^*_{SH,t})P_{H,t}/S_t$ 的价格从贸易品生产商购买商品，然后将商品重新包装之后以 $P_{SH,t}^*$ 的价格卖给消费者，定义传统贸易品的加价率为 $x_{SH,t}^* = P_{SH,t}^* S_t / ((1+\tau_{SH,t}^*) P_{H,t})$。假设进口部门具有垄断定价权，每期获得价格调整机会的概率为 $1-\varphi_{SH}^*$。由此推导出传统贸易品价格对应的菲利普斯曲线：

$$\pi_{SH,t}^* = \beta_f E_t \pi_{SH,t+1}^* + \frac{(1-\varphi_{SH}^*)(1-\varphi_{SH}^* \beta_f)}{\varphi_{SH}^*} x_{SH,t}^* \tag{8-23}$$

三、政府行为

本章假设中央银行货币政策满足如下简单泰勒规则：

$$\frac{R_t}{\bar{R}} = (\frac{R_{t-1}}{\bar{R}})^{\rho_R} \left[(\frac{\pi_{t-1}}{\bar{\pi}})^{\omega_\pi} (\frac{Y_{t-1}}{\bar{Y}})^{\omega_y} \right]^{1-\rho_R} \tag{8-24}$$

其中，ρ_R 是利率平滑系数，ω_π、ω_y 分别是央行利率对于通胀和产出缺口的反应系数。国外政府行为与之类似，不再赘述。

四、资源约束和市场出清条件

$$L_t = L_{N,t} + L_{H,t} + L_{M,t} \tag{8-25}$$

$$Y_{N,t} = C_{N,t} \tag{8-26}$$

$$Y_{H,t} = C_{SH,t}^* + Y_{EH,t} \tag{8-27}$$

$$Y_{M,t} = C_{EH,t}^* \tag{8-28}$$

$$Y_t^* = \frac{P_{N,t}^*}{P_t^*} Y_{N,t}^* = \frac{P_{N,t}^*}{P_t^*} (C_{N,t}^* + C_{F,t}) \tag{8-29}$$

$$Y_t = \frac{P_{N,t}}{P_t} C_{N,t} + \frac{(1+\tau_{SH,t}) P_{H,t}}{P_t} C_{SH,t}^* + \frac{(1+\tau_{EH,t}) P_{H,t}^0}{P_t} C_{EH,t}^* \tag{8-30}$$

$$CA_t = (1+\tau_{SH,t}) P_{H,t} C_{SH,t}^* + (1+\tau_{EH,t}) P_{H,t}^0 C_{EH,t}^* - S_t P_{N,t}^* C_{F,t} \tag{8-31}$$

其中，式（8-25）—式（8-31）分别是国内劳动市场、国内外最终产品市场的出清条件、国内经常账户余额。

第二节 参数估计

在上一部分，文中给出了包含异质性贸易品生产商的两国经济动态随机一般均衡模型，并进一步分析了其一阶条件和均衡条件。考虑到贝叶斯方法能够根据观测数据对待估参数先验分布进行修正，从而获得与现实经济更吻合的后验估计和后验分布,故下文主要采用贝叶斯方法对模型中的参数进行估计。其计算过程利用 Matlab 的工具包 DYNARE 完成,计算原理可参考 Smets 和 Wouters(2003)、Schorfheide(2000)对贝叶斯方法的详细解说。观测变量分别为实际国内生产总值、实际消费、CPI 指数以及实际国外生产总值、国外 CPI 指数。其中,按照金中夏和洪浩(2015)的做法,国外数据采用美国数据作为替代。数据来自 EPS 数据平台,样本区间为 1995 年第一季度至 2017 年第四季度。所有数据经过 X-12 法进行季节调整和 HP滤波。

一、参数估计

(一)先验分布

在利用贝叶斯方法估计参数之前,需要给出待估参数的先验分布函数。现有研究主要是根据参数的含义、取值范围以及国内外相关研究综合设定参数的先验分布(鄢莉莉和王一鸣,2012;刘晓星和姚登宝,2016;闫先东和张炎涛,2016)。考虑到数据的可获得性,仍然沿用这一做法。具体设定如下:

(1)借鉴康立和龚六堂(2014)的做法,将国内外主观贴现因子 β 和 β_f 设为满足均值为 0.99、标准差为 0.01 的正态分布;令国内外消费品需求偏好 λ_1 和 λ_1^* 分别服从均值为 0.6 和 0.5、标准差均为 0.1 的 Beta 分布。另外,根据中信建投跨境电子商务深度系列发展报告中的相关数据,计算得到历年传统贸易品出口占贸易出口的平均比重为 0.7,据此将国外居民对传统贸易品的偏好程度 λ_2^* 设定为均值为 0.7、标准差为 0.1 的 Beta 分布;令国内外消费品替代弹性 ρ_1、ρ_1^* 和 ρ_2^* 均满足均值为 1、标准差为 0.2 的Gamma 分布。

(2)按照唐琳等(2016)的处理方法,设定国内外资本产出弹性 α_N、α_H、α_M 和 α_N^* 分别服从均值为 1、1、1 和 1,标准差为 0.1 的正态分布。

(3)参照孙俊和于津平(2014)的做法,设定国内外消费跨期替代弹性 σ 和 σ_f 服从均值分别为 3 和 2、标准差均为 0.5 的 Gamma 分布;国内外劳动供给弹性的倒数 φ 和 φ_f 分别服从均值为 0.8 和 2、标准差为 0.5 的Gamma 分布。

(4)按照金中夏和洪浩(2015)的处理方法,设国内外厂商不变价概率 φ_F

和 φ_{SH}^* 分别服从均值为 0.85 和 0.76、标准差均为 0.03 的 Beta 分布。

(5)根据刘斌(2014)的做法,设定利率平滑系数 ρ_R 和 ρ_{R^*} 均服从均值为 0.7、标准差为 0.1 的 Beta 分布;通胀缺口反应系数 ω_π 和 ω_{π^*} 均服从均值为 1.5、标准差为 0.15 的 Gamma 分布;产出缺口反应系数 ω_y 和 ω_{y^*} 均服从均值为 0.5、标准差为 0.15 的 Gamma 分布。

(6)在外生变量参数的设定方面,沿用刘晓星和姚登宝(2016)的处理办法,假设一阶自回归系数 ρ_N、ρ_H、ρ_M、ρ_N^*、$\rho_{\tau,SH}^*$、$\rho_{\tau,EH}^*$、$\rho_{\tau,F}$ 均服从均值为 0.5、标准差为 0.2 的 Beta 分析;对于外生变量残差的设定,在参考王国静和田国强(2014)的基础上,假设 σ_N、σ_H、σ_M、σ_N^*、$\sigma_{\tau,SH}^*$、$\sigma_{\tau,EH}^*$、$\sigma_{\tau,F}$ 均服从均值为 0.01、自由度为 2 的 Inverse Gamma 分布。

(二)贝叶斯估计结果

针对参数的先验分布,贝叶斯方法根据观测数据对其进行修正可获得后验分布(见表 8-1)。表 8-1 中的第二列是参数的先验分布,第三和第四列分别是估计得到的后验均值和后验置信区间。具体地,为保证估计结果的准确性,在实际操作过程中,采用 MCMC 模拟方法,进行了 20000 次随机抽样,并考虑到模拟过程的稳定性,丢弃了前 10000 次。另外,在得到参数估计后,对全部变量进行 MCMC 收敛性检验,结果显示所有变量都通过了检验。

表 8-1　参数的先验分布与后验分布估计结果

参数	先验分布	后验均值	后验置信区间	参数	先验分布	后验均值	后验置信区间
β	$N[0.99,0.01]$	0.9912	$[0.9839,0.9962]$	ω_π	$\Gamma[1.5,0.15]$	1.4694	$[1.3337,1.5658]$
β_f	$N[0.99,0.01]$	0.9951	$[0.9877,0.9980]$	ω_π^*	$\Gamma[1.5,0.15]$	1.5582	$[1.3925,1.7454]$
σ	$\Gamma[3,0.5]$	2.0738	$[0.9898,1.0004]$	ω_y	$\Gamma[0.5,0.15]$	0.4703	$[0.3885,0.5622]$
σ_f	$\Gamma[2,0.5]$	2.6580	$[2.3703,2.9114]$	ω_y^*	$\Gamma[0.5,0.15]$	0.3854	$[0.3022,0.4688]$
φ	$\Gamma[0.8,0.5]$	0.4046	$[0.1728,0.6966]$	ρ_N	$B[0.5,0.2]$	0.4530	$[0.3554,0.5564]$
φ_f	$\Gamma[2,0.5]$	2.2507	$[1.8610,2.6452]$	ρ_H	$B[0.5,0.2]$	0.4712	$[0.3397,0.5963]$
λ_1^*	$B[0.5,0.1]$	0.5858	$[0.4567,0.7580]$	ρ_N^*	$B[0.5,0.2]$	0.8187	$[0.5055,0.9449]$
λ_2^*	$B[0.7,0.1]$	0.8480	$[0.8219,0.8686]$	ρ_M	$B[0.5,0.2]$	0.5408	$[0.4193,0.6798]$
λ_1	$B[0.6,0.1]$	0.7499	$[0.6990,0.8002]$	$\rho_{\lambda_2^*}$	$B[0.5,0.2]$	0.5478	$[0.3955,0.8203]$

参数	先验分布	后验均值	后验置信区间	参数	先验分布	后验均值	后验置信区间
φ_F	B[0.85,0.03]	0.8478	[0.8254,0.8690]	$\rho_{\tau,SH}^*$	B[0.5,0.2]	0.5277	[0.3495,0.7049]
φ_{SH}^*	B[0.76,0.03]	0.7613	[0.7320,0.7896]	$\rho_{\tau,EH}^*$	B[0.5,0.2]	0.5823	[0.4533,0.6789]
α_N	N[1,0.1]	1.0066	[0.9992,1.0139]	$\rho_{\tau,F}$	B[0.5,0.2]	0.6136	[0.4917,0.7418]
α_H	N[1,0.1]	0.9988	[0.9884,1.0095]	σ_N	Γ^{-1}[0.01,2]	0.0399	[0.0256,0.0540]
α_M	N[1,0.1]	0.9976	[0.9932,1.0047]	σ_H	Γ^{-1}[0.01,2]	0.0171	[0.0021,0.0445]
α_N^*	N[1,0.1]	1.0069	[1.0002,1.0136]	σ_N^*	Γ^{-1}[0.01,2]	0.0082	[0.0029,0.0130]
ρ_1^*	Γ[1,0.2]	0.6966	[0.6099,0.7698]	σ_M	Γ^{-1}[0.01,2]	0.0921	[0.0668,0.1177]
ρ_1	Γ[1,0.2]	1.1116	[0.9547,1.2401]	$\sigma_{\lambda_2}^*$	Γ^{-1}[0.01,2]	0.0105	[0.0022,0.0211]
ρ_2^*	Γ[1,0.2]	1.0677	[0.8659,1.3057]	$\sigma_{\tau,SH}^*$	Γ^{-1}[0.01,2]	0.0082	[0.0024,0.0144]
ρ_R	B[0.7,0.1]	0.7262	[0.6844,0.7702]	$\sigma_{\tau,EH}^*$	Γ^{-1}[0.01,2]	0.0259	[0.0091,0.0418]
ρ_R^*	B[0.7,0.1]	0.6626	[0.5990,0.7330]	$\sigma_{\tau,F}$	Γ^{-1}[0.01,2]	0.0069	[0.0027,0.0109]

二、参数校准

有关稳态时资源约束方程中相关变量占产出的比重，根据 2006 年——2016 年中我国最终消费支出中国内非贸易品消费支出、跨境电商商品出口额、传统贸易品出口额、美国最终消费支出中国内非贸易品消费支出、货物和服务出口额的年度平均数据，分别计算其占 GDP 的份额，将 $\overline{C_N}/\overline{Y}$、$\overline{C_{EH}}/\overline{Y}$、$\overline{C_{SH}}/\overline{Y}$、$\overline{C_N^*}/\overline{Y_F^*}$、$\overline{C_F}/\overline{Y_F^*}$ 分别校准为 0.56、0.13、0.31、0.84、0.16。

第三节　适用性分析

一、特征事实的模拟分析

为了研究不同类型跨境电商政策冲击的经济效应，首先需要对模型模拟效果进行分析。本节通过经济变量的波动幅度、K－P 比率及产出与其他经济变量的相关系数来判断模拟经济对实际经济的解释能力，结果见表8-2。

表 8-2 模型经济与实际经济的比较

变量	实际经济				模拟经济				K－P方差比（％）
	标准差（％）	自相关系数	与产出相关系数	相对于产出的标准差	标准差（％）	自相关系数	与产出相关系数	相对于产出的标准差	
产出	1.78	0.67	1	1	1.70	0.60	1	1	95.51
消费	1.71	0.74	0.44	0.96	1.35	0.39	0.32	0.79	78.95

通过表 8-2 可以发现,模型能够较好地刻画实际经济,主要表现为三方面。一是从模拟经济变量的波动幅度来看,产出和消费的波动幅度分别为 1.70％ 和 1.35％,与实际经济的排序和波动幅度基本一致。二是从 K－P 比率结果可知,模拟经济的产出与实际经济波动幅度很接近,K－P 比率均高达 0.95,这意味着模拟经济能够解释 95％ 的产出波动。另外,模拟经济的消费波动略小于实际经济的消费波动幅度,对应的 K－P 比率为 0.78,表示模拟经济能够解释大约 78％ 的消费波动,也处于较好的数值范围。三是从模拟经济与产出的相关系数可以看出,消费与产出的同期相关系数为 0.32,与实际经济中两者的相关系数较为接近。

二、宏观经济变量的方差分解

通过对宏观经济变量波动进行方差分解,可以分析外生冲击对宏观经济变量波动的影响程度。表 8-3 给出了经济冲击(主要指偏好冲击、技术冲击和税收冲击)解释国内产出、国内消费的无条件方差比例模拟结果。

根据表 8-3,可以得到以下几点结论。

(1)国内非贸易品生产商的技术冲击是宏观经济波动的主要来源。模拟结果显示,国内产出和消费的波动分别有 44.52％ 和 78.61％ 的比例是由非贸易品生产商的技术冲击引起的。究其原因,国内居民的主要消费对象为国内非贸易品,而非贸易品生产商的技术冲击会直接影响商品的生产、消费,进而对宏观经济产生的冲击也较大。

(2)国外跨境电商商品偏好冲击、跨境电子商务税收冲击和跨境电商技术冲击对主要宏观经济变量的影响较为显著,特别是国外跨境电商商品偏好冲击对产出的影响高达 14.31％。结合当前的经济形势,跨境电子商务凭借其环节少、成本低、速度快、风险低等优势,已成为创新驱动发展的重要引擎。因此,国外居民消费偏好改变、国外税收政策的变动以及产品生产技术的改善会通过影响产品成本、提升运行效率、降低风险等方式影响宏观经济变量的变化。

(3)国内贸易品生产商的技术冲击对主要宏观经济变量的解释程度为15.73,明显小于国外生产商技术冲击的影响(18.62%)。主要原因在于,传统外贸是我国进行贸易的主要形式,而我国传统外贸以出口委托加工和劳动密集型产品为主,存在技术含量与产品附加值"双低"等问题,导致国内贸易商的技术冲击并不能显著影响国内的产出和消费。

(4)国外进口传统贸易品的贸易税冲击和国内进口贸易品的贸易税冲击,对主要宏观经济变量波动的影响较小(基本未超过 1%)。不难理解,该情形与我国的经济结构相关。不管是从整个外贸结构,还是从跨境电子商务产业结构来看,出口均占绝对优势,而上述两个冲击均主要与进口相关,造成其对主要宏观经济变量的解释能力偏弱。

表 8-3　宏观经济变量的方差分解结果

外生冲击	国内产出(%)	国内消费(%)
国内非贸易品生产商的技术冲击	44.52	78.61
国内贸易品生产商的技术冲击	15.73	1.26
跨境电子商务技术冲击	3.57	1.95
国外生产商技术冲击	18.62	4.89
国外跨境电子商务税收冲击	1.37	2.88
国外进口传统贸易品的贸易税冲击	1.42	0.37
国内进口贸易品的贸易税冲击	0.46	0.56
国外跨境电商商品偏好冲击	14.31	9.47

三、政策工具冲击形式

根据 Iacoviello(2015)、张婧屹和李建强(2018)的研究结果可知,偏好冲击是影响商品价格及宏观经济波动的重要需求冲击,因此选择跨境电商商品偏好冲击来刻画跨境电商市场遭受的需求冲击。依据真实经济周期理论可以发现,技术冲击是影响产品市场供给波动的重要因素,因此选择跨境电商技术冲击来刻画跨境电商产品的供给波动。孙敏和郑皆新(2003)、杨晓霞(2018)的研究表明,税收政策是国家为企业创造公平市场环境的重要政策,故选择国外跨境电商税收冲击来刻画跨境电商市场的环境波动。其中,

λ_2^*、A_M 和 τ_{EH}^* 分别表示需求冲击、供给冲击和环境冲击的稳态值,ρ_i 表示对应冲击的持续性,扰动项 ε_i 服从均值为 0、标准差为 σ_i 正态分布。

$$\ln(\lambda_{2,t}^*) = (1-\rho_{\lambda_2^*})\lambda_2^* + \rho_{\lambda_2^*}\ln(\lambda_{2,t-1}^*) + \varepsilon_{\lambda_2^*,t} \tag{8-32}$$

$$\ln(A_{M,t}) = (1-\rho_M)A_M + \rho_M\ln(A_{M,t-1}) + \varepsilon_{M,t} \tag{8-33}$$

$$\ln(\tau_{EH,t}^*) = (1-\rho_{\tau,EH}^*)\tau_{EH}^* + \rho_{\tau,EH}^*\ln(\tau_{EH,t-1}^*) + \varepsilon_{EH,t}^* \tag{8-34}$$

第四节　模拟分析

根据参数校准和贝叶斯估计的结果,下面通过脉冲响应来分析不同类型政策工具组合冲击的实施效果,并对比分析其在不同政策目的和政策力度下的效果差异,以期为政府提高跨境电商政策制定的有效性和针对性提供量化依据。

一、跨境电商供给型冲击

(一)跨境电商技术冲击的宏观经济效应

图 8-1 展示了跨境电子商务技术冲击对主要宏观经济变量的脉冲响应。不难发现,正向的跨境电子商务技术冲击对当期国内消费、国外产出和国外消费分别产生 1.78%、6.61%、2.05% 的抑制效应,均持续 6 期后趋于平稳,也即跨境电商技术水平提升对国内外消费和国外产出具有短期冲击效应,且对国外产出的抑制效应明显强于国内外消费。与之不同,跨境电商技术水平的提升对国内产出产生 2.7% 的促进效应,持续 15 期后趋于平稳,表明跨境电商技术水平提升对国内产出产生强烈的长期促进效应。正向的跨境电子商务技术冲击也对当期国内贸易余额产生 11.02% 的促进效应,持续 8 期后达到平稳状态。因此,从整体上看,正向的跨境电商技术冲击能够对国内外消费、国外产出产生短期负向作用,并对国内产出和国内贸易余额产生显著的正向作用。

从居民消费角度可以发现,正向的技术冲击对当期跨境电子商务商品消费和国内外非贸易品消费分别产生 113%、2.41%、2.3% 的正向影响,并分别持续 8 期、6 期、6 期后趋于平稳。而对国内贸易品消费、国外传统贸易品消费分别产生最大值为 14.35%、30.07% 的负向影响,影响时期均为 6

期。综上，跨境电子商务技术水平的提升能够促进跨境电子商务商品消费大幅上升，同时降低国内贸易品消费和国外传统贸易品消费，而对国内外非贸易品消费的刺激作用较小。

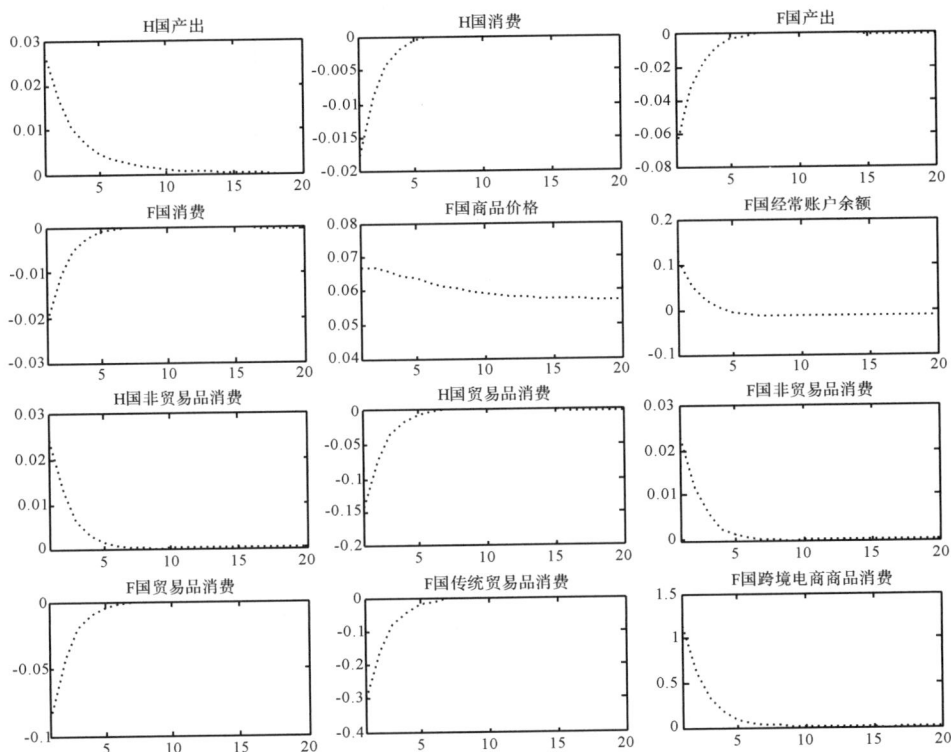

图 8-1　跨境电商技术冲击对主要宏观经济变量的脉冲响应（单位：季度）

（二）不同政策力度下跨境电子商务技术冲击对主要经济变量的影响

这部分主要分析政府采用跨境电商供给型政策推动跨境电商发展时，政策力度和持续性对主要经济变量的影响程度。结合本书的研究目的，主要研究跨境电商供给型政策力度和持续性对经济系统的影响，与之相关的参数为 σ_M 和 ρ_M。因此本书主要研究两种情况：一是 σ_M 增加，即跨境电商供给型政策力度增强；二是 ρ_M 增加，即跨境电商供给型政策的持续性增强。

由图 8-2 可知，对于国内消费品而言，当跨境电商技术冲击的力度增强时，H 国居民对非贸易品的消费在初期表现为上升幅度增加（2.41%→9.65%），而对 F 国贸易品消费的下降幅度也更加明显（14.36%→57.45%）。与之类似，对于国外消费品而言，F 国居民对非贸易品、H 国贸易品、传统贸易品和跨境电商商品消费的初期变化幅度也较大。尽管随着时间的推移,跨境电商技术冲击力度的增强对上述经济变量均会产生"超调"效应,即以较大幅度调整至初始稳态水平以下,但是在数量上依然比较有限。由此可见,跨境电商技术冲击力度的增强会加大对早期经济的影响,同时对经济的长期副作用也较小。与跨境电商技术冲击的力度变化的影响不同,跨境电商技术冲击持续性的增强对相关经济变量的初期影响不大,但会延长对相关变量的调整周期。

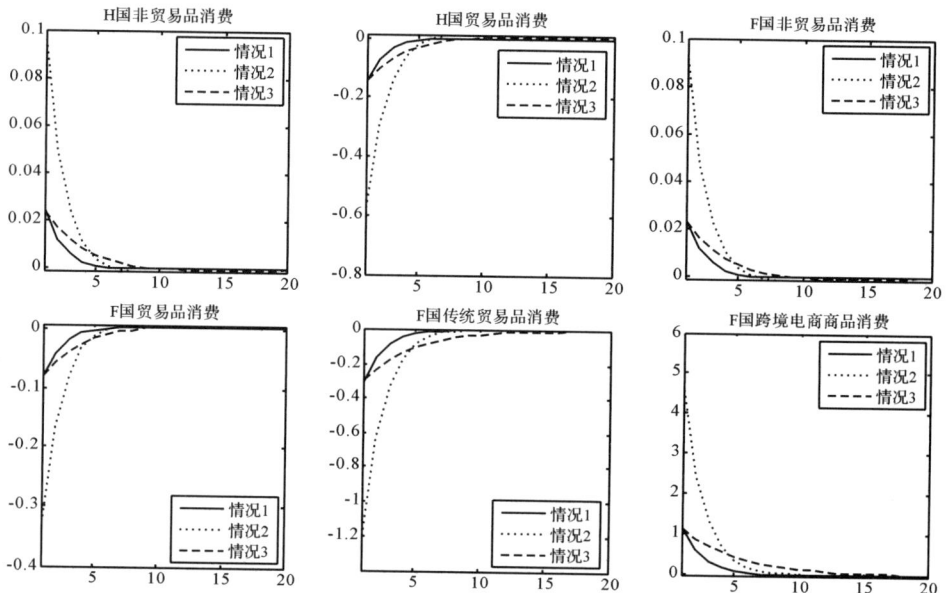

图 8-2　跨境电商技术冲击力度和持续性对主要宏观经济变量的影响(单位:季度)

注:情况 1,取基准参数值;情况 2,跨境电商技术冲击的力度扩大 4 倍,其他参数不变;情况 3,跨境电商技术冲击的持续性为 0.8,其他参数不变。

(三)不同政策目的下跨境电子商务技术冲击对主要经济变量的影响

　　根据前文分析结果,跨境电子商务技术冲击会提高国外居民对我国跨境电子商务商品的需求,但会减少对传统贸易品的需求。但这一变化幅度与跨境电子商务商品在贸易品中所占比重,以及跨境电子商务商品与传统贸易品的替代弹性密切相关。考虑到近几年跨境电子商务交易额占出口贸易额的比重越来越大,且产品种类愈加丰富。故下文将基于此趋势,进一步分析不同政策目的下,跨境电子商务技术冲击对主要经济变量的影响(结果见图 8-3)。

1. 跨境电子商务交易额提升时技术冲击对经济的影响

现将跨境电子商务交易额占出口贸易额的比重设为 0.5,模拟结果显示,正向的跨境电商技术冲击使得 F 国传统贸易品的消费在初期较基准参数情形下降幅度增加了 1478.6%(30.09%→475%);对应地,F 国跨境电子商务商品消费上升幅度也增加了 105.26%(114%→234%)。究其原因,当国内提升跨境电商技术水平时,提高跨境电子商务产品在出口贸易品中所占比重,会使国外居民在短期内通过传统贸易获得替代品的可能性减小,故在整体需求和产品替代弹性不变的前提下,F 国贸易品消费的下降幅度增加了 1361.63%(8.21%→120%)。经历过初期的波动,与基准参数情形下相比,跨境电商技术冲击对相关经济变量迅速产生明显的"超调"效应,且影响时期延长。整个期间内,F 国跨境电子商务商品消费上升总量达 307%,比基准情形高 61.83%。相应地,F 国传统贸易品消费因此下降了 411%,较基准情形多 350%,由此使得 F 国贸易品消费比基准情形多下降了 37.31%,F 国非贸易品消费比基准情形多上升了 9.18%。

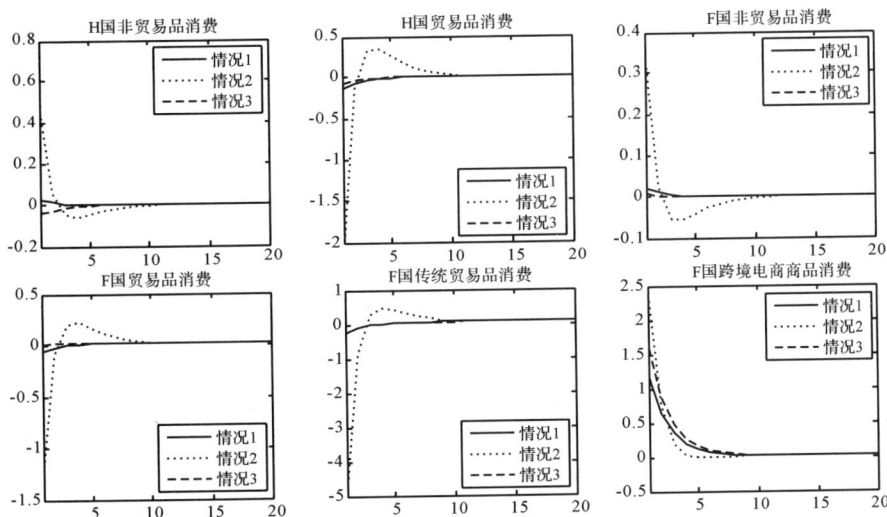

图 8-3 跨境电子商务技术冲击对主要宏观经济变量的影响(单位:季度)
注:情况 1,取基准参数值;情况 2,跨境电子商务交易额占出口贸易额的比重为 0.5,其他参数不变;情况 3,跨境电子商务产品和传统贸易品的替代弹性为 1.7,其他参数不变。

由上述结论可知,跨境电子商务交易额在出口贸易额中占比越大,跨境电商技术水平的提升对相关经济变量的初期影响也越大,随后会出现明显的"超调"现象。但从整体来看,跨境电商技术水平的提高对 F 国传统贸易品消费的影响最大。

2. 替代弹性变大时技术冲击对经济的影响

假设跨境电子商务商品对传统贸易品的替代弹性为 1.7,即我国出口的跨境电子商务产品种类增多,国外居民对产品的价格反应更为敏感。模拟结果显示,正向的跨境电商技术冲击使得 F 国跨境电商商品消费初期上升幅度增加了 35.96%(114%→155%),导致国外居民转向消费更少的传统贸易品(30.09%→28.62%)。进一步地,致使我国出口贸易品消费相较于基准参数情形初期下降幅度也减少了 90.62%(8.21%→0.77%)。另外,在劳动总量一定的前提下,国内非贸易品消费初期上升幅度减少了 279.67%(2.41%→−4.33%),不足以抵消国内出口贸易品消费下降的减少幅度。由此可见,替代弹性越大对 F 国跨境电商商品消费的初期影响也变大,而对其他经济变量的初期影响均变小,但后者变化幅度远超前者。

二、跨境电商需求型冲击

(一)跨境电商偏好冲击的宏观经济效应

图 8-4 展示了跨境电子商务偏好冲击对不同经济变量的影响。不难发现,正向的跨境电子商务偏好冲击对当期国内产出、国外产出和国外消费分别产生 50.89%、52.08%、21.16%的促进效应,均持续 6 期后趋于平稳,也即偏好冲击对国内外产出和国外消费具有短期冲击效应,且对国内外产出的促进效应明显强于国外消费。类似地,税收新政能够对当期国内贸易余额产生 63.05%的促进效应,持续 6 期后达到平稳状态。与之不同,正向的跨境电子商务偏好冲击对国内消费产生 31.4%的抑制效应,持续 12 期后趋于平稳,说明偏好冲击对国内消费产生强烈的长期抑制效应。因此,从整体上看,正向的跨境电子商务偏好冲击能够对国内外产出、国外消费、国内贸易余额产生显著的正向作用,并对国内消费产生长期负向作用。

从居民消费角度可以发现,正向的跨境电子商务偏好冲击对当期跨境电子商务商品消费和国内贸易品消费分别产生 406%、76.01%的正向影响,均持续 10 期后趋于平稳。而对国内外非贸易品消费分别产生最大值为 67.22%、16.02%的负向影响,影响时期均为 10 期。与之不同,由于价格黏性的存在,正向的跨境电子商务偏好冲击对传统贸易品消费的影响经历了由正到负的过程,负向影响最大值为 28.54%。综上,正向的跨境电子商偏好冲击能够促进跨境电子商务商品消费大幅上升,同时降低国内非贸易品消费和国外传统贸易品消费,而对国外非贸易品消费和传统贸易品消费的抑制作用较小。

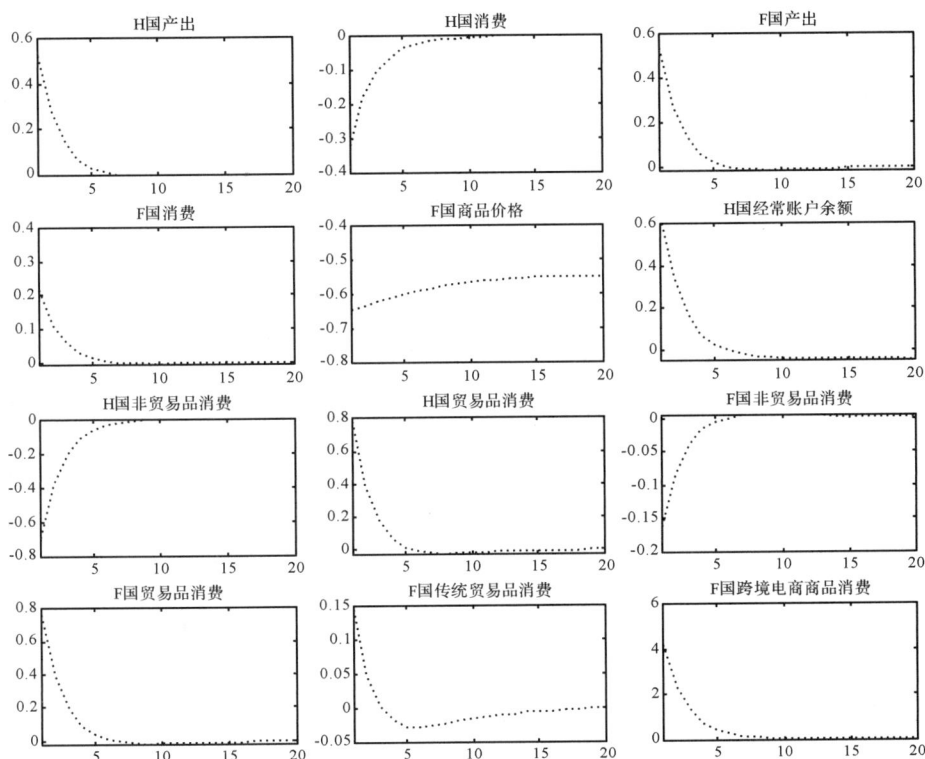

图 8-4　跨境电商偏好冲击对主要宏观经济变量的脉冲响应(单位:季度)

(二)不同政策力度下跨境电子商务偏好冲击对主要经济变量的影响

这部分主要分析政府采用跨境电商需求型政策拉动跨境电商发展时,政策力度和持续性对主要经济变量的影响程度。结合本书的研究目的,主要研究跨境电商需求型政策力度和持续性对经济系统的影响,与之相关的参数为 $\sigma_{\lambda_t^e}$ 和 $\rho_{\lambda_t^e}$。因此主要研究两种情况:一是 $\sigma_{\lambda_t^e}$ 增加,即跨境电商需求型政策力度增强;二是 $\rho_{\lambda_t^e}$ 增加,即跨境电商需求型政策的持续性增强。

由图 8-5 可知,对于国内消费品而言,当跨境电商偏好冲击的力度增强时,H 国居民对非贸易品的消费在初期表现为下降幅度增加(69.4% → 277%),而对 F 国贸易品消费的上升幅度也更加明显(76.13% → 304%)。

与之类似,对于国外消费品而言,F 国居民对非贸易品、H 国贸易品、传统贸易品和跨境电商商品消费的初期变化幅度也较大。然而,随着时间的推移,F 国居民对传统贸易品消费的"超调"效果也变得更为明显。由此可见,跨境电商偏好冲击力度的增强会加大对早期经济的影响,但对传统贸易品消费的长期副作用也较大。

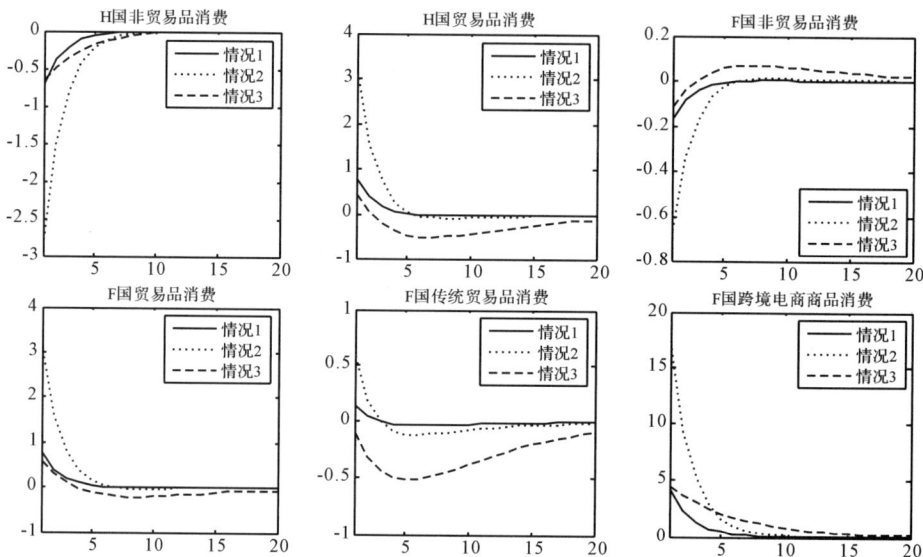

图 8-5 跨境电子商务偏好冲击力度和持续性对主要宏观经济变量的影响(单位:季度)

注:情况 1,取基准参数值;情况 2,跨境电商偏好冲击的力度扩大 4 倍,其他参数不变;情况 3,跨境电商偏好冲击的持续性为 0.8,其他参数不变。

与跨境电商偏好冲击力度变化的影响不同,跨境电商偏好冲击持续性越久虽然会延长对相关变量的调整周期,但对主要经济变量的动态调整过程影响的差异较大。其中,跨境电商偏好冲击持续性的增强,对 H 国非贸易品消费和 F 国跨境电商商品消费的初期影响和调整周期变化不大,动态调整过程变化也不大。与之不同,跨境电商偏好冲击持续性的增强,反而会使 H 国贸易品、F 国贸易品、F 国传统贸易品和 F 国非贸易品消费初期的变化幅度分别减少 44.04%、25.36%、175.2%、33.21%。经历过初期的波动,跨境电商偏好冲击持续性的增强对 H 国贸易品消费和 F 国传统贸易品消费(F 国非贸易品消费)的动态影响由正转负(由负转正),而对其他经济变量的动态调整过程影响不大。

(三)不同政策目的下跨境电子商务偏好冲击对主要经济变量的影响

1. 跨境电子商务交易额提升时偏好冲击对经济的影响

现将跨境电子商务交易额占出口贸易额的比重设为 0.5,模拟结果显示,正向的跨境电商偏好冲击使得 F 国传统贸易品的消费在初期较基准参数情形上升幅度增加了 45.91%(14.55%→21.23%),对应地,F 国跨境电子商务商品消费上升幅度减少了 86.46%(420%→56.88%)。究其原因,当调整国外居民消费偏好时,提高跨境电子商务产品在出口贸易品中所占比重,会使国外居民在短期内通过传统贸易获得替代品的可能性增加,故在整体需求和产品替代弹性不变的前提下,F 国贸易品消费上升幅度减少了 48.71%(76.13%→39.05%),F 国非贸易品消费下降幅度减少了 37.97%(16.54%→10.26%)。经历过初期的波动,与基准参数情形下相比,跨境电商技术冲击对相关经济变量的影响时期均延长,且在较长一段时间内对 F 国传统贸易品消费产生明显的"超调"效应。整个期间内,F 国跨境电子商务商品消费上升总量达 158%,比基准情形低 792%。相应地,F 国传统贸易品消费因此下降了 51.2%,较基准情形高 46.82%,由此使得 F 国贸易品消费比基准情形少上升了 87.43%,F 国非贸易品消费比基准情形少下降了 15.16%。

由上述结论可知,跨境电子商务交易额在出口贸易额中占比越大,偏好冲击对 F 国传统贸易品消费的初期影响也越大,且在较长一段时间内对 F 国传统贸易品消费产生明显的"超调"效应,而对其他经济变量产生的初期影响均越小。但从整体来看,偏好冲击对 F 国跨境电子商务商品消费的影响最大。

2. 替代弹性变大时偏好冲击对经济的影响

假设跨境电子商务商品对传统贸易品的替代弹性为 1.7,即我国出口的跨境电子商务产品种类增多,国外居民对产品的价格反应更为敏感。模拟结果显示,正向的跨境电商偏好冲击使得跨境电子商务商品消费初期上升幅度增加了 27.38%(420%→535%),导致国外传统贸易品消费初期上升也增加了 23.57%(14.55%→17.98%)。进一步地,致使我国出口贸易品消费相较于基准参数情形初期上升幅度也增加了 26.84%(76.13%→96.56%)。另外,在劳动总量一定的前提下,国内非贸易品消费初期下降幅度增加了 27.22%(69.4%→88.29%),但国内贸易品总消费的上升幅度并不能抵消

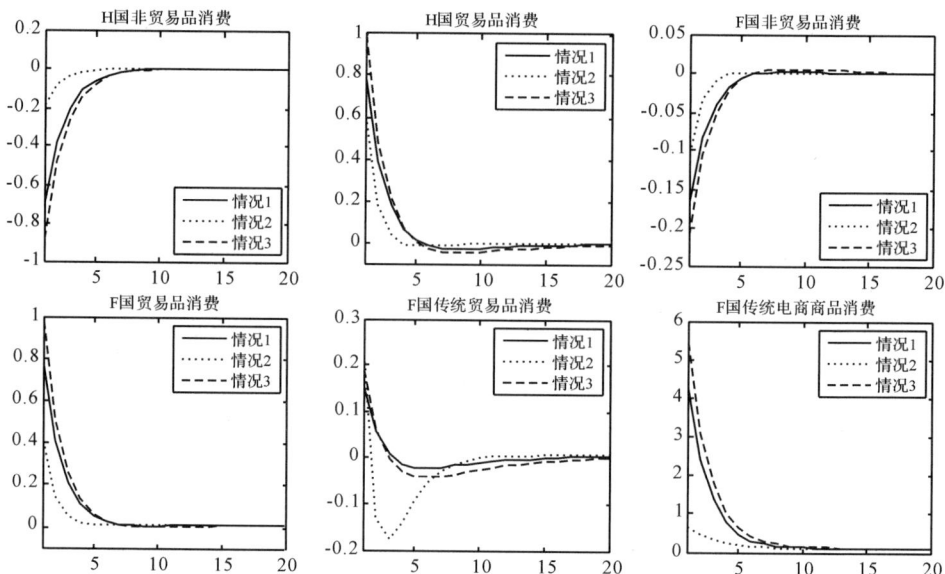

图 8-6　跨境电子商务偏好冲击对主要宏观经济变量的影响(单位:季度)

注:情况 1,取基准参数值;情况 2,跨境电子商务交易额占出口贸易额的比重为 0.5,其他参数不变;
　　情况 3,跨境电子商务产品和传统贸易品的替代弹性为 1.7,其他参数不变。

其下降幅度。由此可见,替代弹性越大对相关经济变量的初期影响也越大。

三、跨境电商环境型冲击

随着国际贸易摩擦的不断增加,各国权衡利弊争相出台跨境电商税收政策,对我国跨境电商交易规模产生较大冲击。如 2018 年 7 月 6 日,美国总统特朗普宣布开始对价值 340 亿美元中国产品加征 25% 的关税,打响了贸易战第一枪。随着贸易战的推进,征收清单从高新科技产业到纺织类、服饰产品的下探,让贸易企业出现恐慌,更让跨境电子商务这一新兴业态的发展前景备受关注。据估算,因未对国外跨境电子商务产品征税,俄罗斯财政部门收入损失 1300 亿卢布。为此,俄罗斯电商企业协会(AKIT)提议对相关进口商品征收 18% 的增值税。2017 年 12 月 5 日,欧盟委员会提出了一系列针对电商和在线业务的税收新规则,这一做法将使欧盟国家新增 50 亿欧元的增值税收入。2018 年 1 月 1 日,美国部分州开始对电商征收最高 12% 的销售税,财政收入将提高 80 亿至 130 亿美元。除此之外,英国、德国、泰国、马来西亚等国也出台了跨境电子商务税收政策。在这种背景下,与以减免税政策为主的国内跨境电商税收政策相比,研究国外跨境电商税收政策对经济系统产生的影响更有意义。因此,本书将重点分析国外跨境电子商务税收冲击对国内外经济系统造成的影响。

(一)国外跨境电子商务税收冲击的宏观经济效应

图 8-7 展示了国外跨境电子商务税收冲击对不同经济变量的影响。不难发现,正向的跨境电子商务税收冲击①对当期国内产出、国外产出和国外消费分别产生 5.47%、4.53%、2.36% 的抑制效应,均持续 16 期后趋于平稳,也即税收新政的实施对国内外产出和国外消费具有长期冲击效应,且对国内外产出的抑制效应明显强于国外消费。类似地,税收新政能够对当期国内贸易余额产生 14.75% 的抑制效应,持续 8 期后达到平稳状态。与之不同,税收新政对国内消费产生 7.41% 的促进效应,持续 8 期后趋于平稳,说明税收新政的实施对国内消费产生强烈的短期促进效应。因此,从整体上看,正向的跨境电商税收冲击能够对国内外产出、国内贸易余额产生显著的负向作用,并对国内消费产生短期正向作用,而对国外消费的影响并不显著。

从居民消费类型来看,可以发现:正向的税收冲击对当期跨境电子商务商品消费和国内贸易品消费分别产生 80.19%、2.79% 的负向影响,并分别持续 8 期和 20 期后趋于平稳。而对国内外非贸易品消费、国外传统贸易品消费分别产生最大值为 10.81%、1.17%、5.71% 的正向影响,影响时期分别为 10 期、20 期、6 期。综上,跨境电子商务税收增加能够对跨境电子商务商品消费产生显著的抑制效应,同时大幅提升国内非贸易品消费和国外传统贸易品消费,而对国内贸易品消费和国外非贸易品消费的刺激作用较小且持久。

(二)不同政策力度下国外跨境电子商务税收冲击对主要经济变量的影响

这部分主要分析国外采取跨境电商税收政策时,其力度和持续性对主要经济变量的影响程度。结合本书的研究目的,主要研究跨境电商税收政策力度和持续性对经济系统的影响,与之相关的参数为 $\sigma^*_{\tau,EH}$ 和 $\rho_{\tau,EH}$。因此主要研究两种情况:一是 $\sigma^*_{\tau,EH}$ 增加,即跨境电商税收政策力度增强;二是

---

① 在两国 DSGE 模型中,为了保持冲击影响的可比性,假设冲击强度均为 1,并将模拟产生的数据进行相应转化。下同。

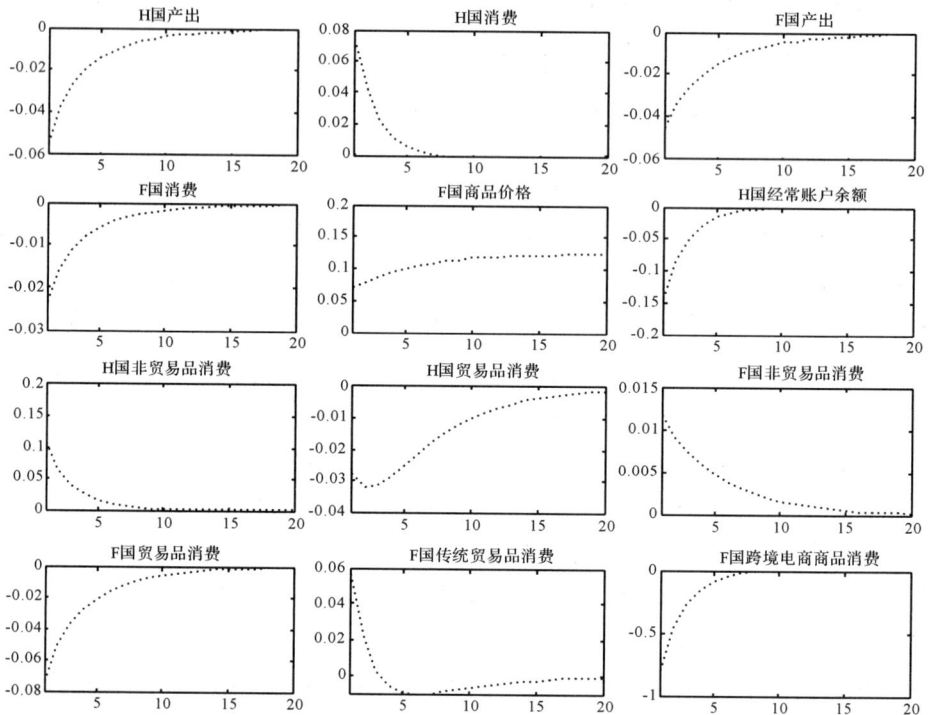

图 8-7　国外跨境电子商务税收冲击对主要宏观经济变量的影响（单位：季度）

$\rho_{\tau,EH}^{*}$ 增加，即跨境电商税收政策的持续性增强。

由图 8-8 可知，对于国内消费品而言，当国外跨境电商税收政策的力度增强时，H 国居民对非贸易品消费在初期表现为上升幅度增加（10.81％→43.22％），而对 F 国贸易品消费的下降幅度也更加明显（7.35％→29.39％）。对于国外消费品而言，F 国居民对非贸易品、H 国贸易品、传统贸易品和跨境电商商品消费的初期变化幅度也较大。然而，随着时间的推移，F 国居民对传统贸易品消费的"超调"效果也变得更为明显。由此可见，国外跨境电商税收政策力度的增强会加大对早期经济的影响，但对传统贸易品消费的长期副作用也较大。

与跨境电商税收政策的力度变化的影响不同，政策的持续性越久虽然会对相关变量的调整周期延长，但对主要经济变量的动态调整过程影响的差异较大。其中，政策持续性的增强对 H 国非贸易品消费和 F 国跨境电商商品消费的初期影响区别不大，影响时期分别由 10 期和 8 期延长至 12 期和 17 期，动态调整过程变化也不大。与之不同，政策持续性的增强反而会使 F

国传统贸易品消费初期的上升幅度增加 58.32%（5.71%→9.04%）,H 国贸
易品、F 国非贸易品和 F 国贸易品消费初期的变化幅度分别减少 161.83%、
61.23%、34.33%。经历过初期的波动,政策持续性的增强对 H 国贸易品消
费（F 国非贸易品消费）的动态影响由负转正（由正转负）,而对其他经济变
量的动态调整过程影响不大。

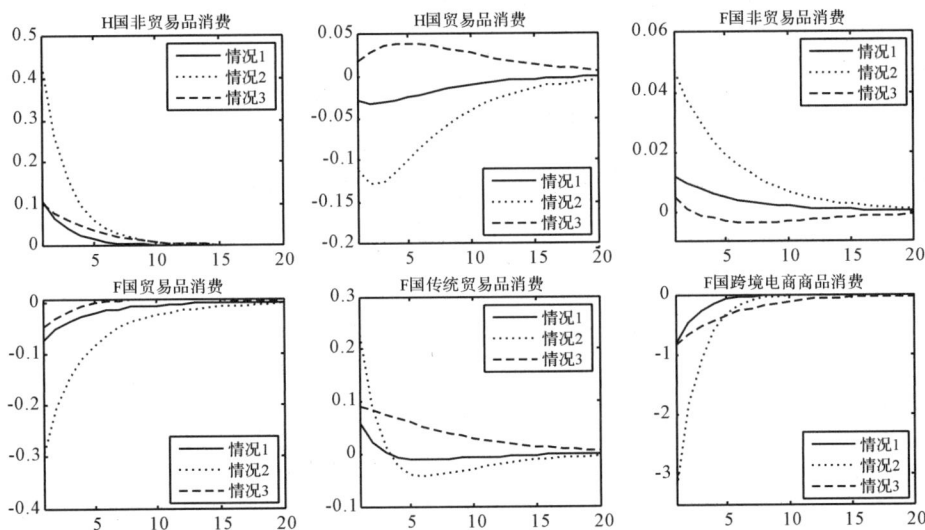

图 8-8　国外跨境电子商务税收冲击力度和持续性对主要宏观经济变量的影响（单位：季度）
注：情况 1,取基准参数值;情况 2,国外跨境电商税收冲击的力度扩大 4 倍,其他参数不变;情况 3,国外跨
境电商税收冲击的持续性为 0.8,其他参数不变。

(三)不同政策目的下国外跨境电子商务税收冲击对主要经济变量的影响

1.跨境电子商务交易额提升时税收冲击对经济的影响

现将跨境电子商务交易额占出口贸易额的比重设为 0.5,模拟结果显
示,正向的跨境电商税收冲击使得 F 国传统贸易品的消费在初期较基准参
数情形上升幅度增加了 4576%（5.71%→267%）;对应地,F 国跨境电子商
务商品消费下降幅度也增加了 88.3%（80.19%→151%）。究其原因,当国
外调整跨境电子商务税收政策时,提高跨境电子商务产品在出口贸易品中
所占比重,会使国外居民在短期内通过传统贸易获得替代品的可能性增加,
故在整体需求和产品替代弹性不变的前提下,F 国贸易品消费的脉冲响应
由负转正（−7.35%→58.45%）,F 国非贸易品消费的脉冲响应由正转负（1.
17%→−16.71%）。经历过初期的波动,与基准参数情形下相比,跨境电商

技术冲击对相关经济变量迅速产生明显的"超调"效应,且影响时期延长。整个期间内,F国跨境电子商务商品消费下降总量达 221%,比基准情形高 37.88%。相应地,F国传统贸易品消费因此提升了 211%,较基准情形多 212%,由此使得 F国贸易品消费比基准情形少下降了 23.28%,F国非贸易品消费比基准情形少上升了 5.76%。

由上述结论可知,跨境电子商务交易额在出口贸易额中占比越大,税收政策对相关经济变量的初期影响也越大,随后会出现明显的"超调"现象。但从整体来看,税收冲击对 F国传统贸易品消费的影响最大,同时导致跨境电子商务消费的损失比达 1.21。鉴于全球贸易新趋势下,跨境电子商务的发展已不可避免,建立国外政策风险的应对机制将更加紧迫。

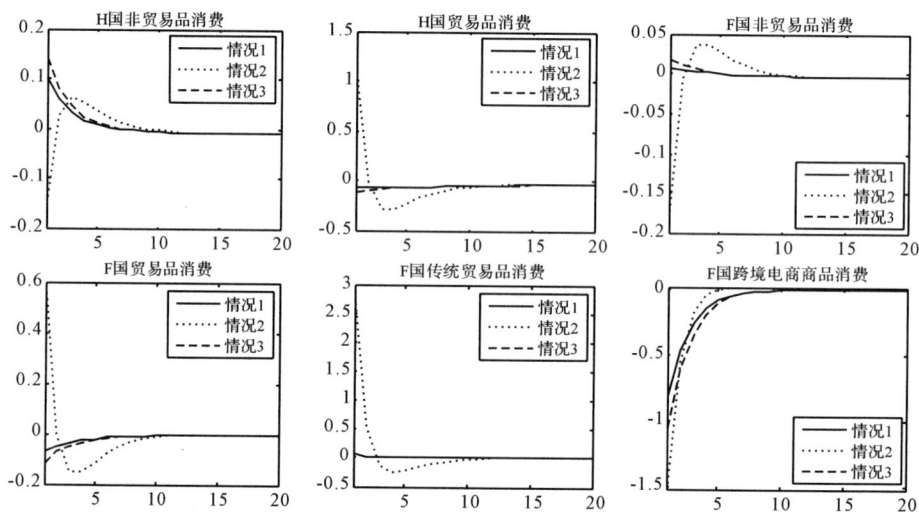

图 8-9　国外跨境电子商务税收冲击对主要宏观经济变量的影响(单位:季度)

注:情况 1,取基准参数值;情况 2,跨境电子商务交易额占出口贸易额的比重为 0.5,其他参数不变;情况 3,跨境电子商务产品和传统贸易品的替代弹性为 1.7,其他参数不变。

2.替代弹性变大时税收冲击对经济的影响

假设跨境电子商务商品对传统贸易品的替代弹性为 1.7,即我国出口的跨境电子商务产品种类增多,国外居民对产品的价格反应更为敏感。模拟结果显示,国外跨境电子商务税收冲击使得我国跨境电子商务商品消费初期下降幅度增加了 29.69%(80.19%→104%),导致国外居民的消费会迅速转向本国非贸易品(1.17%→2.12%)和我国出口的传统贸易品(5.71%→4.89%)。进一步地,致使我国出口贸易品消费相较于基准参数情形初期下降幅度也增加了 59.73%(7.35%→11.74%)。另外,在劳动总量一定的前提下,国内非贸易品消费初期上升幅度增加了 37.1%(10.81%→14.82%),但其上升幅度仍不足以抵消国内出口贸易品消费的下降幅度。

由此可见,随着跨境电子商务的发展,跨境出口产品向多品类延伸。若国外调整相关税收政策,对我国出口的传统贸易品消费的初期影响变小,而对其他经济变量的初期影响均变大,且前者变化幅度远小于后者。因此,研究不同政策与监管手段的实施效果,相机抉择政策组合拳,以应对国外政策的冲击,将是国内相关监管部门的主要工作内容。

四、综合比较

(一)政策工具冲击的福利分析

上文已经分析了不同类型政策组合冲击对主要经济变量的影响,通过观察主要经济变量的变化幅度,可以发现波动幅度存在较大区别。下面根据数值模拟结果继续分析不同类型政策组合冲击对社会福利的影响。参考梅冬州和龚六堂(2011)、康立和龚六堂(2014)的做法,通过效用函数求得每期平均社会福利损失函数为:

$$Loss = \frac{1-\sigma}{2}var(c_t) + \frac{U_l L}{U_c C}\frac{1+\varphi}{2}var(l_t) \tag{8-35}$$

下面计算跨境电商环境型冲击、供给型冲击和需求型冲击下,国内外主要经济变量变化幅度,并通过上式求得福利损失(见表 8-4)。从相关变量变化幅度看,F 国对 H 国跨境电商商品征收关税的政策(环境型冲击)能够显著地改善 F 国经常账户,但是对国内外产出和国内居民福利的负面影响较大,是一种损人害己的政策。跨境电商技术水平的提升(供给型冲击)对国内外居民的福利和经常账户的影响不大,这与当前跨境电商交易额占比较低有关,但能提高 F 国进口贸易品价格水平,使得 F 国传统贸易品消费显著下降。正向的跨境电商偏好冲击(需求型冲击)不但显著提高了 F 国跨境电商商品消费、国内外产出和国外消费,也使得 H 国贸易品消费上升,但上升幅度远远小于 F 国贸易品消费,使得 F 国经常账户恶化。

综合来看,跨境电商环境型冲击虽然损人害己,但与其他政策工具冲击相比,其能显著改善 F 国经常账户,同时对 F 国居民的福利影响不大。这也是目前国外争相制定跨境电商商品税收政策的主要原因;而跨境电商需求型冲击虽然能够提高国内外产出和国外消费,改善国内经常账户,但对国内居民福利造成的损失较大。相比之下,跨境电商供给型冲击既能提高 H 国产出,又对国内外居民造成的福利损失较小,同时对经常账户的影响也不大,对我国而言是一种更优的政策工具,这与我国注重跨境电商技术水平提升的政策相一致。目前,我国通过设立跨境电商综合试验区着力在跨境电子商务交易、支付、物流、通关、退税、结汇等环节的技术标准、业务流程、监管模式和信息化建设等方面先行先试,试图运用互联网技术、云计算、物联网、大数据等技术打造智能物流、金融服务、风险防控等体系,不断提高跨境电商技术水平,这些政策与本章研究结论相一致。

表 8-4　相关变量累计变化幅度和福利损失

	环境型冲击	供给型冲击	需求型冲击
H 国产出	−0.1990	0.0806	0.9882
H 国消费	0.1498	−0.0301	−0.7870
H 国非贸易品消费	0.2869	0.0435	−1.4630
H 国贸易品消费	−0.2613	−0.2508	1.2400
F 国产出	−0.1965	−0.1159	0.9645
F 国消费	−0.0833	−0.0360	0.4147
F 国非贸易品消费	0.0590	0.0404	−0.2869
F 国传统贸易品消费	−0.0067	−0.6096	−0.0438
F 国跨境电商商品消费	−1.8344	2.4527	9.5002
经常账户	−0.3441	−0.0397	0.6728
H 国福利损失	−0.1620	−0.0003	−4.5558
F 国福利损失	−0.0011	−0.0007	−0.0541

零售全球化的趋势已不可逆转,中美贸易战对传统贸易的影响不言而喻。但是,对于跨境电子商务,其可以通过转换运营模式与创新业务形态,削弱贸易摩擦造成的影响。在该背景下,跨境电子商务产业对经济发展的促进作用势将不断放大。本章建立了一个包含跨境电商供给型、环境型和需求型冲击的两国经济动态随机一般均衡模型,模拟分析不同类型政策工具组合冲击的实施效果,并对比分析其在不同政策目的和政策力度下的效果差异。主要结论如下:

第一,相比于其他政策组合冲击,跨境电商供给型冲击既能提高 H 国产出,又对国内外居民造成的福利损失较小,同时对经常账户的影响也不大,对我国而言是一种更优的政策工具，与我国注重跨境电商技术水平提升的政策相一致；跨境电商环境型冲击虽然损人害己，但能显著改善 F 国经常账户，同时对 F 国居民的福利影响不大，这也是目前国外争相制定跨境电商商品税收政策的主要原因；而跨境电商需求型冲击虽然能够提高国内外产出和国外消费，改善国内经常账户，但对国内居民福利造成的损失较大。

第二，随着冲击力度的增强，环境型和需求型冲击对早期经济系统的影响越大，同时对传统贸易品消费的长期副作用也较大；供给型冲击虽然会放大对早期经济的影响，但对经济变量的长期副作用均较小。与冲击力度变化的影响不同，环境型、需求型和供给型冲击的持续性增长均会延长对相关经济变量的调整周期，但环境型和需求型冲击持续性的增强对主要经济变量的动态调整过程影响的差异较大。

第三，跨境电子商务交易额占出口贸易额的比重越大，环境型和供给型冲击对相关经济变量的初期影响也越大，随后均会出现明显的"超调"现象。与之不同，需求型冲击仅对 F 国传统贸易品消费的初期影响变大，且在较长一段时间内对 F 国传统贸易品消费产生明显的"超调"效应，而对其他经济变量产生的初期影响均变小。

第四，跨境电子商务商品对传统贸易品的替代弹性越大，政策工具冲击对经济系统产生的影响存在明显差异。具体而言，在需求型冲击下，替代弹性越大，相关经济变量的初期响应也越大；在环境型冲击下，仅 F 国传统贸易品消费的初期响应变小，而其他经济变量的初期响应均变大，且前者变化幅度远小于后者；而在供给型冲击下，仅 F 国跨境电商商品消费的初期响应变大，而其他经济变量的初期响应均变小，且后者变化幅度远超前者。

第五节　对策建议

一、采用供给型政策应对国外跨境电商税收冲击

国外跨境电商税收冲击虽然能够显著地改善国外经常账户，但是对国内外产出和国内居民福利产生较大的负面影响。此时，我国可采用供给型政策来应对税收冲击产生的负面影响。跨境电商供给型政策在提高我国产出的同时，对国内外居民的福利和经常账户的影响也不大，是双方共赢的一

种应对策略。因此,我国政府部门可通过跨境电商技术的输出,搭建跨境电商交易平台,构建国际市场联盟和跨国产业链,扩大跨境电商市场规模。

二、设定合适的政策目标和适时退出机制

政府部门制定较高的跨境电商发展目标在短期内会显著影响相关经济变量,但从长期来看,其对相关经济变量的影响会发生明显逆转。因此,针对跨境电商自身实际的发展情况,设定合适的政策目标,建立适时的退出机制,能够抑制政策目标对相关经济变量的不良影响。

三、不断完善跨境电商调控政策规则

随着政策力度、政策目标、政策有效期限等方面的变化,不同类型政策工具组合对经济系统产生的影响程度也有较大区别。对此,相关部门可以根据跨境电商环境的实际变化,动态调整政策强度和力度以及不间断调控政策工具的运用,发挥政策工具的最大效用,以有效对冲外生冲击。

参考文献

[1] 卜德林. 从消费者角度看进口跨境电子商务[J]. 商，2015(45)：125-125.

[2] 蔡宏波，王俊海. 所得税与中国宏观经济波动——基于动态随机一般均衡模型的拓展研究[J]. 经济理论与经济管理，2011，5(11):39-46.

[3] 陈德宝，许德友. 广东省跨境电子商务发展战略分析[J]. 商业经济研究，2016(6)：76-78.

[4] 陈建国. 对政策网络研究的理论审查[J]. 天津行政学院学报，2010,12(1):67-72.

[5] 陈静. 浅谈跨境电商对传统价值链格局的影响[J]. 经营管理者，2017(10).

[6] 陈明华，张彦，徐银良，等. 金融投机因素对国际油价波动的动态影响分析——基于动态随机一般均衡（DSGE）视角[J]. 宏观经济研究，2014(11):119-126.

[7] 陈庆云. 公共政策分析[M]. 北京:中国经济出版社，2000.

[8] 陈莎利，李铭禄. 人才政策区域比较与政策结构偏好研究[J]. 中国科技论坛，2009(9)：107-111.

[9] 陈云波. 在国际电子商务发展趋势下的中国跨境电子商务发展趋势探讨[J]. 商，2013(13):295-295.

[10] 陈再福，陈蓉. 福建自贸区对台跨境电子商务创新与实施办法[J]. 对外经贸实务，2016(1):65-67.

[11] 陈振明. 政策科学——公共政策分析导论[M]. 北京:中国人民大学出版社，2003.

[12] 谌楠. 政府扶持性政策在促进跨境电子商务发展中的有效性研究——基于复杂网络视角[J]. 浙江社会科学，2016(10)：88-94.

[13] 谌志群，张国煊. 文本挖掘与中文文本挖掘模型研究[J]. 情报科学，2007，25(7)：1046-1051.

[14] 成良斌. 论技术创新与技术创新政策之间的关系[J]. 科技管理研究，2009，29(2)：47-50.

[15] 崔彩周. 第三方支付在拓展跨境电子商务中面临的困境及破解思路[J]. 商业经济研究，2017(8)：56-58.

[16] 崔雁冰，姜晶. 我国跨境电子商务的发展现状和对策[J]. 宏观经济管理，2015(4)：65-67.

[17] 邓丽琼. 跨境出口电商的供应链管理与优化[J]. 物流工程与管理，2019，41(2)：104-105.

[18] 邓轶嘉，宋林. 基于DSGE模型的外生冲击对宏观经济的影响[J]. 统计与决策，2019，35(2)：141-144.

[19] 杜兴洋. 国外政策网络理论研究的最新进展(2010—2015)[J]. 江汉论坛，2015(9)：76-81.

[20] 鄂立彬，黄永稳. 国际贸易新方式：跨境电子商务的最新研究[J]. 东北财经大学学报，2014(2)：22-31.

[21] 樊霞，吴进. 基于文本分析的我国共性技术创新政策研究[J]. 科学学与科学技术管理，2014(8)：69-76.

[22] 冯亚楠，刘丹. 中国跨境电子商务发展现状及创新路径[J]. 商业经济研究，2015(31)：78-80.

[23] 高芳杰，李强，李焱. 对跨境电子商务法律政策的研究分析[J]. 电子商务，2017(11)：36-38.

[24] 高然，龚六堂. 土地财政、房地产需求冲击与经济波动[J]. 金融研究，2017(4)：36-49.

[25] 高新雨，刘岩，陈雨婕. 跨境母婴电商市场营销分析——以蜜芽为例[J]. 商业故事，2018(9)：1-4.

[26] 关利欣，洪俊杰. 从贸易中介入手加快我国对外贸易转型升级[J]. 国际贸易，2012(3)：33-37.

[27] 郭雯，陶凯，李振国. 政策组合对领先市场形成的影响分析——以新能源汽车产业为例[J]. 科研管理，2018，39(12)：33-39.

［28］国务院关于同意设立中国（杭州）跨境电子商务综合试验区的批复
［R］.中华人民共和国国务院公报，2015(9)：51-51.

［29］韩强.论党内法规实施效果评估的标准及价值功能［J］.湖北行政学院
学报，2019，103(1)：80-86.

［30］何浩.欧盟现行科技政策的结构、内容与实施［J］.科学管理研究，
2000(1)：15-19.

［31］何影."一带一路"战略下中国跨境电商发展研究的文献综述［J］.商
情，2017(11)：89-89.

［32］侯欢.跨境B2C电子商务税收征管的难题与破解——基于微观、中观
和宏观税收公平的思考［J］.西部论坛，2017，27(5)：94-101.

［33］侯云.政策网络理论的回顾与反思［J］.河南社会科学，2012(2)：
81-84.

［34］胡爱华.基于新凯恩斯DSGE模型的我国财政政策效应分析［D］.武
汉：华中科技大学，2012.

［35］胡俊文，戴瑾，叶元.跨境电子商务：中国外贸发展新模式［J］.现代商
贸工业，2016，37(11)：37-39.

［36］黄萃，任弢，李江，等.责任与利益：基于政策文献量化分析的中国科
技创新政策府际合作关系演进研究［J］.管理世界，2015(12)：68-81.

［37］黄萃，苏竣，施丽萍，等.政策工具视角的中国风能政策文本量化研究
［J］.科学学研究，2011，29(6)：876-882.

［38］黄红华.统筹城乡就业中的政策工具选择与优化［D］.杭州：浙江大
学，2009.

［39］黄维民.新范式与新工具公共管理视角下的公共政策［M］.北京：中国
社会科学出版社，2008.

［40］黄亚军，张然.我国跨境电商税收征管问题对策研究［J］.知识经济，
2018(5)：70-71.

［41］黄永江.关于构建我国跨境电子商务及支付外汇业务管理体系的研究
［J］.金融会计，2013(7)：22-29.

［42］黄志刚.外国直接投资、贸易顺差和汇率［J］.世界经济，2009(4)：
3-14.

［43］黄忠敬.教育政策工具的分类与选择策略［J］.国家教育行政学院学
报，2008(8)：47-51.

[44] 姜广省,李维安. 政府干预是如何影响企业对外直接投资的?——基于制度理论视角的研究[J]. 财经研究,2016,42(3):122-133.

[45] 焦慧凝. 西方政府干预理论发展浅析[J]. 中国外资,2010(2):160-160.

[46] 金中夏,洪浩. 国际货币环境下利率政策与汇率政策的协调[J]. 经济研究,2015(5):35-47.

[47] 景雨娅. 跨境电子商务零售进口税收政策调整及其原因分析[J]. 知识经济,2016(19):39-40.

[48] 康立,龚六堂. 金融摩擦、银行净资产与国际经济危机传导——基于多部门 DSGE 模型分析[J]. 经济研究,2014(5):147-159.

[49] 科技智囊专题研究小组. 新政出台,跨境电商告别免税时代[J]. 科技智囊,2016(6):4-13.

[50] 孔德意. 我国科普政策主体及其网络特性研究——基于 511 项国家层面科普政策文本的分析[J]. 科普研究,2018,13(1):5-14,55.

[51] 孔德营,李晓峰. 基于 DSGE 模型的中国经济波动分析[C]. 中国金融学年会,2012.

[52] 来有为,石光. 优化跨境电商零售进口监管的政策建议[J]. 中国发展观察,2018(13):25-26.

[53] 来有为. 我国跨境电子商务的发展趋势和发展政策[J]. 发展研究,2016(4):4-6.

[54] 雷倩. 我国跨境电子商务的发展历程及现状[J]. 商业故事,2016(23):22-22.

[55] 黎夏克."一带一路"视阈下广东省跨境电子商务发展路径及对策研究[J]. 电子商务,2019,229(1):11-13.

[56] 李昌彦,王慧敏,佟金萍,等. 基于 CGE 模型的水资源政策模拟分析——以江西省为例[J]. 资源科学,2014,36(1):84-93.

[57] 李春吉,孟晓宏. 中国经济波动——基于新凯恩斯主义垄断竞争模型的分析[J]. 经济研究,2006(10):72-82.

[58] 李德珍. 海关税改对海外购消费市场的影响分析[J]. 时代金融,2017(12):302-303.

[59] 李孟哲. 跨境电商税收新政影响及对策分析[J]. 国际商务财会,2016(5):48-51.

[60] 李晟旭. 基于调整机制的环境政策工具分类与发展趋势[J]. 环境科学与管理，2010，35(3)：41-45.

[61] 李松华，马德富. 动态随机一般均衡模型应用研究综述[J]. 当代经济，2010(9)：158-160.

[62] 李彤. "一带一路"战略下 B2B 跨境电商税收征管问题研究[J]. 中国民商，2017(11)：160.

[63] 李子，杨坚争. 跨境电子商务对进出口贸易影响的实证分析[J]. 中国发展，2014(5)：37-42.

[64] 梁福. 质量溯源导向下跨境电商商品质量监管体系构建策略[J]. 商业经济研究，2016(9)：98-99.

[65] 梁楠，房婷婷. 跨境电商频获政策红利[J]. 进出口经理人，2014(3)：66-67.

[66] 林渊. 跨境电商业务发展研究[J]. 唯实(现代管理)，2018，132(12)：29-31.

[67] 刘斌. 动态随机一般均衡模型及其应用[M]. 北京：中国金融出版社，2014.

[68] 刘凤朝，徐茜. 中国科技政策主体合作网络演化研究[J]. 科学学研究，2012，30(2)：241-248.

[69] 刘凤朝，马荣康. 公共科技政策对创新产出的影响——基于印度的模型构建与实证分析[J]. 科学学与科学技术管理，2012，33(5)：5-14.

[70] 刘俊. 我国中小企业政策结构问题研究[D]. 武汉：武汉大学，2004.

[71] 刘梦瑶. 基于自由现金流分析互联网融资问题——以支付宝旗下理财项目为例[J]. 全国流通经济，2019(6)：120-123.

[72] 刘瑞，吴静，张冬平，等. 中国产学研协同创新政策的主题及其演进[J]. 技术经济，2016，35(8)：45-52.

[73] 刘伟. 政府干预与市场调节理论研究[J]. 华南师范大学学报(社会科学版)，2007(2)：138-140.

[74] 刘晓彤. 基于文本挖掘的国家创业政策主题演变与协调性分析[D]. 太原：山西财经大学，2018.

[75] 刘晓星，姚登宝. 金融脱媒、资产价格与经济波动：基于 DNK-DSGE 模型分析[J]. 世界经济，2016，39(6)：29-53.

[76] 刘雪晴. 跨境电商国际规则制定的基本状况与中国实践[D]. 北京：中

国人民大学,2019.

[77] 刘尧成,徐晓萍. 供求冲击与我国经济外部失衡——基于 DSGE 两国模型的模拟分析[J]. 财经研究,2010,36(3):102-112.

[78] 刘远,刘军. 刑事政策的理论与实践[J]. 中国刑事法杂志,2004(2):1-12.

[79] 刘云,黄雨歆,叶选挺. 基于政策工具视角的中国国家创新体系国际化政策量化分析[J]. 科研管理,2017(S1):478-486.

[80] 刘云,叶选挺,杨芳娟,等. 中国国家创新体系国际化政策概念、分类及演进特征——基于政策文本的量化分析[J]. 管理世界,2014(12):62-69.

[81] 卢晨祎,刘莉云. 杭州市居民海淘偏好研究[J]. 经营管理者,2016(32):295-296.

[82] 陆晶晶. 跨境电商税改的影响与解决对策研究[J]. 法制与社会,2017(10):73-74.

[83] 吕风勇. 偏好冲击、资本积累与中国产出波动[J]. 中央财经大学学报,2015(10):69-76.

[84] 马费成,付真真,赵红斌. 我国信息政策体系结构研究[J]. 情报学报,2011,30(1):21-28.

[85] 马海波. 跨境电商税收新政的利弊分析[J]. 经济研究导刊,2018(7):94-96.

[86] 马林梅,张群群. 中国企业规模异质性与间接出口模式——基于2013年世界银行数据的实证研究[J]. 国际贸易问题,2014(7):133-143.

[87] 马述忠,陈奥杰. 跨境电商:B2B抑或B2C——基于销售渠道视角[J]. 国际贸易问题,2017(3):75-86.

[88] 梅冬州,雷文妮,崔小勇. 出口退税的政策效应评估——基于金融加速器模型的研究[J]. 金融研究,2015(4):50-65.

[89] 孟劲. 公共政策主体及其作用过程[J]. 铜仁学院学报,2006,8(3):11-14.

[90] 宁骚. 公共政策学:第2版[M]. 北京:高等教育出版社,2011.

[91] 潘圆圆,曲洪建. 跨境电商网站质量与服装消费者购买意愿关系的研究[J]. 东华大学学报(自然科学版),2019,45(1):131-137.

[92] 庞春. 为什么交易服务中间商存在?内生分工的一般均衡分析[J]. 经

济学(季刊)，2009，8(2):583-610.

[93] 彭纪生，孙文祥，仲为国. 中国技术创新政策演变与绩效实证研究
(1978—2006)[J]. 科研管理，2008，29(4):134-150.

[94] 蒲晓磊. 为电子商务持续健康发展提供保障[J]. 法治与社会，2018
(11):47-49.

[95] 綦建红，李丽. 贸易中介研究的最新进展与评述[J]. 国际贸易问题，
2016(2):167-176.

[96] 强蔚蔚. 中国跨境电商现状及对策的研究[D]. 昆明:云南师范大
学，2016.

[97] 饶晓辉，刘方. 政府生产性支出与中国的实际经济波动[J]. 经济研
究，2014(11):17-30.

[98] 茹玉骢，李燕. 电子商务、贸易中介与企业出口方式选择[J]. 浙江学
刊，2014(6):177-184.

[99] 茹玉骢，李燕. 电子商务与中国企业出口行为:基于世界银行微观数据
的分析[J]. 国际贸易问题，2014(12):3-13.

[100] 上海社会科学院经济研究所课题组. 中国跨境电子商务发展及政府
监管问题研究——以小额跨境网购为例[J]. 上海经济研究，2014
(9):3-18.

[101] 宋卫. 我国跨境电子商务运作模式探究[J]. 中小企业管理与科技(上
旬刊)，2016(7):85-86.

[102] 宋新伟. 跨境电商人民币结算政策管理框架研究[J]. 时代金融，
2015(8):42-50.

[103] 苏敬勤，许昕傲，李晓昂. 基于共词分析的我国技术创新政策结构关
系研究[J]. 科技进步与对策，2013，30(9):110-115.

[104] 素心. 微商代购全监管! 偷漏税将面临罚款! ——我国电商领域首
部综合性法律《电子商务法》正式施行![J]. 金秋，2019(1):11-13.

[105] 孙俊，于津平. 资本账户开放路径与经济波动——基于动态随机一般
均衡模型的福利分析[J]. 金融研究，2014(5):48-64.

[106] 孙蕾，王芳. 中国跨境电子商务发展现状及对策[J]. 中国流通经济，
2015(3):110-111.

[107] 孙柳. 跨境电商的营销模式研究[J]. 现代营销(下旬刊)，2016(6):
82-83.

[108] 孙敏，郑皆新. 网络型行业重组与税收优惠政策研究——铁路改革税收政策分析[J]. 数量经济技术经济研究，2003,20(10):132-135.

[109] 孙晓燕. 我国电子商务企业自建物流现状及对策——基于企业边界视角[J]. 中国流通经济，2012，26(8):78-82.

[110] 孙益武，王春晓. 跨境电子商务进口商品知识产权海关监管问题探讨[J]. 电子知识产权，2016(7):26-32.

[111] 孙志伟. "互联网＋"环境下跨境零售电商发展现状及改善方略[J]. 商业经济研究，2017(6):59-61.

[112] 谭政勋. 金融稳定分析的宏观模型综述及展望[J]. 经济与管理，2011(4):67-71.

[113] 唐琳，王云清，胡海鸥. 开放经济下中国汇率政策的选择——基于Bayesian DSGE 模型的分析[J]. 数量经济技术经济研究，2016(2):113-129.

[114] 陶玉琼. 我国跨境电商的供应链柔性优化策略研究[J]. 改革与战略，2017(8):134-137.

[115] 滕玉薇，丁怡，姜道奎. 跨境电商服务质量对消费者选择意愿的影响[J]. 物流科技，2018(8):48-52.

[116] 童洪志，刘伟. 政策组合对农户保护性耕作技术采纳行为的影响机制研究[J]. 软科学，2018(5):18-23.

[117] 王爱红，张群. 跨境电子商务模式下对外贸易转型升级模式与路径分析[J]. 商业经济研究，2017(19):146-148.

[118] 王大贤. 外汇高顺差形势下外汇统计监测应对策略探讨[J]. 上海金融学学报，2006(3):38-41.

[119] 王凤荣，高飞. 政府干预、企业生命周期与并购绩效——基于我国地方国有上市公司的经验数据[J]. 金融研究，2012(12):137-150.

[120] 王凤芝，郭静. 跨境税收新政实施对相关方的影响与建议[J]. 大庆社会科学. 2016(5):121-122.

[121] 王福涛，潘振赛，汪艳霞. 科研院所改革政策主体演化研究[J]. 科学学研究，2018,36(4):673-683.

[122] 王国静，田国强. 金融冲击和中国经济波动[J]. 经济研究，2014(3):20-34.

[123] 王宏起，李婧媛，李玥. 基于政策文本的"双创"政策量化研究[J]. 情

报杂志，2018，37(1):59-65.

[124] 王琦. 税收新政对跨境电子商务平台的影响[J]. 时代金融，2016
(18):204-210.

[125] 王喜荣，余稳策. 跨境电商发展与传统对外贸易互动关系的实证分析
[J]. 经济与管理研究，2018(2):79-86.

[126] 王莹. 教育中的政府干预[J]. 教育与经济，2000(3):11-14.

[127] 王岳平. 十六大以来我国产业政策及结构调整的进展和展望[J]. 经
济研究参考，2007(65):2-16.

[128] 王云清. 中国经济波动问题的数量分析——基于新凯恩斯主义 DSGE
模型[D]. 上海:上海交通大学，2013.

[129] 韦大宇，张建民. 中国跨境电商综合试验区建设成果与展望[J]. 国
际贸易，2019(7):18-24.

[130] 魏秀丽. 跨境电商的供应链柔性优化策略探讨[J]. 商业经济研究，
2018(4):62-64.

[131] 我国产业结构政策研究课题组. 产业结构政策的条件、背景及其特点
[J]. 中央财经大学学报，2003(5):58-63.

[132] 吴宾，刘雯雯. 中国养老服务业政策文本量化研究(1994—2016 年)
[J]. 经济体制改革，2017(4):20-26.

[133] 吴菲. 浅析跨境电商行业税收征管政策调整的原因及影响[J]. 卷宗，
2016(4):215-216.

[134] 吴旻. 2018 年跨境电商行业十大政策盘点与解读[J]. 计算机与网
络，2019，45(2):12-15.

[135] 伍建民. 中国软件产业政策:结构分析与前瞻建议[J]. 信息空间，
2004(7):14-18.

[136] 夏立军，方轶强. 政府控制、治理环境与公司价值——来自中国证券
市场的经验证据[J]. 经济研究，2005(5):40-51.

[137] 肖成志，祁文婷. 跨境电子商务与金融服务监管研究[J]. 西南金融，
2016(8):17-23.

[138] 肖天祎. 跨境电商税收政策及其思考[J]. 商情，2017(6):77-78.

[139] 谢晓菲. 上市公司定向增发财务绩效研究——基于生命周期理论的
视角[J]. 鸡西大学学报，2016，16(6):62-66.

[140] 徐倪妮，郭俊华. 中国科技人才政策主体协同演变研究[J]. 中国科

技论坛,2018,270(10):169-179.

[141] 徐喆,李春艳.我国科技政策组合特征及其对产业创新的影响研究[J].科学学研究,2017(1):48-56.

[142] 薛鹏鹏,李宗超.中小跨境电商企业竞争力影响因素研究及提升对策[J].市场周刊,2018(12):57-61.

[143] 鄢莉莉,王一鸣.金融发展、金融市场冲击与经济波动——基于动态随机一般均衡模型的分析[J].金融研究,2012(12):82-95.

[144] 闫先东,张炎涛.价格与数量型工具相互支撑的货币政策框架研究[J].财贸经济,2016(37):59-71.

[145] 严成樑,龚六堂.税收政策对经济增长影响的定量评价[J].世界经济,2012(4):41-61.

[146] 杨春梅,胡丽明.我国跨境电商监管制度存在的问题及完善路径[J].对外经贸实务,2017(6):45-48.

[147] 杨恕.西方国家移民政策的结构及其调整[J].国际论坛,2002(4):1-7.

[148] 杨松,郭金良.第三方支付机构跨境电子支付服务监管的法律问题[J].法学,2015(3):95-105.

[149] 杨伟国,代懋.中国残疾人就业政策的结构与扩展[J].学海,2007(4):48-55.

[150] 杨伟国.欧洲经济的政策结构探析[J].世界经济与政治,2001(6):52-57.

[151] 杨晓霞.税收新政对进口跨境电商的影响研究[J].财政科学,2018(3):138-144.

[152] 杨扬.第三方跨境电子支付服务法律体系及监管问题研究[J].区域金融研究,2016(2):79-85.

[153] 杨云鹏,杨坚争,张璇.跨境电商贸易过程中新政策法规的影响传播模型[J].中国流通经济,2018(1):55-66.

[154] 姚海琳,张翠虹.中国资源循环利用产业政策演进特征研究[J].资源科学,2018(3),567-579.

[155] 姚永强.教育政策主体的利益冲突与整合[J].教育学术月刊,2012(2):31-35.

[156] 叶江峰,任浩,甄杰.中国国家级产业园区30年发展政策的主题与

演变[J].科学学研究,2015,33(11):1634-1640.

[157] 易海峰.中俄跨境电商贸易发展的前景分析[J].对外经贸实务,2017(4):32-34.

[158] 于常有.政策网络:概念、类型及发展前景[J].行政论坛,2008(1):54-58.

[159] 于文菁.跨境电子商务对我国国际贸易的影响及对策研究[D].济南:山东师范大学,2016.

[160] 于小燕,朱立萍.新形势下我国跨境电商出口的新发展与新问题——基于WTO多边贸易规则的思考[J].对外经贸实务,2017(6):41-44.

[161] 岳云嵩.跨境电子商务与中国制造业出口[D].北京:中央财经大学,2017.

[162] 云延进.红外人体目标检测和跟踪方法研究[D].重庆:重庆大学,2008.

[163] 詹姆斯·E·安德森.公共政策制定:第5版[M].北京:中国人民大学出版社,2009.

[164] 张程锦.中国太平洋岛国战略研究[D].济南:山东大学,2019.

[165] 张功富,叶忠明,许晓丽.政府干预、政治关联与企业非效率投资——基于中国上市公司面板数据的实证研究[J].财经理论与实践(双月刊),2011,32(171):24-30.

[166] 张国兴,高秀林,汪应洛,等.中国节能减排政策的测量、协同与演变——基于1978—2013年政策数据的研究[J].中国人口·资源与环境,2014,24(12):62-73.

[167] 张红英.中国B2C跨境电子商务的发展问题研究[D].济南:山东大学,2014.

[168] 张宏伟.政策工具及其组合与海上风电技术创新和扩散:来自德国的考察[J].科技进步与对策,2017,34(14):119-125.

[169] 张家军,靳玉乐.论课程政策主体[J].当代教育科学,2004(1):23-25.

[170] 张建国,王浩.海关视角下跨境电子商务的税收政策选择[J].海关与经贸研究,2014(1):107-115.

[171] 张婧屹,李建强.房地产调控、金融杠杆与社会福利[J].经济评论,

2018，211（3）：15-32.

［172］张镧.湖北省高新技术产业政策研究（1978—2012）:政策文本分析视角［D］.武汉:华中科技大学，2014.

［173］张莉.互联网经济新政策旨在建设网络强国［J］.今日中国:中文版，2016（11）:66-69.

［174］张鸣飞，杨坚争.我国跨境电子商务政策发展情况初探［J］.电子商务，2017（9）:8-9.

［175］张晓东，何攀.跨境电商消费者品牌偏好影响机理研究［J］.消费经济，2018，34（4）:82-89.

［176］张筱慧，杨鞭.跨境电商对贸易中介的影响文献综述［J］.经营与管理，2017（2）:99-101.

［177］张学文，陈劲.面向创新型国家的产学研协同创新:知识边界与路径研究［M］.北京:经济科学出版社，2014.

［178］张衍斌，李洪心."海淘"税改新政对国家税收及居民消费的影响——基于CGE模型的模拟分析［J］.商业研究，2017，59（7）:52-57.

［179］张一帆.跨境电商依托保税区发展的保税备货模式及未来方向探究——以宁波保税区为例［D］.北京:对外经济贸易大学，2017.

［180］张瀛，王弟海.货币政策、汇率制度与贸易不平衡［J］.金融研究，2013（7）:16-30.

［181］张永安，闫瑾.基于文本挖掘的科技成果转化政策内部结构关系与宏观布局研究［J］.情报杂志，2016，35（2）:44-49.

［182］张永安，耿喆.我国区域科技创新政策的量化评价——基于PMC指数模型［J］.科技管理研究，2015（14）:26-31.

［183］张永安，郄海拓.国务院创新政策量化评价——基于PMC指数模型［J］.科技进步与对策，2017，34（17）:127-136.

［184］张悦.经济新常态背景下跨境电子商务发展探析［J］.商业经济研究，2018（7）:69-72.

［185］赵冠一.中国跨境电商物流及监管研究［D］.天津:天津财经大学，2015.

［186］赵文渊.跨境电商税收新政对中国社会经济发展的作用分析［J］.商场现代化，2016（12）:226-227.

［187］赵杨，陈雨涵，陈亚文.基于PMC指数模型的跨境电子商务政策

评价研究[J]. 国际商务(对外经济贸易大学学报)，2018，185(6)：
120-132.

[188] 赵杨，陈雨涵，陈亚文. 基于 PMC 指数模型的跨境电子商务政策评
价研究[J]. 国际商务(对外经济贸易大学学报)，2018，185(06)：
120-132.

[189] 赵志田，杨坚争. 电子商务发展与进出口贸易：基于动态面板数据模
型的实证研究[J]. 中国发展，2012，12(6)：41-46.

[190] 郑立熹，宋杰，杨荣祥，等. 基于 EAN/UPC 码的进口消费品风险管
理[J]. 标准科学，2014(10)：58-62.

[191] 郑桑梓. A 花卉企业跨境电商业务发展策略研究[D].昆明：云南大
学，2018.

[192] 中国商业联合会专家工作委员会，曹立生，张昊，等. 2019 年中国商
业十大热点展望报告[J]. 中国商论，2019(3)：7-17.

[193] 钟本章. B2C 跨境电子商务平台贸易中介功能研究[J]. 现代商贸工
业，2015，36(15)：39-41.

[194] 周嘉娣. 我国跨境电子商务的现状分析及建议[J]. 中国商论，2013
(34)：102-103.

[195] 周淑景. 欧盟结构政策的保障措施及其实施效果[J]. 东北财经大学
学报，2002(3)：67-70.

[196] 周汶霏，宁继鸣. 社会网络分析视角下的创新项目扩散研究——以孔
子学院为例[J]. 中国软科学，2017(5)：56-65.

[197] 周英男，王晓杰，刘环环. 中国工业企业节能政策工具研究[J]. 企业
经济，2010(4)：96-99.

[198] 周应恒，卢凌霄，吕超. 美日渔业结构政策及对中国的启示[J]. 中国
渔业经济，2007(4)：20-23.

[199] 朱桂龙，程强. 我国产学研成果转化政策主体合作网络演化研究[J].
科学学与科学技术管理，2014(7)：40-48.

[200] 朱军. 中国宏观 DSGE 模型中的税收模式选择及其实证研究[J]. 数
量经济技术经济研究，2015(1)：67-81.

[201] 卓晓宁. 公共政策中的政治文化：影响与功能[J]. 唯实，2011(12)：
42-44.

[202] ABEL—KOCH J. Who Uses Intermediaries in International Trade?

Evidence from Firm-level Survey Data[J]. The World Economy, 2013, 36(8): 1041-1064.

[203] AGGARWAL C C, ZHAI C X. An introduction to text mining[J]. 2012(2): 1-10.

[204] AHN J B, KHANDELWAL A K, WEI S J. The role of intermediaries in facilitating trade [J]. Journal of International Economics, 2011, 84(1):73-85.

[205] AKERMAN A. A Theory on the Role of Wholesalers in International Trade based on Economies of Scope [D]. Mimeo: Stockholm University, 2014.

[206] ANDERSON J E, VAN WINCOOP E. Trade Costs [J]. Journal of Economic Literature, 2004, 42(3): 691-751.

[207] ARGENTIERO A, TALLA T, BIGERNA S, et al. Polinori. Comparing Renewable Energy Policies in E. U. 15, U. S. and China: A Bayesian DSGE model [J]. Energy Journal, 2017, 38(1): 77-96.

[208] BERNARD A B, GRAZZI M, TOMASI C. Intermediaries in International Trade: Direct Versus Indirect Modes of Export[J]. NBER Working Papers, 2013.

[209] BERNARD A B, JENSEN J B, REDDING S J, et al. Wholesalers and Retailers in US Trade [J]. American Economic Review, 2010, 100(2): 408-413.

[210] BLUM B S, CLARO S, HORSTMANN I. Facts and Figures on International Trade [J]. American Economic Review, paper and Proceedings, 2010, 100(2): 419-423.

[211] BORRÁS S, EDQUIST C. The choice of innovation policy instruments[J]. Technological Forecasting and Social Change, 2013, 80(8):1513-1522.

[212] CALDARA D, HARRISON R, LIPIŃSKA, et al. Practical Tools for Policy Analysis in DSGE Models with Missing Shocks [J]. Journal of Applied Econometrics, 2014, 29(7):1145-1163.

[213] CHEN N, YANG J. Mechanism of government policies in cross-border e-commerce on firm performance and implications on m-

commerce[J]. International Journal of Mobile Communications, 2017, 15(1): 69.

[214] CHIRCU A M, KAUFFMAN R J. Hawaii International Conference on Systems Sciences[C]. 1999.

[215] COSTANTINI V, CRESPI F, PALMA A. Characterizing the policy mix and its impact on eco-innovation: A patent analysis of energy-efficient technologies[J]. Research Policy, 2017, 46(4):799-819.

[216] CROZET M, LALANNE G, PONCET S. Wholesalers in international trade[J]. European Economic Review, 2013, 58(1):1-17.

[217] DE HEIDE M. J. L. R&D, Innovation and the Policy Mix[C]. Erasmus Universiteit Rotterdam , 2011.

[218] DOTSEY M, DUARTE M. Nontraded Goods, Market Segmentation, and Exchange Rates [J]. Journal of Monetary Economics, 2008, 55(6):1129-1142.

[219] EDLER J, CUNNINGHAM P, FLANAGAN K, et al. Innovation policy mix and instrument interaction: A review[J]. Genes & Development, 2013, 7(7B):1-40.

[220] FELBERMAYR G J, JUNG B. Trade Intermediation and the Organization of Exporters [J]. Review of International Economics, 2011, 19(4): 634-648.

[221] FLANGAN K, UYARRA E, LARANJA M. Reconceptualising the "policy mix" for innovation [J]. Research Policy, 2011(40) : 702-713.

[222] GREGORY G, KARAVDIC M, ZOU S. The Effects of E-Commerce Drivers on Export Marketing Strategy[J]. Journal of International Marketing, 2007, 15(2):30-57.

[223] GUERZONI M, RAITERI E. Demand-side vs. supply-side technology policies: Hidden treatment and new empirical evidence on the policy mix[J]. Research Policy, 2015, 44(3):726-747.

[224] HE Y, LI J Y, WU X P, et al. Impact of e-Commerce on International Trade—Based on a Iceberg Cost Model [J]. International Journal of Trade Economics & Finance, 2014:175-178.

[225] HOFFMAN D L, NOVAK T P, CHATTERJEE P. Commercial scenarios for the Web: opportunities and challenges [J]. Journal of Computer-Mediated Communication, 1995, 1(3): 1–21.

[226] HOWLETT M, RAMESH M. Studying public policy: policy cycles and policy subsystems[M]. Oxford: Oxford University Press, 1995: 80–98.

[227] HUANG C, WANG S, SU J, et al. A social network analysis of changes in China's education policy information transmission system (1978—2013)[J]. Higher Education Policy, 2018(3): 1–23.

[228] IACOVIELLO M, NERI S. Housing Market Spillovers: Evidence from an Estimated DSGE Model[J]. American Economic Journal: Macroeconomics, 2010, 2(2):125–164.

[229] IACOVIELLO M. Financial business cycles[J]. Review of Economic Dynamics, 2015, 18(1):140–163.

[230] IACOVIELLO M. House Prices, Borrowing Constraints, and Monetary Policy in the Business Cycle [J]. American Economic Review, 2005, 95(3):739–764.

[231] JACKIE M. L. CHAN. Trade Intermediation Financial Frictions, and the Gains from Trade [J]. Job Marketing Paper, Stanford University, 2014:1–50.

[232] KINCS I, et al. Convergence among national innovation policy mixes in Europe-an analysis of research and innovation policy measures in the period 2004–2012 [R]. Grincoh Working Paper Series, 2014.

[233] KLASSEN K J, CARNAGHAN C. E-Commerce and International Tax Planning[J]. Ssrn Electronic Journal, 2004, 78(2):56–66.

[234] LAW J, BAUIN S, COURTIAL J P, et al. Policy and the mapping of scientific change: A co-word analysis of research into environmental acidification[J]. Scientometrics, 1988, 14(3):251–264.

[235] LEHMANN P. Justifying a Policy Mix for Pollution Control: a Review of Ecomomic Literature [J]. Journal of Economic Surveys, 2012, 26(1):71–97.

[236] LOMBARDO G, RAVENNA F. Ravenna. Openness and Optimal

Monetary Policy[J]. Journal of International Economics, 2014, 93 (1):153-172.

[237] LOWI T J. Four systems of policy, politics, and choice[J]. Public Administration Review, 1972, 32(4): 298-310.

[238] MALONE T W, YATES J, BENJAMIN R I. Electronic markets and electronic hierarchies [J]. Communications of the ACM, 1987, 30(6): 484-497.

[239] Mario Arturo Ruiz Estrada. The Ceteris Paribus Assumptian vs. Omnia Mobilis Assumption: Economic Note[J]. Ssm Electronic Journal, 2009(3) : 25-28.

[240] MARIS G, ALI H, CHAD S, et al. E-Commerce and the Market Structure of Retail Industries[J]. Economic Journal, 2010(545):651-682.

[241] MARSH D, RHODES R. A. W. Policy Networks in British Government[M]. Oxford: Clarendon Press, 1992.

[242] MCDONNELL L M, ELMORE R F. Getting the Job Done: Alternative policy instruments[J]. Educational Evaluation & Policy Analysis, 1987, 9(2): 133-152.

[243] NAUWELAERS C, BOEKHOLK P, et al. Policy Mixes for R&D in Europe [R]. Maastricht: European Commission-Directorate-General for Research, 2009.

[244] NEISS K S, NELSON E. The Real Interest rate Gap as an Inflation Indicator[J]. Social Science Electronic Publishing, 2003, 7(2):239-262.

[245] NGAI EWT, LEE PTY. A review of the literture on applications of text mining in policy making[C]. 20th Pacific Asia Conference on Information Systems(PACIS), 2016.

[246] OECD. The Innovation Policy Mix[J]. Source OECD Science & Information Technology, 2010(14):248-276.

[247] REICHARDT K, ROGGE K S. How the policy mix and its consistency impact innovation: Findings from company case studies on offshore wind in Germany [R]. Working Paper Sustainability and

Innovation, 2014.

[248] RENÉK, PONTOGLIO S. The innovation effects of environmental policy instruments—A typical case of the blind men and the elephant? [J]. Ecological Economics, 2011(72):28-36.

[249] RING I, SCHRÖTER-SCHLAACK C. Instrument Mixes for Biodiversity Policies [R]. Helmholtz Centre for Environmental Research , 2011.

[250] ROBERTS M J, TYBOUT J R. What Makes Exports Boom? [M]. Directions in Development Series, World Bank, Washington DC, 1997.

[251] ROGGE K S, REICHARDT K. Going beyond instrument interactions: towardsa more comprehensive policy mix conceptualization for environmental technological change [J]. Social Science Electronic Publishing, 2015, 12(4): 1-49.

[252] ROGGE K S, REICHARDT K. Policy mixes for sustainability transitions: An extended concept and framework for analysis[J]. Research Policy, 2016,45(8):132-147.

[253] ROGGE K S, REICHARDT K. Towards a more comprehensive policy mix conceptualization for environmental technological change: A literature synthesis [R]. Working Paper Sustainability and Innovation, 2013.

[254] ROY R, WALTER Z. Reindusdalization and Technology [M]. Logman Group Limited, 1985: 83-104.

[255] ROY Rothwell, WALTER Zegveld. Reindusdalization and Technology[M]. London: Logman Group Limited,1985:83-104.

[256] RUIZ ESTRADA M A , YAP S F , NAGARAJ S . Beyond the Ceteris Paribus Assumption: Modeling Demand and Supply Assuming Omnia Mobilis[J]. Social Science Electronic Publishing, 2007,5(2):185-194.

[257] SAKAKI T, OKAZAKI M, MATSUO Y. Tweet analysis for real-time event detection and earthquake reporting system development [J]. IEEE Transactions on Knowledge & Data Engineering, 2013, 25(4): 919-931.

[258] SARKAR M B, BUTLER B, STEINFIELD C. Intermediaries and cybermediaries: a continuing role for mediating players in the electronic marketplace [J]. Journal of Computer-mediated Communication, 1995,1(3): 1–14.

[259] SCHORFHEIDE F. Loss function-based evaluation of DSGE models [J]. Journal of Applied Econometrics, 2000, 15(6):645–670.

[260] SENPING Y, GUANGFU L. Research On E-Commerce Taxation From An Angle Of China [C]. International Conference on E-business and E-government, 2011.

[261] SMETS F, WOUTERS R . Openness, Imperfect Exchange Rate Pass-Through and Monetary Policy [J]. Journal of Monetary Economics, 2002(49):947–981.

[262] SMITS R, KUHLMANN S, SHAPIRA P. The Theory and Practice of Innovation Policy—An International Research Handbook [R]. Cheltenham: Edward Elgar, 2010: 333–359.

[263] SPULBER D F. Market microstructure and inter-mediation [J]. The Journal of Economic Perspectives, 1996, 10(3): 135–152.

[264] SWAIN J A, HELLERSTEIN W. State Jurisdiction to Tax "Nowhere" Activity [M]. Social Science Electronic Publishing, 2013:13–35.

[265] TERZI N. The impact of e-commerce on international trade and employment[J]. Procedia-Social and Behavioral Sciences, 2011(24): 745–753.

[266] VALERIA C, FRANCESCO C, ALESSANDRO P. Charactering the policy mix and its impact on eco—innovation in energy—efficient technologies [R]. SEEDS Working Paper Series, 2015.

[267] VARONE F, INGOLD K, JOURDAIN C, et al. Studying policy advocacy through social network analysis[J]. European Political Science, 2017, 16(3): 322–336.

[268] WEISHAAR H, AMOS A, COLLIN J. Best of enemies: Using social network analysis to explore a policy network in European smoke-free policy[J]. Social Science & Medicine, 2015(133):85–92.

附　　录

附录 1　两国 DSGE 模型的优化条件和均衡条件

（一）国内部分

1. 居民

$$L_t^\varphi C_t^\sigma = W_{i,t}/P_t \quad i = N,H,M$$

$$\beta E_t \left[(\frac{C_{t+1}}{C_t})^{-\sigma} \cdot \frac{P_t}{P_{t+1}} \cdot R_t \right] = 1$$

$$R_t = R_t^f E_t (S_{t+1}/S_t)$$

$$C_t = \left[(1-\lambda_1)^{\frac{1}{\rho_1}} (C_{F,t})^{\frac{\rho_1-1}{\rho_1}} + \lambda_1^{\frac{1}{\rho_1}} (C_{N,t})^{\frac{\rho_1-1}{\rho_1}} \right]^{\frac{\rho_1}{\rho_1-1}}$$

$$P_t = \left[(1-\lambda_1)((1+\tau_{F,t})P_{F,t})^{1-\rho_1} + \lambda_1 (P_{N,t})^{1-\rho_1} \right]^{\frac{1}{1-\rho_1}}$$

$$C_{N,t} = \lambda_1 (\frac{P_{N,t}}{P_t})^{-\rho_1} C_t$$

$$C_{F,t} = (1-\lambda_1) \left(\frac{(1+\tau_{F,t})P_{F,t}}{P_t} \right)^{-\rho_1} C_t$$

2. 生产商

$$Y_{i,t}(z) = A_{i,t} [L_{i,t}(Z)]^{\alpha_i} \quad i = N,H$$

$$W_{i,t} L_{i,t} = \alpha_i Y_{i,t} P_{i,t} \quad i = N,H$$

3. 进口部门

$$\pi_{F,t} = \beta E_t \pi_{F,t+1} + \frac{(1-\varphi_F)(1-\varphi_F\beta)}{\varphi_F} x_{F,t}$$

$$x_{F,t} = P_{F,t}/(S_t P_{N,t}^*)$$

4. 跨境电商出口贸易中介

$$Y_{M,t} = A_{M,t} Y_{EH,t}^{1-\alpha_M} L_{M,t}^{\alpha_M}$$

$$\frac{(1-\alpha_M)Y_{M,t}}{Y_{EH,t}} = \frac{P_{H,t}}{P_{H,t}^0}$$

$$W_{M,t} L_{M,t} = \alpha_M Y_{M,t} P_{H,t}^0$$

5. 政府行为

$$\frac{R_t}{\overline{R}} = (\frac{R_{t-1}}{\overline{R}})^{\rho_R} \left[(\frac{\pi_t}{\overline{\pi}})^{\omega_\pi} (\frac{Y_t}{\overline{Y}})^{\omega_y} \right]^{1-\rho_R}$$

（二）外国部分

1. 居民

$$(L_t^*)^{\varphi f}(C_t^*)^{\sigma_f} = W_t^*/P_t^*$$

$$C_t^* = \left[(1-\lambda_1^*)^{\frac{1}{\rho_1}}(C_{H,t}^*)^{\frac{\rho_1-1}{\rho_1}} + \lambda_1^{*\frac{1}{\rho_1}}(C_{N,t}^*)^{\frac{\rho_1-1}{\rho_1}} \right]^{\frac{\rho_1}{\rho_1-1}}$$

$$C_{H,t}^* = \left[(1-\lambda_2^*)^{\frac{1}{\rho_2}}(C_{EH,t}^*)^{\frac{\rho_2-1}{\rho_2}} + \lambda_2^{*\frac{1}{\rho_2}}(C_{SH,t}^*)^{\frac{\rho_2-1}{\rho_2}} \right]^{\frac{\rho_2}{\rho_2-1}}$$

$$P_t^* = \left[(1-\lambda_1^*)(P_{H,t}^*)^{1-\rho_1^{'}} + \lambda_1^*(P_{N,t}^*)^{1-\rho_1^{'}} \right]^{\frac{1}{1-\rho_1^{'}}}$$

$$P_{H,t}^* = \left[(1-\lambda_2^*)(P_{EH,t}^*)^{1-\rho_2^{'}} + \lambda_2^*(P_{SH,t}^*)^{1-\rho_2^{'}} \right]^{\frac{1}{1-\rho_2^{'}}}$$

$$C_{N,t}^* = \lambda_1^* \left(\frac{P_{N,t}^*}{P_t^*} \right)^{-\rho_1^{'}} C_t^*$$

$$C_{H,t}^* = (1-\lambda_1^*) \left(\frac{P_{H,t}^*}{P_t^*} \right)^{-\rho_1^{'}} C_t^*$$

$$C_{EH,t}^* = (1-\lambda_2^*) \left(\frac{P_{EH,t}^*}{P_{H,t}^*} \right)^{-\rho_2^{'}} C_{H,t}^*$$

$$C_{SH,t}^* = \lambda_2^* \left(\frac{P_{SH,t}^*}{P_{H,t}^*} \right)^{-\rho_2^{'}} C_{H,t}^*$$

$$P_{EH,t}^* = (1+\tau_{EH,t}) \frac{P_{H,t}^0}{S_t}$$

2. 生产商

$$Y_{N,t}^*(z) = A_t^* \left[L_t^*(Z) \right]^{\alpha^{'}}$$

$$W_t^* L_t^* = \alpha^* Y_{N,t}^* P_{N,t}^*$$

3. 进口部门

$$\pi^*_{SH,t} = \beta_f E_t \pi^*_{SH,t+1} + \frac{(1-\varphi^*_{SH})(1-\varphi^*_{SH}\beta_f)}{\varphi^*_{SH}} x^*_{SH,t}$$

$$x^*_{SH,t} = P^*_{SH,t} S_t / [(1+\tau_{SH,t}) P_{H,t}]$$

4. 政府行为

$$\frac{R^*_t}{R^*} = (\frac{R^*_{t-1}}{R^*})^{\dot{PR}} \left[(\frac{\pi^*_t}{\pi^*})^{\dot{\omega_\pi}} (\frac{Y^*_t}{Y^*})^{\dot{\omega_y}} \right]^{1-\dot{PR}}$$

（三）资源约束和市场出清条件

$$L_t = L_{N,t} + L_{H,t} + L_{M,t}$$

$$Y_{N,t} = C_{N,t}$$

$$Y_{H,t} = C^*_{SH,t} + Y_{EH,t}$$

$$Y_{M,t} = C^*_{EH,t}$$

$$Y^*_{N,t} = C^*_{N,t} + C_{F,t}$$

$$Y^*_t = \frac{P^*_{N,t}}{P^*_t} Y^*_{N,t}$$

$$Y_t = \frac{P_{N,t}}{P_t} C_{N,t} + \frac{(1+\tau_{SH,t}) P_{H,t}}{P_t} C^*_{SH,t} + \frac{(1+\tau_{EH,t}) P^0_{H,t}}{P_t} C^*_{EH,t}$$

（四）贸易条件和风险分担条件

$$F_t = \frac{P_{F,t}}{P_{N,t}} = \frac{P^*_{H,t}}{P^*_{N,t}}$$

$$Q_t = \frac{C^{-\sigma}_t}{(C^*_t)^{-\sigma f}}$$

$$Q_t = \frac{S_t P^*_t}{P_t}$$

附录 2　两国 DSGE 模型的对数线性化系统

对上述均衡方程进行对数线性化，利用 $\hat{X}_t$ 表示变量 X_t 偏离稳态 $\overline{X}$ 的百分比，具体线性化后的方程如下：

（一）国内部分

1. 居民

$$\varphi \hat{L}_t + \phi \hat{C}_t = \hat{W}_{i,t} - \hat{P}_t \quad i = N, H, M$$

$$\hat{R}_t - \hat{\pi}_{t+1} + \sigma(\hat{C}_t - \hat{C}_{t+1}) = 0$$

$$\hat{R}_t - \hat{R}_t^f = \hat{S}_{t+1} - \hat{S}_t$$

$$\hat{C}_t = (1 - \lambda_1)\hat{C}_{F,t} + \lambda_1 \hat{C}_{N,t}$$

$$\hat{P}_t = (1 - \lambda_1)\left(\frac{\overline{\tau}_F}{1 + \overline{\tau}_F}\hat{\tau}_{F,t} + \hat{P}_{F,t}\right) + \lambda_1 \hat{P}_{N,t}$$

$$\hat{C}_{N,t} = -\rho_1(\hat{P}_{N,t} - \hat{P}_t) + \hat{C}_t$$

$$\hat{C}_{F,t} = -\rho_1\left(\frac{\overline{\tau}_F}{1 + \overline{\tau}_F}\hat{\tau}_{F,t} + \hat{P}_{F,t} - \hat{P}_t\right) + \hat{C}_t$$

2. 生产商

$$\hat{Y}_{i,t} = \hat{A}_{i,t} + \alpha_i \hat{L}_{i,t} \quad i = N, H$$

$$\hat{W}_{i,t} + \hat{L}_{i,t} = \hat{Y}_{i,t} + \hat{P}_{i,t} \quad i = N, H$$

3. 进口部门

$$\hat{\pi}_{F,t} = \beta E_t \hat{\pi}_{F,t+1} + \frac{(1 - \varphi_F)(1 - \varphi_F \beta)}{\varphi_F}\hat{x}_{F,t}$$

$$\hat{x}_{F,t} = \hat{P}_{F,t} - \hat{S}_t - \hat{P}_{N,t}^*$$

4. 跨境电商出口贸易中介

$$\hat{Y}_{M,t} = \hat{A}_{M,t} + (1 - \alpha_M)\hat{Y}_{EH,t} + \alpha_M \hat{L}_{M,t}$$

$$\hat{Y}_{M,t} - \hat{Y}_{EH,t} = \hat{P}_{H,t} - \hat{P}_{H,t}^0$$

$$\hat{W}_{M,t} + \hat{L}_{M,t} = \hat{Y}_{M,t} + \hat{P}_{H,t}^0$$

5. 政府行为

$$\hat{R}_t = \rho_R \hat{R}_{t-1} + (1 - \rho_R)(\omega_\pi \hat{\pi}_t + \omega_y \hat{Y}_t)$$

（二）国外部分

1. 居民

$$\varphi_f \hat{L}_t^* + \sigma_f \hat{C}_t^* = \hat{W}_t^* - \hat{P}_t^*$$

$$\hat{C}_t^* = (1 - \lambda_1^*) \hat{C}_{H,t}^* + \lambda_1^* \hat{C}_{N,t}^*$$

$$\hat{C}_{H,t}^* = (1 - \lambda_2^*) \hat{C}_{EH,t}^* + \lambda_2^* \hat{C}_{SH,t}^*$$

$$\hat{P}_t^* = (1 - \lambda_1^*) \hat{P}_{H,t}^* + \lambda_1^* \hat{P}_{N,t}^*$$

$$\hat{P}_{H,t}^* = (1 - \lambda_2^*) \hat{P}_{EH,t}^* + \lambda_2^* \hat{P}_{SH,t}^*$$

$$\hat{C}_{N,t}^* = -\rho_1^* (\hat{P}_{N,t}^* - \hat{P}_t^*) + \hat{C}_t^*$$

$$\hat{C}_{H,t}^* = -\rho_1^* (\hat{P}_{H,t}^* - \hat{P}_t^*) + \hat{C}_t^*$$

$$\hat{C}_{EH,t}^* = -\rho_2^* (\hat{P}_{EH,t}^* - \hat{P}_{H,t}^*) + \hat{C}_{H,t}^*$$

$$\hat{C}_{SH,t}^* = -\rho_2^* (\hat{P}_{SH,t}^* - \hat{P}_{H,t}^*) + \hat{C}_{H,t}^*$$

$$\hat{P}_{EH,t}^* = \frac{\overline{\tau_{EH}}}{1 + \overline{\tau_{EH}}} \hat{\tau}_{EH,t} + \hat{P}_{H,t}^0 - \hat{S}_t$$

2. 生产商

$$\hat{Y}_{N,t}^* = \hat{A}_t^* + \alpha^* \hat{L}_t^*$$

$$\hat{W}_t^* + \hat{L}_t^* = \hat{Y}_{N,t}^* + \hat{P}_{N,t}^*$$

3. 进口部门

$$\hat{\pi}_{SH,t}^* = \beta_f E_t \hat{\pi}_{SH,t+1}^* + \frac{(1 - \varphi_{SH}^*)(1 - \varphi_{SH}^* \beta_f)}{\varphi_{SH}^*} \hat{x}_{SH,t}^*$$

$$\hat{x}_{SH,t}^* = \hat{P}_{SH,t}^* + \hat{S}_t - \hat{P}_{H,t} - \frac{\overline{\tau_{SH}}}{1 + \overline{\tau_{SH}}} \hat{\tau}_{SH,t}$$

4. 政府行为

$$\hat{R}_t^* = \rho_R^* \hat{R}_{t-1}^* + (1 - \rho_R^*)(\omega_\pi^* \hat{\pi}_t^* + \omega_y^* \hat{Y}_t^*)$$

（三）资源约束和市场出清条件

$$\hat{L}_t = \frac{\overline{L}_N}{\overline{L}} \hat{L}_{N,t} + \frac{\overline{L}_H}{\overline{L}} \hat{L}_{H,t} + \frac{\overline{L}_M}{\overline{L}} \hat{L}_{M,t}$$

$$\hat{Y}_{N,t} = \hat{C}_{N,t}$$

$$\hat{Y}_{H,t} = \frac{\overline{C}_{SH}^*}{\overline{Y}_H} \hat{C}_{SH,t}^* + \frac{\overline{Y}_{EH}}{\overline{Y}_H} \hat{Y}_{EH,t}$$

$$\hat{Y}_{M,t} = \hat{C}_{EH,t}^*$$

$$\hat{Y}_{N,t} = \frac{\overline{C}_N^*}{\overline{Y}_F^*}\hat{C}_{N,t}^* + \frac{\overline{C}_F}{\overline{Y}_F^*}\hat{C}_{F,t}$$

$$\hat{Y}_t^* = \hat{P}_{N,t}^* - \hat{P}_t^* + \hat{Y}_{N,t}^*$$

$$\hat{Y}_t = \frac{\overline{C}_N\overline{P}_N}{\overline{Y}\,\overline{P}}(\hat{C}_{N,t} + \hat{P}_{N,t} - \hat{P}_t) + \frac{\overline{C}_{SH}\overline{P}_H}{\overline{Y}\overline{P}}(\hat{C}_{SH,t}^* + \hat{P}_{H,t} - \hat{P}_t + \frac{\overline{\tau}_{SH}}{1 + \overline{\tau}_{SH}}\hat{\tau}_{SH,t})$$

$$+ \frac{\overline{C}_{EH}^*\overline{P}_H^0}{\overline{Y}\overline{P}}(\hat{C}_{EH,t}^* + \hat{P}_{H,t}^0 - \hat{P}_t + \frac{\overline{\tau}_{EH}}{1 + \overline{\tau}_{EH}}\hat{\tau}_{EH,t})$$

（四）贸易条件和风险分担条件

$$\hat{P}_{F,t}^* - \hat{P}_{N,t} = \hat{P}_{H,t}^* - \hat{P}_{N,t}^*$$

$$\hat{C}_t = \sigma_f\hat{C}_t^* + \hat{Q}_t$$

$$\hat{Q}_t = \hat{P}_t^* + \hat{S}_t - \hat{P}_t$$

附录3 供给型政策工具组合特征对跨境电商产业的规模效应影响的模型估计过程

一、模型估计

下面利用 Eviews16.0 软件对模型参数进行估计(相关结果见表 1),可以得到供给型政策工具组合特征对跨境电商产业规模效应影响的估计结果:

$$y_{t+1} = 2.1861 + 0.4256ip_t + 1.1642pmc_t - 0.0439pmd_t - 0.0035pmb_t$$

$$t = \quad\quad (1.8318) \quad (4.3496) \quad\quad (-0.2996) \quad (-0.0446)$$

$$R^2 = 0.9154, \bar{R}^2 = 0.8943, DW = 3.4806$$

表 1　回归结果

Variable	Coefficient	Std. Error	t-Statistic	Prob.
C	2.18614	0.231673	9.436332	0.0000
PMC	1.164214	0.267662	4.349569	0.0005
PMD	−0.043873	0.146435	−0.29961	0.7683
PMB	−0.003494	0.078286	−0.044635	0.965
IP	0.42556	0.232313	1.831838	0.0857
R-squared	0.915425	Mean dependent var		2.050476
Adjusted R-squared	0.894281	S. D. dependent var		1.515459
S. E. of regression	0.492743	Akaike info criterion		1.6266
Sum squared resid	3.884737	Schwarz criterion		1.875296
Log likelihood	−12.0793	Hannan-Quinn criter.		1.680574
F-statistic	43.29514	Durbin-Watson stat		3.480594
Prob(F-statistic)	0.0000			

注:以上均为 Eviews16.0 的输出结果。

6.拟合优度检验

参数估计结果显示,统计量 $R^2 = 0.9154$,修正的 $R^2 = 0.8943$,说明模型拟合优度较好。

7. 回归方程的显著性检验

由计算结果可知，检验统计量 $F = 43.2951$，对应的 P 值接近 0，所以在显著性水平为 0.05 的条件下，拒绝原假设，即表明方程是高度显著的。

8. 自相关性检验

因为 $n = 19$，$k = 4$，查 DW 检验表得到：$d_L = 0.859$，$d_U = 1.848$；而 $4 - d_L < DW = 3.4806 < 4$，说明残差项存在严重的序列自相关性。利用偏自相关性检验和 BG 检验也进一步说明，模型只存在一阶自相关性，不存在高阶自相关性。

9. 异方差性检验

利用 White 法检验异方差性，得到辅助回归方程的 $nR^2 = 19.1864$，对应的 P 值为 0.1579，说明模型不存在异方差性。

10. 回归系数的显著性检验

根据计算结果可知，在显著性水平为 0.05 的条件下，只有常数项和政策组合的综合性的回归系数通过了显著性检验，而政策组合的一致性和均衡性及控制变量的回归系数均未通过显著性检验。

二、模型调整

根据上述检验结果可以初步确定模型存在一阶自相关性，所以采用广义差分法对模型进行修正，相关结果见表 2。

表 2　修正模型回归结果

Variable	Coefficient	Std. Error	t-Statistic	Prob.
C	2.102778	0.116184	18.09862	0.0000
PMC	1.169532	0.104762	11.16374	0.0000
PMD	− 0.08052	0.065956	− 1.22082	0.2423
PMB	0.022294	0.039914	0.55856	0.5853
IP	0.499175	0.10784	4.628859	0.0004
AR(1)	− 0.75909	0.164522	− 4.613904	0.0004

Variable	Coefficient	Std. Error	t-Statistic	Prob.
R-squared	0.966731	Mean dependent var		2.123
Adjusted R-squared	0.954849	S. D. dependent var		1.516978
S. E. of regression	0.322339	Akaike info criterion		0.8169
Sum squared resid	1.454635	Schwarz criterion		1.115619
Log likelihood	−2.168995	Hannan-Quinn criter.		0.875213
F-statistic	81.36204	Durbin-Watson stat		1.920502
Prob(F-statistic)	0.0000			

注:以上均为 Eviews16.0 的输出结果。

4.修正回归方程的显著性检验

修正模型的结果显示,统计量 R^2 由 0.9154 提高至 0.9667,修正的 R^2 也由 0.8943 提高至 0.9548,说明修正模型的拟合程度更高了。

5.修正模型的自相关性检验

统计值 DW 也变为 1.9205,接近于 2,说明修正模型已经消除了残差自相关性。需要说明的是,控制变量的回归系数由不显著变为显著。

6.修正模型的稳定性检验

利用 Chow 检验模型稳定性,以 2013 年上半年作为可能发生结构变化的转折点进行检验,得到统计量 F = 1.5554,对应的 P 值为 0.2579,说明模型是稳定的。

综上可知,修正模型的拟合质量得到很大提高。修正模型的估计结果为:

$$y_{t+1} = 2.1028 + 0.4992ip_t + 1.1695pmc_t − 0.0805pmd_t + 0.0223pmb_t − 0.7591$$
$$t = \quad (4.6289) \quad (11.1637) \quad (−1.2208) \quad (0.5586) \quad (−4.6289)$$
$$R^2 = 0.9667, \overline{R}^2 = 0.9548, DW = 1.9205$$

附录4　需求型政策工具组合特征对跨境电商产业的规模效应影响的模型估计过程

一、模型估计

下面利用 Eviews16.0 软件对模型参数进行估计（相关结果见表1），可以得到需求型政策工具组合特征对跨境电商产业规模效应影响的估计结果：

$$y_{t+1} = 0.9741 + 0.317ip_t + 0.0698pmc_t - 0.0409pmd_t + 0.1258pmb_t$$

$$t = \qquad (1.4301)\ (1.299)(-0.9489)(1.9741)$$

$$R^2 = 0.9266, \bar{R}^2 = 0.9083, DW = 3.1433$$

表1　回归结果

Variable	Coefficient	Std. Error	t-Statistic	Prob.
C	0.97412	0.236165	4.124748	0.0008
PMC	0.06984	0.053766	1.298965	0.2124
PMD	− 0.040903	0.043104	− 0.948947	0.3568
PMB	0.125785	0.063717	1.974127	0.0659
IP	0.317011	0.221668	1.430121	0.1719
R-squared	0.926641	Mean dependent var		2.050476
Adjusted R-squared	0.908301	S. D. dependent var		1.515459
S. E. of regression	0.458908	Akaike info criterion		1.484321
Sum squared resid	3.36954	Schwarz criterion		1.733017
Log likelihood	− 10.58537	Hannan-Quinn criter.		1.538295
F-statistic	50.52648	Durbin-Watson stat		3.143307
Prob(F-statistic)	0.0000			

注：以上均为 Eviews16.0 的输出结果。

1. 拟合优度检验

参数估计结果显示，统计量 $R^2 = 0.9266$，修正的 $R^2 = 0.9083$，说明模型拟合优度较好。

2. 回归方程的显著性检验

由计算结果可知,检验统计量 $F = 50.5265$,对应的 P 值接近 0,所以在显著性水平为 0.05 的条件下,拒绝原假设,即表明方程是高度显著的。

3. 自相关性检验

因为 $n = 19$,$k = 4$,查 DW 检验表得到:$d_L = 0.859$,$d_U = 1.848$;而 $4 - d_L < DW = 3.1433 < 4$,说明残差项存在严重的序列自相关性。利用偏自相关性检验和 BG 检验也进一步说明,模型存在一阶自相关性。

4. 异方差性检验

利用 White 法检验异方差性,得到辅助回归方程的 $nR^2 = 19.1485$,对应的 P 值为 0.1186,说明模型不存在异方差性。

5. 回归系数的显著性检验

根据计算结果可知,在显著性水平为 0.05 的条件下,只有常数项的回归系数通过了显著性检验,其他变量的回归系数均未通过显著性检验。

二、模型调整

根据上述检验结果可以初步确定模型存在一阶自相关性,所以采用广义差分法对模型进行修正,相关结果见表 2。

表 2　修正模型回归结果

Variable	Coefficient	Std. Error	t-Statistic	Prob.
C	1.074796	0.11359	9.462104	0.0000
PMC	0.081038	0.030435	2.662611	0.0186
PMD	-0.048751	0.024451	-1.993831	0.066
PMB	0.061766	0.038816	1.591254	0.1339
IP	0.429147	0.114466	3.749134	0.0022
AR(1)	-0.706033	0.184703	-3.822535	0.0019
R-squared	0.961206	Mean dependent var		2.123
Adjusted R-squared	0.947351	S. D. dependent var		1.516978
S. E. of regression	0.348075	Akaike info criterion		0.970527
Sum squared resid	1.696187	Schwarz criterion		1.269247

Variable	Coefficient	Std. Error	t-Statistic	Prob.
Log likelihood	-3.705273	Hannan-Quinn criter.		1.028841
F-statistic	69.37662	Durbin-Watson stat		1.949463
Prob(F-statistic)	0.0000			

注:以上均为 Eviews16.0 的输出结果。

1. 修正回归方程的显著性检验

修正模型的结果显示,统计量 R^2 由 0.9266 提高至 0.9612,修正的 R^2 也由 0.9083 提高至 0.9474,说明修正模型的拟合程度更高了。

2. 修正模型的自相关性检验

统计值 DW 也变为 1.9495,接近于 2,说明修正模型已经消除了残差自相关性。需要说明的是,政策组合的综合性和控制变量的回归系数由不显著变为显著。

3. 修正模型的稳定性检验

利用 Chow 检验模型稳定性,以 2013 年上半年作为可能发生结构变化的转折点进行检验,得到统计量 $F = 2.0371$,对应的 P 值为 0.1583,说明模型是稳定的。

综上可知,修正模型的拟合质量得到很大提高。修正模型的估计结果为:

$$y_{t+1} = 1.0748 + 0.4291ip_t + 0.081pmc_t - 0.0488pmd_t + 0.0618pmb_t - 0.706$$

$$t = \quad (3.7491) \quad (2.6626) \quad (-1.9938) \quad (1.5913) \quad (-3.8225)$$

$$R^2 = 0.9612, \overline{R}^2 = 0.9474, DW = 1.9495$$

附录5 环境型政策工具组合特征对跨境电商产业的规模效应影响的模型估计过程

一、模型估计

下面利用 Eviews16.0 软件对模型参数进行估计(相关结果见表1),可以得到需求型政策工具组合特征对跨境电商产业规模效应影响的估计结果:

$$y_{t+1} = 0.7741 + 0.709ip_t + 0.0114pmc_t - 0.9437pmd_t + 0.274pmb_t$$

$$t = \quad (3.7433) \quad (1.1309) \quad (-3.325)(0.1941)$$

$$R^2 = 0.952, \quad \overline{R}^2 = 0.94, \quad DW = 1.5047$$

表1 回归结果

Variable	Coefficient	Std. Error	t-Statistic	Prob.
C	0.774122	1.256244	0.616219	0.5464
PMC	0.011406	0.010086	1.130858	0.2748
PMD	− 0.943711	0.283819	− 3.325046	0.0043
PMB	0.274031	1.411855	0.194093	0.8485
IP	0.709034	0.189413	3.743326	0.0018
R-squared	0.952041	Mean dependent var		2.050476
Adjusted R-squared	0.940052	S. D. dependent var		1.515459
S. E. of regression	0.37105	Akaike info criterion		1.059298
Sum squared resid	2.202852	Schwarz criterion		1.307994
Log likelihood	− 6.122629	Hannan-Quinn criter.		1.113271
F-statistic	79.40514	Durbin-Watson stat		1.504705
Prob(F-statistic)	0.0000			

注:以上均为 Eviews16.0 的输出结果。

1. 拟合优度检验

参数估计结果显示,统计量 $R^2 = 0.952$,修正的 $R^2 = 0.94$,说明模型拟合优度较好。

2. 回归方程的显著性检验

由计算结果可知,检验统计量 $F = 79.405$,对应的 P 值接近 0,所以在显著性水平为 0.05 的条件下,拒绝原假设,即表明方程是高度显著的。

3. 自相关性检验

因为 $n = 19$, $k = 4$,查 DW 检验表得到:$d_L = 0.859$, $d_U = 1.848$;而 $d_L < DW = 1.5047 < d_U$,所以无法判断序列是否存在自相关性。结合偏自相关性检验和 BG 检验可以进一步说明,模型存在一阶自相关性。

4. 异方差性检验

利用 White 法检验异方差性,得到辅助回归方程的 $nR^2 = 19.9872$,对应的 P 值为 0.1305,说明模型不存在异方差性。

5. 回归系数的显著性检验

根据计算结果可知,在显著性水平为 0.05 的条件下,只有政策组合的综合性和控制变量的回归系数通过了显著性检验,其他变量的回归系数均未通过显著性检验。

二、模型调整

根据上述检验结果可以初步确定模型存在一阶自相关性,所以采用广义差分法对模型进行修正,相关结果见表 2。

表 2　修正模型回归结果

Variable	Coefficient	Std. Error	t-Statistic	Prob.
C	−0.520026	1.391744	−0.373651	0.7143
PMC	0.013311	0.011016	1.208342	0.2469
PMD	−1.462833	0.14053	−10.40938	0.0000
PMB	−0.952002	1.455594	−0.65403	0.5237
IP	3.318709	1.143306	2.902729	0.0116
AR(1)	0.783431	0.074663	10.49296	0.0000
R-squared	0.976758	Mean dependent var		2.123
Adjusted R-squared	0.968457	S. D. dependent var		1.516978
S. E. of regression	0.269421	Akaike info criterion		0.458242

Variable	Coefficient	Std. Error	t-Statistic	Prob.
Sum squared resid	1.016227	Schwarz criterion		0.756961
Log likelihood	1.417584	Hannan-Quinn criter.		0.516555
F-statistic	117.6701	Durbin-Watson stat		1.910302
Prob(F-statistic)	0.0000			

注:以上均为 Eviews16.0 的输出结果。

1. 修正回归方程的显著性检验

修正模型的结果显示,统计量 R^2 由 0.952 提高至 0.9768,修正的 R^2 也由 0.94 提高至 0.9685,说明修正模型的拟合程度更高了。

2. 修正模型的自相关性检验

统计值 DW 也变为 1.9103,接近于 2,说明修正模型已经消除了残差自相关性。

3. 修正模型的稳定性检验

利用 Chow 检验模型稳定性,以 2013 年上半年作为可能发生结构变化的转折点进行检验,得到统计量 $F = 2.4447$,对应的 P 值为 0.1206,说明模型是稳定的。

综上可知,修正模型的拟合质量得到很大提高。修正模型的估计结果为:

$$y_{t+1} = -0.52 + 3.3187ip_t + 0.0133pmc_t - 1.4628pmd_t - 0.952pmb_t + 0.7834$$
$$t = \quad (2.9027) \quad (1.2083) \quad (-10.4094) \quad (-0.654) \quad (10.493)$$
$$R^2 = 0.9768, \quad \bar{R}^2 = 0.9685, \quad DW = 1.9103$$

附表：跨境电商政策文本

附表 1　中国跨境电商政策文本表

编号	政策名称
1	珠江三角洲地区改革发展规划纲要（2008—2020 年）
2	国家发展改革委关于印发横琴总体发展规划的通知
3	国家发展改革委关于印发前海深港现代服务业合作区总体发展规划的通知
4	国家发展改革委办公厅、商务部办公厅、财政部办公厅等关于同意北京市等21个城市创建国家电子商务示范城市的复函
5	商务部"十二五"电子商务发展指导意见
6	国家发展改革委、商务部、中国人民银行等关于开展国家电子商务示范城市创建工作的指导意见
7	国务院关于印发服务业发展"十二五"规划的通知
8	国务院办公厅关于促进外贸稳定增长的若干意见
9	国家发展改革委办公厅关于组织开展国家电子商务示范城市电子商务试点专项的通知
10	商务部办公厅关于印发 2012 年电子商务工作要点的通知
11	商务部关于利用电子商务平台开展对外贸易的若干意见
12	电子商务"十二五"发展规划
13	商务部、发展改革委、财政部等关于加快转变外贸发展方式的指导意见
14	关于支付机构跨境电子商务外汇支付业务试点指导意见
15	关于促进进出口稳增长、调结构的若干意见
16	关于实施支持跨境电子商务零售出口有关政策意见的通知
17	国家外汇管理局综合司关于北京通融通信息技术有限公司等 4 家支付机构开展跨境电子商务外汇支付业务试点的批复
18	国家外汇管理局综合司关于深圳市财付通科技有限公司及钱宝科技服务有限公司开展跨境电子商务外汇支付业务试点的批复
19	国家外汇管理局综合司关于支付宝（中国）网络技术有限公司及浙江贝付科技有限公司开展跨境电子商务外汇支付业务试点的批复

编号	政策名称
20	国家外汇管理局综合司关于东方电子支付有限公司等 8 家支付机构开展跨境电子商务外汇支付业务试点的批复
21	国家外汇管理局综合司关于重庆易极付科技有限公司开展跨境电子商务外汇支付业务试点的批复
22	关于促进电子商务应用的实施意见
23	关于跨境贸易电子商务服务试点网购保税进口模式有关问题的通知
24	关于跨境电子商务零售出口税收政策的通知
25	海关总署公告 2014 年第 12 号《关于增列海关监管方式代码的公告》
26	国家外汇管理局综合司关于易智付科技(北京)有限公司等 5 家支付机构开展跨境电子商务外汇支付业务试点的批复
27	关于支持外贸稳定增长的若干意见
28	关于支持外贸稳定增长的若干措施
29	关于跨境贸易电子商务进出境货物、物品有关监管事宜公告
30	海关总署公告 2014 年第 57 号《关于增列海关监管方式代码的公告》
31	关于开展支付机构跨境外汇支付业务试点的通知
32	关于深化检验检疫监管模式改革支持自贸区发展的意见
33	关于同意设立中国(杭州)跨境电子商务综合试验区的批复
34	2015 年电子商务工作要点
35	关于改进口岸工作支持外贸发展的若干意见
36	关于大力发展电子商务加快培育经济新动力的意见
37	关于进一步发挥检验检疫职能作用促进跨境电子商务发展的意见
38	关于加快培育外贸竞争新优势的若干意见
39	关于印发"互联网＋流通"行动计划的通知
40	关于调整跨境贸易电子商务监管海关作业时间和通关时限要求有关事宜的通知
41	关于加强跨境电子商务进出口消费品检验监管工作的指导意见
42	关于促进跨境电子商务健康快速发展的指导意见
43	关于积极推进"互联网＋"行动的指导意见
44	关于支持中国(杭州)跨境电子商务综合试验区发展的意见

编号	政策名称
45	关于加强跨境电子商务网购保税进口监管工作的函
46	关于天津市开展跨境贸易电子商务服务试点工作的函
47	网购保税模式跨境电子商务进口食品安全监督管理细则(征求意见稿)
48	国家质量监督检验检疫总局公告 2015 年第 137 号《跨境电子商务经营主体和商品备案管理工作规范》
49	关于同意在天津等 12 个城市设立跨境电子商务综合试验区的批复
50	全国电子商务物流发展专项规划(2016—2020 年)
51	2016 年电子商务和信息化工作要点
52	关于跨境电子商务零售进口税收政策的通知
53	关于公布跨境电子商务零售进口商品清单的公告
54	关于跨境电子商务零售进出口商品有关监管事宜的公告
55	跨境电子商务零售进口商品清单有关商品备注的说明
56	跨境电子商务零售进口商品清单(第二批)有关商品备注的说明
57	关于公布跨境电子商务零售进口商品清单(第二批)的公告
58	关于促进外贸回稳向好的若干意见
59	关于跨境电商零售进口通关单政策的说明
60	关于执行跨境电子商务零售进口新的监管要求有关事宜的通知
61	海关总署关税征管司关于明确跨境电子商务零售进口统一版系统部分涉税功能操作的函
62	关于明确跨境电商进口商品完税价格有关问题的通知
63	国家食品药品监管总局办公厅关于食品跨境电子商务企业有关监管问题的复函
64	关于跨境电子商务进口统一版信息化系统企业接入事宜的公告
65	海关总署公告 2016 年第 75 号《关于增列海关监管方式代码的公告》
66	关于跨境电商零售进出口检验检疫信息化管理系统数据接入规范的公告
67	关于进口婴幼儿配方乳粉产品配方注册执行日期的公告
68	关于调整部分消费品进口关税的通知
69	关于复制推广跨境电子商务综合试验区探索形成的成熟经验做法的函
70	海关总署公告 2018 年第 27 号《关于规范跨境电子商务支付企业登记管理的公告》

编号	政策名称
71	海关总署公告 2018 年第 56 号《关于跨境电子商务统一版信息化系统企业接入事宜的公告》
72	关于扩大进口促进对外贸易平衡发展的意见
73	国务院关于同意在北京等 22 个城市设立跨境电子商务综合试验区的批复
74	中华人民共和国电子商务法
75	海关总署公告 2018 年第 113 号《关于修订跨境电子商务统一版信息化系统企业接入报文规范的公告》
76	关于跨境电子商务综合试验区零售出口货物税收政策的通知
77	国务院关于印发优化口岸营商环境促进跨境贸易便利化工作方案的通知
78	海关总署公告 2018 年第 165 号《关于实时获取跨境电子商务平台企业支付相关原始数据有关事宜的公告》
79	关于调整跨境电商零售进口商品清单的公告
80	关于完善跨境电子商务零售进口监管有关工作的通知
81	关于完善跨境电子商务零售进口税收政策的通知
82	海关总署公告 2018 年第 179 号《关于实时获取跨境电子商务平台企业支付相关原始数据接入有关事宜的公告》
83	海关总署公告 2018 年第 194 号《关于跨境电子商务零售进出口商品有关监管事宜的公告》
84	海关总署公告 2018 年第 219 号《关于跨境电子商务企业海关注册登记管理有关事宜的公告》

附表 2　北京市跨境电子商务相关政策

编号	政策名称
1	北京市人民政府办公厅关于转发《市商务委关于推进本市跨境电子商务发展的实施方案》的通知
2	支持北京地区跨境电子商务发展的通知
3	关于征集 2015 年跨境电子商务发展资金支持项目的通知
4	北京市顺义区人民政府关于印发顺义区促进电子商务产业发展办法的通知
5	北京市财政局、北京市商务委员会关于印发《北京市外经贸发展专项资金管理实施细则》的通知
6	北京海关关于印发《北京海关支持北京市服务业扩大开放综合试点若干措施》的通知
7	北京市平谷区人民政府关于印发平谷区促进电子商务发展暂行办法的通知
8	北京市国家税务局关于营业税改征增值税跨境应税行为增值税免税管理问题的公告
9	关于 2016 年度支持北京地区跨境电子商务发展的通知
10	北京市人民政府办公厅印发《关于促进外贸稳定增长的若干措施》的通知
11	北京市推进跨境电子商务创新发展实施意见
12	北京市商务委员会关于申报 2017 年度第一批商务发展项目的通知
13	关于印发《北京市"十三五"时期电子商务发展规划》的通知
14	北京市人民政府办公厅关于印发《北京市进一步推进跨境电子商务发展的实施意见》的通知
15	关于进一步优化营商环境提升京津跨境贸易便利化若干措施的公告
16	支持北京地区跨境电子商务发展项目申报指南
17	关于印发《北京市外经贸发展资金支持北京市跨境电子商务发展实施方案》的通知
18	北京市关于对 2018 年度跨境电商项目申报指南有关内容进行修订的补充通知
19	北京市人民政府办公厅关于印发《中国（北京）跨境电子商务综合试验区实施方案》的通知

附表 3　天津市跨境电子商务相关政策

编号	政策名称
1	市商务委关于印发《天津市商务委员会引进培育知名电商企业和普及深化电子商务应用三年行动方案(2014—2016 年)》的通知
2	天津滨海新区出台推动跨境电子商务发展工作方案
3	天津市人民政府办公厅关于印发天津市促进外贸回稳向好和转型升级工作措施的通知
4	天津市邮政管理局关于印发天津市跨境电子商务快递企业管理办法的通知
5	市商务委关于印发天津市对外贸易发展"十三五"规划的通知
6	天津东疆保税港区支持跨境电商产业发展暂行办法
7	中国(天津)跨境电子商务综合试验区实施方案
8	关于印发 2017 年中国(天津)跨境电子商务综合试验区服务体系建设项目申报指南的通知
9	天津市商务委员会、天津市财政局关于印发 2017 年中国(天津)跨境电子商务综合试验区服务体系建设项目申报指南的通知
10	关于对跨境电子商务海外仓建设试点企业政策支持的通知
11	市外贸办关于印发天津市支持外贸综合服务企业发展行动方案的通知
12	天津市推进电子商务与快递物流协同发展实施方案
13	中国(天津)跨境电子商务综合试验区建设工作领导小组办公室关于复制推广跨境电子商务综合试验区成熟经验做法的实施意见
14	中国(天津)跨境电子商务综合试验区零售出口货物免税管理办法(试行)

附表 4　上海市跨境电子商务相关政策

编号	政策名称
1	上海出入境检验检疫局关于发布跨境电子商务检验检疫管理办法的公告
2	上海市人民政府办公厅印发《关于促进本市跨境电子商务发展的若干意见》的通知
3	市商务委关于印发《上海市跨境电子商务示范园区认定办法》的通知
4	上海市人民政府办公厅关于印发《中国（上海）跨境电子商务综合试验区实施方案》的通知
5	上海国检局关于支持进境肉类、水产品开展网购保税模式跨境电子商务的通知
6	上海市国家税务局关于本市营业税改征增值税跨境应税行为免税管理有关事项的公告
7	上海海关关于开展跨境电子商务网购保税进口业务的公告
8	关于在上海市浦东新区开展进口非特殊用途化妆品备案管理试点工作有关事项的公告
9	上海市人民政府关于进一步扩大开放加快构建开放型经济新体制的若干意见
10	上海市电子商务发展"十三五"规划
11	上海服务国家"一带一路"建设发挥桥头堡作用行动方案
12	上海海关关于深入推进查验作业无纸化改革的公告
13	上海市贯彻落实国家进一步扩大开放重大举措加快建立开放型经济新体制行动方案

附表5 江苏省跨境电子商务相关政策

编号	政策名称
1	江苏省政府办公厅关于加快电子商务发展的意见
2	苏州市关于促进电子商务加快发展的政策意见
3	江苏省政府关于大力发展电子商务加快培育经济新动力的实施意见
4	市政府办公室关于印发昆山市开展跨境贸易电子商务试点实施方案的通知
5	江苏省政府关于印发中国（苏州）跨境电子商务综合试验区实施方案的通知
6	江苏省商务厅关于认定江苏省跨境电子商务试点城市认定通知
7	市政府关于促进跨境电子商务快速健康发展的实施意见
8	市政府印发关于促进中国（苏州）跨境电子商务综合试验区发展的若干政策的通知
9	市政府办公室关于印发《关于促进常熟跨境电子商务发展的若干政策》的通知
10	关于组织填报南京市跨境电子商务 B2B 出口数据的通知
11	2017 年南京市跨境电子商务专项资金（数据类）项目申报通知
12	关于组织 2017 年南京市跨境电子商务专项资金第二批项目申报的通知
13	关于苏州工业园综合保税区贸易多元化试点有关事项的公告
14	关于印发《关于推进全市电子商务产业发展的扶持政策具体考核办法》的通知
15	关于进一步促进全市电子商务发展的实施意见
16	关于促进全市电子商务发展的扶持政策（试行）
17	省政府办公厅关于促进进口的实施意见
18	省政府关于印发中国（南京）、中国（无锡）跨境电子商务综合试验区实施方案的通知

附表 6　浙江省跨境电子商务相关政策

编号	政策名称
1	杭州市跨境贸易电子商务服务试点实施方案(2012.8—2014.8)
2	浙江省人民政府办公厅关于深入推进"电商换市"加快建设国际电子商务中心的实施意见
3	杭州市人民政府关于杭州接轨中国(上海)自由贸易试验区发展的意见
4	浙江省人民政府办公厅关于印发浙江省跨境电子商务实施方案的通知
5	浙江省跨境电子商务发展三年行动计划(2015—2017)
6	杭州市人民政府办公厅关于做好 2015 年跨境电子商务推进工作的通知
7	杭州市人民政府关于推进跨境电子商务发展的通知(试行)
8	浙江省人民政府关于印发中国(杭州)跨境电子商务综合试验区实施方案的通知
9	杭州市富阳区人民政府关于进一步加快电子商务发展的若干意见
10	西湖区关于鼓励电子商务(跨境)产业发展的实施意见
11	中国(杭州)跨境电子商务综合试验区发展规划
12	《跨境电子商务综合试验区建设发展的若干意见》实施方案
13	浙江省大力推进产业集群跨境电商发展工作指导意见
14	宁波关于加快推进跨境电子商务发展的指导意见
15	中国(宁波)跨境电子商务综合试验区实施方案
16	浙江省跨境电子商务管理暂行办法
17	关于加快跨境电子商务创新发展示范区建设的若干意见
18	杭州市人民政府关于加快跨境电子商务发展的实施意见
19	杭州市跨境电子商务促进条例
20	浙江省商务厅关于开展全省跨境电子商务服务体系建设的通知
21	关于 2016 年度杭州市跨境电商政策兑现申报工作的通知
22	浙江省国家税务局关于中国(杭州)跨境电子商务综合试验区出口企业采购成本税前扣除问题的公告
23	关于做好 2017 年杭州市跨境电商政策兑现申报工作的通知

附表7　安徽省跨境电子商务相关政策

编号	政策名称
1	安徽省人民政府办公厅关于支持外贸稳增长调结构的实施意见
2	安徽省人民政府办公厅关于大力发展电子商务加快培育经济新动力的实施意见
3	中国（合肥）跨境电子商务综合试验区建设实施方案
4	关于印发巢湖市促进电子商务发展若干政策的通知
5	合肥市人民政府关于促进跨境电子商务发展若干政策意见
6	关于印发《安徽省电子商务"十三五"发展规划》的通知
7	肥东县人民政府关于促进跨境电子商务发展的实施意见
8	关于印发巢湖市促进跨境电子商务发展若干政策的通知
9	关于安徽省省级跨境电子商务产业园区认定结果的公示
10	合肥市人民政府办公厅关于加快推进跨境电子商务发展的实施意见
11	安徽检验检疫局跨境电子商务检验检疫监督管理办法（试行）
12	安徽检验检疫局支持跨境电子商务零售出口的指导意见
13	安徽省工商行政管理局关于促进全省跨境电商发展的指导意见
14	安徽省人民政府办公厅关于印发支持跨境电子商务发展若干措施的通知
15	国家税务总局安徽省税务局关于支持外贸稳定发展的通知
16	国家税务总局安徽省税务局关于发布《中国（合肥）跨境电子商务综合试验区零售出口货物免税管理办法（试行）》的公告

附表8　福建省跨境电子商务相关政策

编号	政策名称
1	福州市人民政府印发《关于加快推进电子商务产业发展的实施办法(试行)》的通知
2	福建省跨境贸易电子商务工作实施方案
3	福建省人民政府关于进一步加快电子商务发展的若干意见
4	福建省人民政府关于加快互联网经济发展十条措施的通知
5	厦门市人民政府关于印发促进电子商务发展若干措施的通知
6	漳州市人民政府关于加快电子商务和物流快递协同发展的若干意见
7	福建省人民政府办公厅关于印发进一步推进跨境电子商务发展行动方案的通知
8	福建省人民政府办公厅关于加快电子商务发展九条措施的通知
9	福建省商务厅关于支持福州、平潭开展跨境电子商务保税进口试点十二条措施的通知
10	泉州市人民政府办公室关于贯彻省政府办公厅加快电子商务发展九条措施的实施意见
11	关于支持福建自贸试验区跨境电商、保税展示交易、转口贸易、商业保理等重点业态发展的若干措施
12	福建省人民政府关于支持快递业加快发展七条措施的通知
13	南平市人民政府关于加快电子商务发展的若干意见
14	泉州市人民政府办公室关于印发泉州市电子商务发展三年行动方案(2016—2018)的通知
15	泉州市加快电子商务发展若干措施
16	平潭综合实验区管委会印发平潭综合实验区促进跨境贸易电子商务发展的若干措施(试行)的通知
17	福州市人民政府关于进一步推进跨境电子商务发展暨海峡两岸电子商务经济合作实验区建设的通知
18	平潭综合实验区管委会办公室关于印发中国(平潭)海峡两岸电子商务经济合作实验区建设实施方案的通知
19	福建省商务厅关于推进跨境电子商务海外仓建设的实施意见
20	福建省商务厅、福建省财政厅关于做好2017年电子商务发展资金申报工作的通知
21	莆田市人民政府关于印发加快电子商务发展九条措施的通知
22	福建省复制推广跨境电子商务综合试验区成熟经验做法实施方案

附表9　山东省跨境电子商务相关政策

编号	政策名称
1	山东检验检疫局贯彻落实促进进出口稳增长调结构政策措施
2	青岛海关贯彻落实促进进出口稳增长调结构政策措施
3	青岛市人民政府办公厅转发市商务局关于开展跨境贸易电子商务服务试点工作实施意见的通知
4	青岛市人民政府办公厅关于加快电子商务发展的意见
5	关于做好2014年跨境贸易电子商务公共服务平台建设项目资金管理工作的通知
6	山东省人民政府办公厅关于印发《山东省跨境电子商务发展行动计划》的通知
7	市政府办公厅印发青岛市"互联网＋商务"行动计划(2015—2016年)
8	青岛市商品流通市场建设与管理条例
9	中国(青岛)跨境电子商务综合试验区建设实施方案
10	山东省人民政府办公厅关于加快电子商务发展的意见
11	青岛市商务局、财政局关于支持跨境电子商务做优做强政策措施的通知
12	山东省人民政府关于印发中国(威海)跨境电子商务综合试验区实施方案的通知
13	山东省人民政府办公厅关于推进电子商务与快递物流协同发展的实施意见
14	国家税务总局山东省税务局关于发布《山东省跨境电子商务综合试验区零售出口货物免税管理办法(试行)》的公告

附表 10　河南省跨境电子商务相关政策

编号	政策名称
1	河南省人民政府办公厅关于印发加快推进郑州市跨境贸易电子商务服务试点工作方案的通知
2	河南省人民政府关于加快电子商务发展的若干意见
3	商丘市人民政府关于加快电子商务发展的实施意见
4	河南省人民政府办公厅关于印发中国（郑州）跨境电子商务综合试验区申建工作方案的通知
5	河南省人民政府关于大力发展电子商务加快培育经济新动力的若干意见
6	河南省人民政府关于印发中国（郑州）跨境电子商务综合试验区建设实施方案的通知
7	郑州市人民政府关于印发中国（郑州）跨境电子商务综合试验区建设工作行动计划（2016—2018 年）的通知
8	郑州市商务局关于建立 2017 年度跨境电子商务企业库和项目库的通知
9	关于印发河南自由贸易试验区和跨境电子商务综合试验区省级专项资金管理暂行办法的通知
10	郑州市人民政府关于加快推进跨境电子商务发展的实施意见
11	郑州市人民政府关于印发郑州市跨境电子商务综合试验区发展实施方案的通知
12	关于做好河南省跨境电子商务综合试验区 2018 年度省级专项资金项目申报工作的通知

附表 11　广东省跨境电子商务政策

编号	政策名称
1	广州市人民政府办公厅关于印发稳定外贸增长加快转型升级若干措施的通知
2	深圳保税区域转型升级总体方案
3	质检总局关于支持深圳前海深港现代服务业合作区先行先试的意见
4	深圳市人民政府印发深圳市关于进一步促进电子商务发展若干措施的通知
5	广州市人民政府办公厅印发关于促进广州市服务业新业态发展若干措施的通知
6	广州市人民政府办公厅关于支持外贸稳增长调结构的实施意见
7	深圳市龙岗区人民政府关于印发促进外贸稳定增长和提升质量若干措施的通知
8	广州市人民政府办公厅关于印发加快电子商务发展实施方案的通知
9	广州市人民政府办公厅关于印发广州市海关特殊监管区域整合优化工作方案的通知
10	《深圳地区跨境电子商务检验检疫监督管理办法试行》的通知
11	深圳市人民政府办公厅关于印发2015年深圳市推动外贸稳定增长和争创外贸竞争新优势工作方案的通知
12	深圳市人民政府关于印发"互联网＋"行动计划的通知
13	广州市人民政府关于加快服务贸易发展的实施意见
14	广州市人民政府关于印发广州市构建现代金融服务体系三年行动计划
15	广东省人民政府办公厅关于促进跨境电子商务健康快速发展的实施意见
16	广东省人民政府关于促进我省快递业发展的实施意见
17	中国(广东)自由贸易试验区深圳前海蛇口片区管理委员会关于印发《中国(广东)自由贸易试验区深圳前海蛇口片区跨境电子认证应用管理暂行办法》的通知
18	深圳市市场和质量监督管理委员会印发关于促进跨境贸易电子商务市场健康快速发展若干意见的通知
19	深圳市龙岗区经济与科技发展专项资金支持工商业发展实施细则
20	广东省人民政府关于印发大力发展电子商务加快培育经济新动力实施方案的通知
21	中国(深圳)跨境电子商务综合试验区实施方案
22	中国(广州)跨境电子商务综合试验区实施方案
23	佛山市人民政府关于进一步加快电子商务发展的实施意见
24	广州市商务委关于印发广州市电子商务示范企业认定办法的通知

编号	政策名称
25	深圳市光明新区管理委员会关于支持企业提升竞争力促进科技创新推进产业转型升级的实施意见
26	广州市人民政府关于印发广州市服务贸易创新发展试点实施方案的通知
27	大力推动广东省跨境电子商务海外仓建设实施意见的通知
28	阳江市人民政府关于印发阳江市大力发展电子商务加快培育经济新动力的实施方案的通知
29	深圳市市场监督管理局关于发布跨境电子商务检验检疫数据报文格式规范的通知
30	深圳市市场监督管理局关于发布跨境电子商务产品质量信息监测进口葡萄酒的通知
31	广州市人民政府办公厅关于印发加快广州跨境电子商务发展若干措施（试行）的通知
32	广州市人民政府关于印发建设广州国际航运中心三年行动计划（2018—2020年）的通知
33	中国（东莞）跨境电子商务综合试验区实施方案
34	中国（珠海）跨境电子商务综合试验区实施方案

附表 12　重庆市跨境电子商务政策

编号	政策名称
1	重庆市人民政府关于积极发挥新消费引领作用加快培育形成新供给新动力的实施意见
2	大渡口区跨境电子商务发展专项扶持办法
3	中国(重庆)跨境电子商务综合试验区实施方案
4	重庆市人民政府关于大力发展电子商务的实施意见
5	重庆市人民政府办公厅关于印发重庆市现代商贸服务业发展"十三五"规划的通知
6	重庆市人民政府办公厅关于印发重庆两江新区服务贸易创新发展试点实施方案的通知
7	重庆市人民政府办公厅关于加快发展战略性新兴服务业的实施意见
8	重庆市人民政府关于促进外贸回稳向好的实施意见
9	重庆市潼南区人民政府办公室关于印发加快潼南区发展战略性新兴服务业实施方案的通知
10	重庆市人民政府办公厅关于印发重庆市创新跨境电子商务监管服务工作方案的通知
11	重庆市人民政府办公厅关于印发重庆口岸提升跨境贸易便利化若干措施(试行)的通知
12	重庆市进一步加强跨境电子商务发展工作方案
13	关于发布《中国(重庆)跨境电子商务综合试验区零售出口货物免税管理办法(试行)》的公告

附表 13　四川省跨境电子商务政策

编号	政策名称
1	四川省人民政府办公厅关于促进电子商务健康快速发展的实施意见
2	四川省人民政府办公厅关于印发四川省电子商务发展三年(2015—2017年)行动计划的通知
3	泸州市人民政府办公室关于推进国家电子商务基地建设 加快电子商务发展的实施意见
4	成都市人民政府办公厅关于印发成都市加快推进跨境电子商务发展实施方案的通知
5	四川省人民政府办公厅关于推动跨境电子商务加快发展的实施意见
6	四川省人民政府关于加快电子商务产业发展的实施意见
7	四川省人民政府办公厅关于印发2016年全省电子商务工作要点的通知
8	成都市2016年度服务业发展引导资金(竞争立项部分)申报指南
9	成都市2016年度跨境电子商务支持资金实施细则
10	关于印发中国(成都)跨境电子商务综合试验区实施方案的通知
11	关于申报成都市2017年跨境电子商务支持资金的通知
12	关于印发《成都市武侯区关于促进电子商务发展的若干政策》的通知
13	四川省人民政府办公厅关于促进电子商务健康快速发展的实施意见
14	成都市青白江区人民政府办公室关于印发外贸及跨境电商发展促进政策的通知
15	成都市跨境电商资金扶持政策
16	成都市人民政府办公厅关于印发成都市加快跨境电商发展三年行动计划的通知
17	国家税务总局四川省税务局关于发布《中国(成都)跨境电子商务综合试验区零售出口货物免税管理办法(试行)》的公告